自由自在問題集 中学 社会

問題集

From Basic to Advanced

受験研究社

この本の特長と使い方

本書は,『中学 自由自在 社会』に準拠しています。
中学3年間の学習内容からさまざまなレベルの問題を精選し,
さらにそれらを段階的に収録した問題集です。

STEP 1　まとめノート

『自由自在』に準拠した"まとめノート"です。基本レベルの空所補充問題で,まずは各単元の学習内容を理解しましょう。

入試重要度を示しています（★3つが最重要）。

入試Guide
入試でよく問われる内容や出題形式,その対策など,入試対策に役立つ情報を紹介しています。

補足説明が必要な語句に対して,簡潔な解説を入れています。

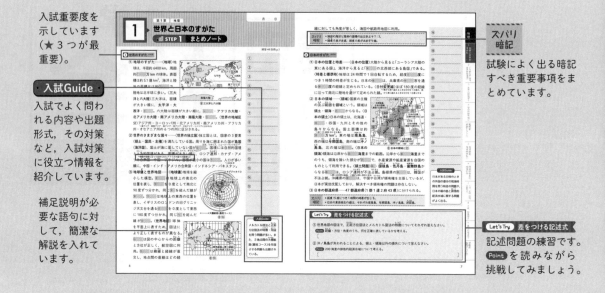

ズバリ暗記
試験によく出る暗記すべき重要事項をまとめています。

Let's Try 差をつける記述式
記述問題の練習です。Pointを読みながら挑戦してみましょう。

STEP 2　実力問題

基本～標準レベルの入試問題を中心に構成しています。確実に解けるように実力をつけましょう。

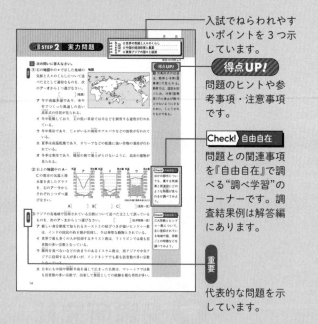

入試でねらわれやすいポイントを3つ示しています。

得点UP!
問題のヒントや参考事項・注意事項です。

Check! 自由自在
問題との関連事項を『自由自在』で調べる"調べ学習"のコーナーです。調査結果例は解答編にあります。

重要
代表的な問題を示しています。

STEP 3　発展問題

標準～発展レベルの入試問題を中心に構成しています。その単元で学習したことの理解を深め,さらに力を伸ばしましょう。

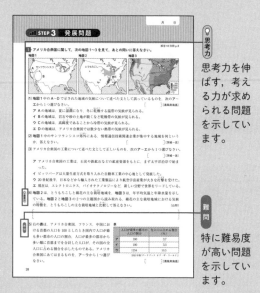

思考力
思考力を伸ばす,考える力が求められる問題を示しています。

難問
特に難易度が高い問題を示しています。

📋 理解度診断テスト

数単元ごとに，その内容や考え方が身についているかを確認するテストを設けました。標準～発展レベルの問題で構成しています。

診断基準点は解答編に設けました。

A…よく理解できている

B…Aを目ざして再チャレンジ

C…STEP1 から復習しよう

独創的

きわめて類題が少なく，独創的な問題を示しています。

● 精選 図解チェック&資料集

精選された図表や写真で，章の重要事項を確認・復習できます。

💡 思考力・記述問題対策

分析力・判断力・推理力が試される問題や記述問題の対策ができる問題で構成しています。

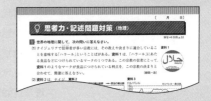

✏️ 高校入試予想問題

実際の入試を想定して，各分野の内容を融合させたハイレベルかつ出題率の高い問題を中心に構成しています。

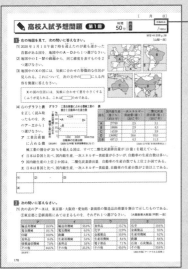

合格の基準となる合格点を示しています（配点は解答編にあります）。

解 答 編

解説は，わかりやすく充実した内容でまとめています。くわしい知識とともに，思考力や判断力が身につくようにしました。

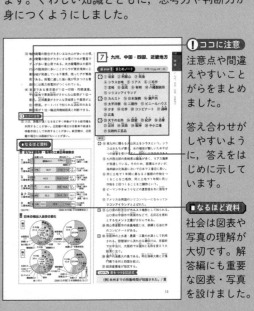

❗ ココに注意

注意点や間違えやすいことがらをまとめました。

答え合わせがしやすいように，答えをはじめに示しています。

■ なるほど資料

社会は図表や写真の理解が大切です。解答編にも重要な図表・写真を設けました。

中　学
自由自在問題集
社　会

目　次
Contents

写真所蔵・提供（敬称略）
（公社）青森観光コンベンション協会　秋田市竿燈まつり実行委員会　朝日新聞社　アフロ　九州大学附属図書館　宮内庁三の丸尚蔵館　神戸市立博物館 Photo：Kobe City Museum / DNPartcom　国営吉野ヶ里歴史公園　国立国会図書館　佐賀県　清浄光寺（遊行寺）　仙台七夕まつり協賛会　東京大学史料編纂所　徳川美術館所蔵 © 徳川美術館イメージアーカイブ /DNPartcom　長崎歴史文化博物館　日本アジアハラール協会　日本近代文学館　ピクスタ　平等院　毎日新聞社　毎日新聞社 / アフロ　ColBase(https://colbase.nich.go.jp/)　Robert J. Fisch(CC BY-SA 2.0)
ほか

本書に関する最新情報は，小社ホームページにある本書の「サポート情報」をご覧ください。（開設していない場合もございます。）なお，この本の内容についての責任は小社にあり，内容に関するご質問は直接小社におよせください。

第1章 地 理

1 世界と日本のすがた

STEP 1 まとめノート

月　日

解答⇨別冊 p.1

❶ 世界のすがた ★★★

(1) 地球のすがた……〈地球〉地球は，半径約6400 km，周囲約①　　万kmの球体。表面積は約5.1億km²，海洋と陸地の面積比は約②　　で，陸地は北半球に多い。**〈三大洋と六大陸〉**三大洋は，面積が大きい順に，**太平洋・大西洋・③　　**。六大陸は面積が大きい順に，**④　　・アフリカ大陸・北アメリカ大陸・南アメリカ大陸・南極大陸・⑤　　**。**〈世界の地域区分〉**アジア州・ヨーロッパ州・北アメリカ州・南アメリカ州・アフリカ
└東アジア・東南アジア・南アジア・西アジア・中央アジア・シベリアに分かれる
州・オセアニア州の6つの州に区分される。

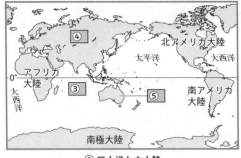
⬆ 三大洋と六大陸

(2) 世界のさまざまな国々……〈世界の独立国〉独立国とは，国家の3要素（**領土・国民・主権**）を満たしている国。周りを海に囲まれた国が**島国（海洋国）**，国土が海に面していない国が⑥　　。国境には自然的国境
日本，イギリス，ニュージーランドなど
と**人為的国境**がある。面積が大きい順に，**ロシア連邦・カナダ・アメ**
モンゴル，スイス，ボリビアなど
└緯線や経線に沿って定められたアフリカの国々の国境など
リカ合衆国・中国・ブラジル。面積が最小の国は⑦　　。人口が多い
└2020年
順に，**中国・インド・アメリカ合衆国・インドネシア・パキスタン**。

(3) 地球儀と世界地図……〈地球儀〉地球を縮小した模型。⑧　　は地球上の南北の位置を表し，⑨　　を0度として南北に90度ずつ分かれ，同じ⑧　　を結んだ線が⑩　　。⑪　　は地球上の東西の位置を表し，イギリスのロンドンの旧グリニッジ天文台を通る⑫　　を0度として東西に180度ずつ分かれ，同じ⑪　　を結んだ線が⑬　　。**〈世界地図〉**球体を平面上に表すため，図法により正しく表すものが異なる。⑭　　は図の中心からの距離と方位が正しく，航空図に利用。⑮　　は緯線と経線が直交し，地点間の直線はどの経

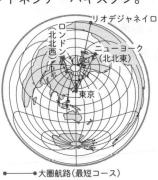
━● 大圏航路（最短コース）
⬆ ⑭

等角航路…常に経線と一定の角度で交わる。
⬆ ⑮

①
②
③
④
⑤
⑥
⑦
⑧
⑨
⑩
⑪
⑫
⑬
⑭
⑮

入試Guide

メルカトル図法と正距方位図法の特徴・用途を問う問題が多い。また，2地点間の大圏航路（最短コース）を作図させる問題も出題されている。

線に対しても角度が等しく，海図や航路用地図に利用。

② 日本のすがた ★★★

(1) **日本の位置と時差**……〈**日本の位置**〉大陸から見ると「ユーラシア大陸の東にある国」，海洋から見ると「⑯ ［　　　］ の北西部にある島国」である。〈**時差と標準時**〉地球は 24 時間で 1 回自転するため，経度 ⑰ ［　　　］ 度につき 1 時間の時差が生じる。日本の ⑱ ［　　　］ は，兵庫県の ⑲ ［　　　］ 市を通る ⑳ ［　　　］ 度の経線と定められている。〈**日付変更線**〉ほぼ 180 度の経線に沿って南北に陸地を避けて定められた線。
└→東から西へ越えるときは日付を 1 日進め，西から東に越えるときは日付を 1 日遅らせる

(2) **日本の領域**……〈**領域**〉国家の主権の及ぶ範囲を領域という。領域は**領土・領海・** ㉑ ［　　　］ からなる。〈**日本の領土**〉日本の領土は，北海道・㉒ ［　　　］ ・四国・九州とその他の島々からなる。国土面積は約
└→約 1 万 4000 の小さな島々
㉓ ［　　　］ 万 km²。東の端は**南鳥島**，西の端は**与那国島**，南の端は**沖ノ鳥島**，北の端は ㉔ ［　　　］。〈**日本の領海**〉領海は沿岸から ㉕ ［　　　］ **海里**までの範囲。沿岸から ㉖ ［　　　］ **海里**までのうち，領海を除いた部分が ㉗ ［　　　］ で，水産資源や鉱産資源を自国のものとして利用できる。〈**領土問題**〉㉔ ・**国後島・色丹島・歯舞群島**からなる ㉘ ［　　　］ は，ロシア連邦が不法占拠。島根県の ㉙ ［　　　］ は，韓国が
└→第二次世界大戦後，ソ連が占領し現在に至る
不法占拠。沖縄県の ㉚ ［　　　］ は，中国や台湾が領有権を主張しているが，日本が実効支配しており，解決すべき領有権の問題は存在しない。

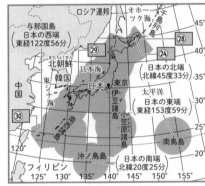

ロシア連邦　オホーツク海
与那国島
日本の西端
東経122度56分
⑳
㉘
北朝鮮
韓国
中国
㉔
日本の北端
北緯45度33分
東京
伊豆諸島
小笠原諸島
太平洋
日本の東端
東経153度59分
㉚
沖ノ鳥島
南鳥島
日本の南端
北緯20度25分
フィリピン
120°　125°　130°　135°　140°　145°　150°　155°

⬆ 日本の領域と ㉗

(3) **日本の都道府県**……**47 都道府県**（1 都 1 道 2 府 43 県）に分けられる。

⑯
⑰
⑱
⑲
⑳
㉑
㉒
㉓
㉔
㉕
㉖
㉗
㉘
㉙
㉚

入試Guide
日本がある日時のときの外国の都市の現地時間を問う時差の問題や，日本の端の島と排他的経済水域に関する問題がよく出る。

Let's Try　差をつける記述式

① 世界地図の図法で，正距方位図法とメルカトル図法の特徴についてそれぞれ答えなさい。
（Point）距離・方位・角度のうち，何を正確に表しているかを考える。
［　　　　　　　　　　　　　　　　　　　　　　　　　　　　　　　　　　］

② 沖ノ鳥島が失われることによる，領土・領海以外の損失について答えなさい。
（Point）200 海里の排他的経済水域について考える。
［　　　　　　　　　　　　　　　　　　　　　　　　　　　　　　　　　　］

解答⇨別冊 p.1

1 次の地図1・地図2を見て，あとの問いに答えなさい。

(1) 三大洋のうち，
重要
地図1中の**X**
の大陸が面している2つの海洋名を答えなさい。

〔埼玉－改〕

[　　　　　]

[　　　　　]

地図1 緯線と経線が直角に交わる地図

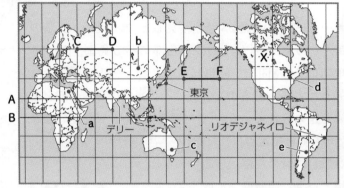

1 (1)三大洋と六大陸の位置関係を，正確に地図で確認すること。

(2) 地図1中の**a～e**の地点の位置について述べた文として正しいものを，次の**ア～エ**から1つ選びなさい。　　　[　　　　]〔埼玉－改〕

地図2 東京を中心とした地図

ア **a～e**のうち，南半球に位置するものは3つである。

イ **a～e**のうち，ユーラシア大陸に位置するものは2つである。

ウ **a～e**のうち，位置の経度が西経で表示されるものは2つである。

エ **a～e**のうち，オセアニア州にあるのは**e**である。

(3) 次の文は，**地図1**中の緯線A・緯線B，緯線の一部CD及び緯線の一部EFについて読み取れることがらをまとめたものである。文中の空欄　**Ⅰ**・**Ⅱ**に入る語をアルファベットで答えなさい。

Ⅰ[　　　]　Ⅱ[　　　]〔千葉－改〕

(3)メルカトル図法の地図上では，同じ長さの緯線の実際の距離は，赤道に近いほど長くなる。

　緯線**A**・緯線**B**のうち，赤道を示しているのは　**Ⅰ**　であり，**CD**と**EF**は，**地図1**上では同じ長さであるが，実際の距離が長いのは　**Ⅱ**　である。

(4) **地図1・地図2**から読み取れる内容として正しいものを，次の**ア～エ**から1つ選びなさい。　　　　　　　　　　　　　　[　　　　]〔群馬〕

ア デリーとリオデジャネイロの経度の差は約50度である。

イ リオデジャネイロから見るとデリーは南西にあり，その間の距離は約20000 kmである。

ウ 東京からリオデジャネイロまでの距離は，東京からデリーまでの距離の約3倍である。

エ 東京，デリー，リオデジャネイロのうち，最も早く日付が変わるのはリオデジャネイロである。

Check! 自由自在①
メルカトル図法と正距方位図法が正しく表すものと，何に利用されることが多いかを調べてみよう。

Check! 自由自在②
赤道が通る大陸や国を調べてみよう。

2 次の地図1・地図2を見て，あとの問いに答えなさい。

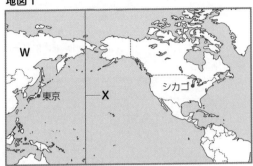

地図1

地図2　日本の領域と排他的経済水域

得点UP!

Check! 自由自在 ③
排他的経済水域とはどのような水域か調べてみよう。

地理

1 世界と日本のすがた

2 人々の生活・環境、世界の諸地域①

3 世界の諸地域②

4 世界の諸地域③

理解度診断テスト①

5 地域調査、地域的特色①

6 地域的特色②、地域区分

7 九州、中国・四国、近畿地方

8 中部、関東地方

9 東北、北海道地方

理解度診断テスト②

(1) 次の文中の空欄　A　〜　E　に入る語句を答えなさい。なお，　B　〜　D　には海洋名が入る。

A[　　　　　]　B[　　　　　]　C[　　　　　]

D[　　　　　]　E[　　　　　]

> 日本列島と**地図1**中のWの　A　大陸との間には　B　，日本列島の東と南には太平洋，北には　C　，南西には　D　が広がっている。兵庫県の　E　市を通る東経135度の経線が日本の標準時子午線となっている。

(2) 日本が2月15日午前8時のとき，**地図1**中のシカゴは2月14日午後5時である。シカゴの標準時を定めている経度を，東経・西経いずれかを明らかにして答えなさい。　　[　　　　　]〔千葉〕

(3) **地図1**中の180度の経線Xにほぼ沿った日付変更線を東から西へ越える場合，日付を1日どのようにする必要があるか，答えなさい。[　　　　　]

(4) **地図2**について，次の問いに答えなさい。

① **地図2**中のYの緯度とZの経度の組み合わせとして正しいものを，次のア〜エから1つ選びなさい。　　[　　　]〔福岡〕

ア　Yは北緯40度，Zは東経140度

イ　Yは北緯45度，Zは東経155度

ウ　Yは北緯40度，Zは東経155度

エ　Yは北緯45度，Zは東経140度

② 日本の領域の東西の端に位置する島の名称を答えなさい。

東[　　　　　]　西[　　　　　]

③ 次のⅠ〜Ⅳにあてはまる場所を，**地図2**中のア〜オからそれぞれ選びなさい。Ⅰ[　　　]　Ⅱ[　　　]　Ⅲ[　　　]　Ⅳ[　　　]

Ⅰ　周辺に地下資源の埋蔵が推測され，中国などが領有権を主張している。

Ⅱ　現在ロシア連邦が不法占拠しており，日本はロシア連邦に返還を求めている。

Ⅲ　自国の領土であると主張する韓国によって不法占拠されている。

Ⅳ　東京都に属している島で，島を守るために護岸工事が行われた。

STEP 3　発展問題

解答⇨別冊 p.2

1 次の地図を見て，あとの問いに答えなさい。
〔筑波大附高－改〕

地図A
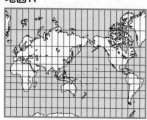

地図B
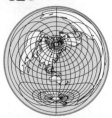

地図C
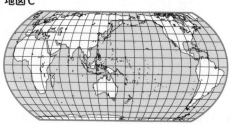

(1) 地図 A～C は，距離・方位・角度・面積の1つまたは2つが正しく示された世界地図である。
各国の人口密度（人/km²）のデータを世界地図に表現するとき，どの図法の世界地図を使用するのが最も適切か，A～C から1つ選びなさい。　　　　　　　　　[　　　　]

(2) (1)でそれを選択した理由を，簡潔に答えなさい。

[

]

2 次の地図を見て，あとの問いに答えなさい。

地図1　緯線と経線が直角に交わる地図
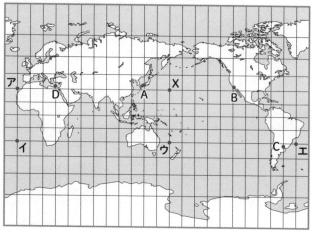

地図2　A からの距離と方位が正確な地図
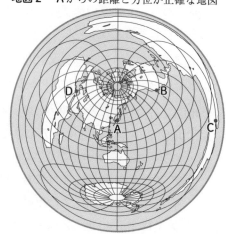

(1) 東経135度の A 地点が1月16日の午前9時のとき，B 地点の日付と時刻を答えなさい。
[　　　　　　]〔市川高〕

(2) A～D 地点について説明した文として正しいものを，次の**ア～オ**から2つ選びなさい。なお，地図1と地図2の A～D はそれぞれ同じ地点を示している。　　　[　　・　　]〔市川高〕

ア 地図1で，C 地点から経線に対して常に一定の角度を保って進むと D 地点にたどりつく。

イ 地図1で，A 地点から経線に対して常に一定の角度を保って進むと，C 地点に最短コースでたどりつく。

ウ 地図2で，B 地点と D 地点を直線で結んだ線は両地点間の最短コースである。

エ 地図2で，A 地点から真東へまっすぐ進むと，C 地点に最短コースでたどりつく。

オ 地図2で，A 地点から B 地点への最短コースをさらに進むと D 地点にたどりつく。

(3) **地図1**中の**X**は，北緯30度，東経165度の地点である。**X**の地球上での正反対の地点を，**地図1**中の**ア～エ**から1つ選びなさい。また，その地点の緯度と経度を答えなさい。

地点[　　　]　緯度と経度[　　　　　　]〔山形〕

3 次の略地図と資料1・資料2を見て，あとの問いに答えなさい。

略地図

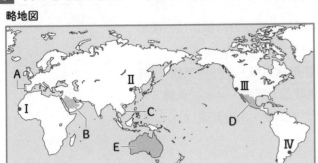

資料1

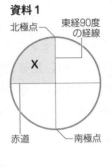

資料2

領海及び排他的経済水域の面積

領土面積
(2020/21年版「世界国勢図会」など)

(1) **資料1**は，赤道と東経90度の経線が交わった点が中心になるように地球儀を見て，それを平面に表した模式図である。**資料1**中の**X**の範囲に位置する国を，**略地図**中の**A～D**から1つ選びなさい。
[　　　]〔高知〕

(2) **略地図**中の**Ⅰ～Ⅳ**の都市を，札幌との時差が大きい順に並べかえなさい。ただし，サマータイム制度は考えなくてよいこととする。

[　　　→　　　→　　　→　　　]〔北海道－改〕

独創的 (3) **資料2**中の・で示した**ア～エ**はそれぞれ，アメリカ合衆国，インドネシア，日本，ブラジルのいずれかの領土面積と領海及び排他的経済水域の面積を表したものである。インドネシアを表したものを，**資料2**中の**ア～エ**から1つ選びなさい。
[　　　]〔高知〕

難問 (4) 下の**表**は世界の各州の面積を，**グラフ**は世界の人口に対する州別の人口の割合を示したものである。**表**や**グラフ**から読み取ったことがらを述べた，次の文中の｜　　｜①・②にあてはまるものを，**ア～ウ**から1つずつ選びなさい。
①[　　　] ②[　　　]〔北海道〕

各州の面積の合計に占める**略地図**中の**A**の国を含む州の面積の割合は，およそ①｜**ア** 13％　**イ** 17％　**ウ** 23％｜である。

略地図中の**B**の国を含む州と**E**の国を含む州の人口密度を比較すると，**B**の国を含む州は，**E**の国を含む州のおよそ②｜**ア** 4倍　**イ** 30倍　**ウ** 120倍｜である。

表 世界各州の面積 (単位：万km²)

アジア州	アフリカ州	ヨーロッパ州	北アメリカ州	南アメリカ州	オセアニア州	合計
3103	2965	2214	2133	1746	849	13009

(2020年)　　(2021年版「データブック オブ・ザ・ワールド」)

グラフ 世界の人口に対する州別の人口割合

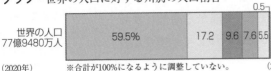

世界の人口 77億9480万人

| 59.5% | 17.2 | 9.6 | 7.6 | 5.5 | 0.5 |

☐ アジア州　☐ 北アメリカ州
☐ アフリカ州　☐ 南アメリカ州
☐ ヨーロッパ州　☐ オセアニア州

(2020年)　※合計が100％になるように調整していない。　(2021年版「データブック オブ・ザ・ワールド」)

地理

1 世界と日本のすがた

2 世界の諸地域①　人々の生活・環境，

3 世界の諸地域②

4 世界の諸地域③

5 地域調査，地域的特色①　理解度診断テスト①

6 地域的特色②，地域区分

7 九州，中国・四国，近畿地方

8 中部，関東地方

9 東北，北海道地方　理解度診断テスト②

2 世界の人々の生活・環境，世界の諸地域 ① (アジア州)

STEP 1　まとめノート

解答 ⇨ 別冊 p.3

① 世界の気候 ★★★

(1) **気候の要素**……〈**海流と風**〉大陸西岸の気候には，暖流の① ［　　　］**海流**や，常に一定の方向に吹く② ［　　　］，アジア東部から南部の気候には，季節により風向きが変わる③ ［　　　］（モンスーン）が影響を与える。
　└下記のほかに高山気候もある

(2) **世界の気候**……〈**世界の気候帯**〉**熱帯**(熱帯雨林気候・④ ［　　　］**気候**)，**乾燥帯**(砂漠気候・ステップ気候)，**温帯**(温暖湿潤気候・⑤ ［　　　］**気候**・地中海性気候)，**冷帯(亜寒帯)**，**寒帯**(ツンドラ気候・氷雪気候)からなる。
　　東南アジアやアフリカのジャングル，アマゾンのセルバに分布┘
　└タイガと呼ばれる針葉樹林が広がる

② 世界の人々の生活・環境 ★★

(1) **自然環境に適応したくらし**……〈**衣服**〉インドの女性の⑥ ［　　　］，朝鮮半島の女性の⑦ ［　　　］，アンデス地方の**インディオ**の**ポンチョ**など。〈**住居**〉東南アジアでは湿気を防ぐ⑧ ［　　　］，モンゴルでは移動に適した⑨ ［　　　］，
　　　　　　　　└アルパカの毛からつくられる
⑩ ［　　　］が狩りで利用する氷でつくられた**イグルー**など。

 ↑⑥　　 ↑⑦　　 ↑⑧　　 ↑⑨

(2) **世界の宗教とその分布**……〈**三大宗教**〉三大宗教は成立順に，**仏教・キリスト教・⑪** ［　　　］。仏教はインドの⑫ ［　　　］が始め，主に東南アジアや東アジアに分布。キリスト教は**イエス＝キリスト**が始め，主にヨーロッパ，南北アメリカ，オセアニアに分布。⑪ は⑬ ［　　　］が始め，主に西アジア，東南アジア，北アフリカに分布。信者は聖典の『**コーラン**』に基づく生活を行い，聖地は⑭ ［　　　］。〈**民族宗教**〉⑮ ［　　　］はインドの民族宗教で，身分制度である**カースト**と深いつながりがある。
　　　　　└のちにカトリック，プロテスタント，正教会などに分かれた

③ アジア州 ★★★

(1) **アジアのようす**……〈**歴史**〉16世紀以降，大部分が欧米諸国の植民地となったが，第二次世界大戦後に多くの国が独立。〈**現在のアジア**〉世界人口の約60％を占め，人口密度も高い。1980年代以降，東南アジア諸国や中国では工業化が進み，経済成長が目覚ましい。

(2) **自　然**……〈**山地・河川**〉⑯ ［　　　］**山脈**には8000ｍ級の山々が連なる。中国最長の**長江**，華北平原を流れる⑰ ［　　　］。〈**気候**〉東部から南部にかけては③（モンスーン）の影響で高温多湿。内陸部は乾燥して砂漠が広がる。赤道付近は年中高温多雨。
　　　　　　　　└最高峰はエベレスト山(8848ｍ)
　チャンチヤン

① _____
② _____
③ _____
④ _____
⑤ _____
⑥ _____
⑦ _____
⑧ _____
⑨ _____
⑩ _____
⑪ _____
⑫ _____
⑬ _____
⑭ _____
⑮ _____
⑯ _____
⑰ _____

入試Guide

それぞれの気候区の都市と雨温図に関する出題が多い。また，伝統的な衣食住や宗教と結びつけて出題されることが多いので，各地の気候と生活環境を関連づけて理解しておこう。

(3) **中華人民共和国(中国)**……〈国土と民族〉国土面積は日本の約25倍。人口は約14.4億人，そのうち9割が**漢族**。
└2020年
〈人口問題〉人口抑制のため，⑱_____を実施してきたが，2015年に廃止。〈農業〉北部は小麦や綿花などの畑作，南部は⑲_____，西部の内陸部は牧畜が中心。〈鉱工業〉石炭・鉄鉱石・原油の生産量は世界有数。

年間降水量 1000mm以下
年間降水量 1000mm以上

稲作		牧畜	↑ さとうきび
小麦		とうもろこし	● 茶
稲・小麦	綿花	大豆	― 年間降水量
こうりゃん・あわ			

⊕ 中国の農業区分

東部沿岸部に⑳_____や経済技術開発区を設け，外国の資本を導入，急速に経済が発展。「**世界の工場**」とも呼ばれ，インドなどとともに㉑_____の1つに数えられる。〈課題〉急激な工業の発展に伴い，大気汚染などの公害が深刻化。沿岸部と内陸の農村部との**経済格差**が広がる。〈日本との関係〉日本の最大の貿易相手国。日本への輸出品は㉒_____・衣類が
└2019年
多い。日本からの輸入品は㉒_____・プラスチック・自動車など。
└2019年   └2019年

(4) **大韓民国(韓国)**……〈歴史〉かつて日本が植民地として支配。第二次世界大戦後，**大韓民国**と**朝鮮民主主義人民共和国**が成立。〈工業〉1960年
└北朝鮮
代以降工業化が進み，1980年代には㉓_____の1つに数えられた。

(5) **東南アジア**……〈地域協力〉政治的・経済的な協力のために，10か国が㉔_____(ASEAN)を結成。〈農業〉年に2回同じ土地で稲を栽培する**二期作**。植民地時代に開かれた㉕_____での天然ゴムなどの栽培。〈鉱業〉沿岸部で天然ガスや原油を産出。〈**東南アジアの国々**〉マレーシアはイスラム教徒が多く，ルックイースト政策により工業化に成功。㉖_____は
└日本や韓国を手本とすること
第二次世界大戦中も独立を維持した仏教国であり，世界有数の米の輸出国。㉗_____はスマトラ島など多くの島々からなり，イスラム教徒が多い。㉘_____は島国で，キリスト教徒が多く，バナナの栽培がさかん。

(6) **南アジア**……〈インド〉人口約13.8億人で世界第2位。**ベンガルール**な
└2020年   └旧バンガロール
どで㉙_____産業が発展，㉑_____の1つ。綿花，小麦，茶の栽培がさかん。
└近年，インドでは自動車工業も発達

(7) **西アジア**……〈原油の生産〉ペルシア湾一帯は大油田地帯。石油輸出国の利益を守るため㉚_____(OPEC)を結成。〈**サウジアラビア**〉国土の大半が砂漠。イスラム教の聖地⑭_____がある。

⑱ _____
⑲ _____
⑳ _____
㉑ _____
㉒ _____
㉓ _____
㉔ _____
㉕ _____
㉖ _____
㉗ _____
㉘ _____
㉙ _____
㉚ _____

入試Guide
中国・インド・東南アジアに関する出題が多い。それぞれ工業化が進んだ理由を記述させる問題や日本との貿易，ASEANに関する出題が特に多い。地下資源や貿易品目に関するグラフも確認しておこう。

Let's Try 差をつける記述式

近年，中国が急速な経済発展を遂げたことによりおきている，経済面での課題について答えなさい。
Point 経済発展の中心となったのは沿岸部であることを考える。

[   ]

地理
1 世界と日本のすがた
2 人々の生活・環境，世界の諸地域①
3 世界の諸地域②
4 世界の諸地域③
理解度診断テスト①
5 地域調査，地域的特色①
6 地域的特色②，地域区分
7 九州，中国・四国，近畿地方
8 中部，関東地方
9 東北，北海道地方
理解度診断テスト②

13

解答 ⇨ 別冊 p.3

STEP 2　実力問題

ねらわれるココが
○ 世界の気候と人々のくらし
○ 中国の経済政策と農業
○ 東南アジアの国々と経済

1 次の問いに答えなさい。

（重要）(1) 右の**地図**中の★で示した地域の気候と人々のくらしについて述べた文として適切なものを，次の**ア〜オ**から1つ選びなさい。

[　　　]〔福島〕

地図

ア 年中高温多湿であり，木や竹でつくった風通しの良い高床式（たかゆか）の住居が見られる。

イ 年中乾燥（かんそう）しており，丈（たけ）の低い草原では羊などを飼育する遊牧が行われている。

ウ 年中寒冷であり，じゃがいもの栽培（さいばい）やアルパカなどの放牧が行われている。

エ 夏季は高温乾燥であり，オリーブなどの乾燥に強い作物の栽培が行われている。

オ 冬季は寒冷であり，暖房（だんぼう）の熱で凍土（とうど）がとけないように，高床の建物が見られる。

(2) 右上の**地図**中の**A〜C**の都市の気温と降水量を表したグラフを，右の**ア〜ウ**からそれぞれ1つずつ選びなさい。

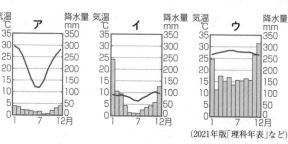

(2021年版「理科年表」など)

A[　　　] B[　　　] C[　　　]〔高知－改〕

（重要）(3) アジアの各地域で信仰（しんこう）されている宗教について述べた文として誤っているものを，次の**ア〜エ**から1つ選びなさい。　[　　　]〔弘学館高－改〕

ア 厳しい身分制度で知られるカーストとの結びつきが強いヒンドゥー教は，インドの国民の約8割が信仰し，牛は神聖な動物とされている。

イ 世界で最も多くの人が信仰するキリスト教は，フィリピンでは最も信者数の多い宗教となっている。

ウ 豚肉（ぶたにく）を食べないなどの決まりのあるイスラム教は，西アジアや中央アジアに信仰する人が多いが，インドネシアでも最も信者数の多い宗教となっている。

エ 日本にも中国や朝鮮（ちょうせん）半島を通して広まった仏教は，マレーシアでは最も信者数の多い宗教で，出家して僧侶（そうりょ）としての経験を積む男性が多い。

得点UP!

1 (1)高床式の住居は，熱帯と冷帯(亜（あ）寒帯)で見られる。熱帯では，湿気を防ぐため，冷帯(亜寒帯)では凍土が熱でとけないようにするために，くふうされたものである。

Check! 自由自在①
ほかの都市についても，属する気候帯と雨温図にどのような特徴が見られるか調べてみよう。

Check! 自由自在②
三大宗教とヒンドゥー教について，主に信仰されている地域や国，宗教ごとの特徴などを調べてみよう。

2 右の地図を見て，次の問いに答えなさい。

(1) **地図**中の中国について，次の問いに答えなさい。

① シェンチェンやアモイなど外国企業（き ぎょう）を誘致（ゆうち）して高度な技術や資金を導入する目的で，中国政府が設定している地域を何というか，答えなさい。

〔大阪教育大附高（平野）〕

[　　　　　　　　]

地図

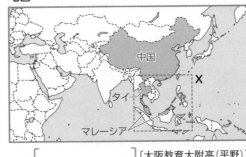

重要

② 中国の農業のようすについて述べた次の文中の空欄　A　～　C　に入る語句を，漢字2字でそれぞれ答えなさい。

A[　　　] B[　　　　] C[　　　]　　〔千葉―改〕

> 東北・華北（か ほく）など降水量の少ない北部では　A　が中心，華中・華南など降水量の多い南部では　B　が中心，乾燥（かんそう）した西部(内陸部)では　C　が中心となっている。

思考力

③ 中国の米の生産量は，世界全体の約30％を占（し）めているが，米の輸出量は，世界全体の約1％である。中国の米の輸出量が少ない理由を，人口に関連づけて，簡潔に答えなさい。　〔静岡〕

[　　　　　　　　　　　　　　　　　　　　]

(2) **地図**中の **X** の地域について，次の問いに答えなさい。

① この地域の10か国が経済的な結びつきを強めるためにつくっている組織の略称（りゃくしょう）をアルファベットで答えなさい。

[　　　　　　]　〔帝塚山高〕

思考力

② 日本やアメリカ合衆国の企業（き ぎょう）は，タイやマレーシアなど，東南アジアの国々へ進出している。その理由を**資料1**を参考に，「生産」の語句を使って簡潔に答えなさい。　〔鹿児島〕

[　　　　　　　　　　　　　　　　　　

資料1 各国の主要都市における製造業従事者の月額平均賃金

	月額平均賃金
日本	2339 ドル
アメリカ合衆国	3144 ドル
タイ	338 ドル
マレーシア	321 ドル

(2017年)　　　　　　　　（日本貿易振興機構）

③ 外国企業の進出もあり，タイでは**資料2**に見られるような変化があった。タイの輸出品目と輸出総額の変化の特徴（とくちょう）について，**資料2**をもとに答えなさい。

[　　　　　　　　　　

資料2 タイの輸出品目と輸出総額

1982年
総額
69.6億ドル
米 14.1%｜野菜 14.0｜砂糖 8.1｜6.2｜5.9｜その他 51.7
魚介類｜天然ゴム

2018年
総額
2524.9億ドル
機械類 31.2%｜自動車 12.1｜その他 45.4
ゴム製品2.9
プラスチック4.7｜石油製品3.7

(2020/21年版「世界国勢図会」など)

〔鹿児島―改〕

得点UP！

Check! 自由自在 ③

中国の経済開放政策によって工業が発展したが，その一方でさまざまな問題が発生している。この問題について調べてみよう。

2 (1)②北部では小麦やとうもろこしの栽培（さいばい）がさかんである。

③中国の人口は約14.4億人(2020年)で世界最多である。

Check! 自由自在 ④

日本の企業はどのような理由から東南アジアの国々に進出しているか調べてみよう。

(2)③主要輸出品目は，米・野菜・天然ゴムなどから機械類・自動車などに変化していることに注目する。

STEP 3　発展問題

解答 ⇒ 別冊 p.4

1 次の地図と表を見て，あとの問いに答えなさい。

〔東京学芸大附高-改〕

地図

表

	言語人口(2018年) (第一言語※による区分)	宗教人口(2019年)
1位	A　語(1311)	キリスト教(2519)
2位	スペイン語(460)	B　教(1893)
3位	英語(379)	ヒンドゥー教(1063)
4位	ヒンディー語(341)	仏教(546)

※第一言語とは最初に習得した言語のこと。( )内は人口，単位は百万人。

(2021年版「データブック オブ・ザ・ワールド」)

難問 (1) 次のグラフは，上の**地図**に示された4つの大陸における5つの気候帯のおよその割合を示したものである。アフリカ大陸にあてはまるものを，**ア〜エ**から1つ選びなさい。　　　　[　　　　]

ア

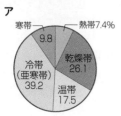

寒帯 9.8／熱帯7.4%
冷帯(亜寒帯)39.2／乾燥帯26.1／温帯17.5

イ

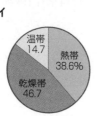

温帯14.7／熱帯38.6%／乾燥帯46.7

ウ

温帯25.9／熱帯16.9%／乾燥帯57.2

エ

寒帯100%

(2021年版「データブック オブ・ザ・ワールド」)

(2) 右上の**表**は，世界の主な言語人口及び宗教人口のそれぞれ上位4位を示したものである。左上の**地図**中の**a〜e**の国のうち，**表**中の　A　語を話す割合が最も高い国と，　B　教を信仰する割合が最も高い国を，それぞれ**a〜e**から選びなさい。　A語[　　　　]　B教[　　　　]

2 右の地図を見て，次の問いに答えなさい。

独創的 (1) 地図中の**ア〜カ**の都市に，右下の**A〜E**の雨温図とその都市が含まれる気候区の説明文①〜⑤をそれぞれ1つずつ組み合わせると，あてはまらない都市が1つ残る。その都市を，**ア〜カ**から選びなさい。

[　　　　]〔国立高専-改〕

① 1年中高温多雨で，背の高い密林が形成される地域もある。

② 降水量が極度に少なく，樹木が育たない砂漠が広がる。

③ 標高が非常に高く，同緯度の低地より平均気温が低くなる。

④ 降水量が少なく，短い草の生える草原が広がる。

⑤ 1年中高温だが，雨季と乾季がはっきり分かれ，丈の高い草原とまばらな樹林が広がる。

地図

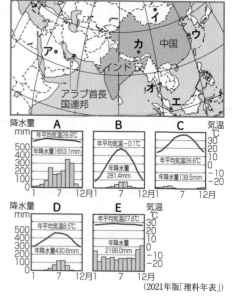

降水量 A　年平均気温28.9℃　年降水量1653.1mm

B　年平均気温−0.1℃　年降水量281.4mm

C　気温 年平均気温26.6℃　年降水量139.5mm

降水量 D　年平均気温8.5℃　年降水量430.6mm

E　気温 年平均気温27.6℃　年降水量2199.0mm

(2021年版「理科年表」)

(2) **地図**中のアラブ首長国連邦（れんぽう）では，1990年代から，高級ホテルがある人工島をつくるなどのリゾート開発を進めてきた。**資料1**は，1987年における，世界の原油の可採年数（採掘可能年数）を，**資料2**は，1987年と2017年における，アラブ首長国連邦の輸出総額と，輸出総額に占める原油の輸出額の割合を示している。アラブ首長国連邦がリゾート開発を進めようとした目的を，**資料1**・**資料2**から考えられることに関連づけて答えなさい。〔静岡〕

資料1

	可採年数（年）
原油	43.6

（1990/91年版「世界国勢図会」）

資料2

（2021年版「データブック オブ・ザ・ワールド」など）

[ ]

(3) **資料3**は，**地図**中のインドの人口と1人あたり国民総所得の推移を示したものである。次の文中の□□□□に入る内容を**資料3**から読み取り，「市場」の語句を使って答えなさい。〔福岡−改〕

資料3から，インドは，□□□□に成長していることがわかる。

[ ]

資料3

億人　　　　　　　　　　　ドル

人口：12.1（2009）13.0（14）13.5（18年）
1人あたり国民総所得：1073（2009）1557（14）2034（18年）

● 人口
■ 1人あたり国民総所得

（2020/21年版「世界国勢図会」など）

(4) **地図**中の中国の民族構成や民族問題についての説明として誤っているものを，次の**ア**〜**エ**から1つ選びなさい。〔立命館高−改〕

[ ]

ア 中国の人口の約9割は漢族が占めている。

イ 少数民族の大多数は沿岸部に集中しており，内陸にはあまり居住していない。

ウ 少数民族のうち，チョワン族・チベット族などの5民族には，自治区が設けられている。

エ 中国からの独立を求める少数民族もおり，中国政府としばしば衝突（しょうとつ）することがある。

---

3 東南アジアの国々について，次の問いに答えなさい。　〔筑波大附高−改〕

(1) **資料1**は，タイ，フィリピン，ベトナム，マレーシアの，2019年における日本への輸出額上位4品目を示したものである。マレーシアにあてはまるものを，**ア**〜**エ**から1つ選びなさい。

資料1

	ア	イ	ウ	エ
1位	機械類	機械類	機械類	機械類
2位	液化天然ガス	肉類	果実	衣類
3位	プラスチック	プラスチック	銅鉱	はきもの
4位	合板	魚介類	科学光学機器	魚介類

（2020/21年版「日本国勢図会」）

[ ]

(2) **資料2**は，2019年における東南アジア諸国の，日本企業（ぎょう）の進出社数を示したものである。ラオスへの日本企業の進出社数が少ない理由の1つを説明した次の文の空欄（くうらん）　A　・　B　に入る語句を7字以内で答えなさい。

A □□□□□□□　　B □□□□□□□

ラオスは位置的に　A　ので，ほかの東南アジアの諸国と比べて，生産した製品を　B　ことが難しいから。

資料2

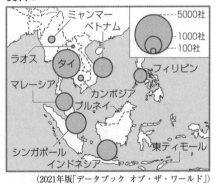

（2021年版「データブック オブ・ザ・ワールド」）

地理

1 世界と日本のすがた

2 人々の生活・環境、世界の諸地域①

3 世界の諸地域②

4 世界の諸地域③

診断テスト①

5 地域調査、地域的特色①

6 地域的特色②、地域区分

7 九州・中国・四国、近畿地方

8 中部、関東地方

9 東北、北海道地方

診断テスト②

第1章　地理

3 ▶ 世界の諸地域 ② （ヨーロッパ州，アフリカ州）

📊 STEP 1　まとめノート

解答 ⇨ 別冊 p.5

① ヨーロッパ州 ★★★

(1) ヨーロッパのようす……〈**あゆみ**〉紀元前1世紀にローマ帝国が地中海沿岸を支配。大航海時代には，スペインやポルトガルが世界各地に進出。18世紀半ばにイギリスで①　　　がおこり，19世紀には資本主義が確立。冷戦終結後，**ヨーロッパ連合（EU）**による経済統合が進む。〈**自然**〉南部には険しい②　　　**山脈**が東西に連なり，北部のスカンディナビア半島には③　　　が見られる。〈**気候**〉西ヨーロッパは，暖流の④　　　**海流**と⑤　　　の影響で，高緯度のわりに比較的温暖な**西岸海洋性気候**。
　↳氷河の影響で複雑な海岸線になっている
南部の地中海沿岸は，夏は高温乾燥，冬は温暖湿潤な**地中海性気候**。東部は主に冷帯（亜寒帯）。〈**民族と宗教**〉主に北部には⑥　　　**系民族**，南部には⑦　　　**系民族**，東部には**スラブ系民族**が多い。キリスト教徒が多く，主に⑥系民族は⑧　　　，⑦系民族は⑨　　　，スラブ系民族は**正教会**を信仰。

(2) ヨーロッパの産業……〈**農業**〉アルプス山脈の北側では，穀物栽培と家畜の飼育を組み合わせた⑩　　　**農業**，地中海沿岸地域では，夏にオリーブやぶどうなど，冬に小麦の栽培を行う⑪　　　**農業**，北部やアルプス地方では**酪農**がさかん。〈**鉱工業**〉北海で油田開発，**国際河川**のライン川流域に⑫　　　**工業地域**が発展。
　↳複数の国を流れ，どの国の船も自由に航行できる河川

(3) ヨーロッパ連合（EU）……〈**あゆみ**〉1967年に⑬　　　**（EC）**が成立，1993年に**EU**が発足。〈**政策**〉国境でのパスポート提示の廃止。共通通貨の⑭　　　の導入。域内の関税撤廃。〈**課題**〉加盟国間の**経済格差**や増加する**外国人労働者，移民・難民**など。

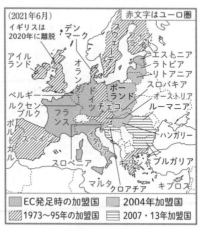

（2021年6月）　赤文字はユーロ圏
イギリスは2020年に離脱
デンマーク
アイルランド
エストニア
ラトビア
リトアニア
スロバキア
オーストリア
ルーマニア
オランダ
ベルギー
ルクセンブルク
ドイツ
チェコ
ポーランド
フランス
ハンガリー
ポルトガル
スペイン
イタリア
スロベニア
クロアチア
ブルガリア
マルタ
キプロス

■ EC発足時の加盟国　□ 2004年加盟国
▨ 1973〜95年の加盟国　▤ 2007・13年加盟国

⬆ EU加盟国

(4) イギリス……〈**あゆみ**〉①　　　以降，多くの植民地を支配したが，第二次世界大戦後は多くが独立。2020年に**EU**を離脱。〈**産業**〉北海油田が開発され，石油輸出国になる。

(5) フランス……〈**農業**〉EU最大の農業国。小麦の生産・輸出量は世界有数。〈**工業**〉トゥールーズでは，航空機の生産がさかん。
　↳各国から集まった部品を組み立てる

(6) ドイツ……〈**農業**〉北部や東部で⑩　　　農業がさかん。〈**工業**〉EU最大の工業国で，⑫　　　工業地域が発展。〈**環境対策**〉大気汚染や**酸性雨**などの対策として，都心への自動車の乗り入れを制限する⑮　　　を実施。
　↳交通渋滞の緩和や大気汚染の軽減を図ることが目的

解答欄：
①　　　②　　　③　　　④　　　⑤　　　⑥　　　⑦　　　⑧　　　⑨　　　⑩　　　⑪　　　⑫　　　⑬　　　⑭　　　⑮

▶ 入試Guide

気候や民族と宗教，農業に関する出題が多い。また，EUについて，域内の経済格差，労働者の移動のようすなど，さまざまな面から出題されている。統計資料を用いた出題も多いので，農産物の生産量や貿易品目などの資料を確認しておこう。

(7) **イタリア**……〈**農業**〉半島部では⑪____農業が行われている。〈**工業**〉北部三角地帯（ミラノ・トリノ・ジェノバ）で発達。

(8) **ロシア連邦**……〈**あゆみ**〉1922年に**ソビエト社会主義共和国連邦（ソ連）**が誕生。1991年にロシア連邦などが**独立国家共同体（CIS）**を結成し，ソ連は解体。〈**国土・自然**〉世界最大の面積。⑯____山脈はヨーロッパ州とアジア州の境界。針葉樹林（**タイガ**）が広がる。〈**産業**〉黒土地帯は小麦の世界的産地。原油生産量は世界第2位（2019年）。原油や天然ガスを**パイプライン**でヨーロッパ諸国へ輸出。**BRICS**の1つ。

> **ズバリ暗記**
> ・アルプス山脈より南では地中海式農業，北では混合農業がさかん。
> ・ヨーロッパ連合（EU）では共通通貨のユーロを導入し，関税を撤廃。

②アフリカ州★

(1) **アフリカのようす**……〈**あゆみ**〉16世紀以降，黒人が⑰____としてアメリカ大陸などへ強制的に送られる。アフリカの大部分が⑱____として分割。その後1960年代に多くの国が独立。⑱____時代の名残で直線的な国境が多い。〈**自然・気候**〉世界最長の⑲____川が地中海へ注ぐ。赤道周辺は熱帯，⑳____砂漠周辺は乾燥帯。㉑____と呼ばれる⑳____砂漠の南縁の地域では㉒____が進行。
（←世界最大の砂漠）

(2) **アフリカの産業**……〈**農業**〉北部では⑪____農業や**オアシス農業**，砂漠地帯では遊牧，中・南部では㉓____農業や⑱____時代に開かれた㉔____農業がさかんである。〈**鉱業**〉原油，金，ダイヤモンド，㉕____（希少金属）などの地下資源が豊富。〈**経済**〉特定の農産物や鉱産資源の生産・輸出に依存する㉖____経済のため，経済が不安定な国が多い。
（←いも類などを生産）（←カカオ豆，コーヒー豆などを生産）

(3) **アフリカの課題**……〈**人口・食料問題**〉人口の急増に食料生産が追いつかず，食料不足が深刻。人口が農村から都市に流入し㉗____を形成。
（←貧しい人々が集まってくらす地区）

(4) **南アフリカ共和国**……〈**鉱工業**〉金やプラチナの世界的な産出国。先端技術産業に必要な㉕____も産出。工業化が進み，**BRICS**の1つ。〈**人種差別問題**〉㉘____（人種隔離政策）を行ってきたが，1990年代に廃止。

(5) **ギニア湾岸の国々**……**コートジボワール・ガーナ**は㉙____の世界的な生産国。**ナイジェリア**は㉚____の産出がさかん。
（←輸出の80％以上を占める（2018年））

⑯____
⑰____
⑱____
⑲____
⑳____
㉑____
㉒____
㉓____
㉔____
㉕____
㉖____
㉗____
㉘____
㉙____
㉚____

入試Guide

モノカルチャー経済の国々の輸出品目や，南アフリカ共和国のアパルトヘイトに関する出題が多い。

Let's Try　差をつける記述式

① ドイツなどで行われているパークアンドライドのしくみと目的を答えなさい。

Point 自動車の使用規制により，二酸化炭素の排出量を減らすことを考える。

[　　　　　　　　　　　　　　　　　　　　　　　　　　　　　　　]

② アフリカ州の多くの国々で，ヨーロッパ諸国の言語が公用語となっている理由を答えなさい。〔山梨〕

Point かつてのアフリカ州とヨーロッパ諸国の関係を考える。

[　　　　　　　　　　　　　　　　　　　　　　　　　　　　　　　]

地理

1 世界と日本のすがた

2 人々の生活・環境，世界の諸地域①

3 世界の諸地域②

4 世界の諸地域③

理解度診断テスト①

5 地域調査，地域的特色①

6 地域的特色②

7 九州，中国・四国，近畿地方

8 中部，関東地方

9 東北，北海道地方

理解度診断テスト②

STEP 2　実力問題

解答 ⇨ 別冊 p.5

1 ヨーロッパについて，次の問いに答えなさい。

(1) 地図1のAの国の沿岸で見られる，複雑な入り江が連続する独特な地形の名称を答えなさい。[　　　　　]〔大阪教育大附高(平野)〕

地図1

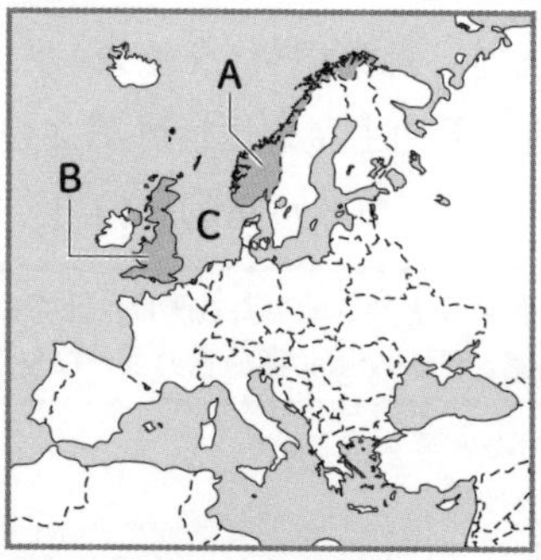

(2) 地図1のBの国の気候について述べた次の文中の空欄 X ・ Y に入る語句を答えなさい。〔沖縄〕

X[　　　　　] Y[　　　　　]

> Bの国は日本に比べて高緯度に位置しているが， X 海流と Y の影響を受けるため，気候は温暖である。

(3) 地図1のCの海域で採掘されている天然資源を，次のア～エから1つ選びなさい。[　　　]〔大阪教育大附高(平野)〕

ア 鉄鉱石　　イ 石炭　　ウ ボーキサイト　　エ 原油

(4) 地図2のⅠ～Ⅲの地域の農業分布と，次のa～cの農業の組み合わせとして適当なものを，表1のア～エから1つ選びなさい。[　　　]〔沖縄－改〕

a 混合農業　　b 酪農
c 地中海式農業

地図2

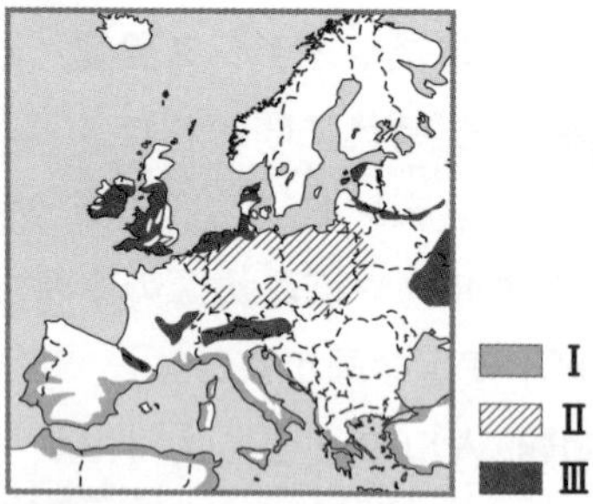

表1

	Ⅰ	Ⅱ	Ⅲ
ア	a	b	c
イ	c	b	a
ウ	c	a	b
エ	b	c	a

Ⅰ
Ⅱ
Ⅲ

表2

(5) ノルウェー，ドイツ，ハンガリー，フランスのそれぞれの国で最も多く信仰されているキリスト教の宗派の組み合わせとして適当なものを，表2のア～エから1つ選びなさい。

	ノルウェーとドイツ	フランスとハンガリー
ア	正教会	カトリック
イ	カトリック	正教会
ウ	プロテスタント	正教会
エ	プロテスタント	カトリック

[　　　]〔岩手〕

2 EU について，次の問いに答えなさい。

(1) 資料1は，EUと中国，アメリカ合衆国，日本のGDP，人口，面積を示している。EUにあたるものを，ア～エから1つ選びなさい。

[　　　]〔沖縄〕

資料1

	GDP(兆ドル)	人口(億人)	面積(万 km²)
ア	13.6	14.3	960.0
イ	20.6	3.3	983.4
ウ	18.8	5.1	437.4
エ	5.0	1.3	37.8

(2018年)　※EUはイギリスを含む28か国。

(2020/21年版「世界国勢図会」)

得点UP!

1 (2)西岸海洋性気候の特徴である。

Check! 自由自在 ①
西岸海洋性気候と地中海性気候について，ヨーロッパのどの地域に分布しているか調べてみよう。

(3)イギリスはこの資源の輸出国となっている。

(4)ヨーロッパでは，アルプス山脈を挟んだ南北の地域と地中海沿岸地域，北ヨーロッパでそれぞれ特徴的な農業が行われている。

(5)ゲルマン系民族はプロテスタント，ラテン系民族はカトリック，スラブ系民族は正教会の信者が多い。

2 (1)人口と面積からそれぞれ判断できる。

(2) **資料2**は，EU27か国（2021年6月現在）について，ヨーロッパ共同体（EC）またはEUに加盟した時期と，2018年における1人あたりの国内総生産を示している。2000年以降の加盟国に見られる特徴を踏まえて，加盟国の増加に伴って生じているEUの課題について簡潔に答えなさい。 〔熊本〕

資料2

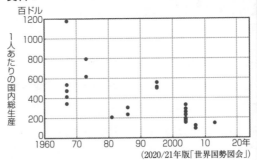

（2020/21年版「世界国勢図会」）

[   ]

得点UP!

(2) 2000年以降に加盟した国々の多くは1人あたりの国内総生産が低いことに着目する。

Check! 自由自在②
EUが行っている通貨統合，関税撤廃などの政策と，EUが抱えている課題について調べてみよう。

3 **アフリカの国々について，次の問いに答えなさい。**

(1) 南アフリカ共和国について述べた文として誤っているものを，次の**ア～エ**から1つ選びなさい。 [   ]〔大分〕

　ア 大航海時代にバスコ＝ダ＝ガマが通過した喜望峰がある。

　イ かつてはアパルトヘイトを行っていたが，現在は廃止されている。

　ウ 温暖な気候を利用して，カカオ豆のプランテーション農業がさかんである。

　エ 金や鉄鉱石，レアメタルなどの鉱産資源が豊富である。

(2) **資料1**は，右下の**地図**中の**ア～エ**の国々の輸出総額に占める品目別の輸出額の割合を示している。**資料2**は，2005年から2020年における，原油，銅，カカオ豆の，国際価格の推移を2005年を100として示している。あとの問いに答えなさい。 〔静岡－改〕

資料1

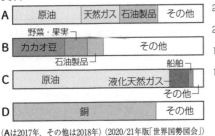

（Aは2017年，その他は2018年）（2020/21年版「世界国勢図会」）

資料2

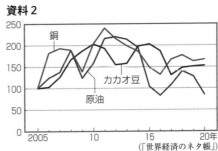

（「世界経済のネタ帳」）

① **資料1**の**B**にあたる国を，右の**地図**中の**ア～エ**から1つ選びなさい。 [   ]

② **資料1**に見られるような特定の鉱産資源や農産物の輸出に頼る経済を何というか，答えなさい。また，それによって生じるその国の国家財政における問題点を，**資料2**からわかることに関連づけて答えなさい。 経済[   ]

　問題点[

地図

3 (2)①地図中の**ア～エ**はコートジボワール，ナイジェリア，アルジェリア，ザンビアのいずれかを示している。

②原油や銅，カカオ豆の国際価格は，年によって変動が大きいことから考える。

Check! 自由自在③
アフリカが抱えている課題にはどのようなことがあるか調べてみよう。

地理

1 世界と日本のすがた

2 人々の生活・環境，世界の諸地域①

3 世界の諸地域②

4 世界の諸地域③

理解度診断テスト①

5 地域調査，地域的特色①

6 地域的特色②，地域区分

7 近畿地方，中国・四国，九州地方

8 中部，関東地方

9 東北，北海道地方

理解度診断テスト②

STEP 3　発展問題

解答 ⇨ 別冊 p.6

1 ヨーロッパについて，次の問いに答えなさい。

(1) **資料1**は，A〜D4か国の貿易額を地図に示した
ものである。**資料1**から読み取れることとして最
も適当なものを，次の**ア**〜**エ**から1つ選びなさい。
〔[　　　]〔佐賀〕

ア イギリスは，輸入額が輸出額より1000億ドル
以上多い。

イ フランスは，イギリスよりも輸出額と輸入額
の差が大きい。

ウ ドイツは，4か国の中で唯一輸出額が輸入額
を上回っている。

エ イタリアは，4か国の中で輸出額，輸入額ともに最も少ない。

資料1

A 億ドル／B 億ドル／C 億ドル／D 億ドル
■ 輸出額　■ 輸入額
(2019年)　(2020/21年版「世界国勢図会」)

(2) **資料2**は，**資料1**のB国にある航空機メーカーでの，航空機
の生産のようすを示したものである。**資料2**を参考に，この航
空機メーカーの航空機生産の特徴を簡潔に答えなさい。 〔佐賀〕

[　　　　　　　　　　　　　　　　　　　　　　　　　　　　]

資料2

A国 エンジン，主翼など
C国 前方胴体，後方胴体など
スペイン 水平尾翼など
B国で最終組み立て
B国 コックピット，中央胴体など
※国名は主な部品の製造国を示す。
A国，B国，C国は**資料1**のA，B，Cと同一の国を示す。

(3) 次の文中の空欄　Ⅰ　・　Ⅱ　に入る記号の組み合わせとして最も適当なものを，あとの**ア**〜
クから1つ選びなさい。なお，**資料3**中のA〜Dはアジア，北アメリカ，南アメリカ，ヨー
ロッパのいずれかで，a〜eはアメリカ合衆国，カナダ，中国，ブラジル，ロシア連邦のいず
れかである。また，**略地図**中のX・Yはそれぞれ河川を示している。 [　　　]〔愛知〕

> **資料3**中の　Ⅰ　はヨーロッパを示しており，狭い地域に多くの国が密集していることがわか
> る。したがって，**略地図**中の　Ⅱ　のような河川で水質汚染が発生すると，流域で国際的な環境
> 問題に発展することもある。

ア Ⅰ-A　Ⅱ-X
イ Ⅰ-A　Ⅱ-Y
ウ Ⅰ-B　Ⅱ-X
エ Ⅰ-B　Ⅱ-Y
オ Ⅰ-C　Ⅱ-X
カ Ⅰ-C　Ⅱ-Y
キ Ⅰ-D　Ⅱ-X
ク Ⅰ-D　Ⅱ-Y

資料3

州名(国数)・国名	面積(千km²)	人口(千人)
A(dを含む47か国)	31033	4641055
アフリカ(54か国)	29648	1340598
B(aを含む45か国)	22135	747636
C(b,cを含む23か国)	21330	592072
D(eを含む12か国)	17461	430760
オセアニア(16か国)	8486	42678
a	17098	145934
b	9985	37742
c	9834	331003
d	9600	1439324
e	8516	212559

(2021年版「データブック オブ・ザ・ワールド」)

略地図

※国境は一部省略している。

地理

1 世界と日本の すがた

2 世界の諸地域①

3 世界の諸地域②

4 世界の諸地域③

診断テスト①

5 地域調査、地域的特色①

6 地域的特色②、地域区分

7 九州地方・中国・四国、

8 中部、関東地方

9 東北、北海道地方

理解度 診断テスト②

(4) 右の**図**は、EU、アメリカ合衆国、中国、日本について相互の貿易額を示したものである。EUにあたるものを、**ア〜エ**から1つ選びなさい。 　　[　　] 〔東大寺学園高一改〕

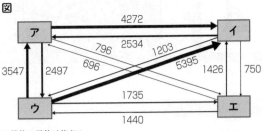

※数値の単位は億ドル。
(2018年)
(2020/21年版「世界国勢図会」)

2 アフリカについて、次の問いに答えなさい。

(1) 次の**ア〜エ**は、右の**地図**中の4都市の気温と降水量を表している。トンブクトゥにあたるものを、**ア〜エ**から1つ選びなさい。 　　[　　] 〔福島〕

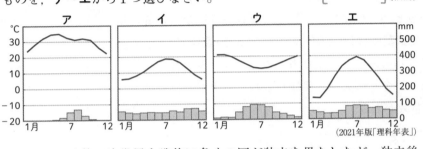

(2021年版「理科年表」)

地図

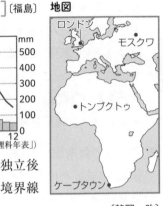

〔静岡一改〕

(2) アフリカでは第二次世界大戦後に多くの国が独立を果たしたが、独立後も各地で民族間の対立が続いている。その理由を、植民地時代の境界線の引かれ方に関連づけて、簡潔に答えなさい。

[　　]

(3) 次の**ア〜ウ**は、アフリカにおける、ある指標について国別に示したものである。あとの①〜③の項目にあたるものを、**ア〜ウ**からそれぞれ選びなさい。

①[　　] ②[　　] ③[　　] 〔ラ・サール高一改〕

① 人口密度
② 1人あたり国民総所得
③ 5歳未満児死亡率

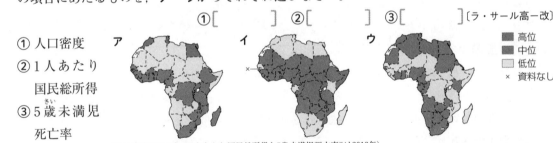

■ 高位
■ 中位
□ 低位
× 資料なし

(人口密度は2020年、1人あたり国民総所得と5歳未満児死亡率※は2018年)
※出生児のうち5歳未満で死亡する割合。
(2020/21年版「世界国勢図会」)

(4) ほとんどが発展途上国のアフリカ諸国は、先進国からより安い価格の農産物や加工製品を求められ、利益が少なくなることが多い。そのため、近年行われるようになった、より適正な価格で取り引きを行うことで生産国の人々の生活と自立を支える取り組みを何というか、カタカナ7字で答えなさい。[　　] 〔青雲高〕

資料1 茶の生産量の国別割合

トルコ 4.3
スリランカ 4.8
ケニア 7.8
インド 21.2
中国 41.2%
総生産量 633.8万t
その他 20.7
(2018年)
(2020/21年版「世界国勢図会」)

資料2 茶の消費量

順位	国	消費量(千t)
1	中国	2055.7
2	トルコ	247.5
3	イギリス	107.8
4	日本	103.9
5	モロッコ	71.0

(2016〜18年の平均値)
(2021年版「データブック オブ・ザ・ワールド」)

(5) **資料1**と**資料2**から、ケニアは茶の生産量は3位で多いが、消費量は少ないことがわかる。その理由を、「商品作物」の語句を使って、ケニアの経済の特徴に触れて簡潔に答えなさい。〔広島〕

[　　]

4 世界の諸地域 ③ （北アメリカ州，南アメリカ州，オセアニア州）

STEP 1 まとめノート

解答⇨別冊 p.7

① 北アメリカ州 ★★★

(1) **北アメリカのようす**……〈あゆみ〉先住民は① 　　。**コロンブスの到達**
以降，ヨーロッパ人の移住が始まり，1776年に② 　　からの独立を宣
言し，アメリカ合衆国が誕生。〈**自然**〉東部に③ 　　**山脈**。西部の**ロッ
キー山脈**と**ミシシッピ川**の間には，④ 　　や**プレーリー**が広がる。北
部は冷帯（亜寒帯）で針葉樹林（**タイガ**）が分布。〈**人種・民族**〉アメリカ合
衆国には，ヨーロッパ系のほかアフリカ系の黒人やアジア系，スペイ
ン語を話す⑤ 　　など多くの人種・民族が混在。カナダでは，イギリ
ス系とフランス系住民が混在。
　　　　　　　　　　　　　└英語とフランス語が公用語┘
（西インド諸島に到達┘）

(2) **アメリカ合衆国**……〈**農
牧業**〉地域ごとに農畜産
物を⑥ 　　で効率良く
生産。南部一帯では
⑦ 　　，中部では⑧ 　　，
　　　　└近年は大豆の生産もさかん┘
プレーリーでは⑨ 　　
の栽培がさかん。カリ
フォルニア周辺では
⑩ 　　**農業**が行われ，

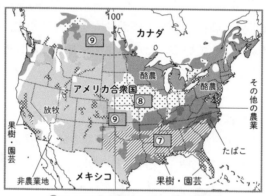

↑ **アメリカ合衆国・カナダの農牧業地域**

オレンジ・ぶどうの栽培がさかん。④ 　　では大規模な放牧（肉牛）と**セン
タービボット方式**によるかんがい農業が行われている。〈**鉱業**〉メキシ
コ湾岸油田などを中心に，世界有数の原油産出国。近年は**シェールガ
ス**や**シェールオイル**の生産が増加。〈**工業**〉世界最大の工業国で，海外
に進出している⑪ 　　**企業**も多い。**北緯37度以南**の⑫ 　　と呼ばれる
地域では，**先端技術（ハイテク）産業**が発達。サンフランシスコ近郊の
⑬ 　　には**情報通信技術（ICT）**関連企業が集中。アメリカ合衆国・メキ
シコ・カナダ協定（**USMCA**）を結ぶ。〈**日本との関係**〉日本の重要な貿易
相手国の1つ。1980年代には自動車を中心に⑭ 　　がおこったため，
　　└それまでの北米自由貿易協定（NAFTA）にかわるもの
日本の自動車メーカーは**現地生産**を始めるなどの対応をとった。

(3) **カナダ・メキシコ**……〈**カナダ**〉国土面積は世界第2位。林業がさかん。
鉄鉱石や原油などの産出量が多い。〈**メキシコ**〉とうもろこしなどの栽
培がさかん。⑮ 　　の産出量は世界第1位。原油の産出量も多い。
　　　　　　　└2016年

ズバリ暗記	・アメリカ合衆国では農産物を適地適作で効率良く生産している。
	・サンベルトと呼ばれる北緯37度以南の地域で，先端技術産業が発達。

① ＿＿＿＿＿＿＿

② ＿＿＿＿＿＿＿

③ ＿＿＿＿＿＿＿

④ ＿＿＿＿＿＿＿

⑤ ＿＿＿＿＿＿＿

⑥ ＿＿＿＿＿＿＿

⑦ ＿＿＿＿＿＿＿

⑧ ＿＿＿＿＿＿＿

⑨ ＿＿＿＿＿＿＿

⑩ ＿＿＿＿＿＿＿

⑪ ＿＿＿＿＿＿＿

⑫ ＿＿＿＿＿＿＿

⑬ ＿＿＿＿＿＿＿

⑭ ＿＿＿＿＿＿＿

⑮ ＿＿＿＿＿＿＿

入試Guide

アメリカ合衆国に関し
て，適地適作による農
業分布と工業関連の出
題が多い。特に，サン
ベルトとシリコンバレ
ーはよく出題される。
また，工業の中心が北
部から南部のサンベル
トへ移動した理由など
を問う記述問題も出題
されている。

② 南アメリカ州 *

(1) **南アメリカのようす**……〈**あゆみ**〉先住民の
⑯　　　は南アメリカ大陸で⑰　　　**文明**など
を築く。16世紀以降，**スペイン**と**ポルトガ
ル**による植民地化が進む。〈**民族・公用語**〉白
人と⑯の混血の⑱　　　が多く，ブラジルで
は**ポルトガル語**，その他の多くの国では**ス
ペイン語**が公用語。〈**自然**〉西部に険しい
⑲　　　山脈。

↑ 南アメリカの地形

(2) **ブラジル**……〈**自然**〉流域面積が世界最大の
⑳　　　川流域は㉑　　　**気候**。ブラジル高原は㉒　　　**気候**。大農園で栽
培される㉓　　　の生産量は世界一。近年，㉔　　　の栽培が増加。〈**鉱工
業**〉世界有数の鉄鉱石の産出国。工業化が進み **BRICS** の1つ。〈**日本と
の関係**〉20世紀初めから移住した日本人の子孫の㉕　　　が多い。
└ファゼンダ
└バイオエタノールの原料　└ブリックス
└約190万人がくらす(2017年)

(3) **その他の主な国々**……〈**ペルー**〉⑲山脈の高山気候地帯では，いも類，
とうもろこしの栽培，㉖　　　やアルパカの放牧。〈**チリ**〉⑲山脈西部の
南北に細長い国。**銅**の産出量が世界一。〈**アルゼンチン**〉ラプラタ川流
域の㉗　　　では混合農業や牧牛，牧羊がさかん。
└2015年

③ オセアニア州 **

(1) **オセアニアのようす**……〈**地域区分**〉
オーストラリア大陸・ミクロネシ
ア・メラネシア・ポリネシア。〈**先住
民**〉オーストラリアは㉘　　　，ニュー
ジーランドは**マオリ**。

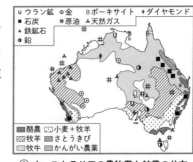
↑ オーストラリアの農牧業と鉱業の分布

(2) **オーストラリア**……〈**自然**〉中央部に
グレートアーテジアン（大鑽井）盆地，
└だいさんせい ぼんち
北東岸に**グレートバリアリーフ**。〈**社会**〉ヨーロッパ系移民以外の移民
└世界最大のさんご礁
を制限する㉙　　　を廃止し，**多文化社会**へと変化。〈**産業**〉㉚　　　の生
└1970年代に廃止　　　　　　　　　　　　　　　　　└飼育数が多い家畜の毛
産量・輸出量が世界有数。**鉄鉱石・石炭**が豊富で，日本などへ輸出。
└主に西部で採掘　└主に東部で採掘

右欄（記入欄）:
⑯　⑰　⑱　⑲　⑳　㉑　㉒　㉓　㉔　㉕　㉖　㉗　㉘　㉙　㉚

入試Guide

ブラジルの工業の発展とそれに伴う環境問題に関する出題，オーストラリアの先住民や白豪主義，石炭・鉄鉱石の分布や肉牛と羊の飼育地域を問う出題が多い。
└ごう

Let's Try　差をつける記述式

① アメリカ合衆国で行われている「適地適作」とはどのような農業か答えなさい。

Point 国土が広いため，各地域の自然環境が異なっていることを考える。
└かんきょう

[　　　　　　　　　　　　　　　　　　　　　　　　　　　　]

② 1970年代以降，オーストラリアで，ヨーロッパ系以外の移民が増えた理由を答えなさい。

Point かつてオーストラリアが行っていた政策を考える。

[　　　　　　　　　　　　　　　　　　　　　　　　　　　　]

STEP 2 　実力問題

解答 ⇒ 別冊 p.7

1 アメリカ合衆国について，次の問いに答えなさい。

(1) 図1のア〜ウの■■■は，アメリカ合衆国における州人口のうち，①アフリカ系が15％以上を占める州，②ヒスパニックが15％以上を占める州，③アジア系が5％以上を占める州のいずれかを示す。①〜③を示したものを，ア〜ウからそれぞれ選びなさい。　①[　　]　②[　　]　③[　　]〔熊本〕

図1

ア　イ　ウ
※ア・イ・ウは，アラスカ州とハワイ州を除いている。
(2021年版「データブック オブ・ザ・ワールド」)

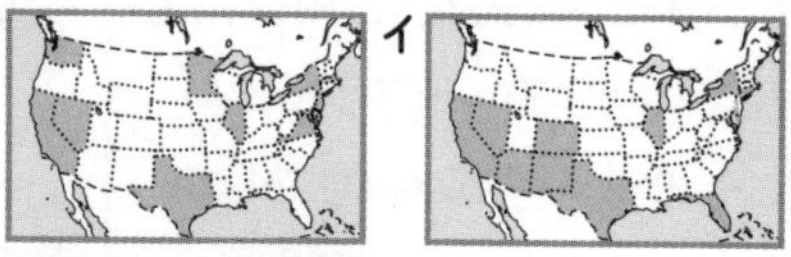

(2) 図2中のXの3つの州とYの3つの州は，表中のA・Bのいずれかの地域であり，表中のI・IIは製鉄・半導体のいずれかである。Aにあてはまる地域をX・Yから1つ選びなさい。また，Iに入る語句を答えなさい。　A[　　]　I[　　]〔栃木一改〕

図2

□ X
□ Y

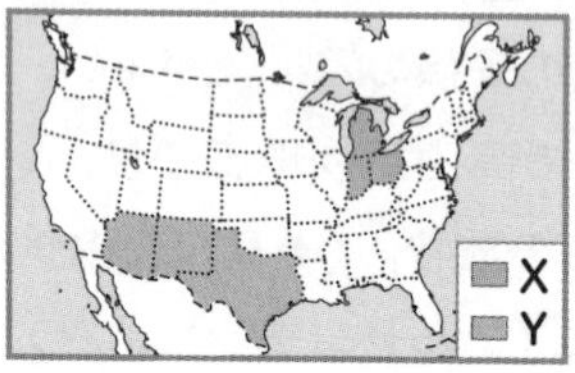

表

地域	各州の主な製造品
A	石油・化学薬品
A	航空宇宙・I
A	I・医療機械
B	自動車・II
B	自動車・石油
B	自動車・プラスチック

(2021年版「データブック オブ・ザ・ワールド」)

(3) **資料1**は，アメリカ合衆国・日本・中国のいずれかの農業従事者数などを，**資料2**は，農業従事者1人あたりの農地面積などを示したものである。アメリカ合衆国にあたるものをa〜cから1つ選びなさい。また，そのように判断した理由を，**資料1・2**から読み取れることとアメリカ合衆国の農業の特徴に触れ，簡潔に答えなさい。　[　　]〔栃木〕

[　　　　　　　　　　]

資料1

	農業従事者数※	輸出総額に占める農産物の輸出額の割合※※
a	224万人	9.4％
b	226万人	0.4％
c	20740万人	2.1％

※は2018年，※※は2013年。
(2021年版「データブック オブ・ザ・ワールド」など)

資料2　総産業従事者に占める農業従事者の割合
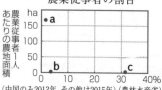
(中国のみ2013年，その他は2015年)(農林水産省)

(4) **資料3**は，タイ・ブラジル・アメリカ合衆国・日本のいずれかの産業別人口構成を示したものである。アメリカ合衆国にあたるものを，ア〜エから1つ選びなさい。　[　　]〔青雲高〕

資料3
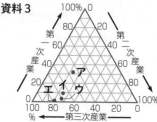
(2018年)
(2021年版「データブック オブ・ザ・ワールド」)

得点UP！

1 (1)綿花栽培の労働力として，アフリカから黒人が奴隷として連れてこられた。

Check! 自由自在①
多くの人種や民族が混在しているアメリカ合衆国の人口構成やその分布について調べてみよう。

(2)五大湖周辺では重工業が発達し，サンベルトでは先端技術（ハイテク）産業がさかんである。

Check! 自由自在②
アメリカ合衆国の小麦，綿花，とうもろこしの産地では，どのような農業が行われているか調べてみよう。また，グレートプレーンズなどの乾燥地域で見られるセンターピボット方式についても調べてみよう。

2 右の地図を見て，次の問いに答えなさい。

〔久留米大附高－改〕

(1) 地図中の **A～C** で産出する鉱産物を，次の**ア～エ**から選びなさい。A[　　　] B[　　　] C[　　　]

　　ア 鉄鉱石　　イ 原油　　ウ 銅　　エ 石炭

(2) 地図中の緯線 **X～Z** のうち，赤道にあたるものを 1 つ選びなさい。　　　　　　　　　　　　　　[　　　　　]

(3) 地図中の **a～d** の地点のうち，2 つは同じ気候区分である。その 2 つを記号で答えなさい。[　　・　　]

(4)【重要】 地図中の **W** の国の農業について，次の文中の空欄 ① ・ ② に入る作物名を答えなさい。　　①[　　　　　] ②[　　　　　]

> 　この国は長い間， ① に依存したモノカルチャー経済であったため，近年では ② や大豆などの生産が増えている。特に ② は国内で消費されるバイオエタノールの原料としての需要が増えている。

地図

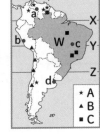

★ A
▲ B
■ C

3 次の問いに答えなさい。

(1)【重要】 地図中の×と●は，石炭・鉄鉱石・原油のうち 2 つの鉱産物の分布を示す。×と●にあたる鉱産物を答えなさい。×[　　　　　] ●[　　　　　]〔富山－改〕

地図

(2) **表 1・表 2** から読み取れることとして正しいものを，次の**ア～エ**から 1 つ選びなさい。　　[　　　]〔千葉〕

表1 アメリカ合衆国，オーストラリア，中国の貿易上位 2 品目及び貿易額

	輸出上位2品目		輸出総額	輸入上位2品目		輸入総額
	1位	2位	（百万ドル）	1位	2位	（百万ドル）
アメリカ合衆国	機械類	自動車	1665303	機械類	自動車	2611432
オーストラリア	鉄鉱石	石炭	230163	機械類	自動車	228442
中国	機械類	衣類	2494230	機械類	原油	2134983

表2 アメリカ合衆国，オーストラリア，中国の貿易相手先上位 3 か国・地域

	輸出上位3か国・地域			輸入上位3か国・地域		
	1位	2位	3位	1位	2位	3位
アメリカ合衆国	カナダ	メキシコ	中国	中国	メキシコ	カナダ
オーストラリア	中国	日本	韓国	中国	アメリカ合衆国	日本
中国	アメリカ合衆国	香港	日本	韓国	日本	台湾

(2018年)　　　（**表1・表2** とも 2020/21年版「世界国勢図会」）

　　ア アメリカ合衆国は，輸出と輸入の上位 2 品目が同じであり，輸入総額が輸出総額を上回っている。また，貿易相手先上位 3 か国・地域は，中国と北アメリカ州の国である。

　　イ オーストラリアの輸出と輸入の上位 2 品目を見る限り，原料や資源を輸出して工業製品を輸入している。また，貿易相手先の上位は，輸出・輸入とも日本が 2 位である。

　　ウ 中国の輸出総額は輸入総額を大きく上回り，その差額はオーストラリアの輸出総額より大きい。また，輸出上位 3 か国・地域は，すべてアジア州の国・地域である。

　　エ アメリカ合衆国とオーストラリアの輸出総額と輸入総額を比較すると，どちらもアメリカ合衆国はオーストラリアの 10 倍以上である。また，両国の輸入上位 1 位は中国である。

得点UP!

2 (1)ブラジルは鉄鉱石，チリは銅の産出量が多い。

(4)大豆は，新興国で消費される飼料や油脂原料として需要が高まっている。

Check! 自由自在③
ブラジルの工業化の進展に伴って発生している環境問題について調べてみよう。

3 (1)日本が輸入している鉄鉱石と石炭の最大の貿易相手国はオーストラリアである。

Check! 自由自在④
オーストラリアの貿易相手国の変化について調べてみよう。

地理

1 世界と日本のすがた

2 人々の生活・環境，世界の諸地域①

3 世界の諸地域②

4 世界の諸地域③

理解度診断テスト①

5 地域調査，地域的特色①

6 地域的特色②，地域区分

7 九州・中国・四国，近畿地方

8 中部，関東地方

9 東北，北海道地方

理解度診断テスト②

STEP 3　発展問題

解答 ⇨ 別冊 p.8

1 アメリカ合衆国に関して，次の地図1〜3を見て，あとの問いに答えなさい。

地図1　　　　　　　　　　　　地図2　　　　　　　　　　　　地図3

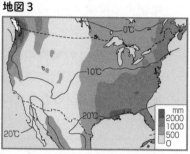

(1) 地図1中のA〜Dで示された地域の気候について述べた文として誤っているものを，次の**ア**〜**エ**から1つ選びなさい。　　　　　　　　　　　　　　　　　[　　　]〔清風南海高〕

　ア Aの地域は，夏に湿潤になり，冬に乾燥する温帯の気候が見られる。

　イ Bの地域は，岩石や砂の土地が続くなど乾燥帯の気候が見られる。

　ウ Cの地域は，高緯度であることから冷帯の気候が見られる。

　エ Dの地域は，アメリカ合衆国では数少ない熱帯の気候が見られる。

(2) 地図1中のサンフランシスコ郊外にある，情報通信技術関連企業が集中する地域を何というか，答えなさい。　　　　　　　　　　　　　　[　　　]〔茨城－改〕

(3) アメリカ合衆国の工業について述べた文として正しいものを，次の**ア**〜**エ**から1つ選びなさい。

　　　　　　　　　　　　　　　　　　　　　　　　　　　　　　[　　　]〔茨城－改〕

　ア アメリカ合衆国の工業は，石炭や鉄鉱石などの鉱産資源をもとに，まず太平洋沿岸で始まった。

　イ ピッツバーグは大量生産方式を取り入れた自動車工業の中心地として発展した。

　ウ 20世紀後半，日本などから輸入された工業製品により航空宇宙産業が大きな打撃を受けた。

　エ 現在は，エレクトロニクス，バイオテクノロジーなど，新しい分野で世界をリードしている。

(4) **地図2**は，とうもろこしと綿花の主な栽培地域を，**地図3**は，年平均気温と年降水量を示している。**地図2**と**地図3**の2つの主題図から読み取れる，綿花の主な栽培地域における気候の特徴を，とうもろこしの主な栽培地域と比較して答えなさい。　　　　　　　　　　　〔山形〕

[

(5) 右の**表**は，アメリカ合衆国，フランス，中国における首都の人口を100としたとき国内で人口が最も多い都市の人口の割合，人口が最多の都市から多い順に首都までを合計した人口が，その国の全人口に占める割合を示したものである。アメリカ合衆国にあてはまるものを，**ア**〜**ウ**から1つ選びなさい。

表

	人口が最多の都市の人口の割合	全人口に占める割合（％）
ア	180	3.7
イ	100	3.3
ウ	1254	10.5

（2021年版「データブック オブ・ザ・ワールド」）

[　　　]〔清風南海高〕

地理

1 世界と日本の すがた

2 世界の諸地域① 人々の生活・環境、

3 世界の諸地域②

4 世界の諸地域③

理解度診断テスト①

5 地域調査、地域的特色①

6 地域的特色② 地域区分

7 九州、中国・四国、近畿地方

8 中部、関東地方

9 東北、北海道地方

理解度診断テスト②

2 南アメリカとオセアニアについて，次の問いに答えなさい。

(1) **資料1**は，アンデス山脈の高山気候に位置する地域の，標高と主な土地利用を模式的に表したものであり，**資料1**中の**P・Q**は，それぞれ，リャマやアルパカの放牧，とうもろこしの栽培(さいばい)のいずれかにあたる。また，**資料2**は，**資料1**中の地点**R**と地点**S**の月別の平均気温を模式的に表したものであり，**資料2**中の**Ⅰ・Ⅱ**は，それぞれ地点**R**・地点**S**のいずれかの，月別の平均気温にあたる。リャマやアルパカの放牧にあたる記号と，地点**R**の月別の平均気温にあたる記号の組み合わせとして正しいものを，次の**ア～エ**から1つ選びなさい。　　　〔　　　〕〔愛媛〕

ア **P**と**Ⅰ**　　イ **P**と**Ⅱ**　　ウ **Q**と**Ⅰ**　　エ **Q**と**Ⅱ**

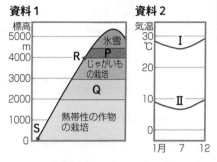

資料1　　　　　資料2

(2) 次の**表**は，ブラジルの主な輸出品目の変化を示したものであり，**グラフ**は，ブラジルの主な農作物の生産量の変化を，1980年の生産量を100として示したものである。**表**と**グラフ**中の**X～Z**は，コーヒー豆，さとうきび，大豆のいずれかである。**X～Z**にあたる作物の組み合わせとして正しいものを，右下の**ア～カ**から1つ選びなさい。また，近年，ブラジルで**Z**の生産量が急増している理由を，簡潔に答えなさい。〔西南学院高〕

記号〔　　　　　〕

理由〔　　　　　　　　　　　　　　　　　　　　　　　　〕

表

1980年		2018年	
機械類	3392	Y	33191
X	2486	原油	25131
鉄鉱石	1564	鉄鉱石	20216
植物性油かす	1501	機械類	18507
砂糖	1288	肉類	14306
計	20132	計	239888

(単位：百万ドル)　　(2020/21年版「世界国勢図会」など)

グラフ

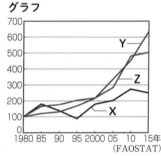

1980 85 90 95 2000 05 10 15年
(FAOSTAT)

	ア	イ	ウ
コーヒー豆	X	X	Y
さとうきび	Y	Z	X
大豆	Z	Y	Z

	エ	オ	カ
コーヒー豆	Y	Z	Z
さとうきび	Z	X	Y
大豆	X	Y	X

(3) 次の**ア～エ**は，オーストラリアの多文化社会の歩みについてまとめた文である。右の**資料3**を参考に，年代の古い順に並べかえなさい。〔富山〕

〔　　　→　　　→　　　→　　　〕

ア 移民の総数は増加したが，ヨーロッパ州出身の割合が初めて減少し約7割となった。

イ 中国や日本などとの結びつきが強まり，アジア州出身の移民が100万人を超(こ)えた。

ウ ヨーロッパ州以外の出身の移民は65％を超え，多文化に配慮(はいりょ)した取り組みが進められた。

エ イギリスの移民によって開拓(かいたく)されたので，移民の9割近くがヨーロッパ州出身であった。

資料3　オーストラリアにくらす移民の総数と出身州別割合の推移

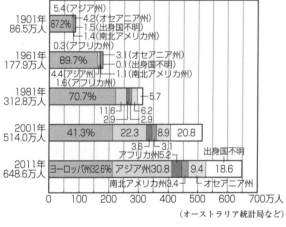

(オーストラリア統計局など)

理解度診断テスト ①

本書の出題範囲 pp.6〜29　　時間 **35**分　　得点 / 50点　　理解度診断 A B C

解答⇨別冊 p.9

1 2019年のG20サミットについてまとめた次の表を見て，あとの問いに答えなさい。

話し合われたこと	参加国・地域	
・世界の①経済の発展について	ヨーロッパ州	フランス　**A**国　イタリア　ロシア連邦　イギリス　EU
・②アフリカの国々への支援について	アフリカ州	**B**国
・データ・③情報等の流通について	アジア州	中国　**C**国　**D**国　日本　韓国　サウジアラビア　トルコ
・農業の生産性の向上について	オセアニア州	**E**国
・高齢化，人口問題への対応について	北アメリカ州	カナダ　メキシコ　アメリカ合衆国
	南アメリカ州	アルゼンチン　ブラジル

(1) 下線部①について，**資料1**は，**地図**中のA〜D国の経済のようすを比較するためにまとめたものである。A国にあたるものを，**ア〜エ**から1つ選びなさい。(4点) [　　　] 〔山形〕

資料1

	人口密度（人/km²）	1人あたり国内総生産（ドル）	小麦生産量（千t）	日本との貿易額（億円）
ア	420	2055	99700	18225
イ	234	47514	20264	51749
ウ	49	6369	1868	8463
エ	143	3893	—	41220

(2018年)　　(2020/21年版「世界国勢図会」など)

地図

(2) 下線部②について，**資料2**は，B国とほかのアフリカ州の2か国における，輸出総額と主な輸出品目を示している。**資料2**から読み取れる，B国以外の2か国に共通する経済を何というか，答えなさい。(5点) [　　　] 〔山形〕

資料2

B国 総額936億ドル：自動車11.6%　機械類8.4　白金族8.2　鉄鋼7.0　石炭6.7　その他58.1

ナイジェリア 総額624億ドル：原油82.3%　液化天然ガス9.9　その他7.8

ボツワナ 総額66億ドル：ダイヤモンド89.8%　その他10.2

(2018年)　　(2020/21年版「世界国勢図会」)

(3) 下線部③に関連して，C国では情報通信技術産業が発展している。その理由について述べた内容として適切なものを，次の**ア〜エ**から1つ選びなさい。(4点) [　　　] 〔山形〕

ア 南シナ海沿岸に経済特区を設け，外国の企業を受け入れたため。

イ ASEANに加盟したことにより，周辺の国々から出かせぎ労働者が流入したため。

ウ 北緯37度より南のサンベルトと呼ばれる地域で，高度な技術の開発が進められたため。

エ 古くからの身分制度の影響を受けにくい新しい産業で，人々に広く受け入れられたため。

(4) D国とE国が位置する2つの州の共通点について述べた文として正しいものを，次の**ア〜カ**から2つ選びなさい。(4点×2) [　　　・　　　] 〔筑波大附高〕

ア 大陸地域はプレート境界に位置し，島しょ地域に比べ地震や火山が多く見られる。

イ 農業では大型機械が多数導入され，大規模に小麦栽培が行われている。

ウ イギリスによって植民地支配を受けていた国がある。

エ 島しょ地域はイスラム教を信仰する人が最も多い。

オ 主要な貿易相手国は，アジア諸国とヨーロッパ諸国である。

カ APECとTPPの両方に加盟している国がある。

地理

1 世界と日本のすがた

2 人々の生活と環境、世界の諸地域①

3 世界の諸地域②

4 世界の諸地域③

理解度診断テスト①

5 地域調査、地域的特色①

6 地域的特色②、地域区分

7 九州、中国・四国、近畿地方

8 中部、関東地方

9 東北、北海道地方

理解度診断テスト②

(5) 資料3は，E国の1963年と2017年における輸出額の品目別の割合を示したものである。資料3中のa・bにあてはまる品目を，次のア〜エからそれぞれ選びなさい。（3点×2）

a [　　　　] b [　　　　]〔山口〕

ア 石炭　　イ 原油
ウ 羊毛　　エ コーヒー豆

資料3

1963年

| a 35.0% | 小麦 11.7 | 肉類 9.3 | 砂糖 5.7 | バター2.4 | その他 35.9 |

2017年

| 鉄鉱石 21.1% | b 18.8 | 8.5 | 金(非貨幣用) 5.9 | 肉類3.9 | その他 41.8 |

液化天然ガス

（2020/21年版「世界国勢図会」など）

---

2 次の地図1・地図2を見て，あとの問いに答えなさい。

地図1

地図2

表1　　　　　　　　　　　　（単位：%）

	白人	黒人	アジア系	先住民	ヒスパニック
a	71.9	6.5	15.5	1.6	39.4
b	83.8	7.0	5.2	1.4	5.6
c	62.8	32.8	1.8	0.8	5.3

（2019年）　　（2021年版「データブック オブ・ザ・ワールド」）

表2　　　　　　　　　　　　（単位：万t）

	小麦	米	とうもろこし	大豆	さとうきび	綿花
d	2	120	228	112	1352	13
e	20	190	26	—	—	19
f	217	—	3209	811	—	—

※—は該当数なし・資料なしを表す。
（2019年）　　（2021年版「データブック オブ・ザ・ワールド」）

(1) 地図2中の経線Wに最も近い経度の経線を，地図1中のア〜エから1つ選びなさい。（4点）

[　　　　]〔ラ・サール高〕

(2) 右上の表1は，地図1中のX〜Zの各州の人種構成比とヒスパニックの人口割合，表2は主な農産物の生産量を表している。X・Yにあてはまる組み合わせとして正しいものを，右のア〜ケからそれぞれ選びなさい。ただし，人種とヒスパニックは重複して数えられている。（4点×2）

	ア	イ	ウ	エ	オ	カ	キ	ク	ケ
表1	a	a	a	b	b	b	c	c	c
表2	d	e	f	d	e	f	d	e	f

X [　　　　] Y [　　　　]〔ラ・サール高〕

(3) 地図1中のA国では，センターピボット方式と呼ばれるかんがい農業が行われている地域がある。中心から散水などを行うアームがのび，360度回転するため農地が円形となっている。センターピボット方式によって生じる問題点について簡潔に答えなさい。（6点）〔西大和学園高－改〕

[　　　　　　　　　　　　　　　　　　　　　　　　　　　　　　]

(4) 地図2中のB国では，近年，農業生産や貿易の状況が変化し，その結果，新たな課題が発生している。右の資料はその状況を示したものである。資料中の空欄 A 〜 C に入る語句の組み合わせとして正しいものを，次のア〜エから1つ選びなさい。（5点）[　　　　]〔大分〕

	A	B	C
ア	中国の発展	石油危機	沿岸部を埋め立て
イ	中国の発展	石油危機	熱帯林を開発
ウ	石油危機	中国の発展	沿岸部を埋め立て
エ	石油危機	中国の発展	熱帯林を開発

資料

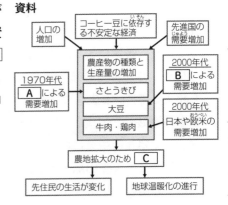

5 地域調査，日本の地域的特色 ① （自然，人口）

📊 STEP 1　まとめノート

解答 ⇨ 別冊 p.9

① 地域調査の手法 ★★

(1) **身近な地域の観察と調査**……〈**手順**〉テーマを設定し，関連する本や統計資料，地形図などを図書館や**インターネット**などを利用して集める。**ルートマップ**を作成し，野外観察や聞き取り調査を行う。レポートにまとめて発表する。

(2) **地形図**……〈**種類**〉国土交通省の①___院が 5 万分の 1，2 万 5 千分の 1，1 万分の 1 の縮尺で作成。〈**決まり**〉②___は海面からの高さが等しい点を結んだ線。
└計曲線・主曲線・補助曲線がある┘
間隔（かんかく）が狭（せま）いほど傾斜（けいしゃ）が急，間隔が広いほど傾斜がゆるやか。上を③___として描くのが原則。上を③___にできないときは**方位記号**で示す。〈**読み取り方**〉
└土砂が河口に堆積して形成┘
④___は果樹園，⑤___は水田や住宅
└川が山地から平地に流れ出たところに形成┘
地に利用されることが多い。

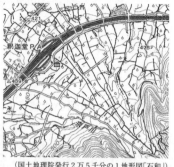
（国土地理院発行 2 万 5 千分の 1 地形図「石和」）
※85％に縮小。　⬆ 甲府盆地の④

（国土地理院発行 5 万分の 1 地形図「広島」）
※32％に縮小。　⬆ 広島市の⑤

> **ズバリ暗記**
> ・地形図は国土交通省の国土地理院が発行する。
> ・扇状地（せんじょうち）は果樹園，三角州（す）は水田や住宅地に利用されることが多い。

② 自然環境の特色 ★★★

(1) **世界の地形**……〈**造山帯**〉太平洋を取り囲むように連なる⑥___造山帯
└アンデス山脈・ロッキー山脈・日本列島・ニュージーランドなどを含む┘
と⑦___造山帯の 2 つがある。
└山脈をつくる活動が活発，またはかつて活発であった帯状の地域┘
〈**平野・川**〉氷河などで侵食（しんしょく）されてできた侵食平野と，土砂が堆積（たいせき）してできた堆積平野がある。大陸を流れる
└アルプス山脈・パミール高原・ヒマラヤ山脈などを含む┘
河川（かせん）は流れがゆるやかで水量が多い。複数の国を流れる⑧___は，内陸交通の大動脈として重要な役割をもつ。
└ドナウ川やライン川┘
〈**海岸**〉氷河によって侵食された U 字型の谷に海水が入り込（こ）んでできた⑨___や，山地が海に沈（しず）んでできた，複雑に入り組んだ海岸線をもつ⑩___がある。〈**海底**〉深さ 200 m くらいまでの傾斜がゆるやかな海底を⑪___，水深が 6000 m を超える細長い海底を⑫___という。
└さらに深い部分は海淵という┘

(2) **日本の地形**……〈**山地**〉日本列島は⑥___造山帯の一部で，国土の約⑬___
└西縁は糸魚川・静岡構造線┘
が山地。本州の中央には⑭___が南北に伸び，西側には**日本アルプス**と呼ばれる⑮___山脈・**木曽山脈**・**赤石山脈**が連なる。〈**河川**〉大陸を流れる外国の川と比べると，流れが急で短く，流域面積が狭い。

① ___
② ___
③ ___
④ ___
⑤ ___
⑥ ___
⑦ ___
⑧ ___
⑨ ___
⑩ ___
⑪ ___
⑫ ___
⑬ ___
⑭ ___
⑮ ___

> **入試Guide**
> 地形図に関しては，縮尺（きょり）を使って実際の距離を求める方法や，施設（しせつ）や土地利用を表す地図記号を確認（かくにん）しておこう。

(3) 日本の気候

〈気候の特色〉大部分が ⑯ [____] 帯に属す。⑰ [____]（モンスーン）の影響を受け，夏は高温多雨，冬は日本海側で雪や雨が多い。6～7月は ⑱ [____]，

夏は南東，冬は北西から吹く↲

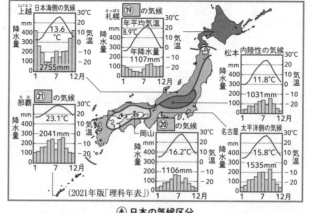

⑪ 日本の気候区分

（2021年版「理科年表」）

夏から秋にかけては**台風**が被害をもたらす場合がある。〈気候区分〉⑲ [____] の気候（冷帯〈亜寒帯〉に属し，冬は非常に寒くて長い。⑱ や台風の影響を受けることが少ない），**太平洋側の気候**（夏は高温多雨，冬は晴れの日が多い），**内陸性の気候**（雨が少なく，夏と冬，昼と夜の気温差が大きい），⑳ [____] の気候（1年を通して雨が少なく温暖），**日本海側の気候**（冬に雪や雨が多い），㉑ [____] の気候（高温多雨の**亜熱帯**の気候）に

夏はフェーン現象がおこりやすい↲

分類。〈災害と対策〉地形や気象現象による自然災害が多い。特別警報や**緊急地震速報**の発表。地方公共団体は㉒ [____]（**防災マップ**）を作成。

3 人口の特色 ★★

(1) **世界の人口**……〈分布〉20世紀後半，アジア・アフリカでは㉓ [____] がおこる。〈**少子化・高齢化**〉国や地域の人口を性別・年齢別に示したグラフを㉔ [____] という。発展途上国は㉕ [____] 型（多産多死型），先進国は**つりがね型**（少産少死型）が多い。つりがね型がさらに進んだ日本は，

世界の人口の約60％がくらす↲ 急激な人口増加↲

㉖ [____] 型の**超高齢社会**。**少子化**と**高齢化**が社会問題になる。

65歳以上の人口の割合が21％以上↲

(2) **日本の人口**……〈**過密・過疎**〉三大都市圏に人口が集中し，㉗ [____] 化。㉘ [____] 現象がおこった時期もあったが，近年は**再開発**による**都心回帰**現象が見られる。

都心から郊外に移住する人が増え，都心部の人口が減少↲

山間部や離島では人口が流出し，生活することが困難な㉙ [____] の地域が増加。65歳以上の人口が過半数を占める㉚ [____] 集落も増加。**町おこし・村おこし**で地域振興を図る地域もある。

⑯
⑰
⑱
⑲
⑳
㉑
㉒
㉓
㉔
㉕
㉖
㉗
㉘
㉙
㉚

入試Guide

人口問題に関しては，公民分野の社会保障制度とからめて出題されることがある。

Let's Try 差をつける記述式

① 内陸性の気候と瀬戸内の気候の特色について，共通点と相違点を答えなさい。

Point 瀬戸内は海に面しているが，中国山地と四国山地に挟まれているという点から考える。

[   ]

② 少子高齢化が進むことでどのような問題が日本で深刻化すると考えられるか，答えなさい。

Point 少子化が進むと，将来的に労働力が減少することに注目する。

[   ]

STEP 2 実力問題

○ 地形図の読み取り
○ 日本の地形と気候
○ 日本の自然災害と防災

解答⇨別冊 p.10

重要 **1** 右の 2 万 5 千分の 1 地形図を見て，次の問いに答えなさい。 〔長崎－改〕

(1) 地形図から読み取れる内容について，次の文中の空欄 X ・ Y に入る方角と距離の組み合わせとして正しいものを，あとの**ア**〜**エ**から 1 つ選びなさい。

（国土地理院発行 2 万 5 千分の 1 地形図「掛川」より作成）

[　　　]

> A の地点から見て B の地点は， X の方向にあり，この 2 地点の直線距離は地形図上で 4 cm であるため，実際の距離は約 Y である。

ア X－南西　Y－1 km　　**イ** X－南西　Y－2 km

ウ X－北東　Y－1 km　　**エ** X－北東　Y－2 km

(2) 地形図から読み取れる内容について，次の **P・Q** の文の正誤の組み合わせとして正しいものを，あとの**ア**〜**エ**から 1 つ選びなさい。 [　　　]

P C の ▭ で示した範囲には，周囲と比べ低い土地を利用した水田が見られる。

Q 地形図上の ■D と ■D′，▲E と ▲E′ の標高差を比較すると，■D と ■D′ の方が標高差が大きい。

ア P－正　Q－正　　**イ** P－正　Q－誤

ウ P－誤　Q－正　　**エ** P－誤　Q－誤

思考力 **2** 次の問いに答えなさい。

(1) 右の図は，利根川，信濃川，木曽川の流路の断面を示したものである。図の **A**〜**C** にあてはまる河川の組み合わせとして正しいものを，右の**ア**〜**カ**から 1 つ選びなさい。

〔東京学芸大附高〕

[　　　]

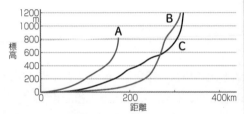

	ア	イ	ウ	エ	オ	カ
A	利根川	利根川	信濃川	信濃川	木曽川	木曽川
B	信濃川	木曽川	利根川	木曽川	利根川	信濃川
C	木曽川	信濃川	木曽川	利根川	信濃川	利根川

得点UP!

1 (1)地形図に方位記号が記されていないので，この地形図は上が北になるように作成されている。また，実際の距離は「地形図上での 2 点間の長さ×縮尺の分母」で求められる。

(2) 2 万 5 千分の 1 地形図では，10 m おきに等高線が引かれる。

Check! 自由自在 ①
等高線に関する決まりについて調べてみよう。

2 (1)関東平野を流れる利根川は日本最大の流域面積をもつ河川，信濃川は日本最長の河川である。

Check! 自由自在 ②
地震の多い日本列島付近にあるプレートを調べてみよう。

(2) 次の文は，中部地方に見られる地形の特色をまとめたものである。□□□に入る語句を答えなさい。 ［ ］〔山梨〕

> 中部地方には，高い山々からなる日本アルプスがそびえている。その東側には断層が集まった□□□があり，これを境にして，本州の東と西では山脈や山地の並ぶ方向が異なっている。

(3) 右の図は，鳥取市，高松市，高知市のいずれかの雨温図である。A～Cにあてはまる都市の組み合わせとして正しいものを，右のア～カから1つ選びなさい。

〔東京学芸大附高〕

［ ］

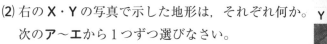

(2021年版「理科年表」)

	ア	イ	ウ	エ	オ	カ
A	鳥取市	鳥取市	高松市	高松市	高知市	高知市
B	高松市	高知市	鳥取市	高知市	鳥取市	高松市
C	高知市	高松市	高知市	鳥取市	高松市	鳥取市

3 次の問いに答えなさい。

(1) 自然災害のうち，津波と高潮をおこす原因は何か。次の文中の空欄 A ・ B に入る語句を答えなさい。A［ ］ B［ ］〔福島〕

> 津波は A ，高潮は B でおこる。

(2) 右のX・Yの写真で示した地形は，それぞれ何か。次のア～エから1つずつ選びなさい。
X［ ］Y［ ］〔山形-改〕

ア 三角州　　イ 河岸段丘
ウ 扇状地　　エ Ｖ字谷

(3) 世界の人口を示した右のグラフのⅢにあたる地域を，次のア～エから1つ選びなさい。［ ］〔山形-改〕
ア 北アメリカ　　イ アジア
ウ ヨーロッパ　　エ アフリカ

(国立社会保障・人口問題研究所)

(4) 右下の写真は，ある災害を防ぐために都市の地下につくられた調節池である。この災害を引きおこす自然現象を，次のア～エから1つ選びなさい。［ ］〔沖縄〕
ア 火山の噴火　　イ 地震
ウ 津波　　　　　エ 集中豪雨

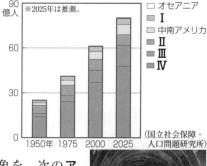

得点UP!

(2)山地・山脈は，東日本ではほぼ南北方向に，西日本ではほぼ東西方向に並んでいる。

(3)鳥取市は日本海側の気候，高松市は瀬戸内の気候，高知市は太平洋側の気候に属している。

3(2)Xは，河川が海へ注ぐ河口に土砂がたまってできた，平らな地形。Yは，河川が山地から平地に出るところに土砂が堆積してできた，扇形の地形。

(3)アジアやアフリカは人口増加が著しい地域。

(4)近年，多くの地方公共団体は，自然災害によっておこると予測される被害や避難経路などを示したハザードマップ（防災マップ）を作成している。

Check! 自由自在③
日本ではどのような自然災害が多いか，また，どのような対策がとられているか調べてみよう。

地理
1 世界と日本のすがた
2 人々の生活・環境，世界の諸地域①
3 世界の諸地域②
4 世界の諸地域③
理解度診断テスト①
5 地域調査，地域的特色①
6 地域的特色②，地域区分
7 九州・中国・四国，近畿地方
8 中部・関東地方
9 東北・北海道地方
理解度診断テスト②

▁▂▃ STEP 3　発展問題

解答 ⇨ 別冊 p.10
〔沖縄〕

1 右の地形図を見て，次の問いに答えなさい。

(1) 右の地形図から読み取れる内容
として最も適当なものを，次の
ア〜エから１つ選びなさい。

　　　　　　　[　　　　]

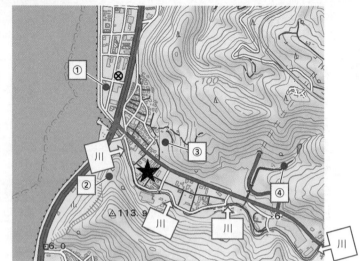

※紙面の都合で，実際の試験で使われた地形図を 61 ％に縮小して掲載。
（国土地理院電子地形図 2 万 5 千分の 1「沖縄県内某所の地形図」より作成改変）

ア 海岸線を見ると，埋め立て
などで直線的に整備された
人工の海岸があることがわ
かる。

イ 河川が谷に土砂を堆積させ
た典型的な扇状地であり，
中央部には果樹園があるこ
とがわかる。

ウ 張り出した岸壁が複雑な海
岸線をつくるリアス海岸であり，いくつも港があることがわかる。

エ 河川の河口部に土砂が堆積し，大規模な三角州になっていることがわかる。

(2)〔独創的 思考力〕あなたはクラス 30 名の避難訓練で，避難場所を選ぶ係を任されている。地形図の範囲には，
自治体のハザードマップで以下の危険が示されている場所が複数ある。

・斜面や谷があるところ→土砂災害の危険（警戒区域や危険箇所）

・標高 10 m 以下の低地のところ→高潮・洪水の危険

　訓練の条件は，台風接近や大雨で，自治体から「警戒レベル 4（避難指示）」が出されている状
況とする。あなたの役割は，土砂災害及び高潮・洪水の危険を避けることができる場所・経路
を選ぶことである。地形図の★印から全員を避難させる訓練を行う場合，地形図中①〜④のい
ずれの地点に移動するのが最も適当であると考えられるか。適当な地点の番号を答え，その判
断の理由を「標高」，「河川」の語句を使って，解答欄に合うように答えなさい。

番号[　　　　]

理由[★の地点から見て　　　　　　　　　　　　　　　　　　　　から]

2 次の問いに答えなさい。

(1) 右のグラフの**ア〜ウ**は，日本の 1950 年，
1980 年，2019 年のいずれかの年の年齢
別人口構成を示している。1950 年と
2019 年のグラフにあたるものを，**ア〜
ウ**からそれぞれ選びなさい。

1950 年[　　　]　2019 年[　　　]

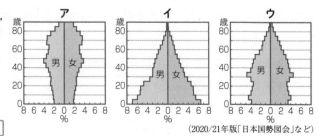

（2020/21 年版「日本国勢図会」など）

地理

1 世界と日本の すがた

2 人々の生活・環境、世界の諸地域①

3 世界の諸地域②

4 世界の諸地域③

理解度診断テスト①

5 地域調査、地域的特色①

6 地域的特色②、地域区分

7 九州、中国・四国、近畿地方

8 中部、関東地方

9 東北、北海道地方

理解度診断テスト②

(2) 次の表は，秋田県・愛知県・鳥取県・鹿児島県・沖縄県の人口などを示したものである。愛知県のデータを，表の**a～d**から１つ選びなさい。また，愛知県について説明した文として適当なものを，あとの**ア～エ**から１つ選びなさい。 [　　・　　]〔鳥取－改〕

	年平均人口増減率(%)(2018～19年)	老年(65歳以上)人口の割合(%)※	産業別就業者割合(%)			米の生産※	
			第一次産業	第二次産業	第三次産業	収穫量(t)	全国順位
a	−0.74	32.0	8.1	19.7	72.2	88500	28位
b	−1.48	37.2	7.8	25.5	66.6	526800	3位
c	0.39	22.2	4.0	15.4	80.7	2000	46位
d	0.21	25.1	2.1	32.7	65.3	137200	20位
鳥取県	−0.86	32.1	8.3	22.4	69.3	65300	35位

(2017年，※は2019年)　　　　　　　　　　　　　　　　　　　　　　　　　(2021年版「データでみる県勢」)

ア 鳥取県よりも老年人口の割合が高く，人口は減少傾向にある。また，広大な干拓地を農業用地として利用しているので，米の収穫量が多い。

イ 鳥取県よりも老年人口の割合が低く，人口は増加傾向にある。また，国内有数の工業地帯があるので，第二次産業の就業者の割合が高い。

ウ 鳥取県よりも老年人口の割合が低く，人口は増加傾向にある。また，観光業が発達しているので，第三次産業の就業者の割合が高く，米の収穫量が少ない。

エ 鳥取県よりも老年人口の割合が低く，人口は減少傾向にある。また，畜産業がさかんであるので，第一次産業の就業者の割合が高い。

思考力

(3) ヨーロッパでは，現在も河川を利用した船舶輸送がさかんだが，日本では衰退した。衰退した理由として，右の**図**からわかることを簡潔に答えなさい。〔群馬〕
[　　　　　　　　　　　　　　　　　]

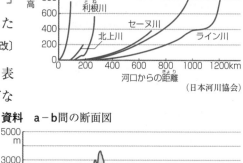

図 日本とヨーロッパの主な河川と傾斜

（日本河川協会）

(4) 右下の**資料**は，**略地図**中の**ア～エ**のどの断面を示したものか，記号で答えなさい。[　　　]〔佐賀－改〕

(5) 下のグラフは，鳥取市・岡山市・高知市の降水量を表している。岡山市のグラフを，**ア～ウ**から１つ選びなさい。また，選んだ理由を「季節風」の語句を使って，簡潔に答えなさい。〔福島－改〕

グラフ[　　　　　]

理由[　　　　　　　　　　　　　　　　　]

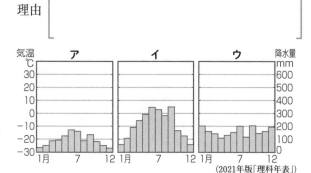

(2021年版「理科年表」)

資料 a−b間の断面図

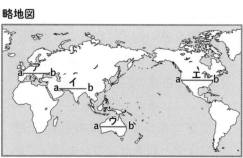

略地図

6 第1章 地理

日本の地域的特色 ② (資源・エネルギー, 産業, 交通・通信), 日本の地域区分

■ STEP 1　まとめノート

解答⇨別冊 p.11

❶ 資源・エネルギーと産業の特色 ★★★

(1) **世界と日本の資源・エネルギー**

〈**鉱産資源**〉原油は① 　　　　**湾岸**, 石炭
└メキシコ湾岸, カスピ海周辺などでも産出
はオーストラリア東部や中国北東部,
鉄鉱石はオーストラリア西部やブラ
ジルに多く分布。日本はほとんどを
輸入に依存。〈**地球環境問題**〉化石燃
料が大量に消費されると, ② 　　　　や
二酸化炭素などの温室効果ガスが増加┘
酸性雨などの環境問題を引きおこす。
化石燃料にかわるエネルギーとして

③ 　　　　**エネルギー**の開発が進められている。〈**日本の電力**〉東日本大震
└枯渇しないクリーンエネルギー。自然エネルギーともいう　　　　福島第一原子力発電所で事故┘
災後, ④ 　　　　**発電**が大部分を占める。

			カタール		クウェート
原油 1.7億kL	サウジアラビア 35.8%	アラブ首長国連邦 29.7		8.8 8.5	その他 17.2
				アメリカ合衆国	その他
石炭 1.9億t	オーストラリア 58.7%		15.1 10.8 7.1 8.3		
	インドネシア	ロシア連邦			
	マレーシア	カタール			
液化天然 ガス 0.8億t	オーストラリア 38.9%	12.1 11.3 8.3	その他 29.4		
	ロシア連邦		その他7.3		
	南アフリカ共和国2.9				
鉄鉱石 1.2億t	オーストラリア 57.3%	ブラジル 26.3			
		カナダ6.2			

(2019年)　　(2020/21年版「日本国勢図会」)

⊕ 日本の鉱産資源の輸入先

(2) **世界と日本の産業**……〈**産業の区分**〉主に**農業・林業・漁業**を**第一次産
業**といい, 発展途上国にさかんな地域が多い。**工業**を中心とした産業
└途上┘
を**第二次産業**, 製品の流通や**商業・サービス産業**などを**第三次産業**と
いう。先進国では第三次産業が産業の中心になっている。〈**日本の農
業**〉小規模経営の農家が多いが, ⑤ 　　　　が行われており, 単位面積あた
りの生産量は多い。新潟県・北海道・東北地方の各県は⑥ 　　　　の生産
量が多く, 日本の**穀倉地帯**となっている。大消費地の近くでは, 都市
向けの野菜を生産する⑦ 　　　　がさかん。**高知平野**や**宮崎平野**では, 冬
にビニールハウスなどで夏野菜を生産し, ほかの地域よりも早い時期
に出荷する⑧ 　　　　, **長野県**の**野辺山**
└施設園芸農業　　　　　　　　　　　　　　の へ やま┘
原や群馬県の**嬬恋村**では, 夏でも涼
はら　　　　　つまごい　　　　　　　　　すず
しい気候を利用して, レタスやキャ
ベツなどの⑨ 　　　　を生産し, ほかの
地域よりも遅く出荷する⑩ 　　　　がさ
おそ しゅっか
かん。⑪ 　　　　県・⑫ 　　　　県はりんご,
和歌山県・静岡県・愛媛県ではみか
ん, 山梨県の⑭ 　　　　**盆地**では⑮ 　　　　
やももの生産がさかん。農業産出額
に占める**畜産**の割合は米や野菜より
ちくさん
も高く, **北海道・関東地方・九州地**
方南部でさかん。〈**日本の漁業**〉**三陸**
└釧路平野, 根釧台地┘　 └シラス台地┘
沖の黒潮と親潮がぶつかる⑯ 　　　　や
日本海流┘　└千島海流

米776万t	
その他 67.2	新潟 8.3% 北海道 7.6 秋田 6.8 山形 5.2 宮城4.9

ピーマン14万t	
その他 38.7	⑬ 23.8% 宮崎 18.9 高知 9.0 9.6 鹿児島

なす30万t	
その他 60.7	高知 13.1% 熊本 10.6 群馬 8.6 兵庫4.9 福岡 7.0

レタス59万t	
その他 30.4	⑫ 35.7% 長崎5.8 群馬 7.9 15.3 ⑬

キャベツ147万t	
その他 43.3	群馬 18.8% 愛知 16.7 千葉 8.5 鹿児島5.2 ⑬ 7.5

17万t	
その他 36.1	山梨 23.9% ⑫ 17.8 福岡4.2 岡山 8.8 9.2 山形 ⑮

(2018年, 米は2019年)(2020/21年版「日本国勢図会」)

⊕ 主な農産物の都道府県別生産割合

入試Guide

各地域の農業の特色だ
けでなく, 地産地消や
フードマイレージなど
も整理しておこう。

① 　　　　　　　　　　
② 　　　　　　　　　　
③ 　　　　　　　　　　
④ 　　　　　　　　　　
⑤ 　　　　　　　　　　
⑥ 　　　　　　　　　　
⑦ 　　　　　　　　　　
⑧ 　　　　　　　　　　
⑨ 　　　　　　　　　　
⑩ 　　　　　　　　　　
⑪ 　　　　　　　　　　
⑫ 　　　　　　　　　　
⑬ 　　　　　　　　　　
⑭ 　　　　　　　　　　
⑮ 　　　　　　　　　　
⑯

東シナ海に広がる**大陸棚**など好漁場
（水深200mぐらいまでの浅い海底）
が多い。各国が**200海里**の⑰□□□□を
（←約370km）
設定したことにより，**遠洋漁業は漁**
場が制限された。1980年代以降は漁
獲量が大幅に減少し，日本は現在，
世界有数の水産物輸入国。**養殖業**や
⑱□□□による「**育てる漁業**」を推進。
（←卵を人工的にふ化させ，稚魚まで育てて放流）
〈**日本の工業**〉関東地方から九州地方
北部にかけて広がる⑲□□□に工業地
帯・地域が形成。工場の約99％は
（←出荷額は大工場の方が多い）
⑳□□□が占め，多くは大工場の関連工場や下請けの工場となっている。

	金属	機械	化学	食料品	繊維	その他		
中京工業地帯	9.4%	69.4	6.2	4.7	0.8	9.5	57.8兆円	(愛知・三重)
阪神工業地帯	20.7%	36.9	17.0	11.0	1.3	13.1	33.1兆円	(大阪・兵庫)
京浜工業地帯	10.1%	45.5	15.9	12.4	-0.5	15.6	39.7兆円	(東京・神奈川・埼玉)
北関東工業地域	13.9%	45.0	9.9	15.5	0.6	15.1	30.7兆円	(茨城・栃木・群馬)
瀬戸内工業地域	18.6%	35.2	21.9	14.1	8.1	2.1	30.7兆円	(岡山・広島・山口・愛媛・香川)
京葉工業地域	21.5%	13.1	39.9	15.8	9.5	-0.2	12.2兆円	(千葉)

(2017年) (2020/21年版「日本国勢図会」)

↑ **主な工業地帯・工業地域の工業出荷額割合**

ズバリ暗記
・高知県と宮崎県は促成栽培，群馬県と長野県は抑制栽培がさかんである。
・日本の工場の約99％は，中小工場が占めている。

2 世界や日本国内の結びつきの特色 ★★

(1) 交通，情報・通信による世界と日本の結びつき……〈**交通**〉航空機の大
型化・高速化が地域間の結びつきを強化している。アジア各地では，
⑰□□□の機能を巡る空港間の競争が激化。日本は海運国だが，船舶の
（←国際線の乗り換えの拠点となる空港） （←船にかかる税金を安くした船舶）
多くはパナマなどに船籍を置いた㉒□□□。〈**情報・通信**〉㉓□□□を通じた
（←世界中のコンピューターを結ぶネットワーク）
情報のやりとりが急増する一方で，㉔□□□（情報格差）の解消が課題。

(2) 日本の貿易と交通・通信……〈**貿易**〉日本は㉕□□□貿易で発展してきた
が，工業製品の輸入比率が高まっている。㉖□□□が最大の貿易相手国
である。輸出入総額では㉗□□□**空港**，輸出額では㉘□□□**港**が最も多い。
（←自動車を多く輸出）
〈**交通・通信**〉旅客・貨物ともに㉙□□□の割合が高い。携帯電話やスマ
ートフォンの普及により，**SNS**の利用者が増加している。㉚□□□や**情**
（←ソーシャル-ネットワーキング-サービス） （←情報を正しく読み取り活用する能力）
報モラル（情報倫理）を身につけることが求められている。

3 日本の地域区分 ★★

▶ 地域区分……〈**7地方区分**〉47都道府県を北海道，東北，関東，中部，
近畿，中国・四国，九州に区分する方法が最も多く用いられる。

⑰ ＿＿＿＿＿＿＿
⑱ ＿＿＿＿＿＿＿
⑲ ＿＿＿＿＿＿＿
⑳ ＿＿＿＿＿＿＿
㉑ ＿＿＿＿＿＿＿
㉒ ＿＿＿＿＿＿＿
㉓ ＿＿＿＿＿＿＿
㉔ ＿＿＿＿＿＿＿
㉕ ＿＿＿＿＿＿＿
㉖ ＿＿＿＿＿＿＿
㉗ ＿＿＿＿＿＿＿
㉘ ＿＿＿＿＿＿＿
㉙ ＿＿＿＿＿＿＿
㉚ ＿＿＿＿＿＿＿

入試Guide
工業や貿易に関する統計資料を使用した問題がよく出題される。各工業地帯・地域の特色や，貿易港別の輸出入品目を確認しておこう。

Let's Try 差をつける記述式

① 促成栽培や抑制栽培にはどのような利点があるか答えなさい。
Point 市場での取り扱い量と価格との関係に触れる。
[　　　　　　　　　　　　　　　　　　　　　　　　　　　]

② 日本の工業地帯や工業地域が臨海部に多い理由を答えなさい。
Point 日本が資源の乏しい国であることを考える。
[　　　　　　　　　　　　　　　　　　　　　　　　　　　]

地理

1 世界と日本のすがた
2 人々の生活・環境，世界の諸地域①
3 世界の諸地域②
4 世界の諸地域③
理解度診断テスト①
5 地域調査，地域的特色①
6 地域的特色②，地域区分
7 九州，中国・四国，近畿地方
8 中部，関東地方
9 東北，北海道地方
理解度診断テスト②

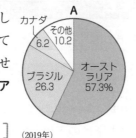

■■ STEP **2**　実力問題

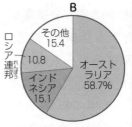

ねらわれる｜ココが
○日本の資源確保と貿易
○日本の農業・林業・漁業や工業の特色
○産業の分類と変化

解答 ⇨ 別冊 p.12

得点UP!

1 日本の資源や産業について，次の問いに答えなさい。

(1) 右の**資料**のA・Bは，日本の主な鉱産資源の輸入先を示したものである。A・Bにあてはまる鉱産資源の組み合わせとして正しいものを，次の**ア**〜**カ**から１つ選びなさい。

　　資料　日本の主な鉱産資源の輸入先

A
その他 10.2
カナダ 6.2
ブラジル 26.3
オーストラリア 57.3%

B
その他 15.4
ロシア連邦 10.8
インドネシア 15.1
オーストラリア 58.7%

[　　　　] (2019年)　　(2020/21年版「日本国勢図会」)

ア A－石炭　　B－鉄鉱石　　**イ** A－鉄鉱石　　B－石炭
ウ A－原油　　B－鉄鉱石　　**エ** A－鉄鉱石　　B－原油
オ A－原油　　B－石炭　　　**カ** A－石炭　　B－原油

(2) 日本各地の農業の特徴について述べた次の文中の空欄　X　〜　Z　に入る語句の組み合わせとして正しいものを，あとの**ア**〜**エ**から１つ選びなさい。　　　[　　　]〔沖縄一改〕

・宮崎県や高知県では，温暖な気候を利用して　X　が行われており，きゅうり，ピーマンの生産がさかんである。
・茨城県や千葉県では，人口の多い大消費地に近いという利点を生かして　Y　が行われており，野菜の生産がさかんである。
・愛知県や沖縄県では，夜間に電灯の光をあてて生長を調整する　Z　が行われており，きくの生産がさかんである。

ア X－近郊農業　Y－促成栽培　Z－抑制栽培
イ X－促成栽培　Y－近郊農業　Z－抑制栽培
ウ X－促成栽培　Y－抑制栽培　Z－近郊農業
エ X－抑制栽培　Y－近郊農業　Z－促成栽培

(3) 次の**表1**は，**地図1**中の**ア**〜**エ**のそれぞれの県の米，りんご，ぶどう，キャベツの生産量を表している。**表1**中のa〜dは，**地図1**中の**ア**〜**エ**のいずれかの県である。dにあたる県を，**ア**〜**エ**から１つ選びなさい。また，その県名を答えなさい。〔愛媛一改〕

記号[　　　]
県名
[　　　]

地図1

表1　　　　　　　　　　　　(単位：千t)

	米	りんご	ぶどう	キャベツ
a	646.1	―	2.3	―
b	344.2	―	1.9	105.6
c	282.2	409.8	4.6	17.3
d	26.5	0.7	36.9	3.4

※―は生産量が少なくデータがないことを示す。
(2019年)　　(2021年版「データでみる県勢」)

1 (2)宮崎県や高知県では，温暖な気候を利用してほかの産地よりも早い時期に野菜を出荷している。愛知県や沖縄県は，電灯の光をあてることできくの開花を遅らせて，ほかの地域よりも遅い時期に出荷している。

Check! 自由自在 ①
アメリカ合衆国などに比べて耕地面積の狭い日本の農業の特色について調べてみよう。

(3)りんごは冷涼な気候，みかんは温暖な気候を好む。ぶどうやももは水はけのよい扇状地で主に栽培される。北海道・東北地方の日本海側の地域と北陸地方は水田単作地帯で，米の生産量が多い。

(4) 東北地方の主な漁港の年間水揚げ量を示した**地図2**から，三陸海岸には日本有数の漁港があり，その沖合は豊かな漁場となっていることがわかる。この理由について述べた次の文中の□□□□に入る語句を答えなさい。

　　　　　　　　　　　　　　　［　　　　　　　］〔佐賀－改〕

地図2

八戸6.4万t
宮古2.8万t
大船渡3.8万t
気仙沼6.6万t
女川3.2万t
石巻9.9万t

(2019年)　　　　　(水産庁)

> 　三陸海岸の沖合には，寒流の親潮と暖流の黒潮がぶつかる□□□□と呼ばれる場所があり，多くの魚が集まる漁場となっている。

思考力

(5) 右の**表2**は1990年と2018年の日本国内の貨物輸送の機関別輸送量の変化を示しており，**表2**中の**ア～エ**は，航空・鉄道・自動車・船舶(内航海運)のいずれかである。航空機と鉄道にあてはまるものを，**ア～エ**からそれぞれ選びなさい。

航空機［　　　　］　鉄道［　　　　］〔青雲高－改〕

表2　　　　　(単位：百万トンキロ)

	1990年	2018年
ア	27196	19369
イ	274244	212110
ウ	244546	179089
エ	799	979

(2020/21年版「日本国勢図会」)

---

2 次の問いに答えなさい。

(1) 右のグラフは，日本の産業別就業者数がどのように移り変わったかを示したものである。グラフ中の**A～C**にあたる産業の組み合わせとして正しいものを，次の**ア～エ**から1つ選びなさい。

　　　　　　　　　　　　　　［　　　　　　　］〔和歌山－改〕

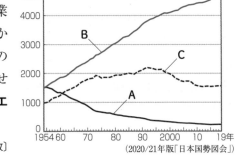

(2020/21年版「日本国勢図会」)

ア A－第一次産業　B－第二次産業　C－第三次産業
イ A－第二次産業　B－第三次産業　C－第一次産業
ウ A－第三次産業　B－第二次産業　C－第一次産業
エ A－第一次産業　B－第三次産業　C－第二次産業

思考力

(2) たろうさんは日本における太陽光発電と風力発電に共通する利点と問題点についてまとめた。環境面に留意しながら，次の表の□□□□に入る内容を答えなさい。

　　　　　　　　　　　　　　　　　　　　　　　〔佐賀－改〕

利点	問題点
・エネルギー資源が国内で確保できる。 ・エネルギー資源が枯渇しない。 ・発電時に□□□□□□□□□□	・発電量が不安定である。 ・発電に関して多くの費用がかかる。

地理

1 世界と日本のすがた

2 世界の諸地域①人々の生活・環境・

3 世界の諸地域②

4 世界の諸地域③

5 地域調査、地域的特色①

6 地域的特色②、地域区分②

7 九州、中国・四国、近畿地方

8 中部、関東地方

9 東北、北海道地方

診断テスト①理解度

診断テスト②理解度

得点UP!

(5)戸口から戸口まで輸送が可能な自動車は，高速道路の整備や自動車の普及によって旅客・貨物ともに輸送の中心になっている。

Check! 自由自在②
第一次産業・第二次産業・第三次産業には，それぞれにどのような産業が含まれているか調べてみよう。また，先進国と発展途上国ではその割合にどのような違いがあるかも調べてみよう。

2 (2)日本の電力の大部分は火力発電が占めているが，火力発電は化石燃料を使用するため，温室効果ガスを排出するという問題点がある。また，化石燃料の埋蔵量には限りがある。

Check! 自由自在③
原子力発電の利点と問題点や，日本で原子力発電の発電量が近年激減した理由を調べてみよう。

📊 STEP 3　発展問題

解答 ⇨ 別冊 p.12

1 次の問いに答えなさい。

（思考力）**(1)** 右の図の**ア～ウ**は，日本における 1970 年，1990 年，2018 年のいずれかの年の漁業種類別生産量の割合を示したものであり，図中の **X・Y** は沿岸漁業・海面養殖業のいずれかである。1990 年にあてはまるものを**ア～ウ**から，沿岸漁業にあてはまるものを **X・Y** からそれぞれ選び，1990 年→沿岸漁業の順に記号で答えなさい。

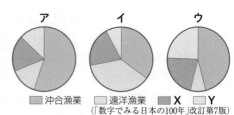

沖合漁業　遠洋漁業　X　Y
（「数字でみる日本の100年」改訂第7版）

［　　　→　　　］〔東大寺学園高－改〕

(2) 右の **Ⅰ・Ⅱ** のグラフは，2017 年における全国と瀬戸内工業地域のいずれかの工業製品出荷額の工業別の割合を表したものであり，グラフ **Ⅰ・Ⅱ** 中の **A・B** は，それぞれ機械・化学のいずれかにあたる。化学にあたる記号と，瀬戸内工業地域の工業製品出荷額の工業別の割合を表したグラフにあたる記号の組み合わせとして適当なものを，次の**ア～エ**から 1 つ選びなさい。

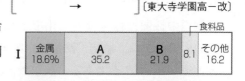

（2020/21年版「日本国勢図会」）

　ア A と Ⅰ　　**イ** A と Ⅱ　　**ウ** B と Ⅰ　　**エ** B と Ⅱ

［　　　　］〔愛媛－改〕

（独創的）**(3)** 右下のグラフは，2017 年度における日本の，国内の貨物輸送における輸送量とエネルギー消費量の輸送機関別の割合を表したものである。また，会話文は健太さんと先生がグラフを見ながら，「モーダルシフト」について話をしたときのものである。文中の空欄 **P** ・ **Q** に入る内容を，**P** は「船と鉄道」，「同じ輸送量」，「エネルギー消費量」の語句を，**Q** は「二酸化炭素」の語句を使って答えなさい。

〔愛媛－改〕

P ［　　　　　　　　　　　　　　　　　　　　　　　　　　　　　　　　　　　　　］

Q ［　　　　　　　　　　　　　　　　　　　　　　　　　　　　　　　　　　　　　］

> 先　　生：国土交通省では，貨物輸送について，トラックなどの自動車の利用から，船と鉄道への転換を図る「モーダルシフト」を推進しています。グラフから，国土交通省が期待していることは何かわかりますか。
>
> 健太さん：自動車に比べて，**P** ので，**Q** ということです。
>
> 先　　生：そのとおりです。

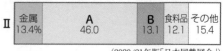

※輸送量は，輸送貨物の重量（トン）に，輸送距離（km）をかけて算出したものである。エネルギー消費量は，輸送したときに消費したエネルギーを熱量（キロカロリー）に換算したものである。また，四捨五入の関係で，合計が100％にならない場合がある。
（2020年版「EDMC/エネルギー・経済統計要覧」）

(4) 右の図は，那覇空港の模式図である。航空路が放射線状にのびる拠点の空港を何というか，カタカナ 2 字で答えなさい。

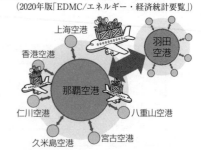

［　　　　　］空港〔沖縄－改〕

(5) 右の表は小売業の業種別販売額の推移を示したものである。表中の**ア・イ**にはコンビニエンスストア・スーパーマーケットのいずれかが，**X・Y**には 1991 年・2019 年のいずれかがあてはまる。コンビニエンスストアと 2019 年にあてはまるものを，表中の**ア・イ**，**X・Y**からそれぞれ選びなさい。

	百貨店	**ア**	**イ**
X	6298	13098	12184
2004 年	8854	12614	6922
Y	12085	10079	3125

（単位：十億円）
(2020/21年版「日本国勢図会」など)

コンビニエンスストア［　　　］　2019 年［　　　］　〔東大寺学園高－改〕

2 次の文を読んで，文中の下線部(1)～(4)についてあとの問いに答えなさい。　〔東大寺学園高－改〕

> 電力の需要は，家電製品の普及や職場の OA 化が進むにつれて増加し，現在，わたしたちの生活や(1)産業活動，(2)鉄道輸送などにおいて電力は不可欠なものとなっている。日本の(3)電力供給は，1960 年代に中東の安価な原油利用が進んで，火力発電が主となったが，1970 年代におきた石油危機以降，原子力発電も本格化した。しかし 2011 年 3 月，東日本大震災に伴う(4)東京電力福島第一原子力発電所での事故以後，全国の原発の営業運転停止が相次ぎ，2013 年 9 月にはすべての原発が停止した。

[難問] (1) この就業者の性別や年齢構成は，業種によって異なっている。右の**図1**は，農業，建設業，製造業，金融・保険業の就業者を年齢及び男女別に示したものである。金融・保険業にあてはまるものを，**図1**中の**ア～エ**から1つ選びなさい。［　　　］

図1

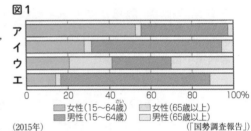

（2015年）

　□ 女性（15～64歳）　□ 女性（65歳以上）
　■ 男性（15～64歳）　□ 男性（65歳以上）

（「国勢調査報告」）

[思考力] (2) これや航空機輸送によって，人々は都道府県を越えて移動する。右の**表1**は，宮城県・大阪府・広島県・福岡県の 4 府県間の鉄道または航空機による旅客輸送人数を示したものである。福岡県にあてはまるものを表中の**ア～エ**から，鉄道にあてはまるものを表中の**X・Y**からそれぞれ選び，福岡県→鉄道の順に記号で答えなさい。

［　　　→　　　］

表1　　　　　　　　　（単位：百人）

着 発		**ア**	**イ**	**ウ**	**エ**
ア	X		—	6042	5307
	Y		21539	424	23747
イ	X	—		396	—
	Y	21260		137	13333
ウ	X	5996	392		1552
	Y	425	143		36
エ	X	5347	—	1577	
	Y	23592	13197	34	

（2017年度）　　　（「旅客地域流動調査」）

[思考力] (3) 右の**図2**は，青森県・千葉県・富山県・大分県における発電の割合をその方法別に示したものである。青森県にあてはまるものを，**ア～エ**から1つ選びなさい。
［　　　］

図2

（2019年度）

□ 水力　□ 火力　■ 風力　□ 太陽光　■ 地熱

（資源エネルギー庁）

(4) この会社は，関東地方の 1 都 6 県のほかに，山梨県及び静岡県（富士川以東の地域）に電力を供給している。右の**表2**は，これら 9 都県のうち，輸送用機械器具，印刷・同関連業の出荷額，果実の産出額，野菜の産出額の上位 5 都県を示したものである。輸送用機械器具の出荷額と野菜の産出額にあてはまるものを**表2**中の**ア～エ**からそれぞれ選び，輸送用機械器具→野菜の順に記号で答えなさい。

［　　　→　　　］

表2

	ア	**イ**	**ウ**	**エ**
1 位	茨城県	東京都	山梨県	静岡県
2 位	千葉県	埼玉県	静岡県	神奈川県
3 位	群馬県	神奈川県	千葉県	群馬県
4 位	埼玉県	静岡県	茨城県	埼玉県
5 位	栃木県	茨城県	群馬県	東京都

（2018年）　　（2021年版「データでみる県勢」）

地理

1 世界と日本のすがた
2 人々の生活・環境、世界の諸地域①
3 世界の諸地域②
4 世界の諸地域③
理解度診断テスト①
5 地域調査、地域的特色①
6 地域的特色②、地域区分
7 九州、中国・四国、近畿地方
8 中部、関東地方
9 東北、北海道地方
理解度診断テスト②

7 ▶ 九州，中国・四国，近畿地方

▌STEP 1　まとめノート

解答⇨別冊 p.13

1 九州地方 ★★

(1) **あゆみと自然**……〈位置〉古代から西の玄関口として外国とのかかわりが深い。〈山地〉北部に ① ▢ 山地，中央に**九州山地**。世界最大級のカルデラをもつ ② ▢ など火山が多い。〈川・平地〉③ ▢ 川下流に筑紫平野，南部は火山灰に覆われた ④ ▢ が広がる。〈海岸〉西北部の半島部などに ⑤ ▢ 海岸が見られる。〈気候〉多くは夏に雨の多い**太平洋側の気候**，南西諸島は1年中気温が高く降水量が多い**南西諸島の気候**。
 └長崎県の海岸線は北海道に次ぐ長さ　　└奄美大島，沖縄島など

(2) **産業**……〈農業〉筑紫平野は米と麦の ⑥ ▢ ，⑦ ▢ 平野では夏野菜の ⑧ ▢ 栽培がさかん。④ ▢ では茶やさつまいもの栽培。宮崎県や鹿児島県は肉牛・豚・肉用若鶏の出荷量が多い。〈漁業〉長崎県は漁獲量が北海道に次いで多い。⑨ ▢ 海でのり，大村湾で真珠，鹿児島湾でぶり類などを養殖。〈工業〉明治時代に官営の ⑩ ▢ が建設され，**北九州工業地帯**へと発展するが，エネルギー革命以降，北九州工業地帯の地位は低下。現在は自動車工業が発展。九州地方は1970年代から**IC（集積回路）**産業が発達し，⑪ ▢ と呼ばれた。
 └ピーマン，きゅうりなど　　└主要エネルギーが石炭から石油や天然ガスに変化

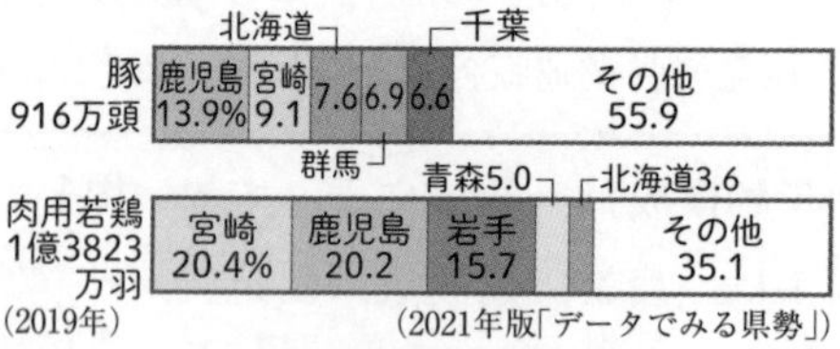

	北海道		千葉		
豚 916万頭	鹿児島 13.9%	宮崎 9.1	7.6 6.9 6.6	その他 55.9	

	青森5.0		北海道3.6	
肉用若鶏 1億3823万羽	宮崎 20.4%	鹿児島 20.2	岩手 15.7	その他 35.1

(2019年)　(2021年版「データでみる県勢」)

↑ 豚・肉用若鶏の飼育数の割合

(3) **生活・文化**……〈環境保全〉北九州市や水俣市は**エコタウン事業**の承認を受け，**環境モデル都市**にも選定される。〈沖縄〉現在も多くのアメリカ軍基地が残る。観光業，電照ぎくや野菜の栽培がさかん。
 └第三次産業の人口割合が高い

> **ズバリ暗記**
> ・熊本県には世界有数のカルデラで知られる**阿蘇山**がある。
> ・宮崎県は野菜の**促成栽培**，鹿児島県は茶・さつまいもの生産がさかん。

2 中国・四国地方 ★★

(1) **あゆみと自然**……〈位置〉中国地方は九州地方と近畿地方を結ぶ要地として発展。〈山地・平地〉中国地方の中央に**中国山地**があり，⑫ ▢ 地形が発達。四国地方には**讃岐平野**や**高知平野**があり，中央には**四国山地**が連なる。〈気候〉山陰は冬に雨や雪が多い ⑬ ▢ の気候，瀬戸内は1年を通じて降水量が少なく温暖な ⑭ ▢ の気候，南四国は夏に降水量が多い ⑮ ▢ の気候。
 └石灰岩が溶けてできた地形。秋吉台など　　└ため池が多く，香川用水が引かれる

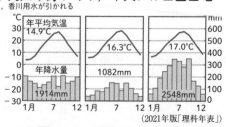

(2021年版「理科年表」)

↑ ⑬ の気候　↑ ⑭ の気候　↑ ⑮ の気候

① _____
② _____
③ _____
④ _____
⑤ _____
⑥ _____
⑦ _____
⑧ _____
⑨ _____
⑩ _____
⑪ _____
⑫ _____
⑬ _____
⑭ _____
⑮ _____

> **入試Guide**
> 中国・四国地方の気候の特色は頻出。雨温図の見分けだけでなく，海流・季節風・地形などの要因から生じる地域ごとに異なる気候の特色を説明できるようにしておこう。

(2) 産　業……〈農業〉愛媛県はみかん，岡山県はもも・ぶどうの栽培がさかん。高知平野ではかつては米の⑯　，近年は⑰　などの施設を使った夏野菜の⑧　栽培が行われている。〈漁業〉境港（鳥取県）は全国有数の水揚げ量を誇る。広島県の⑱　，愛媛県の真珠・まだい・ぶり類など，瀬戸内海では養殖がさかん。〈工業〉瀬戸内工業地域は金属や⑲　工業の割合が高く，製鉄所や石油化学⑳　が点在。

⑱　岡山　その他 18.0　宮城 13.2　7.5　16.2万t　広島 61.3%

真珠　その他 7.4　三重 18.9　18.8t　愛媛 41.7%　長崎 32.0

（2019年）※海面養殖業の統計。 （農林水産省）
↑⑱・真珠の生産量の割合
↑ピーマン，なすなど

(3) 生活・文化……〈人口〉瀬戸内海沿岸の都市に人口が集中し，山陰や南四国は㉑　化と高齢化が進む。㉒　市は地方中枢都市として発展。
↑原子爆弾が投下　↑高齢化　↑中枢都市
〈交通〉本州四国連絡橋（児島・坂出ルート，神戸・鳴門ルート，尾道・今治ルート）が開通し，中国地方と四国地方を行き来する人が増加。
↑れんらく　↑こじま　↑さかいで　↑こうべ　↑なると　↑おのみち　↑いまばり

> **ズバリ暗記**
> ・広島県はかき（養殖）の生産量が全国1位である。
> ・本州四国連絡橋の開通によって，人や物の行き来がさかんになった。

③ 近畿地方 ★★

(1) あゆみと自然……〈位置〉兵庫県明石市を東経135度の経線が通る。
↑あかし　↑日本の標準時子午線
〈あゆみ〉「㉓　」と呼ばれた大阪市は西日本の中心。かつて都が置かれた京都市や奈良市は国際的な観光都市。〈地形〉中部には日本最大の
↑江戸時代に蔵屋敷が多く置かれた
㉔　湖があり，淀川が流れる。南部には㉕　山地がある。東部の
↑ラムサール条約に登録　↑よど　↑大阪湾に注ぐ　↑大阪平野など
㉖　半島には⑤　海岸が発達。〈気候〉日本海側・瀬戸内・太平洋側の
↑三重県　↑北部。冬に雨や雪が多い
気候が分布。京都盆地・奈良盆地などは内陸性の気候に近い。
↑南部。夏に雨が多い

(2) 産　業……〈農業〉大消費地周辺では㉗　農業が行われ，㉘　島で
↑兵庫県
はたまねぎ・レタスの栽培がさかん。和歌山県では，みかん・かき・うめなど果実の生産量が多い。〈林業〉㉕　山地は吉野すぎや尾鷲ひのき
↑よしの　↑おわせ
といった美林が多い。〈漁業〉㉖　半島の英虞湾・五ヶ所湾で真珠の養殖。
↑あごわん　↑ごかしょ
〈工業〉㉙　工業地帯が明治時代以降，繊維工業を中心に成長。戦後，沿岸部に製鉄所や石油化学コンビナートが立地。内陸部は大工場の下
↑東大阪市など
請けを行う㉚　が多い。西陣織・清水焼（京都府），堺打刃物（大阪
↑にしじんおり　↑きよみずやき　↑さかいうちはもの
府）などが㉛　に指定されている。

(3) 生活・文化……世界文化遺産の登録地や国宝・重要文化財が多い。京
↑古都京都の文化財など6件が世界文化遺産に登録
都市は古都らしい景観を保存するための条例を制定。

> **Let's Try　差をつける記述式**
>
> 本州四国連絡橋が開通したことで四国地方はどんな影響を受けたか，答えなさい。
> ↑えいきょう
>
> **Point** 良い点，悪い点のいずれかの観点から述べる。
>
> [　　　　　　　　　　　　　　　　　　　　　　　]

⑯　____
⑰　____
⑱　____
⑲　____
⑳　____
㉑　____
㉒　____
㉓　____
㉔　____
㉕　____
㉖　____
㉗　____
㉘　____
㉙　____
㉚　____
㉛　____

地理

1 世界と日本のすがた

2 人々の生活・環境、世界の諸地域①

3 世界の諸地域②

4 世界の諸地域③

理解度診断テスト①

5 地域調査、地域的特色①

6 地域的特色②、地域区分

7 九州、中国・四国、近畿地方

8 中部、関東地方

9 東北、北海道地方

理解度診断テスト②

STEP 2　実力問題

解答 ⇨ 別冊 p.14

1 九州地方の自然や産業について，次の問いに答えなさい。

(1) 右の**地図**中の▲は，九州地方の火山である。これらに関する説明として適切なものを，次の**ア〜エ**から2つ選びなさい。[　　・　　]〔富山〕

地図

ア a 周辺では以前よりダムの建設がさかんで，水力発電としては日本最大の八丁原発電所がある。

イ b は世界最大級のカルデラをもつ火山で，カルデラ内部には水田や市街地が広がっている。

ウ c は近年でも活発な噴火を繰り返す火山で，噴火の際の火砕流で大きな被害が出ている。

エ d 周辺の九州南部はシラスと呼ばれる火山灰が堆積した台地となっており，水もちのよい土地で稲作がさかんである。

重要 (2) 家畜の都道府県別飼育頭数を示した右の**表**を見て，次の問いに答えなさい。なお，**表**中の **X〜Z** は肉用若鶏，肉用牛，豚のいずれかであり，**p〜r** は九州地方のいずれかの県である。〔富山〕

表　家畜の都道府県別飼育頭数　上位5道県と全国計

乳用牛			X		
	万頭・万羽	%		万頭・万羽	%
北海道	82.1	60.7	北海道	52.5	20.5
栃木	5.2	3.8	p	34.1	13.3
r	4.4	3.3	q	24.4	9.5
岩手	4.2	3.1	r	13.2	5.2
群馬	3.4	2.5	岩手	9.1	3.6
全国	135.2	100.0	全国	255.5	100.0

Y			Z		
	万頭・万羽	%		万頭・万羽	%
p	126.9	13.9	q	2824	20.4
q	83.6	9.1	p	2797	20.2
北海道	69.2	7.6	岩手	2165	15.7
群馬	63.0	6.9	青森	694	5.0
千葉	60.4	6.6	北海道	492	3.6
全国	915.6	100.0	全国	13823	100.0

(2020年，豚・肉用若鶏は2019年)　　　（2021年版「データでみる県勢」）

① 肉用若鶏と豚の組み合わせとして最も適切なものを，次の**ア〜カ**から1つ選びなさい。[　　　]

ア 肉用若鶏−X　豚−Y　　**イ** 肉用若鶏−X　豚−Z

ウ 肉用若鶏−Y　豚−X　　**エ** 肉用若鶏−Y　豚−Z

オ 肉用若鶏−Z　豚−X　　**カ** 肉用若鶏−Z　豚−Y

② p・q にあてはまる県名を答えなさい。また，その県の位置を，上の**地図**中の**ア〜キ**からそれぞれ1つずつ選びなさい。

p[　　　　・　　] q[　　　　・　　]

(3) 沖縄県の伝統的家屋は，屋根の瓦を漆喰で固めるなどつくり方をくふうしている。その理由をこの地域の気候に関連づけて答えなさい。〔富山−改〕

[　　　　　　　　　　　　　　　　　　　　　　]

得点UP!

1 (1)九州地方には阿蘇山をはじめ，御岳(桜島)，雲仙岳，くじゅう連山といった活動中の火山が多く，大きな災害にしばしば見舞われる。一方，温泉や地熱を利用した発電などの恩恵も受けている。

(2)九州地方南部に広がるシラス台地は，稲作には適しておらず，畜産業がさかんである。

Check! 自由自在①
九州地方の農業について，北部・南部・沖縄県に分けて特色を調べてみよう。

(3)沖縄県では近年，暴風雨に強いコンクリート造りの住宅が増加している。また，水不足になりやすいことから，屋上に貯水タンクを備えた住宅も多く見られる。

2 中国・四国地方，近畿地方について，次の問いに答えなさい。

(1) 右の**地図1**の矢印は，太郎さんが広島市から松山空港まで車で移動した経路を示している。次の文は，太郎さんが訪れた「道の駅」のようすについて述べたものである。訪れた順に並べかえなさい。　〔栃木－改〕

[　　→　　　　→　　　　→　　　]

ア 比較的降水量が少ない地域にあり，オリーブの歴史などを紹介する施設があった。

イ 冬場でも温暖で日照時間が長い地域があり，温暖な気候を利用して栽培された野菜が農作物直売所で販売されていた。

ウ 山間部にあり，雪を利用した冷蔵庫である「雪室」の中で，ジュースや日本酒が保存・熟成されていた。

エ 冬に雪が多く降る地域にあり，『古事記』に記された神話にちなんだみやげ物が売られていた。

地図1

広島市

松山空港

※図中の★は「道の駅」の位置を示している。

(2) 右の表は，四国と中国・京阪神方面間の機関別の利用者数と，3つの連絡橋における自動車の通行台数を示す。表から読み取れる，平成10年度以降の交通機関の利用の変化について，答えなさい。　〔熊本〕

	鉄道 (万人)	高速バス (万人)	航空機 (万人)	船舶 (万人)	自動車 (万台)
平成10年度	947	176	203	708	833
平成18年度	800	445	120	412	980
平成28年度	789	452	92	187	1454

※自動車は普通車と軽自動車などの合計(中型車，大型車，特大車を除く)。
(四国運輸局)

[　　　　　　　　　　　　　　　　　　　]

(3) 右の**ア〜ウ**は，**地図2**中の**A〜C**のいずれかの地点の気温と降水量のグラフである。**B**の地点にあたるものを，**ア〜ウ**から1つ選びなさい。　〔群馬－改〕

ア　　　　イ　　　　ウ

(2021年版「理科年表」)

地図2

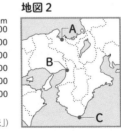

A

B

C

[　　　　]

(4) 右の表の**a〜d**は，三重県，京都府，大阪府，和歌山県のいずれかの人口に関する統計をまとめたものである。表中の**a**にあてはまる府県名を答えなさい。　〔鳥取〕

	人口 (万人)	人口密度 (人/km²)	老年人口の 割合(%)	産業別人口に占める第二 次産業人口の割合(%)※
a	178	308	29.7	32.3
b	881	4624	27.6	23.8
c	258	560	29.1	23.6
d	93	196	33.1	21.0

(2019年. ※は2017年)　(2021年版「データでみる県勢」)

[　　　　]

得点UP!

2 (1)中国山地の北側の地域(山陰地方)は日本海側の気候，中国山地の南側の地域(山陽地方)と四国山地の北側の地域は瀬戸内の気候，南四国は太平洋側の気候に属している。それぞれの気候に合わせて，くらしをくふうしている。

Check! 自由自在②
本州四国連絡橋の3つのルートについて，開通時期や結ばれている県と都市について調べてみよう。

(2)本州四国連絡橋が開通するまでは，中国地方と四国地方とはフェリーで結びついていた。

Check! 自由自在③
太平洋側の気候，瀬戸内の気候，日本海側の気候の違いをもたらすしくみや理由を調べてみよう。

(4)かつて都が置かれていた京都は日本の政治・文化の中心地として，大阪は経済の中心地として発展した。

STEP 3　発展問題

解答 ⇨ 別冊 p.14

1 **九州，中国・四国，近畿地方の産業について，次の問いに答えなさい。**

(1) 右の**グラフ1**は1960年と2018年における，福岡県の工業出荷額と工業出荷額に占める工業製品の割合を示している。**図**は，2014年における，北

グラフ1

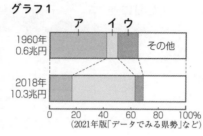

(2021年版「データでみる県勢」など)

図

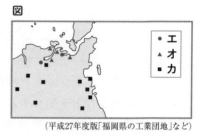

(平成27年度版「福岡県の工業団地」など)

九州市周辺の工場の分布を示している。**グラフ1のア～ウ**，**図のエ～カ**は，機械工業，金属工業，化学工業のいずれかを表している。機械工業にあたるものを，**グラフ1のア～ウ**，**図のエ～カ**から1つずつ選びなさい。　　　　　　　　　　　　　　[　　・　　]〔静岡－改〕

(2) 京都府に関する次の問いに答えなさい。　　　　　　　　　　　　　　　　　　　　　　〔山口－改〕

① 京都市の郊外や周辺地域では，加茂なすや九条ねぎなどの京野菜が生産されている。東京や京都などの大都市から距離が近い地域に，野菜や生花などを生産する農家が多く見られる理由を簡潔に答えなさい。

[　　　　　　　　　　　　　　　　　　　　　　　　　　　　　　　　　　　　]

② 右の**表**は，国内の宿泊旅行のうち，近畿地方2府5県を目的地とした，旅行目的別の延べ旅行者数を示したもので，**グラフ2**は，近畿地方2府5県における国宝(建造物)指定件数である。京都府にあてはまるものを，**表とグラフ2のア～エ**から1つ選びなさい。なお，**表とグラフ2のア～エ**は，それぞれ同じ府県である。

表　　　　　　　　　　　　(単位：千人)

	観光・レクリエーション	出張・業務
ア	7769	5010
イ	5010	1541
兵庫県	6430	1162
三重県	4050	858
ウ	2422	264
エ	1037	605
滋賀県	1540	321

(2019年)　　(2021年版「データでみる県勢」)

グラフ2

ア 5
三重 2
ウ 7
兵庫 11
滋賀 22
エ 64件
イ 52

(2021年4月1日現在)　　(文化庁)

[　　　　]

(3) 右の**地図**を見て，次の問いに答えなさい。　　　　　　　　　　　　　　　　　　　　　　〔福島〕

① 次の**グラフ3**は，A，B，D，E県の農業産出額の内訳を表したものである。E県にあてはまるものを，**グラフ3のア～エ**から1つ選びなさい。　　　　　[　　　　]

グラフ3　A，B，D，E県の農業産出額の内訳

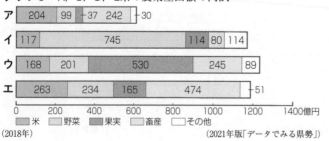

(2018年)　　　　　　(2021年版「データでみる県勢」)

地図

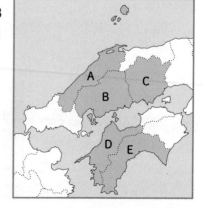

地理

1 世界と日本のすがた

2 人々の生活・環境、世界の諸地域①

3 世界の諸地域②

4 世界の諸地域③

診断テスト① 理解度

5 地域調査、地域的特色①

6 地域的特色②、地域区分

7 九州、中国・四国、近畿地方

8 中部、関東地方

9 東北、北海道地方

診断テスト② 理解度

② 右の**グラフ4**は，B，C，D県の製造品出荷額等の内訳を表している。**X・Y**にあてはまるものを，次の**ア〜エ**から1つずつ選びなさい。

X[　　　] **Y**[　　　]

ア 石油・石炭製品　　**イ** 印刷
ウ 輸送用機械　　　　**エ** 繊維

グラフ4　B，C，D県の製造品出荷額等の内訳

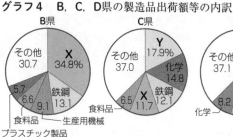

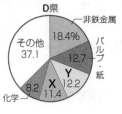

（2021年版「データでみる県勢」）

---

2 **九州地方の自然について，次の問いに答えなさい。**

独創的

(1) 右の**ア〜エ**は，日本の活火山である阿蘇山，霧島連山，雲仙岳，富士山の起伏図である。阿蘇山の起伏図を，**ア〜エ**から1つ選びなさい。　[　　　]〔大阪教育大附高（平野）－改〕

ア 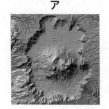　イ 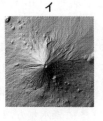　ウ 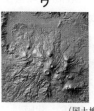　エ

（国土地理院の電子地図より作成）

思考力

(2) 右の**資料**は，2月と8月における，桜島の噴火による降灰の範囲を示したものである。2月と8月で降灰の範囲が変化する理由として考えられることを，簡潔に答えなさい。〔群馬〕

[　　　　　　　　　　　　　　　]

資料　2月と8月における桜島の噴火による降灰の範囲

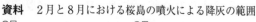
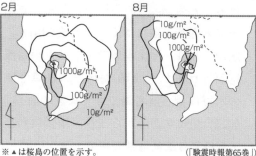

※▲は桜島の位置を示す。　（「験震時報第65巻」）

---

3 **ゆうこさんは近畿地方の産業や自然について調べた。次の問いに答えなさい。**〔佐賀－改〕

(1) 近畿地方の産業について述べた次の文**X・Y**の正誤の組み合わせとして正しいものを，あとの**ア〜エ**から1つ選びなさい。　　　[　　　]

X 大阪は，江戸時代には「将軍のおひざもと」と呼ばれ，日本の商業の中心として発展した。
Y 阪神工業地帯は多くの自動車関連工場が集まり，日本最大の工業製品出荷額を誇っている。

ア X－正　**Y**－正　　**イ X**－正　**Y**－誤　　**ウ X**－誤　**Y**－正　　**エ X**－誤　**Y**－誤

(2) 近畿地方の自然災害について調べたゆうこさんは，自分も自然災害について備えておく必要があると考えた。これに関して，自然災害による被害の予測や，災害時の避難場所などを示した地図を何というか，答えなさい。　[　　　　　　]

難問

(3) ゆうこさんは京都市を訪れた際，外観が佐賀県でよく見るものとは異なるコンビニエンスストアがあることに気づいた。このことについて述べた，次の文の[　　　]に入る内容を簡潔に答えなさい。　[　　　　　　　　]

京都市では，歴史的な[　　　]ことを目的として，建物の高さやデザインなどに規制を設けるなどの取り組みを行っている。

8 ▶ 中部，関東地方

STEP 1 　まとめノート

解答 ⇨ 別冊 p.15

① 中部地方 ★★★

(1) **あゆみと自然**……〈**位置**〉**東海地方・中央高地・北陸地方**に分けられる。明治時代以降，鉄道の開通によって，東京と大阪を結ぶ東海地方の役割が重要になる。〈**山地**〉**日本アルプス**（①　　　　山脈・木曽山脈・赤石山脈）の山々，日本最高峰の**富士山**がある。
←日本の屋根とも呼ばれる
〈**川・平地**〉日本一長い②　　　　川下流に**越後平野**，③　　　　川・長良川・揖斐川の下流には④　　　　**平野**が広がる。日本三大急流の1つ富士川は駿河湾に注ぐ。〈**海岸**〉⑤　　　　
←富士川・球磨川・最上川
湾はリアス海岸が発達。〈**気候**〉東海地方は夏に降水量が多い**太平洋側の気候**，中央高地は年較差や日較差が大きく，降水量が1年を通して少ない**内陸性の気候**，北陸地方は冬に降水量が多い**日本海側の気候**。

(2) **東海地方の産業・生活・文化**……〈**農業**〉静岡県ではみかんや⑥　　　　の栽培がさかん。愛知県の**知多半島**と**渥美半島**にはそれぞれ**愛知用水**，⑦　　　　**用**
←牧ノ原など
水が引かれ，渥美半島でキャベツや電照ぎくの栽培が行われる。〈**漁業**〉静岡県の**焼津港**は日本有数の水揚げ量，**浜名湖**ではうなぎの養殖がさかん。〈**工業**〉愛知県西部から三重県東部にわたる⑧　　　　**工業地帯**は工業地帯の中で工業出荷額が最も多く，**豊田市**を中心とする**自動車工業**がさかん。**東海市**は鉄鋼業，**四日市市**では石油化学工業が発達。静岡県の太平洋沿岸には**東海工業地域**が広がる。**浜松市**は楽器やオートバイ，**富士市・富士宮市**では製紙・パルプ工業がさかん。〈**生活・文化**〉岐阜県海津市には，堤防で囲まれた⑨　　　　が見られる。
←木曽川・揖斐川・長良川が合流
名古屋市を中心に交通網が発達。中部国際空港や東海道新幹線などに
←通称「セントレア」
加え，リニア中央新幹線も開通予定。

宮崎
4.3
その他
18.1
静岡
36.1
%
生産量
8.2万t
三重
7.2
鹿児島
34.3

(2019年)
(2021年版「データでみる県勢」)
⬆ ⑥ の都道府県別生産割合

(3) **中央高地の産業・生活・文化**……〈**農業**〉**野辺山原**は夏でも涼しい気候
←長野県，八ケ岳山ろく
を利用した⑩　　　　**農業**がさかん。**抑制栽培**で**高原野菜**を出荷。山梨県（⑪　　　　**盆地**）はぶどう・ももの生産が日本一。〈**工業**〉諏訪盆地では高
←諏訪市・岡谷市
度経済成長期に**精密機械工業**が発達。現在は，松本市などに電気機械工場やIC工場も進出。〈**生活**〉観光業が発達。近年，グリーンツーリズ
←農山漁村に滞在してその地域の生活などを楽しむ
ムやエコツーリズムに人気が集まる。
←地域特有の自然環境や歴史・文化などを体験・学習する

(4) **北陸地方の産業・生活・文化**……〈**農業**〉稲作だけを行う⑫　　　　が農業
←稲作
の中心。〈**工業**〉伝統産業や⑬　　　　産業が発達。新潟県の**小千谷ちぢみ・**
←おぢや
十日町がすり，石川県の⑭　　　　**塗・加賀友禅・九谷焼**などが有名。福
←とおかまち　　　　　　←ぬり　←かがゆうぜん　←くたにやき
井県鯖江市の**眼鏡フレーム**は日本最多の生産量を誇る。〈**電力**〉北陸地
←さばえ　　　　　　　　　　　　　　　　　　　　　　　　　←ほこ

① _____
② _____
③ _____
④ _____
⑤ _____
⑥ _____
⑦ _____
⑧ _____
⑨ _____
⑩ _____
⑪ _____
⑫ _____
⑬ _____
⑭ _____

入試Guide

中部地方は東海・中央高地・北陸の各地方ごとに気候や産業に特色があるため，入試でも出題されやすい。地方ごとに特徴をおさえておこう。

方は水力発電所が多い。⑤　　　湾沿岸には⑮　　　発電所が集中している。

❷ 関東地方 ★★

(1) **あゆみと自然**……〈**あゆみ**〉東京は日本の政治・経済・文化の中心。〈**平野・川**〉流域面積最大の⑯　　　川が流れる。関東平野は日本一広い平野
└─長さは信濃川に次いで日本第2位
で，⑰　　　という赤土に覆われている。霞ケ浦は琵琶湖に次いで2番
└─富士山などの火山灰が積もってできた
目に広い湖。〈**海岸・島**〉南部に**房総半島**，東部には**九十九里浜**が続く。
国土最東端の**南鳥島**，最南端の⑱　　　は東京都に属す。〈**気候**〉冬の北
西の季節風が，乾燥した⑲　　　となって関東平野に吹き下ろす。

(2) **産　業**……〈**農業**〉都市向けの新鮮な野菜や果物を栽培する⑳　　　農業
がさかん。**嬬恋村**では，**抑制栽培**でキャベツなどの**高原野菜**を生産す
└─群馬県，浅間山山ろく
る⑩　　農業がさかん。〈**漁業**〉⑯　川の河口に位置する㉑　　　港は日本を
代表する漁港の1つ。〈**工業**〉神奈川県・東京都・埼玉県にまたがる
└─沖合に潮目（潮境）
㉒　　　工業地帯は，近年まで日本最大の工業出荷額を誇った。新聞社
や出版社の数が多い東京23区には㉓　　　業が集中。千葉県の東京湾岸
に形成された㉔　　　工業地域は，石油化学工業と金属工業が発達し，
特に㉕　　　工業は出荷額全体の約40 %を占める。栃木県・群馬県・茨
城県にかけて広がる㉖　　　工業地域は機械工業の占める割合が高い。
└─自動車・電気機械など
鹿島灘の砂丘海岸に掘込式港湾をつくり，鹿島臨海工業地域を形成。
└─鹿島港

(3) **生活・文化**……〈**日本の首都・東京**〉東京の**都心**には政治・経済の重要
機関が集中。㉗　　　空港は日本各地の空港と結ばれ，交通網も発達。
幕張新都心，さいたま新都心，「みなとみらい21」の開発で都心の分散
化が進む。㉘　　　都市の多い県は夜間人口よりも昼間人口が少ない。
└─横浜市
└─東京に通勤・通学する人々が居住
過密・通勤ラッシュ・ごみの増加に加え，ゲリラ豪雨や㉙　　　現象な
└─都市中心部の気温が郊外の気温よりも高くなる現象
どの都市問題が発生。近年，東京の都心や臨海部で**再開発**が進み，
㉚　　　現象がおこっている。
└─人々が都心近くに戻ってくる現象

⑮
⑯
⑰
⑱
⑲
⑳
㉑
㉒
㉓
㉔
㉕
㉖
㉗
㉘
㉙
㉚

Let's Try　差をつける記述式

① 北陸地方は，稲作だけを行う水田単作が農業の中心となっている。その理由を答えなさい。
└─稲作
　Point 北陸地方の気候の特徴から考える。
└─特徴

[　　　　　　　　　　　　　　　　　　　　　　　　　　　　　　　　　]

② 埼玉県・千葉県・神奈川県などは，夜間人口よりも昼間人口が少ない。その理由を答えなさい。
　Point 日本の首都である東京に，企業や学校が集中していることから考える。
└─企業

[　　　　　　　　　　　　　　　　　　　　　　　　　　　　　　　　　]

地理

1 世界と日本のすがた

2 世界の諸地域①人々の生活・環境，

3 世界の諸地域②

4 世界の諸地域③

理解度診断テスト①

5 地域的特色①地域調査，

6 地域的特色②地域区分，

7 九州，中国・四国，近畿地方

8 中部，関東地方

9 東北，北海道地方

理解度診断テスト②

STEP 2 実力問題

解答 ⇨ 別冊 p.15

1 次の問いに答えなさい。

(1) 右の**表1**は，関東地方・中部地方・四国地方・九州地方について，それぞれの地方の面積に占める山地の割合と，平均標高についてまとめたものであり，**Ⅰ〜Ⅳ**は4つの地方のいずれかを示している。関東地方と中部地方にあてはまるものの組み合わせとして正しいものを，次の**ア〜エ**から1つ選びなさい。

[　　　]〔栃木一改〕

表1

地方	Ⅰ	Ⅱ	Ⅲ	Ⅳ
山地の割合(%)	40.5	62.7	70.9	79.9
平均標高(m)	330.5	274.9	639.3	403.6

(2021年版「データでみる県勢」など)

ア 関東地方-Ⅰ　中部地方-Ⅲ　　**イ** 関東地方-Ⅱ　中部地方-Ⅲ
ウ 関東地方-Ⅰ　中部地方-Ⅳ　　**エ** 関東地方-Ⅱ　中部地方-Ⅳ

(2) 右の**地図**に示したА県やВ県には，中京工業地帯や東海工業地域が分布している。これらを含め，関東地方から北九州までの臨海部にまたがっている帯状の工業地帯のことを何というか，答えなさい。

[　　　]〔栃木一改〕

地図

(3) 右の**グラフ1**の**ア〜エ**は，京浜工業地帯，京葉工業地域，中京工業地帯，阪神工業地帯のいずれかの産業別製造品出荷額等の割合と製造品出荷額等を示したものである。京葉工業地域を示したものを，**ア〜エ**から1つ選びなさい。

[　　　]〔愛知一改〕

グラフ1

ア	331478億円
イ	121895
ウ	577854
エ	397027

0　20　40　60　80　100%
■金属　■機械　■化学　□その他

(2017年)　(2020/21年版「日本国勢図会」)

(4) 右の**表2**は，新潟県，富山県，長野県，愛知県について，それぞれの面積と米，野菜，果実の産出額を示したものである。長野県にあたるものを，**表2**の**ア〜エ**から1つ選びなさい。[　　　]〔和歌山一改〕

表2

	面積(km²)	産出額(億円)		
		米	野菜	果実
ア	4248	451	58	21
イ	5173	296	1125	202
ウ	12584	1445	350	77
エ	13562	473	905	714

(2018年)　(2021年版「データでみる県勢」)

(5) 次ページの**グラフ2**の**ア〜エ**は，長野県飯田市，北海道網走市，富山県富山市，高知県土佐清水市のいずれかの都市の気温と降水量を表したものである。長野県飯田市にあたるものを，**ア〜エ**から1つ選びなさい。[　　　]〔和歌山一改〕

得点UP!

1(1)地方ごとに山地・山脈，平野の占める割合を地図で確認すること。

Check! 自由自在①
中部地方と関東地方にある主な山地や山脈，川や平野について調べてみよう。

(2)これらの県の沿岸部には原料の輸入や製品の輸出のために，大きな港が建設されている。人口も多い。

(3)京葉工業地域は東京湾東岸に形成された工業地域で，市原市は石油化学工業，千葉市と君津市は鉄鋼業がさかんである。

Check! 自由自在②
中部地方を東海，中央高地，北陸の3つの地域に分類し，各地域の農業の特色について調べてみよう。

(5)飯田市は内陸性の気候，網走市は北海道の気候，富山市は日本海側の気候，土佐清水市は太平洋側の気候に属している。

重要

グラフ2

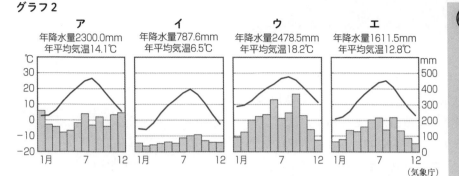

ア
年降水量2300.0mm
年平均気温14.1℃

イ
年降水量787.6mm
年平均気温6.5℃

ウ
年降水量2478.5mm
年平均気温18.2℃

エ
年降水量1611.5mm
年平均気温12.8℃

(気象庁)

得点UP!

地理

1 世界と日本の すがた

2 人々の生活・環境、 世界の諸地域①

3 世界の諸地域②

4 世界の諸地域③

理解度 診断テスト①

5 地域調査、 地域的特色①

6 地域的特色②、 地域区分

7 九州、中国・四国、 近畿地方

8 中部・ 関東地方

9 東北・北海道地方

理解度 診断テスト②

2 中部地方，関東地方について，次の問いに答えなさい。

(1) 花子さんは，北陸地方の気候に関する下の**資料1・資料2**を見つけ，次のようにまとめた。文中の⬚⬚⬚⬚に入る内容を，**資料1・資料2**の両方から読み取ったことをもとに答えなさい。 〔茨城－改〕

北陸地方では，冬に⬚⬚⬚⬚ため，農作業ができないことから，家の中でできる副業が発達した。これらが地場産業として今日に受け継がれている。

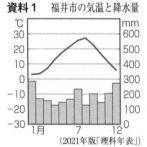

資料1 福井市の気温と降水量

(2021年版「理科年表」)

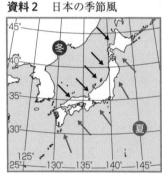

資料2 日本の季節風

2 (1)北陸地方は雪が多く降り，冬に農作業ができないため，伝統産業や地場産業が発達した。また，稲作だけを行う水田単作が農業の中心となっている。

(2) 右の**表**は，関東1都6県について，2015年の昼間人口，夜間人口，昼夜間人口比率を示したものである。また，右下の**図**は，**表**をもとにして，都県別の昼夜間人口比率を凡例に従って表したものの一部である。昼夜間人口比率とは，夜間の人口100人あたりの昼間の人口の割合である。千葉県と神奈川県にならって，栃木県と東京都の昼夜間人口比率を図示すればどのようになるか，それぞれ**図**にかき入れなさい。

〔和歌山〕

表

	昼間人口（千人）	夜間人口（千人）	昼夜間人口比率
茨城県	2843	2917	※
栃木県	1955	1974	※
群馬県	1970	1973	※
埼玉県	6456	7267	※
千葉県	5582	6223	89.7
東京都	15920	13515	※
神奈川県	8323	9126	91.2

※は，あてはまる数を省略したことを表している。
(2021年版「データでみる県勢」)

(2)埼玉県・千葉県・神奈川県は，東京に通勤・通学する人々が居住する衛星都市が多く，夜間人口よりも昼間人口の方が少ない。

Check! 自由自在③
東京大都市圏が抱える問題点について調べてみよう。

図

昼夜間人口比率
＝昼間人口÷夜間人口×100

凡例
100以上
95以上100未満
90以上95未満
90未満

STEP 3　発展問題

解答 ⇨ 別冊 p.16

1 関東地方について，次の問いに答えなさい。

(1) 右の**表**は，利根川，石狩川，北上川，信濃川の4つの河川の長さ，流域面積，その河川が流れている都道府県数を示したものである。利根川にあてはまるものを，**表**中の**ア〜エ**から1つ選びなさい。

[　　　] 〔岩手－改〕

表

	河川の長さ	流域面積	その河川が流れている都道府県数
ア	367 km	11900 km^2	3
イ	322 km	16840 km^2	6
ウ	268 km	14330 km^2	1
エ	249 km	10150 km^2	2

(国土交通省)

(2) 東京大都市圏では，ヒートアイランド現象のような都市特有の問題が見られるようになった。ヒートアイランド現象について述べた，次の文中の空欄　X　・　Y　に入ることばの組み合わせとして最も適切なものを，あとの**ア〜エ**から1つ選びなさい。　　　　　　　　　　　　　　　　　　[　　　] 〔岩手－改〕

　ビルや商業施設が密集する都市では，気温が周辺地域より　X　なる現象が見られる。この対策の1つとして，　Y　が行われている。

ア X－高く　Y－ビルの壁面や屋上に植物を育てること

イ X－高く　Y－地下に河川の水を一時的にためる施設をつくること

ウ X－低く　Y－ビルの壁面や屋上に植物を育てること

エ X－低く　Y－地下に河川の水を一時的にためる施設をつくること

独創的

(3) 東京大都市圏では，地震や台風などにより，公共交通機関に乱れが生じ，帰宅困難者が多く出ることがある。その理由として，どのようなことが考えられるか，右の**資料1・資料2**の内容に触れて，簡潔に答えなさい。

[　　　　　　　　　　　　　　]

資料1　東京都への通勤・通学者数

埼玉県 94万人
千葉県 72万人
神奈川県 107万人

(2015年10月1日現在)　(2020/21年版「日本国勢図会」)

資料2　通勤・通学に利用する交通手段の割合

	利用交通機関	
	鉄道	自家用車
東京都	58 %	9 %
神奈川県	49 %	19 %
千葉県	40 %	34 %
埼玉県	38 %	32 %
全国平均	23 %	47 %

※鉄道はバス，自転車，オートバイを併用する数値を含む。自家用車は自家用車のみを利用する数値。
(2010年)　　　　　　　　　(総務省)

〔岩手－改〕

難問

(4) 右の**グラフ**は，大学在学者数，人口，年間商品販売額のそれぞれについて，**X〜Z**の各地域が全国に占める割合を示したものである。なお，**X〜Z**は，東京都，東京都を除く関東地方の6県，関東地方以外の道府県のいずれかである。**グラフ**中の**X〜Z**が示す地域の組み合わせとして最も適当なものを，次ページの**ア〜カ**から1つ選びなさい。

[　　　] 〔愛知－改〕

グラフ

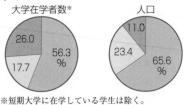

大学在学者数※
26.0　17.7　56.3 %

人口
11.0　23.4　65.6 %

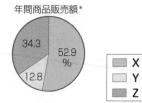

年間商品販売額*
34.3　12.8　52.9 %

X
Y
Z

※短期大学に在学している学生は除く。
(2019年，＊は2015年)

(2021年版「データでみる県勢」)

	ア	イ	ウ	エ	オ	カ
東京都	X	X	Y	Y	Z	Z
東京都を除く関東地方の6県	Y	Z	X	Z	X	Y
関東地方以外の道府県	Z	Y	Z	X	Y	X

2 中部地方について調べた次のメモを見て，あとの問いに答えなさい。

・日本アルプスと呼ばれる標高3000m級の山々があり，a火山も多い。
・b東海，中央高地，北陸で気候が大きく異なっており，特徴的な農業が行われている。
・中京工業地帯や東海工業地域があり，特にc自動車工業がさかんである。

(1) 下線部 **a** に関連して，次の文中の空欄 ___P___ に入る語句を，漢字3字で答えなさい。

[_____]〔大分〕

　日本には，地震の震源や火山が多い。これらは，プレートの境界付近に位置することが多く，その大半は連なって分布している。このような場所は ___P___ と呼ばれ，陸地に標高の高い山脈が見られ，海洋に点々と島が並んでいる。

(2) 下線部 **b** に関連して，右の**表**は，福井市，松本市，名古屋市の1月と8月の気温と降水量の月別平均値を示したものであり，表中の**A〜C**は，これら3都市のいずれかである。**A〜C**にあてはまる都市の組み合わせとして正しいものを，右下の**ア〜カ**から1つ選びなさい。[_____]〔新潟〕

表

	気温(℃)		降水量(mm)	
	1月	8月	1月	8月
A	4.5	27.8	48.4	126.3
B	−0.4	24.7	35.9	92.1
C	3.0	27.2	284.8	127.6

(2021年版「理科年表」)

(3) 下線部 **c** に関連して，中部地方で1960年代に自動車工業が発達した理由として適当でないものを，次の**ア〜エ**から1つ選びなさい。

[_____]〔大分〕

	ア	イ	ウ	エ	オ	カ
福井市	A	A	B	B	C	C
松本市	B	C	A	C	A	B
名古屋市	C	B	C	A	B	A

ア 日系外国人が多く居住しており，労働者を確保しやすかったから。
イ 製鉄所や石油化学コンビナートが付近に立地しており，材料を確保しやすかったから。
ウ 関連部品工場が集まっており，効率の良い生産体制ができたから。
エ 大きな港があり，製品の輸送に便利な環境であったから。

(4) 中部地方とほかの地方とを比較するために手に入れた右の**資料**は，何を示した主題図であるか，次の**ア〜エ**から1つ選びなさい。[_____]〔大分〕

ア 合計特殊出生率　**イ** 第二次産業就業人口の割合
ウ 人口密度　**エ** 65歳以上の人口の割合

資料

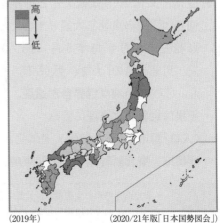

高
低

(2019年)　(2020/21年版「日本国勢図会」)

地理

1 世界と日本のすがた
2 世界の人々の生活・環境、世界の諸地域①
3 世界の諸地域②
4 世界の諸地域③
理解度診断テスト①
5 地域調査、地域的特色①
6 地域的特色②、地域区分
7 九州・中国・四国、近畿地方
8 中部、関東地方
9 東北、北海道地方
理解度診断テスト②

思考力

月　　日

9 東北，北海道地方

STEP 1 まとめノート

解答 ⇨ 別冊 p.17

① 東北地方 ★★★

⑴ **あゆみと自然**……〈**位置**〉本州の最北端に位置し，津軽海峡を挟んで北海道と向き合う。〈**山地**〉中央に①＿＿**山脈**が南北に連なり，太平洋側に北上高地と阿武隈高地，日本海側に出羽山地が走る。〈**川・平地**〉北上川の河口に仙台平野，最上川（└日本三大急流の１つ）の河口に②＿＿**平野**が広がる。〈**海岸**〉③＿＿**海岸**の南部は**リアス海岸**で，**津波**の被害を受けやすい。〈**気候**〉日本海側は北陸地方から続く豪雪地帯。夏には**フェーン現象**がおこる。太平洋側は初夏から夏にかけて④＿＿（└冷たく湿った北東の風）が吹き，気温が日本海側よりも低くなることがある。

⑵ **産　業**……〈**農業**〉全国の⑤＿＿の生産量の約４分の１を生産。④＿＿の影響で⑥＿＿（農作物の生育に被害をもたらす┘）がおこることがある。⑦＿＿（秋田県）では大規模な**干拓**が行われ米の増産を目ざしたが，**減反政策**（2018年度に廃止┘）の影響で畑作地が増加。⑧＿＿**平野**はりんご，山形盆地はおうとう（└さくらんぼ）・西洋なしの生産，北上高地では**酪農**がさかん（└小麦や大豆などを栽培）。〈**林業**〉**秋田すぎ・青森ひば**は天然林の三大美林に数えられる（└もう１つは木曽ひのき）。〈**漁業**〉**三陸海岸**の沖合は**潮目（潮境）**となっており，好漁場。仙台湾のかき，陸奥湾の⑨＿＿など養殖業もさかん。〈**工業**〉**伝統産業**が発達。**津軽塗**（青森県），**大館曲げわっぱ**（秋田県），**天童**⑩＿＿（山形県），**宮城伝統こけし**（宮城県）などが**伝統的工芸品**に指定。高速道路や空港周辺に**工業団地**が形成。東北自動車道沿いはIC工場や自動車工場が集中。〈**電力**〉原子力発電所が集中していた太平洋側は，2011年の⑪＿＿で甚大な被害。

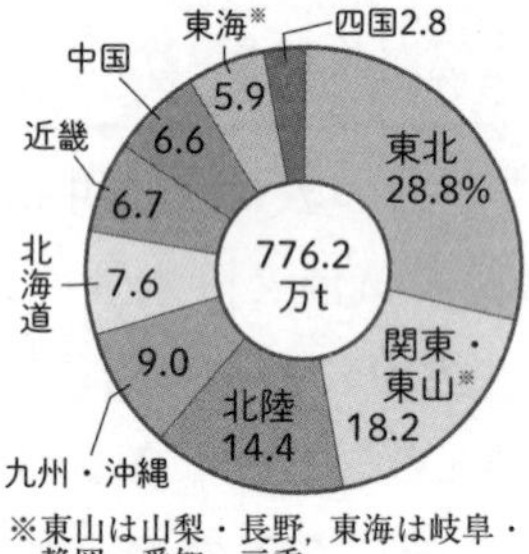
東海※ 5.9
四国2.8
中国 6.6
近畿 6.7
北海道 7.6
東北 28.8%
776.2 万t
関東・東山※ 18.2
北陸 14.4
9.0
九州・沖縄
※東山は山梨・長野，東海は岐阜・静岡・愛知・三重。
(2019年)（2020/21年版「日本国勢図会」）
↑ ⑤の地方別生産割合

⑶ **生活・文化**……〈**伝統文化と世界遺産**〉青森⑫＿＿，秋田**竿燈まつり**，仙台⑬＿＿の東北三大祭りや**山形花笠まつり**が毎年８月に開催。男鹿半島の「**ナマハゲ**」も有名。⑭＿＿**山地**（└ぶなの原生林が残る）は**世界自然遺産**，**平泉**は**世界文化遺産**に登録。

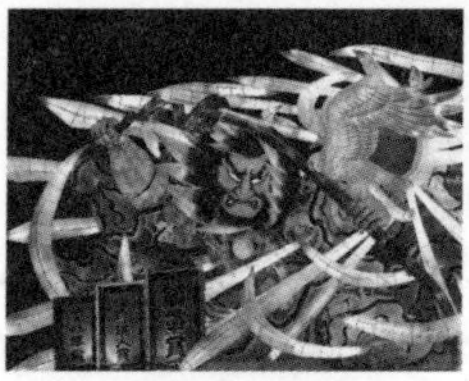
↑ 青森⑫

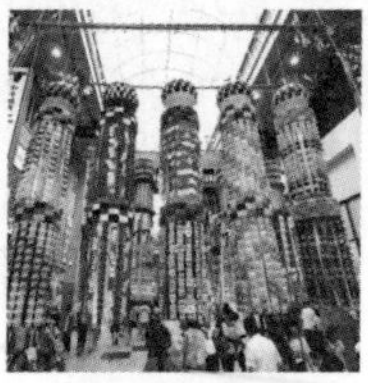
↑ 仙台⑬

〈**人口・都市**〉少子高齢化・過疎化が進む。⑮＿＿**市**は東北地方の地方中枢都市。**東北新幹線**などで関東地方と結びつく。

ズバリ暗記
- 東北地方の米の生産量は，全国の約４分の１を占める。
- 三陸海岸の沖合は潮目（潮境）となっており，好漁場。

①＿＿
②＿＿
③＿＿
④＿＿
⑤＿＿
⑥＿＿
⑦＿＿
⑧＿＿
⑨＿＿
⑩＿＿
⑪＿＿
⑫＿＿
⑬＿＿
⑭＿＿
⑮＿＿

入試Guide
東北地方は農業や伝統産業，祭りや文化など各県が特色をもち，出題される頻度が高い。それぞれの県の特色を整理しておこう。

地理

1 世界と日本のすがた

2 人々の生活・環境、世界の諸地域①

3 世界の諸地域②

4 世界の諸地域③

理解度診断テスト①

5 地域調査、地域的特色①

6 地域的特色②、地域区分

7 九州、中国・四国、近畿地方

8 中部、関東地方

9 東北、北海道地方

理解度診断テスト②

❷ 北海道地方 ★★

(1) **あゆみと自然**……〈**位置とあゆみ**〉日本最北端に位置し，日本の総面積の約5分の1を占める。かつて蝦夷地と呼ばれ，⑯□□□の人々が先住民族である。⑰□□□（国後島・択捉島・歯舞群島・色丹島）は現在，ロシア連邦が不法占拠。〈**山地**〉中央に石狩山地がそびえ，その北側に北見山地，南側に日高山脈が連なる。大雪山や有珠山などの火山が分布。〈**平地**〉十勝平野や根釧台地などの火山灰台地と石狩平野などの低湿地，中央には上川盆地がある。〈**気候**〉⑱□□□帯に属す。冬の寒さが厳しく，梅雨の影響をほとんど受けない。夏の⑲□□□は日照時間を減らし，気温を下げる。冬は，**オホーツク海**沿岸に流氷が押し寄せる。
　└太平洋側でおこりやすい

(2) **産　業**……〈**農業**〉大規模な機械化農業が行われ，農業産出額は全国一。泥炭地を⑳□□□で改良し，全国有数の**稲作**地帯になった㉑□□□平野，畑作の中心地帯である㉒□□□平野，㉓□□□（実験農場）がつくられ，酪農地帯に発展した㉔□□□台地がある。〈**漁業**〉全国の約23%の漁獲量を誇る。釧路港などを基地にオホーツク海やベーリング海などで㉕□□□漁業を行っていたが，各国が㉖□□□を設定したことなどによって漁場が縮小。現在は栽培漁業や養殖業に力を入れる。〈**工業**〉北海道では㉗□□□工業がさかん。室蘭市で鉄鋼業，苫小牧市や釧路市で製紙・パルプ工業が発達。
└1兆2593億円(2018年)
└大豆・てんさい・じゃがいもなどを栽培
└2018年
└さけ・ます・たら・かになどをとる。遠洋漁業の一種
└サロマ湖のほたて貝など
└地元でとれる農産物・水産物を加工
└掘込式港湾を築き，石油精製工場や自動車工場が進出
└むろらん└とまこまい└くしろ

栃木3.9　群馬2.5

| 北海道 60.7% | その他 26.5 |

135.2万頭

熊本3.3　岩手3.1

(2020年)　　(2021年版「データでみる県勢」)

⊕ 乳牛の都道府県別飼育頭数の割合

(3) **生活・文化**……〈**自然環境の保全**〉タンチョウの生息地として貴重な㉘□□□湿原は**ラムサール条約**，オホーツク海に突き出た**知床**は**世界自然遺産**に登録。知床は**ナショナルトラスト運動**が本格化する事例の1つとなった。〈**くらし**〉住宅は寒さを防ぐために，厚い壁で二重窓にするなどのくふうが見られる。**ロードヒーティング**が整備されている道路も多い。〈**人口**〉道庁所在地で地方中枢都市でもある㉙□□□市は，北海道の行政・経済・文化の中心。〈**結びつき**〉㉙市近郊の**新千歳空港**は北海道の空の玄関口。㉚□□□トンネルで本州と結ばれ，新青森〜新函館北斗間を**北海道新幹線**が走る。
└電熱線・温水パイプなどで凍結を防ぐ
└新千歳空港〜東京国際(羽田)空港間の利用者数は日本最多

⑯ _____
⑰ _____
⑱ _____
⑲ _____
⑳ _____
㉑ _____
㉒ _____
㉓ _____
㉔ _____
㉕ _____
㉖ _____
㉗ _____
㉘ _____
㉙ _____
㉚ _____

入試Guide

北海道の農業地帯は頻出。十勝平野と根釧台地は最重要。主な農産物と生産がさかんな地域を確認しておく。

Let's Try　差をつける記述式

① 東北地方の太平洋側で冷害がおこる理由を答えなさい。

Point やませがどのような風なのかを考える。

[　　　　　　　　　　　　　　　　　　　　　　　]

② 冬の寒さが厳しい北海道では，住宅にどのようなくふうをしているか，答えなさい。

Point 寒さや雪に対する家屋のくふうについて説明する。

[　　　　　　　　　　　　　　　　　　　　　　　]

STEP 2　実力問題

解答⇨別冊 p.17

1 地図を見て，次の問いに答えなさい。

〔北海道一改〕

得点UP！

1 (1)夏に東北地方の太平洋側に吹きつける冷たく湿った風は，冷害を引きおこすことがある。

重要 (1) 次の文中の空欄　A　・　B　に入る語句を答えなさい。

A[　　　　] B[　　　　]

地図

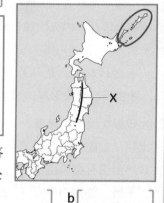

東北地方には，**地図**の**X**で示される　A　山脈がある。この山脈を境とする太平洋側は，日本海側に比べ年間を通じて降水量が少なく，夏になると親潮の影響を受けて　B　と呼ばれる冷たい北東からの風が吹くことがある。

Check! 自由自在①
冷害とフェーン現象について，それぞれどのような現象か調べてみよう。

重要 (2) 次の文中の空欄　a　・　b　に入る語句を答えなさい。ただし，　b　は漢字2字で答えなさい。

a[　　　　] b[　　　　]

地図の◯で囲まれた島々は日本固有の領土であり，　a　と呼ばれている。これらの島々のうち，最も面積が広いのは，　b　島である。

(2)北方領土には，択捉島・国後島・色丹島・歯舞群島が含まれる。これらの島は日本固有の領土であるが，現在はロシア連邦に不法占拠されている。このうち択捉島は日本最北端の島である。

思考力 (3) 北海道，東北，九州の農業産出額と農作物の割合を示したグラフを，右の**ア〜ウ**からそれぞれ選びなさい。また，**A**にあてはまる農作物を答えなさい。

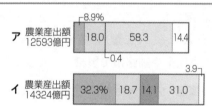

ア 農業産出額 12593億円 18.0 58.3 14.4 8.9% 0.4

イ 農業産出額 14324億円 32.3% 18.7 14.1 31.0 3.9

ウ 農業産出額 18845億円 10.0% 23.5 7.0 46.4 13.1

0　5000　10000　15000　20000 億円

■A ■野菜 ■果実 □畜産 □その他

(2018年)

(2021年版「データでみる県勢」)

北海道[　　　　]
東北[　　　　]
九州[　　　　]
A[　　　　]

2 東北地方，北海道地方について，次の問いに答えなさい。

〔富山〕

(1) 道県名と道県庁所在地名が異なるものを，右の**地図**の**ア〜キ**からすべて選びなさい。

[　　　　]

地図

(2) 次ページの**グラフ**の①〜③は，右の**地図**中の**A〜C**のいずれかの都市の気温と降水量を示したものである。①〜③にあてはまる都市を，**A〜C**からそれぞれ1つずつ選びなさい。

①[　　] ②[　　] ③[　　]

2 (2)北海道は冷帯(亜寒帯)に属す。梅雨の影響を受けにくく，6〜7月の降水量が日本のほかの都市に比べて少ない。

資料1

グラフ

① ② ③

（2021年版「理科年表」）

(3) 上の**資料1**は，「竿燈まつり」のようすである。提灯を米俵に見立て，米の豊作を祈る祭りである。この祭りが行われる道県名を答えなさい。また，その道県の位置を，前ページの**地図**の**ア～キ**から1つ選びなさい。

道県名[　　　　] 位置[　　]

(4) 右の**資料2**が示すように，東北地方の一部の県では，わかめの養殖業がさかんである。その理由を，地形に着目して答えなさい。

[　　　　　　　　　　　　　　　　　　　　]

資料2 　わかめ類収穫量（海面養殖業）

その他 18.3
岩手 35.9％
徳島 12.4
合計 5.1万t
宮城 33.4

（2018年） （2021年版「データでみる県勢」）

③ 北海道地方に関する，次の問いに答えなさい。

(1) 稚内，札幌，室蘭などの地名は，北海道とその周辺地域で生活を営んできた先住民族独自の言語に由来するといわれている。この先住民族を何というか，答えなさい。 [　　　　　　]〔長崎－改〕

(2) 右の**表1**は，全国を北海道，東北，関東，中部，近畿，中国・四国，九州の7つの地方に分け，各地方の2019年における耕地の総面積と農家総数を表したものである。表中の耕地の総面積と農家総数との関係からわかる北海道地方の農業の特徴を，簡潔に答えなさい。

[　　　　　　　　　　　　　　　　　　　　]

表1

	耕地の総面積（ha）	農家総数※（戸）
北海道	1144000	35100
東北	830600	199900
関東	579420	195200
中部	632600	221400
近畿	278300	126400
中国・四国	369600	170900
九州	563000	181100

※販売農家の戸数。 　（2021年版「データでみる県勢」など）

〔高知－改〕

(3) 右の**表2**は，北海道と栃木県の農業を比較したものである。Ⅰと　Y　に入ることばの組み合わせとして正しいものを，次の**ア～エ**から1つ選びなさい。 [　　]〔岐阜－改〕

表2　北海道と栃木県の農業の比較

	Ⅰ	Ⅱ
耕地に占める　Y　の割合（%）	80.6	21.5
生乳のうちバターやチーズなどに加工される割合（%）	83.5	0.4

（2019年） 　（2021年版「データでみる県勢」など）

ア Ⅰ－北海道　Y－畑　　**イ** Ⅰ－北海道　Y－水田
ウ Ⅰ－栃木県　Y－畑　　**エ** Ⅰ－栃木県　Y－水田

得点UP！

Check! 自由自在②
東北地方の伝統産業や伝統文化について調べてみよう。

(3)ねぶた祭，竿燈まつり，七夕まつりは東北三大祭りに数えられる。

Check! 自由自在③
東北地方と北海道で漁業がさかんな理由を，それぞれ調べてみよう。

③ (2)広大な土地をもつ北海道は畑作や酪農がさかんで，大型トラクターなどを使った大規模な機械化農業が行われている。

Check! 自由自在④
北海道で農業がさかんな地域について，稲作・畑作・畜産に分けて，それぞれ調べてみよう。

(3)消費地から遠い北海道では，生乳をバターやチーズなどの乳製品に加工して出荷する酪農がさかん。

地理

1 世界と日本のすがた
2 世界の諸地域①
3 世界の諸地域②
4 世界の諸地域③
理解度診断テスト①
5 地域調査，地域的特色①
6 地域的特色②，地域区分
7 九州，中国・四国，近畿地方
8 中部，関東地方
9 東北，北海道地方
理解度診断テスト②

解答 ⇒ 別冊 p.17
〔静岡一改〕

1 次の地図を見て，あとの問いに答えなさい。

(1) **地図**の洞爺湖は，火山の爆発や噴火による陥没などによってできた大きなくぼ地に，水がたまってできた湖である。火山の爆発や噴火による陥没などによってできた大きなくぼ地を何というか，答えなさい。　[　　　　　　]

地図

(2) 観光は北海道の重要な産業の1つである。**表1**は，2012年度と2016年度における，北海道へ訪れた外国人観光客数を，3か月ごとに示している。北海道へ訪れる外国人観光客数を増やすためには，増加率の低い期間を見つけ，その期間の魅力を広めることが有効である。**表1**からわかる，外国人観光客数の増加率が最も低い期間を，次の**ア〜エ**から1つ選びなさい。　[　　　　　]

ア 4〜6月　　**イ** 7〜9月

ウ 10〜12月　　**エ** 1〜3月

表1

期間	外国人観光客数(万人)	
	2012 年度	2016 年度
4〜6 月	14	42
7〜9 月	23	58
10〜12 月	17	50
1〜3 月	25	80
合計	79	230

(北海道経済部観光局)

(3) 気候に関する次の問いに答えなさい。

① **地図**の**X**の海流を何というか，答えなさい。

[　　　　　　　　　]

② **表2**は，**地図**の根室市と札幌市の，8月の気温と降水量を示している。**グラフ1**は，根室市と札幌市の月別日照時間を示している。**表2**と**グラフ1**から，根室市が札幌市よりも8月の気温が低いのは，夏の日照時間が短いためだと考えられる。根室市の夏の日照時間が短い理由を，夏に根室市に吹きつける南東の季節風と，**地図**の**X**の海流の，それぞれの性質に関連づけて，簡潔に答えなさい。

表2

	気温(℃)	降水量(mm)
根室市	17.3	120.8
札幌市	22.3	123.8

(2021年版「理科年表」)

グラフ1

(2021年版「理科年表」)

[

(4) 農業に関する次の問いに答えなさい。

① **表3**は，北海道地方，東北地方，関東地方，中部地方の耕地面積，農業産出額，農業産出額の内訳を示している。**表3**の中の**ア〜エ**は，北海道地方，東北地方，関東地方，中部地方のいずれかを表している。北海道地方にあたるものを，**ア〜エ**から1つ選びなさい。

表3

	耕地面積※(万 ha)	農業産出額※※(億円)	農業産出額の内訳(億円)				
			米	野菜	果実	花き	その他
ア	114	12593	1122	2271	54	131	9015
イ	83	14324	4622	2684	2016	253	4749
ウ	63	14036	3734	3706	2033	1033	3530
エ	58	16787	2883	6379	608	694	6223

(※は 2019年，※※は 2018年)　　(2021年版「データでみる県勢」)

[　　　　　]

思考力

地理

1 世界と日本のすがた

2 世界の諸地域①人々の生活・環境、

3 世界の諸地域②

4 世界の諸地域③

理解度診断テスト①

5 地域調査、地域的特色①

6 地域区分②地域的特色

7 近畿地方九州、中国・四国、

8 中部、関東地方

9 東北、北海道地方

理解度診断テスト②

② 北海道では，酪農がさかんであり，全国で生産される生乳のほぼ半分が生産されている。全国で生産されるほとんどの生乳は，牛乳などの飲用か，バターやチーズなどの加工品として処理されている。**グラフ2**は2019年における飲用と加工用の総処理量と，総処理量に占める都道府県別の割合を示している。**グラフ2**からわかる，北海道の生乳の用途の特徴を，そのような特徴をもつ理由として**グラフ2**から考えられることに関連づけて，簡潔に答えなさい。

[   ]

グラフ2

飲用

北海道 13.9%
神奈川 7.7
茨城 5.6
愛知 5.1
群馬 4.7
兵庫 4.5
千葉 4.4
福岡 4.1
栃木 3.9
その他 46.1
総処理量 400万t
(2019年)

加工用

茨城 1.3
福島 1.4
熊本 1.8
岩手 1.1
その他 4.5
北海道 89.9%
総処理量 327万t
(農林水産省)

2 **東北地方に関する次の問いに答えなさい。**

〔清風南海高－改〕

(1) 右の地図中の点線で囲まれた地域の海岸線は複雑に入り組んでいる。次の文はこの海岸線の地形について説明したものである。文中の空欄 A ・ B に入る語句の組み合わせとして最も適当なものを，あとの**ア～エ**から1つ選びなさい。　[   ]

> この地形は山地が A してできたものである。この地形は B などでも見ることができる。

ア A－海へ沈降　B－有明海　　**イ** A－海から隆起　B－有明海
ウ A－海へ沈降　B－若狭湾　　**エ** A－海から隆起　B－若狭湾

秋田市
山形市
仙台市

(2) 右の図は，右上の地図中に示されている山形市・仙台市・秋田市の雨温図である。雨温図とそれぞれの都市の組み合わせとして最も適当なものを，右下の**ア～カ**から1つ選びなさい。

[   ]

Ⅰ　　Ⅱ　　Ⅲ

(2021年版「理科年表」)

(3) 東北地方の特色について述べた文として適当でないものを，次の**ア～エ**から1つ選びなさい。　[   ]

	ア	イ	ウ	エ	オ	カ
山形市	Ⅰ	Ⅰ	Ⅱ	Ⅱ	Ⅲ	Ⅲ
仙台市	Ⅱ	Ⅲ	Ⅰ	Ⅲ	Ⅰ	Ⅱ
秋田市	Ⅲ	Ⅱ	Ⅲ	Ⅰ	Ⅱ	Ⅰ

ア 東北地方の八戸や気仙沼，石巻などの漁港は，さんま・かつおなどの水揚げが有名である。

イ 東北地方では青森県のねぶた祭や秋田県の「ナマハゲ」など伝統文化・伝統芸能が受け継がれている。

ウ 東北地方沖の太平洋には日本海溝が南北にのびており，地震の被害をもたらすことがある。

エ 東北地方の日本海側では初夏にやませと呼ばれる冷たく湿った風が吹き，冷害を招くことがある。

理解度診断テスト ②

本書の出題範囲 pp.32〜61

時間 **35**分

得点 / 50点

理解度診断 A B C

解答⇨別冊 p.18
〔同志社高一改〕

1 **本州最南端の和歌山県串本町に関する，次の問いに答えなさい。**

(1) 京都府から奈良県経由で和歌山県串本町へ南下する鉄道や高速道路がないのは，奈良県，和歌山県，三重県にまたがる険しい山地が存在するからである。この山地名を答えなさい。(5点)

[　　　　　　　　　　]

(2) 南紀串本観光協会が発行する本州最南端訪問証明書には，「明るい太陽と[　　　]のまち串本へようこそいらっしゃいました(後略)」と書かれている。[　　　]に入る海流名を「潮」をつけて答えなさい。(5点)

[　　　　　　　　　　]

(3) 右の**写真**の左上には潮岬灯台がうっすらと見える。串本町の最南端付近の海岸線は入り江の多い岸壁が続く。このような海岸を何というか，答えなさい。また，同様の地形を次の**ア〜エ**から１つ選びなさい。(2点×2)　海岸[　　　　　]　地形[　　　]

ア チリ南西部　　　　**イ** ノルウェー北西部
ウ 千葉県九十九里浜　**エ** 福井県若狭湾

写真

(4) 和歌山県内にある大学の水産研究所では，まぐろの完全養殖に世界で初めて成功した。まぐろ漁など遠洋漁業の代表的な漁港で，まぐろの年間水揚げ量が最も多い漁港を，次の**ア〜エ**から１つ選びなさい。(5点)

[　　　　　　　　]

ア 北海道釧路漁港　**イ** 静岡県焼津漁港　**ウ** 鳥取県境漁港　**エ** 鹿児島県枕崎漁港

(5) 串本町はオーストラリア北部のトレス市と姉妹都市の提携をしている。右の**表**は，日本の貿易相手国のうちオーストラリア，フィリピン，フランス，ロシア連邦からの主要輸入品を示したものである。オーストラリアにあてはまるものを，**表**中の**ア〜エ**から１つ選びなさい。(5点)

重要

表　主要輸入品の輸入額に占める割合(%)（輸入額の上位４品目）

ア	機械類 46.1，果実 8.9，銅鉱 2.4，科学光学機器 2.1
イ	原油 27.9，液化天然ガス 21.6，石炭 16.0，パラジウム 7.8
ウ	航空機類 20.3，機械類 12.2，医薬品 11.4，ぶどう酒 8.4
エ	液化天然ガス 35.4，石炭 30.0，鉄鉱石 12.4，肉類 4.5

(2019年)　(2020/21年版「日本国勢図会」)

[　　　　　　　　]

(6) 串本町を含む熊野古道は世界遺産に登録されている。2019年7月6日には大阪府で初めて百舌鳥・古市古墳群が世界遺産に登録されたが，これを保存していくために今後，何が課題となるか，この世界遺産の特徴を踏まえて答えなさい。(6点)

難問 **独創的**

[　　　　　　　　　　　　　　　　　　　　　　　　　　　]

(7) 串本町の潮岬は，台風の常襲地である。右の**図**は，台風のような暴風を伴う熱帯低気圧による被害を受けることの多いインド，中国，日本，アメリカ合衆国の人口ピラミッドである。人口が２番目に多い国の人口ピラミッドを，**ア〜エ**から１つ選びなさい。(5点)

図

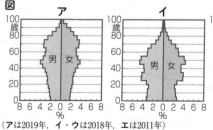
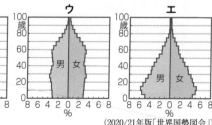

（**ア**は2019年，**イ**・**ウ**は2018年，**エ**は2011年）

(2020/21年版「世界国勢図会」)

[　　　　　　　]

地理

1 世界と日本のすがた

2 世界の諸地域、人々の生活・環境、①

3 世界の諸地域②

4 世界の諸地域③

理解度診断テスト①

5 地域調査、地域的特色①

6 地域的特色②、地域区分

7 九州、中国・四国、近畿地方

8 中部、関東地方

9 東北、北海道地方

理解度診断テスト②

2 右の**図1**中の**a～d**の都市について，次の問いに答えなさい。 〔国立高専〕

重要

(1) **図2**中の**A～D**は，**図1**の**a～d**で観測された気温と降水量を示している。**図1**中の都市と**図2**のグラフの組み合わせとして正しいものを，次の**ア～エ**から1つ選びなさい。(5点) [   ]

ア a－A

イ b－B

ウ c－C

エ d－D

図1

思考力

(2) 次の**表1**は，県別の品目別農業産出額及び総計についてまとめたものである。**表1**中の**ア～エ**は，**図1**中のa～dの都市が位置する県のいずれかである。**図1**中のbが位置する県にあてはまるものを，**表1**中の**ア～エ**から1つ選びなさい。(5点) [   ]

表1 品目別農業産出額 (単位：億円)

	米	野菜	果実	乳用牛	豚	その他	総計
ア	473	905	714	125	45	354	2616
イ	168	201	530	42	100	192	1233
ウ	728	1546	157	274	458	1096	4259
エ	1036	308	72	32	175	220	1843

(2018年) (2021年版「データでみる県勢」)

図2

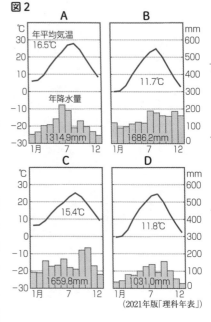

(2021年版「理科年表」)

思考力

(3) 次の**表2**は，**図1**中のa～dの都市が位置する県の産業別製造品出荷額についてまとめたものである。**表2**中の**X～Z**は，輸送用機械器具，石油・石炭製品，電子部品・デバイス・電子回路のいずれかである。**表2**中の**X～Z**にあてはまる項目の組み合わせとして正しいものを，あとの**ア～カ**から1つ選びなさい。(5点) [   ]

表2 産業別製造品出荷額 (単位：億円)

	食料品	電気機械器具	X	Y	Z	その他	総額
aの県	1156	264	70	735	3928	7343	13496
bの県	5843	4111	112	4168	8006	43047	65287
cの県	16446	1927	31257	1259	2150	79079	132118
dの県	2983	1082	5212	4866	429	28289	42861

※デバイスとは，パソコン・スマートフォンなどを構成する内部装置・周辺機器を指す。
※輸送用機械器具には，自動車・船舶・航空機・鉄道車両などが含まれる。
(2018年) (2021年版「データでみる県勢」)

	ア	イ	ウ	エ	オ	カ
輸送用機械器具	X	X	Y	Y	Z	Z
石油・石炭製品	Y	Z	X	Z	X	Y
電子部品・デバイス・電子回路	Z	Y	Z	X	Y	X

精選 図解チェック&資料集 地理

●次の空欄にあてはまる語句を答えなさい。

★ 世界

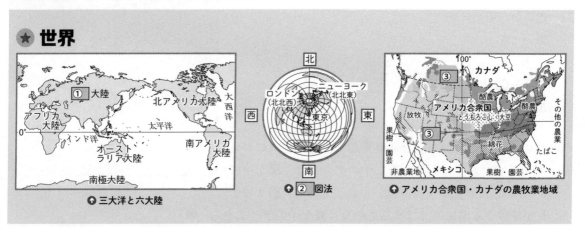

↑ 三大洋と六大陸

↑ ② 図法

↑ アメリカ合衆国・カナダの農牧業地域

★ 日本

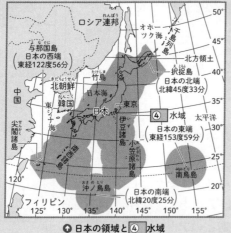

↑ 日本の領域と ④ 水域

		金属9.4%		食料品4.7		その他	
中　京工業地帯		機械69.4		化学6.2		9.5	57.8兆円(愛知・三重)
阪　神工業地帯	20.7%	36.9	17.0	11.0	1.3 13.1		33.1兆円(大阪・兵庫)
京　浜工業地帯	10.1%	45.5	15.9	12.4	0.5 15.6		39.1兆円(東京・神奈川・埼玉)
北 関 東工業地域	13.9%	45.0	9.9	15.5	0.6 15.1		30.7兆円(茨城・栃木・群馬)
⑤工業地域	18.6%	35.2	21.9	8.1	14.1 2.1		30.7兆円(岡山・広島・山口・愛媛・香川)
京　葉工業地域	21.5%	13.1	39.9	15.8	9.5 0.2		12.2兆円(千葉)

繊維0.8

(2017年)　(2020/21年版「日本国勢図会」)

↑ 主な工業地帯・地域の工業出荷額割合

↑ 日本の主な川と平地

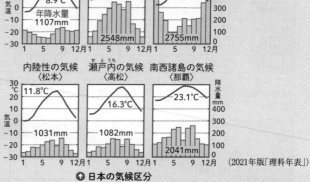

⑦ の気候　太平洋側の気候　⑧ の気候

内陸性の気候　瀬戸内の気候　南西諸島の気候

(2021年版「理科年表」)

↑ 日本の気候区分

第2章 歴 史

1 古代までの日本

STEP 1　まとめノート

解答⇨別冊 p.20

1 文明のおこりと日本 ★

(1) 世　界……〈生活〉打製石器を使用する旧石器時代から，磨製石器を使用する新石器時代へ。〈文明のおこりと発展〉メソポタミア文明，エジプト文明，インダス文明，中国文明などが大河の流域で発生。ギリシャでは都市国家（ポリス）で民主政が行われる。中国では漢字のもととなる① 　　が用いられ，紀元前3世紀には，秦の② 　　が統一。秦の滅亡後，漢はシルクロード（絹の道）を通じてローマ帝国と交流。

(2) 日　本……〈縄文文化〉狩りや漁，採集の生活。食べものの残りかすを捨ててできた③ 　　からは，縄文土器や④ 　　なども出土。〈弥生文化〉金属器を使用し，本格的な水稲耕作が開始。高床倉庫で米が長期間保存できるようになると，貧富や身分の差が発生。

2 国のおこり ★

(1) 小国の分立……〈『漢書』〉倭は百余国に分立。〈『後漢書』〉奴国の王に金印が授けられた。〈『魏志』倭人伝〉3世紀，女王⑤ 　　が⑥ 　　を治める。

(2) 統一政権……〈大和政権〉大王を中心とした政権。大陸から渡ってきた⑦ 　　がさまざまな技術のほか，漢字や儒教・仏教などを伝える。〈古墳文化〉巨大な前方後円墳は大和地方に集中。大仙古墳は日本最大の古墳。

3 聖徳太子の政治と大化の改新 ★★★

(1) 聖徳太子（厩戸皇子）……〈政治〉推古天皇の摂政となり，蘇我馬子と協力して天皇中心の国づくりを進める。家柄にとらわれず，才能や実力のある人物を登用する⑧ 　　や，役人の心構えなどを説く⑨ 　　を制定。〈外交〉607年，小野妹子を⑩ 　　として派遣し，多くの留学生を中国で学ばせる。〈飛鳥文化〉右の写真は現存する世界最古の木造建築物である⑪ 　　で，釈迦三尊像などの仏像が残されている。

⑪ 金堂（左）と五重塔（右）

(2) 大化の改新……〈改新の断行〉645年，⑫ 　　は中臣鎌足らと蘇我氏を滅ぼし，翌年，土地・人民をすべて国のものとする⑬ 　　などの方針を発表。〈政治の展開〉⑫ 　　は白村江の戦いで敗退後，都を近江（滋賀県）に移して即位し，天智天皇となる。天智天皇の死後，⑭ 　　で勝利した天智天皇の弟の大海人皇子が天武天皇となる。

ズバリ暗記
- 聖徳太子は冠位十二階や十七条の憲法を定め，天皇中心の国家を目ざした。
- 中大兄皇子は中臣鎌足らとともに大化の改新を断行した。

---

① _____
② _____
③ _____
④ _____
⑤ _____
⑥ _____
⑦ _____
⑧ _____
⑨ _____
⑩ _____
⑪ _____
⑫ _____
⑬ _____
⑭ _____

入試Guide
税や労役の負担が男子に対して非常に重かったことが，当時の戸籍や『万葉集』に収められている防人の歌などとともに出題される。税や労役の内容を整理しておこう。

④ 律令国家と奈良の都 ★★★

(1) **律令政治**……〈**律令**〉701年，唐の律令を手本に ⑮ を制定。中央には**二官八省**を置き，地方には都から**国司**を派遣。〈**土地制度**〉戸籍に基づいて**口分田**を与え，死ねば返させる ⑯ を行う。〈**税制**〉主なものに**租**（稲），⑰ （特産物），**庸**（布）などがあり，兵役も課される。

(2) **奈良の都**……〈**平城京**〉唐の都長安が手本。〈**土地政策**〉口分田が不足したため，743年，開墾地の私有を認める ⑱ を制定。貴族や寺社によって開墾された私有地（**荘園**）が増え，⑬ の原則が崩れる。〈**天平文化**〉

⑲ によって大陸の文物が伝えられ，国際性と国家仏教の特色をもった**天平文化**が花開く。⑳ 天皇が仏教の力で国家を安定させようと諸国に**国分寺**と**国分尼寺**，都に**東大寺**を建て，東大寺には大仏を造立。
└行基の協力などで752年に完成┘
校倉造の ㉑ には，⑳ 天皇が使用した道具などを保存。『**古事記**』・『**日本書紀**』などの歴史書がつくられ，日本最古の歌集の『 ㉒ 』がつくられる。
└天皇や貴族の歌のほか，農民や防人の歌など約4500首が収められている┘

↑ 東大寺大仏

> **ズバリ暗記**
> ・唐を手本に大宝律令が定められ，平城京が開かれた。
> ・天平文化は，聖武天皇のときの年号をとって名づけられた。

⑤ 貴族の政治と国風文化 ★★

(1) **貴族の政治**……〈**律令制の立て直し**〉794年，**桓武天皇**が ㉓ に都を移し，改革を行う。**最澄は天台宗，空海は真言宗**を広める。894年，㉔ の進言で遣唐使を停止。〈**藤原氏の繁栄**〉藤原氏は，娘を天皇の后とし，その子である天皇を補佐する役職を独占して ㉕ を行い，
└幼いときは摂政，成人すると関白┘
11世紀前半の ㉖ とその子**頼通**のときに最も栄える。

(2) **国風文化**……〈**特色**〉日本の風土や生活に合った文化が発達。〈**貴族の生活**〉都の貴族は**寝殿造**の屋敷に住み，服装も日本風に変化する。〈**文学**〉
└男子は束帯，女子は十二単┘
紀貫之らが『**古今和歌集**』を編集。かな文字がつくられ，㉗ の『**源氏物語**』や ㉘ の『**枕草子**』など，女性による文学作品が多く生まれる。㉙ **信仰**がさかんになり，藤原頼通は宇治に ㉚ を建てる。
└京都府┘

---

⑮
⑯
⑰
⑱
⑲
⑳
㉑
㉒
㉓
㉔
㉕
㉖
㉗
㉘
㉙
㉚

Let's Try 差をつける記述式

① 奈良時代につくられた正倉院に，西アジアの工芸品が収納されている理由を答えなさい。

Point 当時の日本の外交や，中国と西アジアの交通路について触れる。

[   ]

② 平安時代の中ごろ，末法思想が広がり，浄土信仰がさかんになった理由を答えなさい。

Point 10世紀半ばごろ，社会がどのような状況であったかを考える。

[   ]

STEP 2 　**実力問題 ①**

解答⇨別冊 p.20

1 世界の古代文明について，次の問いに答えなさい。

(1) 右の地図中 **A～D** の地域でおこった古代文明の名称の組み合わせとして正しいものを，次の**ア～エ**から1つ選びなさい。　　　　　　[　　　　　]〔沖縄〕

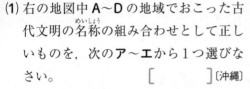

　ア A－メソポタミア　**B**－エジプト
　　　C－インダス　　　　**D**－中国
　イ A－インダス　**B**－エジプト　　**C**－中国　　**D**－メソポタミア
　ウ A－エジプト　**B**－メソポタミア　**C**－インダス　**D**－中国
　エ A－エジプト　**B**－メソポタミア　**C**－中国　　　**D**－インダス

(2) 地図中 **A** の文明について述べた文と，この文明で発明された文字の組み合わせとして正しいものを，あとの**ア～エ**から1つ選びなさい。　　　　[　　　　]〔埼玉－改〕
　a 天文学が発達し，太陽暦がつくられた。
　b 太陰暦や 60 進法などが考え出された。

資料1　　　　　資料2

くさび形文字　　象形文字

　ア a－資料1　　**イ a**－資料2　　**ウ b**－資料1　　**エ b**－資料2

(3) 地図中 **D** の文明でつくられた漢字のもとになった文字を何というか，答えなさい。　　　　　　　　　　　　　　　　　　　　[　　　　　　]

2 文明のおこりについて，次の問いに答えなさい。

(1) **資料1** は，貝塚の周辺で発掘された，表面に特徴的な文様のある道具である。この道具の主な使用目的を答えなさい。
　[　　　　　　　　　　　　　　　　　　　　　　　]〔群馬〕

資料1

(2) 次の文中の空欄　**X**　～　**Z**　に入る語句の組み合わせとして正しいものを，あとの**ア～エ**から1つ選びなさい。
　　　　　　　　　　　　　　　　　　　　　　　　　[　　　　]〔兵庫〕

> 　**X**　時代の遺跡から出土した**資料2**の　**Y**　には，秋の農作業と思われるようすが描かれている。稲作がさかんになると，土地や水，蓄えた食料についての争いが　**Z**　と考えられている。

資料2

　ア X－縄文　**Y**－銅鐸　**Z**－減った
　イ X－縄文　**Y**－銅鏡　**Z**－減った
　ウ X－弥生　**Y**－銅鐸　**Z**－増えた
　エ X－弥生　**Y**－銅鏡　**Z**－増えた

得点UP!

Check! 自由自在①
世界の古代文明が発生した地域，発明された文字など，文明の特色の違いを調べてみよう。

1 (2) **A** の文明と **B** の文明を対比している。

(3) **D** の文明の文字は，亀の甲羅や牛の骨を火であぶって行った占いの結果を記すために用いられた。

Check! 自由自在②
旧石器・縄文・弥生のそれぞれの時代の生活の変化と，使われるようになった道具の違いを調べてみよう。

2 (1)表面には縄目のような文様がつけられている。**資料1** のように底がとがった土器は地面に突き刺して用いられることが多かったと考えられている。

3 **国の成り立ちについて，次の問いに答えなさい。**

(1) 右の金印には「漢委奴国王」と刻まれており，当時の東アジアは図のような関係にあった。これについて述べた文として正しいものを，次の**ア～エ**から２つ選びなさい。　　　[　　　・　　　]〔長野－改〕

図
```
┌──────────────┐
│  中国の皇帝   │
└──────────────┘
  みつぎ物 ↑↓ 返礼品など
┌──────────────┐
│ 周辺国の支配者 │
└──────────────┘
```

ア 奴国は朝鮮半島北部にある小国だった。

イ 奴国の支配者は，中国の皇帝から奴国の支配権を認められた。

ウ 周辺国の支配者は，家臣の立場で中国と外交を行った。

エ 周辺国の支配者は，中国と対等の立場で外交を行った。

[重要] (2) 次の史料の空欄 X に入る人物の名を答えなさい。[　　　]〔秋田〕

> 国内が乱れ何年間も争いが続いたので，人々は１人の女子を王とした。名を X という。
> 　　　　　　　　　　　　　　　　　　　　　　（「魏志」倭人伝の一部要約）

4 **古墳について，次の問いに答えなさい。**

(1) 古墳について述べた次の文の▢▢▢にあてはまる語句を答えなさい。[　　　]〔佐賀〕

資料1
（画像）

> 「百舌鳥・古市古墳群」の大仙古墳(仁徳陵古墳)は**資料1**のような▢▢▢と呼ばれる形態の古墳である。

[重要] (2) **資料2**は，稲荷山古墳で出土した鉄剣に刻まれた文字である。空欄 X に入る，大和政権における最高権力者を示す称号を漢字２字で答えなさい。[　　　]〔長崎－改〕

資料2

獲ワ
加カ
多タ
支ケ
歯ル
　　X

5 **大和政権について，次の問いに答えなさい。**〔熊本－改〕

(1) 次の文中の空欄 A に入る語句を答え，空欄 B に入る語句を，あとの**ア～ウ**から１つ選びなさい。

A[　　　]　　B[　　　]

> 金属器のうち， A 器は主に祭りの道具として，鉄器は工具や武器として使われた。４世紀ごろ，大和政権は鉄や進んだ技術を求めて朝鮮半島南部の伽耶地域と関係を深め， B と結んで高句麗や新羅と戦った。

ア 百済(ペクチェ)　　**イ** 魏(ぎ)　　**ウ** 隋(ずい)

[思考力] (2) 右の系図を見て，次の文中の空欄 X ・ Y に入る人物の名を答えなさい。

X[　　　]　　Y[　　　]

> 推古天皇の「おい」にあたる X は推古天皇の「おじ」にあたる Y と協力して，新しい政治を行った。

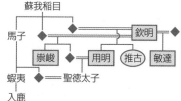

```
　　　　　　　　蘇我稲目(そが)
　　　　┌───┬───┬──◆──┐
馬子 ◆─┼─◆─┼─◆─┼─欽明
　　崇峻　用明　推古　敏達
蝦夷 ◆═══聖徳太子
入鹿
```
※□は男性の天皇。○は女性の天皇を示す。また，◆は女性，二重線は婚姻関係を表す。

得点UP!

Check! 自由自在 ③

中国の歴史書で，倭(日本)がどのように記述されているか，中国との外交関係がどのように変化していったか調べてみよう。

3 (1)この金印については，『後漢書(ごかんじょ)』東夷伝(とういでん)に記載が見られる。

4 (1)古墳は権力者の墓で，３世紀後半から６世紀末までさかんにつくられた。**資料1**のような形態の古墳は巨大(きょだい)なものが多い。

5 (2)蘇我氏(そが)は６世紀に渡来人(とらいじん)と結び，大和政権で勢力を伸ばした。

歴史

1 古代までの日本

2 中世の日本

3 近世の日本①

4 近世の日本②

診断テスト①

理解度

5 欧米の発展と明治維新

6 立憲制国家の成立と日清・日露戦争

7 第一次世界大戦と大正デモクラシー

8 第二次世界大戦と日本

9 現代の日本と世界

診断テスト②

理解度

STEP 2 実力問題②

ココがねらわれる
- 班田収授法と農民の負担
- 各時代の仏教の特色
- 摂関政治

解答⇨別冊 p.21

1 次の問いに答えなさい。

(1) 大化の改新を推し進め，のちに即位して天智天皇となる人物の名を答えなさい。［　　　］〔茨城－改〕

重要 (2) 古代の土地制度に関する次の**資料1**について，あとの問いに答えなさい。

資料1

・戸籍は6年に1度つくれ。
・[　X　]を与えるについては，男には2段，女にはその3分の1を減らして与えよ。
（「令義解」より部分要約）

① この制度を何というか，答えなさい。［　　　］
② 空欄[　X　]に入る語句を答えなさい。［　　　］〔長野－改〕

重要 (3) 古代の農民の負担について，次の問いに答えなさい。

① 右の**資料2**は，平城京跡から出土した木簡に記されていた文字である。この木簡の内容が示す税を何というか，漢字1字で答えなさい。［　　　］〔大分－改〕

資料2

近江国の生蘇（乳製品）三合
上総国武昌郡高舎里の荏油（荏胡麻）

② 次の**資料3**は3年間九州北部の防備にあたった人が詠んだ歌である。その人たちは当時何と呼ばれていたか，答えなさい。［　　　］〔滋賀－改〕

資料3

から衣　すそに取りつき　泣く子らを　置きてぞ来ぬや　母なしにして

③ **資料3**の歌は，日本最古の歌集に収められている。この歌集の名を答えなさい。［　　　］〔三重〕

(4) 奈良時代になると，しだいに農地が不足したため，朝廷は法令を出して開墾を奨励した。**資料4**の法令の内容として正しいものを，あとの**ア**～**ウ**から1つ選びなさい。［　　　］〔神奈川〕

資料4

今より以後は，任に私財となして，三世一身を論ずること無く，みな悉くに永年取ることなかれ。
（「続日本紀」）

ア 新たに開墾した土地について，三世代あるいは本人一代の間の私有を認める。
イ 新たに開墾した土地について，私有することを永久に認める。
ウ 新たに開墾した土地について，その田地から税を徴収することを永久に禁止する。

得点UP!

1 (1)大化の改新で公地公民の原則が示されるまで，天皇や豪族はそれぞれ私的に土地や人民を支配していた。

Check! 自由自在①
農民に課された税や労役，兵役の内容を調べてみよう。

(3)②**資料3**の歌は，漢字の音・訓を使って日本語の音を書き表す，万葉がなで書かれている。

(4)人口の増加や農民の逃亡による農地の荒廃などで，しだいに口分田が不足していった。

Check! 自由自在②
各時代の仏教の特色と代表的な寺院建築を，当時の政治との関連も含めて調べてみよう。

2 次の問いに答えなさい。

(1) 聖徳太子が建てたと伝えられ，金堂や五重塔が現存する世界最古の木造
建築である寺院の名を答え，この寺院に安置されている仏像を，次のA～
Dから1つ選びなさい。　　　寺院[　　　　　]　仏像[　　　]〔山梨〕

A

弥勒菩薩像

B

阿弥陀如来像

C

釈迦三尊像

D

金剛力士像

(2) 奈良時代と平安時代の代表的な寺院について，**資料1・2**を作成した。そ
の目的についてわかったことをまとめたあとの文中の空欄　**X**　・　**Y**
に入る適切な内容を，簡潔に答えなさい。　　　　　　　　　　〔宮崎〕

X[　　　　　　　　　　　]　Y[　　　　　　　　　　　　]

資料1 東大寺大仏殿

聖武天皇は，疫病や
災害などの不安から，
国ごとに国分寺と国
分尼寺を，都には東
大寺を建てた。

資料2 中尊寺金色堂

浄土信仰が地方にも
広がり，奥州藤原氏
が建てた阿弥陀堂の
内部には，彼らの遺
体が安置されている。

《まとめ》**資料1**の寺院は仏教の力で　**X**　ことを目的に建てられたのに対
し，**資料2**の寺院は阿弥陀仏にすがり，死後に　**Y**　ことを目的に建てら
れた。このことは，各時代の仏教の教えの特徴を表している。

(3) 奈良時代の天平文化の宝物である**資料3**について，次の問いに答えなさい。

① **資料3**が納められた東大寺の建築物を何というか，

答えなさい。　　　　　　　　[　　　　　]〔兵庫〕

② **資料3**などを使用した天皇の名を答えなさい。

[　　　　　]〔岐阜-改〕

③ **資料3**は遣唐使によってもたらされたとされる。失
明しながらも遣唐使に伴われて来日し，仏教の教えを伝えた僧の名を
答えなさい。　　　　　　　　[　　　　　]〔長崎-改〕

資料3

(4) **資料4**は藤原氏と皇室の関係を示した系図の一部
である。藤原道長は三条天皇を退位させ，まだ幼
い後一条天皇を即位させることで，何という職に
就こうとしたと考えられるか。**資料4**から読み取
れる，藤原道長と後一条天皇の関係とあわせて，
簡潔に答えなさい。　　　　　　　　　〔静岡〕

[　　　　　　　　　　　　　　　　　　　　　]

資料4

道長

②　　　　①
三条＝妍子　彰子＝一条

③
後一条

※□内の数字は天皇の即位順を，
二重線（＝）は夫婦関係をそれぞ
れ表している。

得点UP!

2 (2)浄土信仰によ
って建てられた代表
的な阿弥陀堂には，
中尊寺金色堂のほか
に平等院鳳凰堂があ
る。

Check! 自由自在③
遣唐使の果たした
役割と，遣唐使と
ともに派遣された
代表的な人物につ
いて調べてみよう。

(4)藤原氏が権力を独
占した政治を摂関政
治という。藤原道長
は「この世をば　わ
が世とぞ思う　望月
の　欠けたることも
なしと思えば」とい
う歌を詠んだ。

STEP 3 　発展問題

解答⇨別冊 p.21

1 次の年表と地図を見て，あとの問いに答えなさい。

時代	日本と東アジアとのかかわり
弥生	中国や朝鮮半島から伝わった稲作が広まり，a小さな国が各地に生まれた。
古墳 飛鳥	b大和政権の倭王が中国の南朝に使いを送った。 聖徳太子がc遺隋使を派遣した。 d大軍を送り，唐と新羅（シラギ）の連合軍と戦った。
奈良	唐の長安にならった平城京に都を移し，e地方を治める役所も整備された。
平安	遺唐使が停止され，日本独自の文化であるf国風文化が栄えた。

地図

(1) 下線部 a について，**資料1**はある遺跡の墓地から出土した人骨，**資料2**はその遺跡に整備された歴史公園の復元建物である。これを見て，次の問いに答えなさい。 〔東京学芸大附高－改〕

資料1 　資料2

① この遺跡の名を答えなさい。また，その位置を**地図**中の**ア～エ**から1つ選びなさい。

遺跡 [　　　　　] 位置 [　　　　]

② **資料1・資料2**とその時代に関する説明として最も適切なものを，次の**ア～エ**から1つ選びなさい。 [難問]　[　　　]

ア **資料1**の人骨の首は，死者がこの世に災いをもたらすことを避ける呪術のため，別の場所に埋葬されたと考えられる。

イ その時代には，稲作などの農耕の開始によって食料獲得が容易になったため，集落間の関係は安定していたと考えられる。

ウ **資料2**の二重の柵に囲まれた区域内の最も大きな建物は，政治や祭祀における特別な目的の施設だったと考えられる。

エ その時代には，小国の王が中国の皇帝に使者を送るようになり，日本列島の人々も日常的に漢字を使うようになったと考えられる。

(2) 下線部 b について，**地図**中の稲荷山古墳から出土した鉄剣には，大和政権の大王の1人と考えられているワカタケルの名が漢字で刻まれている。また，この鉄剣と同じように，ワカタケルの名が刻まれているとされる鉄刀が，**地図**中の江田船山古墳からも出土している。これらの鉄剣や鉄刀に刻まれた文字から，古墳に葬られた人物がワカタケル大王に仕えていたことが読み取れる。これらのことから，当時の大和政権の勢力について考えられることを簡潔に答えなさい。 〔思考力〕 〔和歌山－改〕

[　　　　　　　　　　　　　　　　　　　　　　　　　　　　　　]

歴史

1 古代までの日本

2 中世の日本

3 近世の日本①

4 近世の日本②

診断テスト① 理解度

5 欧米の発展と明治維新

6 立憲制国家の成立と日清・日露戦争

7 第一次世界大戦と大正デモクラシー

8 第二次世界大戦と日本

9 現代の日本と世界

診断テスト② 理解度

(3) 下線部 c について，聖徳太子は 600 年の第 1 回遣隋使派遣後，607 年に第 2 回遣隋使として小野妹子を派遣するまでの間に，冠位十二階の制度と十七条の憲法を定めている。その理由を，次の**資料 4**と**資料 5**を関連づけて解答欄に合うように，簡潔に答えなさい。〔宮崎〕

[

　　　　　　　　　　　　　　　　　　　　　　　　　　　　　ことが必要と考えたから。]

資料 4　遣隋使に関する資料

> 600 年の遣隋使は，隋の皇帝から倭のようすを聞かれて説明したが，皇帝からあざ笑われ，政治のやり方について指導された。
>
> （「東アジアの動乱と倭国」など）

資料 5　隋に関する資料

> ・6 世紀の末に中国を統一し，大帝国をつくった。　　・律令という法律を整えた。
> ・役人を学科試験で選ぶ制度を始めた。

(4) 下線部 d について，この戦いは**地図**中の **A** でおこった。この戦いを何というか，答えなさい。また，この戦いがおこった理由を簡潔に答えなさい。〔和歌山〕

戦い [　　　　　　　　] 理由 [

(5) 下線部 e について，**地図**中の **B** に設けられた外交や防衛も担っていた役所を何というか，答えなさい。

[　　　　　　　　　　　]〔和歌山〕

(6) 下線部 f について，国風文化が栄えたころ，藤原氏が政治の実権を握っていた。藤原一族の人物やその時代について述べた文として正しいものを，次の**ア〜エ**から 1 つ選びなさい。

[　　　　]〔千葉－改〕

ア 藤原鎌足は遣隋使を派遣し，蘇我馬子と協力して新しい政治を行った。

イ 光明子は聖武天皇の皇后となったが，このころの文化は天平文化と呼ばれる。

ウ 藤原道長は摂政・関白を長く務め，宇治に平等院鳳凰堂を建てた。

エ 藤原頼通は平泉に本拠を置いて栄え，中尊寺金色堂を建てた。

難問 **2** 次の資料の説明として正しいものを，あとのア〜オから 2 つ選びなさい。

A　　　　　　　B　　　　　　　　C　　　　　　D　　　　　　E

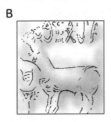  

[　　　・　　　]〔筑波大附属駒場高〕

ア A の文字をつくった国では天文学が発達し，1 年を 365 日とする太陽暦が使われた。

イ B の文字の解読によって，モヘンジョ-ダロが上下水道の整備された都市であることがわかった。

ウ C はムハンマドに与えられた啓示をもとにつくられた法典だと考えられている。

エ D は中国で初めて皇帝と名乗った人物がつくった貨幣で，直後の日本でもこれにならって和同開珎がつくられた。

オ E の発見により，中国の『後漢書』に記述されている奴国が実在した可能性が高まった。

2 ▶ 中世の日本

📊 STEP 1 ｜ まとめノート

解答 ⇨ 別冊 p.22

❶ 武士の成長 ★★

(1) **武士のおこり**……〈**武士団**〉一族の土地を守るために武装する者が現れ，武士団を形成。〈**地方の反乱**〉10世紀に ① ___ の乱，藤原純友の乱，11世紀に前九年合戦，後三年合戦がおこる。**源氏**が東日本，**平氏**が西日本で勢力を広げる。東北地方では平泉を拠点に ② ___ 氏が栄える。

(2) **院政と平氏の政治**……〈**院政**〉1086年，白河天皇が ③ ___ となり，**院政**を始める。〈**平氏の政治**〉12世紀の中ごろ，**保元の乱**，**平治の乱**を制した平氏の棟梁 ④ ___ は，武士として初の**太政大臣**となり，**日宋貿易**を行う。〈**平氏の滅亡**〉1185年に源義経が**壇ノ浦の戦い**で平氏を滅ぼす。
→源頼朝の弟

❷ 鎌倉時代 ★★★

(1) **鎌倉幕府**……〈**幕府の成立**〉1185年，**守護・地頭**を設置する。1192年，⑤ ___ が征夷大将軍となる。〈**封建制度**〉御家人に対し，その領地を保護し，手柄を立てれば ⑥ ___ として新たに土地を与え，御家人は将軍に忠誠を誓い，⑦ ___ として戦いに駆けつける。
→荘園・公領ごとに配置 →国ごとに配置

(2) **執権政治**……〈**源氏の滅亡**〉⑤ ___ の妻の一族である**北条氏**が ⑧ ___ として幕府の実権を握る。〈**幕府の動揺**〉1221年，後鳥羽上皇が ⑨ ___ をおこすが，幕府軍に敗北。〈**幕府の安定**〉朝廷の監視のために，京都に ⑩ ___ を設置。1232年，初の武家法である ⑪ ___ を制定。
→後鳥羽上皇は隠岐に流される

(3) **鎌倉文化**……〈**仏教**〉法然の**浄土宗**，親鸞の**浄土真宗（一向宗）**，一遍の**時宗**，日蓮の**日蓮宗**や，座禅によって悟りを開く ⑫ ___ が武士や庶民の間に広がる。〈**文学**〉藤原定家らが『**新古今和歌集**』を編纂。『**平家物語**』が琵琶法師によって広められ，鴨長明が『**方丈記**』，兼好法師が『**徒然草**』を著す。〈**美術**〉東大寺南大門に運慶・快慶らが ⑬ ___ をつくる。
→念仏を唱えるだけで極楽に往生できると説く →悪人こそ救われるという悪人正機説を説く →踊念仏 →題目を唱えれば人も国も救われると説く →臨済宗と曹洞宗 →琵琶という楽器を使って語る盲目の僧

(4) **元の襲来と鎌倉幕府の滅亡**……〈**元寇**〉フビライ＝ハンの服属要求を ⑧ ___ の ⑭ ___ が拒否。1274年と1281年に，元・高麗の軍が博多湾に襲来。〈**影響**〉幕府は御家人に十分な恩賞を与えられ
→元の5代皇帝 →文永の役 →弘安の役

↑ 元軍と戦う武士

ず，統制力は低下。1297年，御家人の生活苦を救うために ⑮ ___ を出すが，かえって経済は混乱。⑯ ___ は有力御家人の ⑰ ___ や新田義貞らを味方につけ，1333年に鎌倉幕府を滅ぼす。

ズバリ暗記	・武家社会は，将軍と御家人の主従関係によって支えられていた。 ・承久の乱後に安定した鎌倉幕府は，元寇後に揺らぐ。

① ___
② ___
③ ___
④ ___
⑤ ___
⑥ ___
⑦ ___
⑧ ___
⑨ ___
⑩ ___
⑪ ___
⑫ ___
⑬ ___
⑭ ___
⑮ ___
⑯ ___
⑰ ___

入試Guide

鎌倉時代の後期に御家人が窮乏した理由の1つとして，分割相続による領地の細分化があった。これを統計から読み取り，論述させる問題が出題されている。

歴史

1 古代までの日本

2 中世の日本

3 近世の日本①

4 近世の日本②

理解度診断テスト①

5 欧米の発展と明治維新

6 立憲制国家の成立と日清・日露戦争

7 第一次世界大戦と大正デモクラシー

8 第二次世界大戦と日本

9 現代の日本と世界

理解度診断テスト②

3 室町時代 ★★★

(1) **南北朝の動乱**……〈**建武の新政**〉鎌倉幕府の滅亡後，1334 年から ⑯ が建武の新政を始めるが，2 年半で失敗。〈**南北朝時代**〉⑰ が挙兵し，⑯ は吉野に逃れる（南朝）。⑰ は京都の朝廷（北朝）から征夷大将軍に任じられ，2 つの朝廷の争いが続く。
└奈良県　　└約 60 年間対立した

(2) **室町幕府**……〈**しくみ**〉守護の権力が拡大し，一国を支配する**守護大名**に成長。有力な守護大名は**管領**に任命される。〈**全盛期**〉3 代将軍 ⑱ は，室町に「花の御所」を造営し，南北朝を統一。
足利義満の邸宅で，幕府をここに移す┘

(3) **東アジアとの交流**……〈**中国**〉⑱ が**倭寇**の取り締まりを行うとともに，臣下の立場で ⑲ 貿易を行い，大量の銅銭を輸入。〈**朝鮮**〉1392 年，
　　　　　　　　　　　└中国や朝鮮の沿岸で海賊行為を働く
李成桂が朝鮮を建国。日本は木綿や陶磁器を輸入。〈**琉球王国**〉尚氏が
イ ソンゲ
琉球を統一し，⑳ で繁栄する。〈**蝦夷地**〉㉑ の人々が和人と交易。
└輸入した品物をそのままの形でほかの国へ輸出

(4) **産業の発達と民衆の成長**……〈**商業**〉定期市が月 6 回開かれ，商工業者が同業者組合の ㉒ を結成。**馬借**や**問（問丸）**などの運送業者も活発
　　　　　　　　　　　　　　　　　└主に明銭が流通
化。〈**農村**〉自治組織の**惣**は**寄合**によって運営。団結を固めた農民が
　　　　　　　　　　　　　　　└村の話し合いの場
㉓ をおこす。浄土真宗の信仰で結びついた人々が ㉔ をおこす。
　　　　　　　　　└一向宗
〈**都市**〉堺や京都は商人による自治都市として繁栄。
　　　　└大阪府

(5) **戦国の世**……〈**応仁の乱**〉1467 年，8 代将軍 ㉕ のあと継ぎ争いなどが原因で，京都を中心に ㉖ が 11 年間続く。その後，㉗ の風潮
守護大名にかわって領国を支配した新興勢力┘
が広がる。〈**戦国時代**〉戦国大名が ㉘ を制定し，領国を支配。

(6) **室町文化**……〈**北山文化**〉北山に**金閣**を建てた ⑱ のころの文化。**観阿弥・世阿弥**父子が ㉙ を大成。〈**東山文化**〉東山に**銀閣**を建てた ㉕ のころの文化。㉚ の部屋は現代の和風建築の源流。㉛ の大成した**水墨画**や，石庭，茶の湯，生け花など，簡
└枯山水と呼ばれる技法でつくられた庭園
素で気品ある文化。

⬆ 金閣

⑱ _____
⑲ _____
⑳ _____
㉑ _____
㉒ _____
㉓ _____
㉔ _____
㉕ _____
㉖ _____
㉗ _____
㉘ _____
㉙ _____
㉚ _____
㉛ _____

ズバリ暗記
・足利義満は日明貿易（勘合貿易）によって，巨額の利益を得た。
・応仁の乱をきっかけに下剋上の風潮が広がり，戦国時代となった。

Let's Try 差をつける記述式

① 承久の乱後，幕府の支配が西国にも及ぶようになった理由を答えなさい。
Point 鎌倉時代の将軍と御家人は，御恩と奉公の関係で結ばれていたことを考える。
[　　　　　　　　　　　　　　　　　　　　　　　　　　　　　　　　　]

② 明との貿易で，日本から明に向かう貿易船が，合札をもっていた理由を答えなさい。　〔山口〕
Point 当時，日本人や朝鮮・中国の人々が，朝鮮半島沿岸や中国沿岸で海賊行為を行っていたことを考える。
[　　　　　　　　　　　　　　　　　　　　　　　　　　　　　　　　　]

解答 ⇨ 別冊 p.22

STEP 2　実力問題 ①

ねらわれる
ココが

○平清盛の政治
○承久の乱と御成敗式目
○元寇とその影響

1 次の問いに答えなさい。

(1) 右の地図中の**A〜D**は平安時代に戦乱がおきた場所を示したものである。それぞれの場所について述べた文として正しくないものを，次の**ア〜エ**から1つ選びなさい。　　　　　［　　　　　］〔大分〕

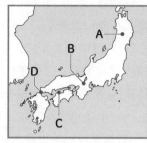

ア Aでおきた争いによって，源義家が東日本に勢力を広げた。

イ Bでおきた争いにおいて，後白河天皇が武士の協力を得て勝利した。

ウ Cで平将門がおこした乱は，貴族たちに大きな衝撃を与えた。

エ Dにおいて，源義経らの軍勢は平氏を追い詰め，滅ぼした。

重要 (2) 平氏の中心人物であった平清盛について述べた文の組み合わせとして正しいものを，あとの**ア〜エ**から1つ選びなさい。　　　　　［　　　　　］〔佐賀－改〕

a 平治の乱で勝利し勢力を広げた。　b 執権となり御成敗式目を定めた。

c 大名や商人に朱印状を与えて貿易を行った。　d 娘を天皇の后にした。

ア a・c　　**イ** a・d　　**ウ** b・c　　**エ** b・d

2 次の文を読んで，あとの問いに答えなさい。

> a鎌倉幕府は，b承久の乱の後，京都に□□□□を設置して朝廷を監視した。
> c元寇後，d御家人の生活は苦しくなり，14世紀に幕府は滅んだ。

(1) 下線部aについて，鎌倉幕府は将軍と御家人の主従関係で成り立っていた。将軍からの御恩にあたるものを，次の**資料1**の**ア〜ウ**から1つ選びなさい。　　　　　［　　　　　］〔長野〕

資料1　北条政子のことば

> 亡き頼朝公が朝廷の敵を倒し，幕府を開いてから，**ア**官位や土地などその恩は山よりも高く海よりも深い…名誉を大切にする者は，**イ**京都に向かって出陣し，敵を討ち取り**ウ**幕府を守りなさい。

思考力 (2) 下線部bについて，承久の乱後，御成敗式目が制定されたことを述べた次の文中の空欄　**X**・**Y**　に入る内容を，次ページの**資料2・資料3**を参考に答えなさい。X［　　　　　　　　　　　　　　　　］

　　　　Y［　　　　　　　　　　　　　　　　］〔宮崎－改〕

> 幕府が御成敗式目を定めたのは，承久の乱後に新しい地頭が置かれ，幕府の支配が　**X**　ことで，領地の支配権を巡り，　**Y**　ため，公平な裁判を行うための基準が必要になったからである。

得点UP!

1 (1)10〜12世紀にかけておきた戦乱。これに勝った平氏が政権を握るようになっていく。並べかえの問題も出されやすい。

(2)平清盛は初の武家政権を打ち立てた。しかし，その政権は貴族的な性格があったため，ほかの武士の反発を招いた。

2 (1)将軍からの御恩に対し，御家人は将軍への奉公を誓った。

(2)承久の乱は，1221年に後鳥羽上皇が倒幕の兵を挙げた戦乱。上皇方には主に西国の武士がついた。

Check! 自由自在 ①

将軍と御家人の間に結ばれた，御恩と奉公の関係について調べてみよう。

資料2　承久の乱に関する資料

　乱の後，幕府が新しい地頭として東国の御家人を置いた国

資料3　荘園領主と地頭に関する資料

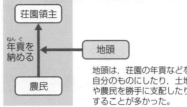

荘園領主　←年貢を納める←　地頭　←　農民

地頭は，荘園の年貢などを自分のものにしたり，土地や農民を勝手に支配したりすることが多かった。

歴史

1　古代までの日本

2　中世の日本

3　近世の日本①

4　近世の日本②

診断テスト①

理解度

5　欧米の発展と明治維新

6　立憲制国家の成立と日清・日露戦争

7　第一次世界大戦と大正デモクラシー

8　第二次世界大戦と日本

9　現代の日本と世界

診断テスト②

理解度

(3) 文中の▢に入る機関を答えなさい。　　[　　　　　]〔岐阜〕

(4) 下線部 c について，次の問いに答えなさい。

① モンゴルと中国を含む地域を支配し，国号を元と改め，日本に遠征軍を派遣した人物の名を答えなさい。[　　　　　]〔長崎ー改〕

② このときの執権の名を答えなさい。　　[　　　　　]〔福島ー改〕

③ 右の資料4から読み取れる内容として正しいものを，次のア～エから1つ選びなさい。　　[　　　]〔徳島ー改〕

資料4　蒙古の襲来

　ア　御家人たちも元軍の兵士も，ともに集団戦法を用いている。

　イ　御家人は火薬を使った武器を元軍の兵士に投げつけている。

　ウ　御家人だけでなく元軍の兵士も，弓を手にして戦っている。

　エ　御家人とは違い，元軍の兵士はよろいやかぶとを身につけている。

④ このころにおこった世界のできごとを述べた文として正しいものを，次のア～ウから1つ選びなさい。[　　　]〔埼玉ー改〕

　ア　地中海を中心に広大な地域を支配したローマ帝国が分裂した。

　イ　マルコ゠ポーロが『世界の記述』で「黄金の国ジパング」を紹介した。

　ウ　ローマ教皇の免罪符販売を批判してルターが宗教改革を始めた。

(5) 下線部 d について，次の問いに答えなさい。

① 次の資料5の法令を答えなさい。[　　　　　]〔長野〕

資料5　元寇後に出された法令

　領地を質に入れたり売買することは御家人の生活が苦しくなるもとである。今後は禁止する。（「東寺百合文書」より部分要約）

資料6

御家人の領地は▢X▢。

元寇に対するはたらきへの恩賞が不十分だった。

↓

御家人の生活が苦しくなった。

↓

幕府は御家人を救済するために資料5を出した。

② 右上の資料6は，資料5の法令が元寇後の1297年に出された理由についてまとめたものである。資料6の空欄▢X▢に入る適切なことばを右の資料7から読み取れることをもとに，「相続」の語句を使って，簡潔に答えなさい。〔長野ー改〕

[　　　　　　　　　　　　]

資料7

鎌倉時代の御家人が領地を相続するイメージ

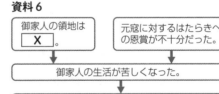

御家人の父親の領地

↓父親の死後

あと継ぎ（御家人）	男	女
	男	男

5人の兄弟で領地を分ける

得点UP!

(3)執権に次ぐ重要な機関（役職）で，北条氏の一族の中から選任された。

(4)元は1274年（文永の役）と1281年（弘安の役）の2度にわたって九州北部に襲来した。資料4は肥後（熊本県）の御家人竹崎季長が描かせた「蒙古襲来絵詞」（模本）の一場面である。

Check! 自由自在②

元寇によって，幕府と御家人の関係がどのように変化したのか調べてみよう。

Check! 自由自在③

鎌倉時代には，武士や民衆にもわかりやすい，さまざまな宗派の仏教が生まれた（鎌倉仏教）。それぞれの宗派と開祖，その教えの特徴を調べてみよう。

STEP 2 　実力問題 ②

解答 ⇒ 別冊 p.23

1 交通や交易に関するできごとについて，次の問いに答えなさい。

交通や交易に関するできごと
・a 後醍醐天皇の冥福を祈る寺院造営の資金を得るため，貿易船が派遣された。
・尚氏によって b 琉球王国が建国され，交易で栄えた。
・c 足利義満によって，d 日明貿易が始められた。

(1) 下線部 a について，**資料1** に書かれた状況を説明した文として正しいものを，あとの**ア～エ**から1つ選びなさい。　〔　〕〔神奈川一改〕

資料1

この比都にはやるもの　夜討ち　強盗　謀綸旨　召人　早馬　虚騒動

ア 上皇の命令が新たな権威をもち，天皇の命令は権威を失った状態。

イ 天皇中心の政治が始まったが，不満をもつ者が多く混乱している状態。

ウ 南北に分かれた朝廷がそれぞれ正統性を主張し，対立している状態。

エ 倒幕命令が天皇から出され，幕府が事態の収拾に努めている状態。

(2) 下線部 b について，琉球王国はどのような貿易を行っていたか。**資料2** から読み取れることをもとに，簡潔に答えなさい。〔長野〕

資料2 琉球王国の貿易の模式図

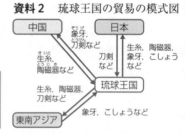

[　　　　　　　　　　　　　　　]

(3) 下線部 c の足利義満について述べた文として正しいものを，次の**ア～エ**から1つ選びなさい。また，この人物の活躍した室町時代の文化や宗教のようすについて述べた文として正しいものを，次の**カ～ケ**から1つ選びなさい。　〔　・　〕〔京都一改〕

ア 建武の新政に反発し挙兵した。
イ 六波羅探題を置き朝廷を監視した。
ウ 南朝と北朝を統一した。
エ 御家人を統率し元の侵攻を退けた。
カ 栄西が中国から禅宗を伝えた。
キ 幕府を批判する川柳が広まった。
ク 浮世草子が流行した。
ケ 観阿弥と世阿弥が能を大成した。

(4) 下線部 d について述べた次の文中の空欄　**X**　に入る適当なことばを「倭寇」，「勘合」の語句を使って答えなさい。〔千葉一改〕

[　　　　　　　　　　　　　　　]

足利義満が明の求めに応じて　**X**　をもたせて，朝貢の形式で始めた貿易で，日本から銅や硫黄を輸出し，明から銅銭や生糸などを輸入した。

得点UP!

Check! 自由自在①
建武の新政がわずか2年半で失敗し，再び武家政権に戻った理由を調べてみよう。

1 (1)資料1は当時の世相を風刺した「二条河原落書」である。

Check! 自由自在②
日本が東・東南アジア諸国とどのような交流を行っていたか調べてみよう。

(3) 3代将軍足利義満は，京都の室町に「花の御所」を築いて政治を行った。また，京都の北山に金閣を建てたことから，義満のころの文化を北山文化という。

(4) 14世紀半ばごろ，朝鮮や中国の沿岸部で密貿易や海賊行為を働く人々が現れ，倭寇と呼ばれていた。

2 中世の産業と民衆について，次の問いに答えなさい。

重要
(1) 中世の商業について述べた文として正しいものを，次の**ア～エ**から２つ選びなさい。 ［　　　・　　　］〔滋賀－改〕

　　ア 九十九里浜でとれたいわしは肥料に加工され，綿の生産地に売られた。
　　イ 問と呼ばれる運送業を兼ねる倉庫業者や，土倉と呼ばれる質屋が現れた。
　　ウ 五街道には宿場が置かれ，手紙や荷物を運ぶ飛脚が行き来した。
　　エ 定期市の開かれる回数が増え，市では宋銭や明銭が使われた。

(2) 惣とはどのような組織か。資料１を参考に「寄合」の語句を使って，簡潔に答えなさい。［　　］〔滋賀〕

　資料１　惣の掟

> 一，森林の苗木を切りとった者は，500文の罰金とする。
> 一，堀から東には，屋敷をつくってはならない。
> 　　　　　　　　　　　　　　　　　　　　　（「今堀日吉神社文書」）

思考力
(3) 1428年，京都周辺で土一揆が発生し，庶民らが酒屋などを襲撃した。**資料２**は，奈良市柳生町にある岩に刻まれた文である。この文は「正長元年以前の□□□は，神戸四か郷には一切ない」という意味で，一揆の成果を宣言したものである。□□□に入る，**資料２**の「ヲキメ（負い目）」が意味する語を漢字２字で答えなさい。 ［　　　　　　　　　　］〔熊本〕

資料２

正長元年ヨリ
サキ者カンへ四カン
カウニヲキメアル
ヘカラス

3 次の問いに答えなさい。

(1) 足利義政が将軍を務めていたときに京都でおきた戦乱を何というか，答えなさい。 ［　　　　　　　　　　］〔栃木－改〕

重要
(2) このころから社会の中で広がっていった，下の身分の者が実力で上の身分の者を倒す風潮を何というか，答えなさい。 ［　　　　　　　　　　］〔栃木－改〕

(3) (2)の風潮から登場した，戦国大名が領国を治めるために独自に制定した次のような法律を何というか，答えなさい。 ［　　　　　　　　　　］〔鳥取〕

> 一，本拠である朝倉館のほか，国の中に城を構えさせてはならない。領地のある者はすべて一乗谷に移住し，村には代官を置くべきである。

(4) 足利義政が東山につくった銀閣を，次の**A・B**から１つ選びなさい。また，同じ敷地にある東求堂同仁斎（**資料**）に見られる，建築様式の名称を答えなさい。 銀閣［　　　］ 建築様式［　　　　　　　　　］〔滋賀－改〕

A

B

資料

得点UP!

Check! 自由自在③
貨幣経済が浸透し，経済活動が発達していく中で，民衆が力を得ていく状況について調べてみよう。

2 (2)「寄合」とは，村の有力者を中心とする話し合いの場である。

(3)この一揆を正長の土一揆といい，近江（滋賀県）の馬借がおこした暴動が発端となり，広範囲に拡大した。

3 (1)将軍家のあと継ぎ争いに，守護大名の対立や管領家の家督争いなどが複雑に関係し，多くの守護大名を巻き込んだ。

Check! 自由自在④
北山文化と東山文化の特徴の違いを調べてみよう。

歴史

1 古代までの日本

2 中世の日本

3 近世の日本①

4 近世の日本②

理解度診断テスト①

5 欧米の発展と明治維新

6 立憲制国家の成立と日清・日露戦争

7 第一次世界大戦と大正デモクラシー

8 第二次世界大戦と日本

9 現代の日本と世界

理解度診断テスト②

解答 ⇨ 別冊 p.23

1 次の文を読んで，あとの問いに答えなさい。

　右の絵は，2度の元寇のうち，1281年に行われた ▢ X ▢ の役のようすを描いたものである。a 承久の乱の後，b 鎌倉幕府の支配は全国に広がったが，c 絵のできごとの後，幕府政治は不安定になり，最後は新しい政府にとってかわられ，しばらく混乱の時代が続いた。

(1) 文中の空欄 ▢ X ▢ に入る語句を答えなさい。

[　　　　　　　]〔愛光高－改〕

(2) 下線部 a について，右の**資料1**中の「六波羅探題」は，鎌倉幕府の成立当初は設置されておらず，承久の乱の後に京都に設置された。鎌倉幕府が承久の乱後に六波羅探題を設置したねらいを「朝廷」の語句を使って，簡潔に答えなさい。　〔高知〕

[　　　　　　　　　　　　　　　　　　]

資料1

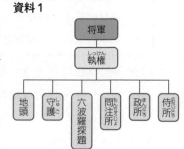

(3) 下線部 b について，**資料2**は荘園領主と地頭が土地を折半したときに作成された絵図で，沖には小舟に乗る漁民の姿も描かれている。これを見て，次の問いに答えなさい。　〔開成高〕

資料2

（伯耆国河村郡東郷庄之図）

① **資料2**に示された紛争解決手段を何というか，答えなさい。

[　　　　　　　]

② **資料2**を説明した文として正しいものを，次の**ア～エ**から1つ選びなさい。　[　　　]

　ア 右側が荘園領主の支配とされ，境界に線が引かれている。

　イ 小舟に乗る漁民は，地頭のもとで倭寇として活動した。

　ウ 周辺の山林は，荘園領主と地頭による土地の折半の対象外とされた。

　エ 作成された絵図に基づき，鎌倉幕府は荘園領主と地頭から年貢を徴収した。

(4) 下線部 c について，このころの政治や社会について述べた文として正しいものを，次の**ア～エ**から2つ選びなさい。　[　　　・　　　]〔愛光高－改〕

　ア 近畿地方を中心に，幕府の命令に従わず，荘園領主とも争って年貢を奪うなどする，悪党と呼ばれる勢力が活動した。

　イ 永仁の徳政令が出され，庶民や武士に対して，質入れしたり売ったりした土地を取り戻させることになった。

　ウ 後醍醐天皇は幕府を倒そうとして失敗し，隠岐に流されたが，楠木正成や足利尊氏を味方にして鎌倉幕府を滅ぼした。

　エ 鎌倉幕府の滅亡後，足利尊氏は後醍醐天皇のもとで新しく幕府を開いたが，各地の武士の不満が高まり，2年で滅びた。

2 中世の産業の発達と民衆の生活について，次の文を読んで，あとの問いに答えなさい。

・寺社の門前や交通の要所に市が　X　に開かれるようになり，し
だいに場所や回数が増えた。

・a 輸入された大量の明銭が商業の取り引きに使われた。

・有力な農民を中心に，　Y　と呼ばれる自治組織が村ごとにつく
られた。

・商業の発達とともに b 馬借などが活躍した。

資料1　市のようす

(「一遍上人絵伝」)

---

(1) 文中の空欄　X　・　Y　に入る語句を，Xは漢字3字，Yは漢字1字で答えなさい。

X〔　　　　　〕 Y〔　　　〕〔秋田〕

(2) 資料1中のZの人物の説明として正しいものを，次のア〜エから1つ選びなさい。

〔　　　〕〔秋田〕

ア 題目を唱えれば救われると説いた。　　　イ 座禅によって悟りを開こうとした。

ウ 各地に国分寺・国分尼寺を建てた。　　　エ 踊念仏で布教を進めた。

(3) 下線部 a について，明との貿易を開始した人物の名を答えなさい。〔　　　　〕〔秋田〕

(4) 下線部 b について，次の問いに答えなさい。

独創的 🟠思考力
① 馬借の拠点は大津にあった。その理由を
資料2と**資料3**から読み取り，馬借の
役割と関連づけて，「琵琶湖」の語句を使
って，簡潔に答えなさい。〔秋田〕

資料2　大津で活動する馬借

資料3

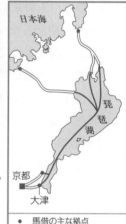

・ 馬借の主な拠点
＝＝ 馬借が通行する主な陸路
―― 物資を輸送する主な航路

〔　　　　　　　　　　　　　　〕

② 1428年(正長元年)に馬借が中心となって，最初の土一揆がおこった。
この一揆では，土倉や酒屋に加えて寺院も襲われた。一揆をおこし
た人々が寺院を襲った理由は，土倉や酒屋を襲った理由と同じであ
る。人々が寺院を襲った理由を，人々が要求したことに関連づけて，
簡潔に答えなさい。〔静岡〕

〔　　　〕

---

3 将軍足利義政のあと継ぎ争いと有力守護大名の対立が結びついて，11年間に及ぶ戦乱がおき
た。この戦乱のころのできごとに関する文として正しいものを，次のア〜ウから1つ選びな
さい。〔　　　〕〔東京学芸大附高―改〕

ア 中国に渡って禅宗の1つである臨済宗を日本に伝えた栄西が，薬用に用いられていた茶の
種をもち帰った。

イ 将軍の保護を受けた観阿弥・世阿弥の親子が，猿楽や田楽などの芸能から能を完成させた。

ウ 中国に渡って多くの絵画技法を学んだ雪舟が，従来にない大胆な画風の水墨画を描いた。

歴史

1 古代までの日本

2 中世の日本

3 近世の日本①

4 近世の日本②

理解度診断テスト①

5 欧米の発展と明治維新

6 立憲制国家の成立と日清・日露戦争

7 第一次世界大戦と大正デモクラシー

8 第二次世界大戦と日本

9 現代の日本と世界

理解度診断テスト②

3 ▶ 近世の日本 ① （安土桃山時代・江戸時代前期）

■ STEP 1　まとめノート

解答⇨別冊 p.24

① ヨーロッパ世界 ★

(1) **中　世**……〈ヨーロッパ〉カトリック教会が①　　　を中心に人々の精神
面を支配。〈**十字軍**〉① はイスラム教の勢力に奪われた聖地**エルサレム**
　　　　　　　　└7世紀にムハンマドが開く
の奪還を命じるが失敗。イスラム世界では，オスマン帝国が勢力を拡大。
　　　　　　　　　　　　　　　　　　　　　└15世紀，ビザンツ帝国を征服

(2) **近　世**……〈**ルネサンス**〉ギリシャ・ローマの文化を見直し，復興。〈**宗**
　　　　　　　└文芸復興，14〜16世紀　　　　　　　　　　　　　　　16世紀↓
教改革〉ルターやカルバンがカトリック教会を批判。**プロテスタント**と
　　└ドイツで，信仰のよりどころは聖書と唱える　└海外布教を進める
呼ばれる。カトリック教会側は②　　　を組織。〈**大航海時代**〉15〜16世
紀，③　　　は西インド諸島に到達，**バスコ=ダ=ガマ**はインド航路を開
拓，**マゼラン**一行は世界一周に成功。ポルトガルはアジア貿易に乗り
出し，スペインはアメリカ大陸に広大な植民地を築く。
　　　　　└アステカ王国やインカ帝国を滅ぼす

② ヨーロッパ人の来航と全国統一 ★★★

(1) **ヨーロッパ人の来航**……〈**鉄砲**〉1543年，種子島に漂着した④　　　人に
よって**鉄砲**がもたらされ，戦術や築城法が変化。〈**キリスト教**〉1549年，
⑤　　　が鹿児島に上陸し，布教を開始。〈**貿易**〉スペインやポルトガル
との⑥　　　貿易が平戸や長崎を中心に行われる。
　　　　└平戸

(2) **織田信長**……〈**統一事業**〉今川義元を**桶狭間の戦い**で破り，1573年に室
　　　　　　　　　　　　└駿河・遠江・三河の戦国大名
町幕府を滅ぼす。⑦　　　で大量の鉄砲を利用し，武田の騎馬隊を破る。
〈**宗教政策**〉キリスト教を保護。延暦寺を焼き討ちにし，**一向一揆**を弾
　　　　　　　　　　　　　　　　　└天台宗の総本山で，僧兵が多くいた
圧。〈**経済政策**〉**安土城**を築き，城下で⑧　　　の政策をとり，**関所**を廃
　　　　　　　　└琵琶湖の東岸　　　　　　　　　　　　　　　└通行税を徴収
止する。〈**本能寺の変**〉1582年，本能寺で**明智光秀**に攻められ，自害。

(3) **豊臣秀吉**……〈**国内政策**〉田畑の面積を
調べ，等級を決めて**石高**を算定し，年
　　　　　　　└収穫高
貢負担者を確定する⑨　　　と百姓から
武器を差し出させる⑩　　　，身分統制
令によって，⑪　　　を進める。〈**外交政**
　　　　　　└武士と農民の区別を明確化
策〉宣教師を追放するが，⑥ 貿易は続
行。明の征服を企て，2度に渡って⑫　　　を侵略。
　　└明　　　　　　　　　　　　　└文禄の役・慶長の役

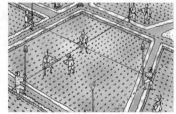
↑ ⑨ のようす（想像図）

(4) **桃山文化**……〈**特色**〉戦国大名や豪商による，豪華で壮大な文化。⑥ 文
　　　　　　　　　　　　　└豪商
化の影響が見られる。〈**建築**〉支配者の権威を示す**天守**をもつ城。〈**絵**
　　　　　　　　　　　　　　　　　　└城の中央に位置する最も高いやぐら
画〉⑬　　　らによる華やかな**障壁画**。〈**その他**〉堺の商人⑭　　　がわび茶
　　　　　　　　　　　　　└ふすまや屏風に描かれた，華やかな色彩の絵
を大成。⑮　　　が**かぶき踊り**を始める。
　　　　　　　└踊

ズバリ暗記
・織田信長は，室町幕府を滅ぼし，延暦寺や一向宗などの仏教勢力も倒した。
・豊臣秀吉は，太閤検地や刀狩によって兵農分離を進めた。

① _____
② _____
③ _____
④ _____
⑤ _____
⑥ _____
⑦ _____
⑧ _____
⑨ _____
⑩ _____
⑪ _____
⑫ _____
⑬ _____
⑭ _____
⑮ _____

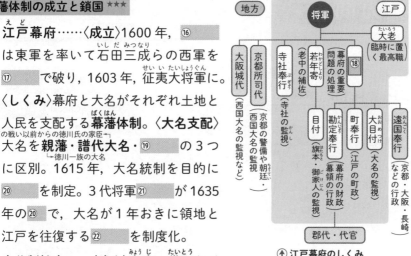

③ 幕藩体制の成立と鎖国 ★★★

(1) **江戸幕府**……〈成立〉1600年，⑯＿＿＿ は東軍を率いて石田三成らの西軍を ⑰＿＿＿ で破り，1603年，征夷大将軍に。〈しくみ〉幕府と大名がそれぞれ土地と人民を支配する**幕藩体制**。〈**大名支配**〉大名を**親藩・譜代大名**・⑲＿＿＿ の３つ

（関ヶ原の戦い以前からの徳川氏の家臣）
（徳川一族の大名）

に区別。1615年，大名統制を目的に ⑳＿＿＿ を制定。３代将軍㉑＿＿＿ が1635年の⑳＿＿＿ で，大名が１年おきに領地と江戸を往復する㉒＿＿＿ を制度化。

(2) **身分制社会**……〈**武士**〉**名字・帯刀**など の特権をもつ。〈**農民**〉土地をもつ**本百姓**と小作を行う**水呑百姓**。村役人による自治。年貢納入や犯罪防止に共同責任を負わせる㉓＿＿＿ を組織。〈**町人**〉商人と職人は都市に住み，商業・手工業に従事。

(3) **鎖国と対外関係**……〈**初期**〉⑯＿＿＿ は貿易を奨励。幕府が発行した許可証を もつ船が主に東南アジアで㉔＿＿＿ **貿易**を行う。〈**鎖国への道**〉1612年に 幕領でのキリスト教を禁止し，翌年には全国に拡大。その後，スペイン船の来航，日本人の帰国と海外渡航を禁止。1637年，九州で㉕＿＿＿ がおこり，以後，**絵踏**などでキリスト教徒を見つけ出し，**宗門改**を強

（朱印状という）
（寺による仏教徒の証明）

化。1639年にポルトガル船の来航を禁じ，1641年，㉖＿＿＿ **商館を** ㉗＿＿＿ に移し，禁教と貿易の統制を行う**鎖国**の体制が固まる。〈**鎖国下**〉中国では**清**が建国され，長崎で私貿易を行う。**朝鮮**とは㉘＿＿＿ **藩**の仲立ちで国交が回復し，将軍の代がわりごとに㉙＿＿＿ が来日。**琉球王国**

（長崎）
（満州民族の王朝）

は㉚＿＿＿ **藩**に支配されるが，中国との**中継貿易**は継続。蝦夷地は，㉛＿＿＿ 藩が幕府から交易権を認められ，**アイヌ民族**に不利益な交易を行う。首長**シャクシャイン**を中心に㉛＿＿＿ 藩との戦いをおこすが，鎮圧される。

ズバリ暗記
・江戸幕府は武家諸法度によって大名統制を行った。
・鎖国といっても，窓口をすべて閉ざすものではなかった。

Let's Try 差をつける記述式

① 参勤交代の制度が各藩に与えた影響を簡潔に答えなさい。
　Point 往復の交通費だけではなく，江戸での滞在費が重いことにも触れる。
　[　　　　　　　　　　　　　　　　　　　　　　　　　]

② キリスト教の禁止以外に，幕府が鎖国政策を行った目的を簡潔に答えなさい。
　Point 貿易を行った長崎が幕府の直轄地であることを考える。
　[　　　　　　　　　　　　　　　　　　　　　　　　　]

---

⑯＿＿＿＿＿＿＿＿＿
⑰＿＿＿＿＿＿＿＿＿
⑱＿＿＿＿＿＿＿＿＿
⑲＿＿＿＿＿＿＿＿＿
⑳＿＿＿＿＿＿＿＿＿
㉑＿＿＿＿＿＿＿＿＿
㉒＿＿＿＿＿＿＿＿＿
㉓＿＿＿＿＿＿＿＿＿
㉔＿＿＿＿＿＿＿＿＿
㉕＿＿＿＿＿＿＿＿＿
㉖＿＿＿＿＿＿＿＿＿
㉗＿＿＿＿＿＿＿＿＿
㉘＿＿＿＿＿＿＿＿＿
㉙＿＿＿＿＿＿＿＿＿
㉚＿＿＿＿＿＿＿＿＿
㉛＿＿＿＿＿＿＿＿＿

入試Guide
鎖国が完成するまでの過程について，並べかえ問題が出題されることが多い。

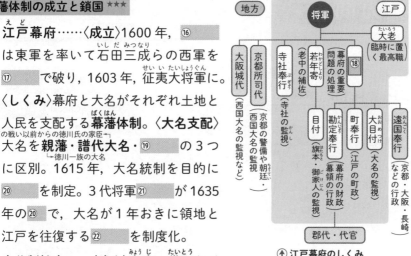
⊕ 江戸幕府のしくみ

（図中）
地方　将軍　江戸
大老　臨時に置く最高職
大阪城代（西国大名の監視など）
京都所司代（京都の警備や朝廷・西国大名の監視）
寺社奉行（寺社の監視）
（老中の補佐）若年寄
（幕府の重要問題の処理）⑱
目付（旗本・御家人の監視）
勘定奉行（幕府の財政）
町奉行（江戸の町政）
大目付（大名の監視）
遠国奉行（京都・大阪・長崎などの行政）
（幕領の行政）
郡代・代官

歴史
1 古代までの日本
2 中世の日本
3 近世の日本①
4 近世の日本②
理解度診断テスト①
5 欧米の発展と明治維新
6 立憲制国家の成立と日清・日露戦争
7 第一次世界大戦と大正デモクラシー
8 第二次世界大戦と日本
9 現代の日本と世界
理解度診断テスト②

解答⇨別冊 p.25

1 ヨーロッパ人の来航について，次の問いに答えなさい。

(1) バスコ゠ダ゠ガマの航路を**資料1**中のA～Cから，ポルトガルの植民地をa・bからそれぞれ選びなさい。　航路［　　　］　植民地［　　　］〔埼玉－改〕

資料1

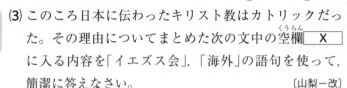

a
b

(2) ポルトガル人により鉄砲が伝えられた場所を，**資料2**中のア～エから1つ選びなさい。　　［　　　］〔熊本〕

資料2

(3) このころ日本に伝わったキリスト教はカトリックだった。その理由についてまとめた次の文中の空欄　X　に入る内容を「イエズス会」，「海外」の語句を使って，簡潔に答えなさい。　〔山梨－改〕

［　　　　　　　　　　　　　　　　　　　　　　　　　　　　　　　］

> プロテスタントの宗教改革に対抗するため，　X　ことによりカトリック教会の勢力立て直しを図った。

2 次の文を読んで，あとの問いに答えなさい。

> 戦国時代から a 安土桃山時代に行われた b 南蛮貿易では，銀が主に輸出された。江戸時代には c 鎖国によって，日本人は海外に行くことができなくなったが，d 幕府は外国商人に風説書を出させ，海外の情報を独占した。

(1) 下線部 a について，次の問いに答えなさい。

① 次の**資料1**は織田信長が出した法令の一部を要約したものである。**資料1**中の空欄　X　に入る，同業者ごとにつくった団体を意味する語句を答えなさい。　　　［　　　］〔岐阜－改〕

資料1　安土城下の町なかに対する定め

> 一，この安土の町は楽市としたので，いろいろな　X　は廃止し，さまざまな税や労役は免除する。

② 次の文中の空欄　X　・　Y　に入る語句の組み合わせとして正しいものを，次ページのア～エから1つ選びなさい。　［　　　］〔岐阜－改〕

> 豊臣秀吉は太閤検地を行い，　X　という統一的な基準で全国の土地を表した。また，　Y　の征服を目ざして，大軍を朝鮮に派遣した。

得点UP!

Check! 自由自在①
宗教改革と新航路の開拓，日本への南蛮人の来航の関連性を調べてみよう。

1 (2)1543年に日本に伝わった鉄砲は，すぐに各地の戦国大名に伝えられ，堺（大阪府）や国友（滋賀県）の刀鍛冶によってさかんに生産された。

(3)プロテスタントとは「抗議する者」という意味。カトリック教会を批判し，信仰のよりどころを聖書に求めた。

Check! 自由自在②
織田信長の統一事業の過程を調べてみよう。また，豊臣秀吉，徳川家康とのキリスト教への対応の違いを比較してみよう。

2 (1)②豊臣秀吉は太閤検地や刀狩を行うことで兵農分離を進めた。

ア X－地価　Y－明　　イ X－地価　Y－元
ウ X－石高　Y－明　　エ X－石高　Y－元

③ 安土桃山時代の文化に関する説明として正しいものを，次のア～エから1つ選びなさい。　　　　　　　　　　　　　[　　　]〔宮崎〕
　ア 松尾芭蕉が各地を旅しながら俳諧で新しい作風を生み出した。
　イ 千利休が質素と静かさを重んじるわび茶の作法を完成した。
　ウ 観阿弥・世阿弥の親子が田楽や猿楽を能として発展させた。
　エ 兼好法師が『徒然草』で生き生きとした民衆の姿を取り上げた。

(2) 下線部 b を表した**資料2**中の空欄　X　・　Y　に入る語句の組み合わせとして正しいものを，次のア～エから1つ選びなさい。
　　　　　　　　　　　　　[　　　]〔鹿児島〕

資料2

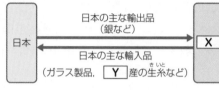

日本 ←　日本の主な輸出品（銀など）　→ X
日本 ←　日本の主な輸入品（ガラス製品，Y産の生糸など）

　ア X－オランダ　Y－中国　　イ X－オランダ　Y－ヨーロッパ
　ウ X－ポルトガル　Y－中国　　エ X－ポルトガル　Y－ヨーロッパ

(3) 下線部 c について，右の年表中の空欄　X　～　Z　に入るできごとを，次のア～ウからそれぞれ選びなさい。

X[　　　]　Y[　　　]
Z[　　　]　〔埼玉－改〕

年	できごと
1603	江戸に幕府が開かれる
1612	X
1635	日本人の海外渡航・帰国禁止
1637	Y
1639	Z
1641	オランダ商館を長崎の出島に移す

　ア 島原・天草一揆がおこる
　イ ポルトガル船の来航を禁止する
　ウ 幕領にキリスト教禁止令を出す

(4) 下線部 d について，次の問いに答えなさい。
① 江戸幕府が大名を統制するために出した法令を何というか，答えなさい。
　　　　　　　　　　　　　[　　　]〔沖縄－改〕

② 大名が1年おきに江戸と領地を往復することを定めた制度を何というか，答えなさい。　[　　　]〔富山〕

③ **資料3**は譜代大名と外様大名が徳川氏に従った時期，**資料4**は1664年ごろの外様大名の領地を示している。**資料3**から，江戸幕府にとって外様大名はどのような存在であったと考えられるか。
資料4から読み取れる，江戸から見た外様大名の配置の特徴と合わせて，簡潔に答えなさい。　〔静岡〕

[

資料3

	徳川氏に従った時期
譜代大名	関ヶ原の戦い以前
外様大名	関ヶ原の戦いのころ

資料4

※外様大名の領地は，1664年ごろのもの。

得点UP!

(2)このころ，日本は世界有数の銀の生産国で，最盛期には世界の銀産出量の約3分の1を産出していた。その多くは石見銀山（島根県）で産出したものだった。

Check! 自由自在③
徳川家康がとった積極的な海外進出策と，その後の鎖国政策に至るまでの過程を調べてみよう。

(4)①法令に違反した大名は厳しく処罰された。

②妻子が住む江戸屋敷の維持費や江戸と領地を往復する旅費は，藩の財政を圧迫した。

Check! 自由自在④
封建社会を維持するために，江戸幕府がとった，大名・朝廷・農民のそれぞれに対する統制策を調べてみよう。

歴史

1 古代までの日本
2 中世の日本
3 近世の日本①
4 近世の日本②
診断テスト① 理解度
5 欧米の発展と明治維新
6 立憲制国家の成立と日清・日露戦争
7 第一次世界大戦と大正デモクラシー
8 第二次世界大戦と日本
9 現代の日本と世界
診断テスト② 理解度

STEP 3 　発展問題

解答⇨別冊 p.25

1 中世ヨーロッパについて，次の問いに答えなさい。

(1) 十字軍の遠征の影響により，14世紀に西ヨーロッパでおきたことについて述べた文として正しいものを，次のア〜エから1つ選びなさい。　　　[　　　]〔三重－改〕

　ア　ローマ帝国は，キリスト教徒を迫害したが，その後，国の宗教として認めた。

　イ　古代ギリシャやローマの文化を手がかりに，ルネサンスが花開いた。

　ウ　バスコ=ダ=ガマの船隊がインドに到達し，ヨーロッパとインドが初めて海路でつながった。

　エ　カトリック教会内部の改革運動がさかんになり，イエズス会は海外布教に力を入れた。

思考力
(2) ポルトガル人やスペイン人は，アジアへの新航路を開拓し，日本にも来航するようになった。その理由を「イスラム商人」，「価格」，「直接」の語句を使って，簡潔に答えなさい。　〔鹿児島〕

[　　　　　　　　　　　　　　　　　　　　　　　　　　　　　　　　　　]

2 次の文を読んで，あとの問いに答えなさい。

> 　a 豊臣秀吉の朝鮮侵略により，朝鮮では多くの人々が殺害されたり，日本に連行されたりした。秀吉の死後，b 豊臣政権の内部では動揺や対立が生まれ，また，日本と朝鮮の国交は断絶したが，1609年，　X　藩の努力で両国間の国交が回復し，将軍の代がわりごとに，c 祝賀の使節が日本に派遣されるようになった。江戸時代には　X　以外にも d 3つの窓口が開かれ，交易が行われた。

(1) 下線部 a について正しく述べたものを，次のア〜エから1つ選びなさい。[　　　]〔弘学館高〕

　ア　刀狩令を出して農民や寺社から鉄砲以外のすべての武器を取り上げた。

　イ　太閤検地を行って収穫量を銭で表示する石高制を採用し，全国統一基準で表示した。

　ウ　朝廷から関白に任じられ，朝廷の権威を利用する形で諸大名の争いに介入した。

　エ　バテレン追放令を出して宣教師を追放するとともに貿易を禁止し，キリスト教拡大を防いだ。

(2) 下線部 b について，朝鮮侵略後のできごとについて述べた次のア〜ウを，年代の古い順に並べかえなさい。　　　[　　　→　　　→　　　]〔愛光高－改〕

　ア　徳川家康は全国の大名を動員し，大阪城に立てこもる豊臣氏やそれに従う大名を包囲した。

　イ　全国の大名が，石田三成のもとに集まった西軍と徳川家康に従った東軍に分かれて戦った。

　ウ　徳川家康が朝廷から征夷大将軍に任命され，江戸に幕府を開いた。

(3) 文中の空欄　X　に共通して入る語句を答えなさい。　　　[　　　]〔弘学館高〕

(4) 下線部 c について，次の問いに答えなさい。　　　〔弘学館高〕

　① この祝賀使節を何というか，答えなさい。　　　[　　　]

難問
　② この使節を述べた文として正しくないものを，次のア〜エから1つ選びなさい。

[　　　]

　　ア　この使節は400〜500名からなり，江戸時代に10回以上派遣された。

　　イ　この使節は朝鮮を出発して瀬戸内海を渡り，天皇に謁見することを目的とした。

　　ウ　この使節の中には優れた学者もおり，日本の学者との交流も行われた。

　　エ　この使節の行列をもとにした踊りや人形などが各地に残っている。

(5) 下線部 **d** について，次の問いに答えなさい。

① 次の**資料**は平戸オランダ商館の日記の一部を要約したものである。この日記の記述は，右の年表中の**ア～エ**のどの時期のものか，答えなさい。　　　　　　　[　　　]〔大分－改〕

資料

> 幕府の役人が商館長に次のように尋ねた。「もし日本がポルトガルを追放したら，オランダはこれまでポルトガル人がしてきたように，日本に，薬，絹織物をもってくることができるか」。われわれは「できる」と答えた。

年	できごと
1603	江戸幕府が成立
	↕ア
1612	幕領にキリスト教禁止令
	↕イ
1624	スペイン船の来航を禁止
	↕ウ
1637	島原・天草一揆がおこる
	↕エ
1641	平戸の商館を出島に移す

② 薩摩藩は琉球王国に侵攻し，琉球の船を介して中国と貿易を行った。薩摩藩が琉球の船を介さなければ中国と貿易を行うことができなかった理由を簡潔に答えなさい。〔立命館高－改〕

[　　　　　　　　　　　　　　　　　　　　　　　　　　　　　　　　]

③ 松前藩は蝦夷地でアイヌ民族との交易独占権を幕府から認められていた。松前藩についての説明として正しくないものを，次の**ア～ウ**から１つ選びなさい。　[　　　]〔市川高－改〕

ア 琉球王国とアイヌ民族をつなぐ交易で利益をあげていた。

イ シャクシャインの蜂起をおさえた後，アイヌの人々をより厳しく支配するようになった。

ウ 家臣たちには，米のかわりにアイヌの人々との交易の権利を与えた。

3 江戸幕府について，次の問いに答えなさい。

(1) **資料1・資料2**から読み取れないことを，次の**ア～エ**から１つ選びなさい。　[　　　]〔富山〕

ア 関ヶ原の戦い以前から徳川氏に従っていた大名の数が過半数を占めている。

イ 大老や老中には50万石以上の大名が任命されていない。

ウ 10万石以上の大名を江戸から遠い地域に移すなど，大名配置をくふうした。

エ 20万石以上の大名のうち，関ヶ原の戦い以後に徳川氏に従った大名が過半数を占めている。

資料1　江戸幕府のしくみ

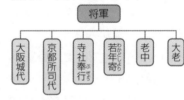

資料2　大名の分類と数

	50万石以上	20万石以上	10万石以上	5万石以上	5万石未満	計
親藩	2	4	8	1	8	23
譜代	0	2	16	33	94	145
外様	5	9	8	12	64	98
計	7	15	32	46	166	266

(1664年)　　　　　　　　　　　　　　　（「幕藩体制」）

(2) **資料3**は３代将軍徳川家光の時代に武家諸法度に追加された内容である。この結果，大名は何をさせられることになったのか，経済的影響に着目し，「大名は_____ことになった」の形式に合わせて答えなさい。

資料3

> 大名が国元と江戸を交代で住むように定める。毎年４月に参勤せよ。

[大名は　　　　　　　　　　　　　　　　　　　　　ことになった]〔沖縄－改〕

(3) 武家諸法度の条文の１つには大名の城に関する取り決めが２つ示されており，１つは城の修理を行う場合，幕府に届け出なければならないことである。もう１つの城に関する取り決めの内容を簡潔に答えなさい。[　　　　　　　　　　　　　　　　　　]〔大阪〕

歴史

1 古代までの日本
2 中世の日本
3 近世の日本①
4 近世の日本②
理解度診断テスト①
5 欧米の発展と明治維新
6 立憲制国家の成立と日清・日露戦争
7 第一次世界大戦と大正デモクラシー
8 第二次世界大戦と日本
9 現代の日本と世界
理解度診断テスト②

4 近世の日本 ② （江戸時代中期・後期）

📊 STEP 1 まとめノート

解答 ⇨ 別冊 p.26

❶ 産業の発達 ★★

(1) 産　業……〈農業〉治水工事を行い，①　　　開発に努める。備中ぐわ・千歯こきなどの農具の改良・発達，肥料の使用。
→干鰯や油かすなどの金肥
〈交通〉陸上は五街道が整備され，要所に関所を配置。水上は東北・北陸の年貢米を大阪へ
→治安維持のために設置
運送する西廻り航路や江戸へ運送する東廻り航路を河村瑞賢が開く。
→日本海〜下関〜瀬戸内海　　　　　　→日本海〜津軽海峡〜太平洋
江戸〜大阪間には菱垣廻船・樽廻船が往復。〈商業〉商人が同業者組合の②　　　を組織。両替商が大名にも金貸しを行う。
→東日本は金，西日本は銀が流通

(2) 三　都……〈江戸〉「将軍のおひざもと」と呼ばれ，最大の都市に成長。〈大阪〉「③　　　」と呼ばれる商業都市。年貢米や特産物を販売するために諸藩が④　　　を置く。〈京都〉古くからの都で，学問・文化の中心。

| ズバリ暗記 | ・商人は株仲間をつくり，税を納めて，営業の独占権を得た。
・大阪は「天下の台所」と呼ばれ，諸藩が蔵屋敷を置いた。 |

❷ 元禄文化と学問 ★★

(1) 元禄文化……〈特色〉上方の町人を担い手とする，明るく活気のある文化。
→17世紀末〜18世紀初め　→京都・大阪
〈文芸〉浮世草子で町人の生活を描いた⑤　　　，人形浄瑠璃などの脚本を書いた⑥　　　が人気を集め，⑦　　　は俳諧を大成。〈美術〉町人
→三味線を伴奏とした浄瑠璃に合わせて人形を操る芸能
の風俗を描いた⑧　　　では菱川師宣が「見返り美人図」を描く。

(2) 学　問……〈儒学〉5代将軍⑨　　　は儒学を奨励し，特に⑩　　　が広く学ばれる。〈その他の学問〉関孝和が和算に優れた研究を残し，徳川光
→せきたかかず
圀は『大日本史』の作成を命じる。

❸ 江戸幕府の政治改革 ★★★

(1) 享保の改革……〈財政改革〉8代将軍⑪　　　による改革。質素・倹約を命じ，大名に対して上米の制を定める。新田開発を行い，定免法を採
→1万石につき100石の米を納め，江戸滞在期間を半年に短縮　→一定の年貢の取り立て
用。〈政治改革〉裁判基準となる⑫　　　を制定。庶民の意見を聞く目安箱を設置。キリスト教に関係のない漢訳洋書の輸入を緩和する。

(2) 社会の変化……〈農村の変化〉18世紀，問屋が道具などを貸しつけて製品を生産させ，できた製品を買い取る⑬　　　が出現。19世紀には，工場に職人を集め，分業と協業によって製品を生産する⑭　　　に進化。地主と小作人の貧富の差が拡大する。〈民衆の要求〉ききんが続き，農村では⑮　　　，都市では⑯　　　が増加する。

① 享保のききん
② 享保の改革
③ 天明のききん
④ 寛政の改革
⑤ 天保のききん
⑥ 天保の改革

120件
100
80
60
40
20
0
1700年　50　　1800　　50 67
（「百姓一揆総合年表」）

⬆ ⑮ と ⑯ の発生件数

①
②
③
④
⑤
⑥
⑦
⑧
⑨
⑩
⑪
⑫
⑬
⑭
⑮
⑯

▶入試Guide

産業の発達と交通網の整備，生産手段の進歩が商人の経済力を大きくしていった。地図などを利用して，内容を結びつける形で整理しておこう。

(3) 田沼の政治と寛政の改革……〈田沼の政治〉 老中 ⑰＿＿＿ は商人の経済力を利用して，幕府財政の立て直しを図る。同業者組合の ② や長崎貿易を積極的に推進。賄賂が横行し，失脚。**〈寛政の改革〉** 老中 ⑱＿＿＿ が質素・倹約をすすめ，ききんに備えて米を蓄えさせる。旗本・御家人の借金を帳消しにし，**昌平坂学問所** では ⑩ 以外の学問を禁じる。
└棄捐令┘　　　　　　　　　　　　　　　　└寛政異学の禁┘

④ 新しい学問と化政文化 ★★

(1) 新しい学問……〈国学〉『**古事記伝**』を著した ⑲＿＿＿ は国学を大成。国学
　　　　　　　　　　　　　　　└日本古来の精神を明らかにする┘
は幕末の**尊王攘夷運動**に影響を与える。**〈蘭学〉** ⑳＿＿＿ と**前野良沢**らが
　　　　　└外国を排除し，天皇中心の国家を目ざす┘
『 ㉑ ＿＿＿ 』を出版。測量学では ㉒＿＿＿ が全国を測量し，正確な日本地図を作成。**〈教育〉** 藩は**藩校**，幕府は昌平坂学問所で人材育成を行う。庶民の子弟は ㉓＿＿＿ で「読み・書き・そろばん」を学ぶ。

(2) 化政文化……〈特色〉 江戸を中心とした庶
　　　　　　　　　 └19世紀前半┘
民の文化。**〈文芸〉** 十返舎一九の『**東海道中**
膝栗毛』などの滑稽本。世相を皮肉る**狂歌**
や**川柳**。**〈絵画〉** 多色刷りの版画が現れる。
　　　└狂歌は和歌の形，川柳は俳諧の形┘
美人画の ㉔＿＿＿ ，風景画の ㉕＿＿＿ や**葛飾**
北斎，役者絵の**東洲斎写楽**など。

↑ 葛飾北斎「富嶽三十六景」

⑤ 外国船の出現と天保の改革 ★★

(1) 外国船の出現……〈ロシア〉 1792年，㉖＿＿＿ が通商を求め，**根室**に来航。幕府は千島・樺太を調査。**〈欧米〉** イギリス船**フェートン号**が長崎港に
　└間宮林蔵は樺太が島であることを確認┘
侵入。**〈幕府の対応〉** 1825年，㉗＿＿＿ を出すが，**アヘン戦争**での清の敗北を知り，1842年，老中 ㉘＿＿＿ は ㉗ をやめ，**薪水給与令**を出す。

(2) 天保の改革……〈大塩の乱〉 1837年，元幕府役人の ㉙＿＿＿ が ㉚＿＿＿ で挙兵。**〈天保の改革〉** ㉘ が厳しい倹約令を出し，② の解散を命じ，江戸に出てきた農民を強制的に農村に帰らせる。江戸・大阪周辺の大名・
　　　　　　　　└人返しの法┘
旗本領を直轄地にする**上知令**を反対され，失脚。
　　　　　└上知令┘

ズバリ暗記
・三大改革は徳川吉宗の享保の改革，松平定信の寛政の改革，水野忠邦の天保の改革で，すべて質素・倹約を命じるものだった。

Let's Try　差をつける記述式

① 江戸時代，大阪は「天下の台所」と呼ばれた。その理由を簡潔に答えなさい。

Point 大阪には，諸藩のどのような設備が集中していたのかに触れる。

[　　　　　　　　　　　　　　　　　　　　　　　　　　　　　　　]

② 百姓一揆の連判状で，人々が円形に署名した理由を簡潔に答えなさい。

Point 円形に署名することで，何をわからなくしたのかに触れる。

[　　　　　　　　　　　　　　　　　　　　　　　　　　　　　　　]

⑰＿＿＿＿＿＿＿
⑱＿＿＿＿＿＿＿
⑲＿＿＿＿＿＿＿
⑳＿＿＿＿＿＿＿
㉑＿＿＿＿＿＿＿
㉒＿＿＿＿＿＿＿
㉓＿＿＿＿＿＿＿
㉔＿＿＿＿＿＿＿
㉕＿＿＿＿＿＿＿
㉖＿＿＿＿＿＿＿
㉗＿＿＿＿＿＿＿
㉘＿＿＿＿＿＿＿
㉙＿＿＿＿＿＿＿
㉚＿＿＿＿＿＿＿

歴史
1 古代までの日本
2 中世の日本
3 近世の日本①
4 近世の日本②
理解度診断テスト①
5 欧米の発展と明治維新
6 立憲制国家の成立と日清・日露戦争
7 第一次世界大戦と大正デモクラシー
8 第二次世界大戦と日本
9 現代の日本と世界
理解度診断テスト②

STEP 2　実力問題

解答 ⇨ 別冊 p.27

1 江戸時代の産業について，次の問いに答えなさい。

重要

(1) 江戸時代の農業技術や経済活動について述べた文として正しいものを，次のア〜エから1つ選びなさい。　　　　　　　　　　　　　　　　　[　　　]〔岩手－改〕

ア　草木灰が肥料として使われはじめ，収穫量が増えた。

イ　稲刈りは石包丁を使って，実った穂首を順に刈り取った。

ウ　馬借と呼ばれる運送業者が活動し，市の開かれる回数が増えた。

エ　備中ぐわなどの農具が普及し，農作業の能率が上がった。

地図

(2) このころ，鉱山での採掘や精錬の技術も進んだ。中でも銀の産出量が多かった石見銀山の場所を，**地図**のア〜エから1つ選びなさい。　　　　　[　　　]〔滋賀〕

思考力

(3) 大阪が「天下の台所」として栄えた理由を**地図**を参考に，「蔵屋敷」の語句を使って，簡潔に答えなさい。〔滋賀〕

[　　　　　　　　　　　　　　　　　　　　　　]

(4) 19世紀には作業場に道具や農村から来た働き手を集め，製品を分業で大量に仕上げる生産のしくみが生まれた。この生産のしくみを何というか，答えなさい。　　　　　　　　　　　　　　　　　　　　　[　　　]〔滋賀〕

2 江戸時代の政治改革について，次の問いに答えなさい。

重要

(1) 江戸時代の政治改革について述べた文として正しくないものを，次のア〜エから1つ選びなさい。　　　　　　　　　　　　　　　　　[　　　]〔富山〕

ア　享保の改革では，漢文に翻訳された洋書の輸入の制限が緩められた。

イ　田沼の政治では，銅や俵物と呼ばれる海産物の輸出を増やすことで，収入の拡大が図られた。

ウ　寛政の改革では，物価の上昇をおさえるため，営業を独占している株仲間が解散させられた。

エ　天保の改革では，外国船に燃料の薪や水を与えることが命じられた。

(2) 徳川吉宗，松平定信，水野忠邦がそれぞれ行った改革の内容を，次のア〜エから3つ選び，年代の古いものから順に並べかえなさい。

[　　　]→[　　　]→[　　　]〔千葉－改〕

ア　江戸・大阪周辺の大名領などを幕府領にしようとした。

イ　公事方御定書という法律を整え，裁判の基準をつくった。

ウ　公武合体策をとり，天皇の妹を将軍の夫人に迎えた。

エ　朱子学を重んじて幕府の正式な学問とし，人材育成を図った。

得点UP!

Check! 自由自在 ①

江戸時代の大商人がどのようにして富を得ていったのか調べてみよう。

1 (2)西日本では，主に銀貨が流通するようになった。

(3)諸藩の蔵屋敷には年貢米とともに特産物も運び込まれ，取り引きされていた。

(4)河内(大阪府)や三河・尾張(愛知県)では綿織物，北関東では絹織物の工場生産がさかんになった。

2 (1)三大改革では質素・倹約による緊縮財政が行われた。しかし，田沼の政治では商人の経済力を利用する積極財政がとられた。

Check! 自由自在 ②

それぞれの改革を行った人物とその代表的な業績を調べてみよう。

重要

3 江戸時代の文化について，次の文を読んで，あとの問いに答えなさい。

Ⅰ 17世紀末から18世紀初めにかけて，上方の町人が担った **X** 文化では，**a** が浮世草子に町人の生活や欲望などをありのままに描いた。**b** は人形浄瑠璃の脚本家として主に現実におこった事件をもとに，義理と人情の板ばさみの中で懸命に生きる男女の姿を描いた。また，芸術では **Y**

Ⅱ 当初，ヨーロッパの書物は輸入が認められていなかったが，享保の改革において，キリスト教に関係しない，漢訳洋書の輸入が認められた。18世紀後半には，杉田玄白らが右の**資料**の『 **c** 』を出版し，**d** が発展する基礎を築いた。

資料

(1) Ⅰの文中の空欄 **X** に入る語句を答えなさい。　　[　　] 〔茨城〕

(2) Ⅰの文中の空欄 **a** ・ **b** に入る人名の組み合わせとして正しいものを，次の**ア〜エ**から1つ選びなさい。　　[　　] 〔茨城〕

ア a－井原西鶴　b－近松門左衛門　　**イ** a－井原西鶴　b－十返舎一九

ウ a－松尾芭蕉　b－近松門左衛門　　**エ** a－松尾芭蕉　b－十返舎一九

(3) Ⅰの文中の空欄 **Y** に入る文として正しいものを，次の**ア〜エ**から1つ選びなさい。　　[　　] 〔岐阜−改〕

ア 観阿弥・世阿弥親子が能を完成した。

イ 尾形光琳が装飾画を完成した。

ウ 葛飾北斎が優れた風景画を描いた。

エ 運慶が金剛力士像を制作した。

(4) Ⅱの文中の下線部について，享保の改革で行われた政策を，次の**ア〜エ**から1つ選びなさい。　　[　　] 〔岐阜−改〕

ア 日米修好通商条約を結んだ。　　**イ** 株仲間の解散を命じた。

ウ 生類憐みの令を出した。　　　　**エ** 上米の制を定めた。

(5) Ⅱの文中の空欄 **c** ・ **d** に入る語句の組み合わせとして正しいものを，次の**ア〜エ**から1つ選びなさい。　　[　　] 〔岐阜−改〕

ア c－解体新書　d－国学　　**イ** c－解体新書　d－蘭学

ウ c－古事記伝　d－国学　　**エ** c－古事記伝　d－蘭学

4 江戸幕府の対外政策について述べた次の**ア〜ウ**を，年代の古い順に並べかえなさい。　　[　　→　　→　　]

ア モリソン号事件を批判した蘭学者の渡辺崋山や高野長英を厳しく処罰した。

イ 天文学や医学など日常生活に役立つ学問を奨励し，キリスト教に関係のない漢訳洋書の輸入を認めた。

ウ アヘン戦争での清の敗北を知った幕府は，異国船打払令を撤回し，外国船に燃料や水，食料を与えて退去させる命令を出した。

得点UP!

3 (1) 5代将軍徳川綱吉の治世のころに栄えた文化である。

(2)人形浄瑠璃の脚本は，歌舞伎でも上演され，民衆の人気を集めた。

Check! 自由自在③
浮世絵の代表的な絵師たちがそれぞれ得意とした絵のテーマを調べてみよう。

(4)享保の改革は8代将軍徳川吉宗が行った政治改革である。

Check! 自由自在④
江戸時代に発達したさまざまな学問の代表的な人物と，その学問が与えた影響について調べてみよう。

Check! 自由自在⑤
開国に至るまでの外国船の出現と幕府の対応について調べてみよう。

解答 ⇨ 別冊 p.27

1 次の文を読んで、あとの問いに答えなさい。

> 　江戸時代、人々は整備されたa街道を利用して旅を楽しみ、武士からb町民に至るまで、広く教育が行き届くようになった。しかし、欧米からの侵略の危機は早くからあり、c5代将軍綱吉の時代からロシアは日本への南下を視野に入れていた。ロシアは1778年に正式に通商を申し入れ、d老中田沼意次は蝦夷地の開発やロシアとの交易を計画したが失脚した。その後もロシアからの使節の来航が相次いだため、幕府はe蝦夷地や樺太の調査に乗り出した。

(1) 下線部aについて、幕府は東海道をはじめとする五街道を整備し、東海道の箱根に関所を設け、「入り鉄砲に出女」といわれた取り締まりを行った。幕府が特に厳しく取り締まった「入り鉄砲に出女」とは何か、30字以内で答えなさい。　〔市川高－改〕

（解答欄）

(2) 下線部bについて、町人や百姓の子ども達が「読み・書き・そろばん」を学んだ教育機関を何というか、答えなさい。　[　　　]〔市川高〕

(3) 下線部cについて、綱吉の時代に小判の改鋳を行っている。右の**グラフ**は幕府が1600年以来発行してきた小判と1695年から新しくつくりかえた小判の重量と金の含有量を比較したものである。これを見て、次の問いに答えなさい。

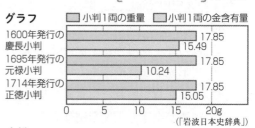

グラフ　◻小判1両の重量　◻小判1両の金含有量

1600年発行の慶長小判	17.85 / 15.49
1695年発行の元禄小判	17.85 / 10.24
1714年発行の正徳小判	17.85 / 15.05

（0　5　10　15　20g）
（「岩波日本史辞典」）

　① 右の**史料**は6代将軍と7代将軍に仕えた儒学者の新井白石によって書かれたものの一部である。小判をつくりかえることで幕府の収入が増えた理由を**グラフ**と**史料**を関連づけて、簡潔に答えなさい。　〔熊本〕

[　　　　　　　　　　　　　　　　　　　　　　　　]

史料

> 　先代の将軍様の時代…元禄8(1695)年の9月から金貨や銀貨が新たにつくりかえられた。それ以来、毎年幕府が得た差額の利益は、総計で約500万両となり…（「折たく柴の記」現代語訳）

　② 幕府はこの後、正徳小判を発行した。そのねらいを「質」、「物価」の語句を使って、「元禄小判に比べて」の書き出しに続けて、簡潔に答えなさい。　〔秋田〕

[元禄小判に比べて　　　　　　　　　　　　　　　]

(4) 下線部dについて、右の表は徳川吉宗と田沼意次の主な政策を示したものである。田沼が行った幕府の財政再建のための政策にはどのような特徴があるか、徳川吉宗の政策と比較しながら、簡潔に答えなさい。

徳川吉宗の主な政策	田沼意次の主な政策
上米の制	株仲間の奨励
新田開発	長崎貿易の奨励
定免法	

〔市川高〕

[　　　　　　　　　　　　　　　　　　　　　　　　]

(5) 下線部eについて、19世紀初頭、樺太の探検を行い、ユーラシア大陸との間が海峡で隔てられていることを確認した人物の名を答えなさい。　[　　　]〔市川高〕

2 次の史料を読んで，あとの問いに答えなさい。

> 旗本として召し抱えられている御家人は将軍の代を重ねるごとにだんだん数が増えていった。a幕府の租税収入も前よりは多くなったが，旗本・御家人に支給される俸禄米や，その他主要な支出の支払高と比べれば，結局毎年不足である。…そのため，代々このようなことはなかったが，万石以上のb大名より米を上納するよう命じようとお考えになり，…石高一万石について米100石の割合で上納せよ。…この上米のかわりとしてc江戸滞在を半年ずつ免除するので，d国元でゆっくり休息するようにとの仰せである。
>
> （「御触書寛保集成」）

(1) 史料が出されたころのできごととして正しいものを，次の**ア〜エ**から1つ選びなさい。

〔　　　　　〕〔京都教育大附高－改〕

ア 裁判の基準として公事方御定書を定めた。
イ 印旛沼の干拓を始めた。
ウ 出かせぎに江戸に来ている農民を故郷に帰らせた。
エ 江戸の湯島に昌平坂学問所をつくった。

(2) 下線部 a について，このころ，幕府は株仲間を承認している。株仲間には

幕府の立場	商工業者の立場
商工業者が株仲間をつくることを認めることにより， X ことができ，収入を増やすことができる。	株仲間をつくることを幕府に認められることにより， Y ことができ，利益を増やすことができる。

幕府と商工業者のそれぞれの立場にとって利点があった。株仲間による利点はそれぞれどのようなものだったと考えられるか，上の表中の空欄 X ・ Y に入る内容を簡潔に答えなさい。

X〔　　　　　　　　　　　　　〕 Y〔　　　　　　　　　　　　〕〔広島〕

(3) 下線部 b について，江戸時代後期には大名も各藩で改革を行うようになった。黒砂糖の専売制などで経済力を蓄えた藩の名を答えなさい。　　　〔　　　　　〕〔京都教育大附高〕

(4) 下線部 c について，「江戸」にかかわることがらとして正しいものを，次の**ア〜エ**から1つ選びなさい。　　　〔　　　　　〕〔京都教育大附高－改〕

ア 徳川家康は参勤交代を制度として定めた。
イ 江戸には諸藩の大名屋敷が置かれ，米や特産物を販売した。
ウ 歌舞伎では江戸の市川団十郎などの名優が出た。
エ 歌川広重が「富嶽三十六景」を描いた。

(5) 下線部 d について，右の地図は，徳島藩の藩主が江戸から帰ってくるときの行路を表したものである。この行路について述べた文として正しいものを，次の**ア〜エ**から1つ選びなさい。

〔　　　　　〕〔徳島－改〕

ア 陸路のほとんどは中山道を通行している。
イ 海路は東廻り航路の船を利用している。
ウ 「天下の台所」と呼ばれた都市は，船で通過している。
エ 当時，ヨーロッパの国と貿易を行っていた都市に立ち寄っている。

理解度診断テスト ①

本書の出題範囲 pp.66〜93 時間 35分 得点 / 50点 理解度診断 A B C

解答⇨別冊 p.28
〔国立高専〕

1 右の地図を見て，次の問いに答えなさい。

重要

(1) 右の**地図**中の**A〜D**は，遺跡や有名な遺物が発見された場所を示している。右下の**a〜c**の図・写真と次の**I〜Ⅲ**の説明文を組み合わせたとき，場所，図・写真，説明文の組み合わせとして正しいものを，あとの**ア〜ク**から1つ選びなさい。(6点) [　]

I 縄文時代に大規模な集落が営まれていたことが明らかになった。

II 1世紀ごろ，中国の王朝に朝貢して「王」の称号を得た権力者の実在が明らかになった。

Ⅲ 5世紀ごろには朝廷の勢力範囲が大きく広がっていたことが明らかになった。

地図

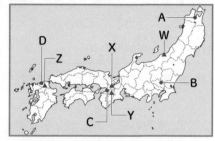

漢委奴国王印

百舌鳥古墳群

獲加多支鹵大王

稲荷山古墳出土鉄剣

ア A−b−I **イ** A−a−Ⅲ **ウ** B−b−II **エ** B−c−I
オ C−c−II **カ** C−b−I **キ** D−a−II **ク** D−c−Ⅲ

(2) 地図中の**W〜Z**は，7〜8世紀に建造された施設の場所を示している。**W〜Z**の説明文として正しいものを，次の**ア〜エ**から1つ選びなさい。(6点) [　]

ア Wは初期の城柵の推定地で，坂上田村麻呂はここで征夷大将軍に任命された。

イ Xは桓武天皇が建設させた都であり，10年ほどで近くの平安京へ遷都された。

ウ Yは天智天皇の時代に中国にならって建設された，日本で最初の本格的な都である。

エ Zは唐・百済連合軍との戦いに敗れた後，外国の侵入に備えて建設された山城である。

2 次の文を読んで，あとの問いに答えなさい。

> **I** 9世紀の中ごろから，藤原氏は有力貴族を退け，また，摂政や関白の地位について政治の実権を握った。11世紀前半の藤原道長とその子の頼通のときには摂関政治が最もさかんになった。
>
> **II** 農民は，荘園では荘園領主に，公領では国司に税としての年貢を納めた。そのほか，地頭分の年貢や労役を課せられ，農民の生活は苦しかった。やがて農業技術が進歩し，農業生産力は高まっていった。
>
> **Ⅲ** 京都は15世紀中ごろの　**A**　で主戦場となり，荒廃が著しかったが，町衆の力で復興した。しかし，国内はB15世紀後半から100年におよぶ戦乱の時代が続くことになった。
>
> **Ⅳ** C江戸時代には，農具の改良や新田開発の進展などにより，農業生産が向上した。17世紀後半にはD江戸・大阪・京都の3つの都市が大きく発展した。都市では大商人が株仲間をつくり，営業を独占するようになった。

独創的

(1) Iの文について，次ページの**資料1**から読み取れることとして最も適切なものを，次の**ア〜エ**から1つ選びなさい。(6点) [　]〔長野〕

歴史

1 古代までの日本

2 中世の日本

3 近世の日本①

4 近世の日本②

理解度診断テスト①

5 欧米の発展と明治維新

6 立憲制国家の成立と日清・日露戦争

7 第一次世界大戦と大正デモクラシー

8 第二次世界大戦と日本

9 現代の日本と世界

理解度診断テスト②

ア 道長には男女合わせて5人の子がいた。

イ 道長の4人の娘はすべて天皇の后となった。

ウ 道長の娘の子はすべて天皇になった。

エ 道長と道長の息子はすべて摂政となった。

資料1　皇室と藤原氏との関係

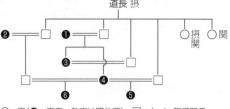

○：男(●：天皇，数字は即位順)　□：女　Ⅰ：親子関係
＝：婚姻関係　摂：摂政経験あり　関：関白経験あり

〔難問〕 (2) Ⅱの文が示している時期の農民の生活について述べた文として誤っているものを，次の**ア～エ**から1つ選びなさい。(6点)　[　　　]〔西大和学園高－改〕

ア 牛馬耕や裏作に麦をつくる二毛作が広まり，草や木の灰を肥料に用いることが普及した。

イ 農業生産力が高まるとともに商業もさかんとなり，寺社の門前や交通の要地に定期市が開かれるようになった。

ウ 有力な農民の指導のもとで，村ごとに惣と呼ばれる自治的な組織がつくられた。

エ 宋などから輸入された銅銭が広く使用されるようになり，借上という高利貸しが現れた。

〔重要〕 (3) Ⅲの文中の空欄　**A**　に入る戦乱の名を答えなさい。(6点)　[　　　]〔青雲高〕

〔難問〕 (4) Ⅲの文中の下線部**B**の時期におこった次の**ア～エ**のできごとを年代の古い順に並べかえ，記号で答えなさい。(6点)　[　　→　　→　　→　　]〔西大和学園高〕

ア スペインがインカ帝国を征服する。　　**イ** イギリスでエリザベス1世が即位する。

ウ ルターが宗教改革を開始する。　　**エ** バスコ＝ダ＝ガマがインド航路を開く。

〔思考力〕 (5) Ⅳの文中の下線部**C**について，右下の**資料3**は九十九里浜での網を使った大規模ないわし漁のようすを享保年間に描いたものの1つである。下の**資料2**から読み取れることを，**資料3**と関連づけて答えなさい。(8点)　〔熊本〕

[

]

資料2

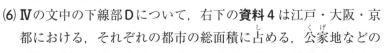

　　近年，新田を開発できる場所は開発し尽くしてしまった結果，牛馬の飼料や肥料用の草を刈り取る採草地もなくなってしまい…だんだんお金でさまざまな肥料を買うことが世間で一般的になってきた。

資料3

〔独創的〕 (6) Ⅳの文中の下線部**D**について，右下の**資料4**は江戸・大阪・京都における，それぞれの都市の総面積に占める，公家地などの面積の割合を表したものであり，表中の**X**～**Z**は，それぞれ江戸・大阪・京都のいずれかである。**X**～**Z**の都市の組み合わせとして正しいものを，次の**ア～エ**から1つ選びなさい。(6点)　[　　　]〔愛媛〕

ア **X**－江戸　**Y**－大阪　**Z**－京都

イ **X**－江戸　**Y**－京都　**Z**－大阪

ウ **X**－大阪　**Y**－江戸　**Z**－京都

エ **X**－大阪　**Y**－京都　**Z**－江戸

資料4

（単位：%）

項目都市	公家地	武家地	町人地	寺社地	その他
X	－	77.4	9.8	10.3	2.5
Y	3.3	5.0	40.1	14.0	37.6
Z	－	22.3	57.7	7.8	12.2

※17世紀中ごろのようすである。公家地，武家地，町人地はそれぞれ公家，武士，町人が居住する区域，寺社地は寺や神社が所有する区域である。その他は空き地などである。―は面積の割合が少なく，数値化されていないことを表す。
（「歴史公論」）

5 欧米の発展と明治維新

STEP 1 まとめノート

解答 ⇨ 別冊 p.29

① 欧米諸国のアジア進出 ★

(1) **市民革命**……〈**イギリス**〉17世紀に**ピューリタン（清教徒）革命**と**名誉革命**。〈**アメリカ**〉アメリカ独立戦争がおこり，1776年に ① ┃ を発表。
└ クロムウェルが市民や農民を率いて共和政を実現
└ 権利(の)章典を公布　　　　　　　　　　バスチーユ牢獄襲撃から始まる┘
1787年に合衆国憲法を制定。〈**フランス**〉1789年に**フランス革命**がおこり，② ┃ を発表。不安定な政治が続き，**ナポレオン**が皇帝となる。
└ 初代大統領はワシントン┘

(2) **産業革命と近代社会の成立**……〈**世界の工場**〉18世紀後半，**イギリス**の綿織物工業から始まる。資本家と労働者という階級が生まれ，③ ┃ という経済のしくみが広がる。〈**海外進出**〉大量に生産された工業製品を海外に売り込み，安い原料を手に入れるため，海外に進出。〈**アメリカ**〉1861年に ④ ┃ がおこる。1863年，⑤ ┃ の奴隷解放宣言。
└ 1861〜65年┘　　　　　　└ 第16代アメリカ大統領┘

(3) **アジア侵略**……〈**インド**〉**インド大反乱**をおさえたイギリスがインドを植民地化。〈**中国**〉インドのアヘンを清に密輸したことでおこった ⑥ ┃
└ シパーヒーの乱。1857〜59年┘　　　　　　　　　　　　　1840〜42年┘
で，清はイギリスに敗北し，不平等な**南京条約**を結ぶ。

② 日本の開国と江戸幕府の滅亡 ★★★

(1) **開国**……〈**黒船来航**〉1853年，⑦ ┃ が**浦賀**に来航。1854年，⑧ ┃ を結び，**下田**と**函館**を開港。〈**通商**〉1858年，**大老**の ⑨ ┃ が朝廷の許可を得ないまま ⑩ ┃ を結び，5港を開港。アメリカに ⑪ ┃ を認め，日本に関税自主権がない不平等条約。
└ 臨時の幕府最高職┘

- ⑧ で開港した港
- ⑩ で開港した港

新潟　函館　兵庫（神戸）　長崎　浦賀　神奈川（横浜）　下田　⑦ 来航（1853年）　（神奈川開港後に閉鎖）　↑ 開港地

(2) **開国の影響**……〈**経済**〉横浜港を中心に，毛織物や綿織物などを輸入し，生糸や茶を輸出。経済は混乱。〈**安政の大獄**〉開国後，⑫ ┃ 運動が高まる。⑨ が批判勢力を弾圧（安政の大獄）するが，暗殺される（**桜田門外の変**）。〈**倒幕**〉長州藩は四国艦隊下関砲撃事件，薩摩藩は薩英戦争で攘夷の不可能を知る。**坂本龍馬**らの仲立ちにより，1866年，⑬ ┃ が結ばれ，倒幕を目ざす。
└ 天皇を尊び，外国勢力を排除する┘

(3) **江戸幕府の滅亡**……〈**幕府の滅亡**〉15代将軍 ⑭ ┃ が政権を朝廷に返還する（⑮ ┃ ）。朝廷は ⑯ ┃ を出し，天皇を中心とする新政府の樹立を宣言。〈**戊辰戦争**〉旧幕府軍と新政府軍が戦い，新政府軍が勝利。
└ 鳥羽・伏見の戦いに始まり，五稜郭の戦いまで続く┘

ズバリ暗記
- 日米修好通商条約は，アメリカに領事裁判権（治外法権）を認め，日本に関税自主権がない不平等条約だった。

① 　　　　　　　　　　　　
② 　　　　　　　　　　　　
③ 　　　　　　　　　　　　
④ 　　　　　　　　　　　　
⑤ 　　　　　　　　　　　　
⑥ 　　　　　　　　　　　　
⑦ 　　　　　　　　　　　　
⑧ 　　　　　　　　　　　　
⑨ 　　　　　　　　　　　　
⑩ 　　　　　　　　　　　　
⑪ 　　　　　　　　　　　　
⑫ 　　　　　　　　　　　　
⑬ 　　　　　　　　　　　　
⑭ 　　　　　　　　　　　　
⑮ 　　　　　　　　　　　　
⑯

歴史

1 古代までの日本

2 中世の日本

3 近世の日本①

4 近世の日本②

診断テスト① 理解度

5 欧米の発展と明治維新

6 立憲制国家の成立と日清・日露戦争

7 第一次世界大戦と大正デモクラシー

8 第二次世界大戦と日本

9 現代の日本と世界

診断テスト② 理解度

③ ▶明治政府の成立と諸改革の展開 ★★★

(1) **明治維新**……〈**五箇条の御誓文**〉明治天皇が神に誓う形で，新しい政治方針を発表。国民に対しては，**五榜の掲示**でキリスト教や一揆を禁止。〈**中央集権**〉1869 年，大名が土地（版）と人民（籍）を天皇に返上する ⑰ ＿＿＿＿＿ が行われ，1871 年には藩を廃止して府県を置き，中央から府知事・県令を派遣する ⑱ ＿＿＿＿＿ を行う。〈**四民平等**〉皇族以外はすべて平民とし，公家・大名を**華族**，武士を**士族**，農民・町人を**平民**とし，居住や移転，職業，結婚などが自由になる。1871 年，えた・ひにん身分を廃止する「**解放令**」が出されたが，差別は残る。
→居住・就職・結婚などの面で不合理な差別を受け続けた

(2) **富国強兵と殖産興業**……〈**富国強兵**〉1873 年，満 ⑲ ＿＿＿ 歳以上のすべての男子に 3 年間の兵役の義務を負わせる ⑳ ＿＿＿＿＿ を制定。同年，明治政府は財政を安定させるため，㉑ ＿＿＿＿＿ の 3 ％を地租として，地主に現金で納めさせる ㉒ ＿＿＿＿＿ を実施。〈**殖産興業**〉群馬県の ㉓ ＿＿＿＿＿ など，外国から機械と技術を導入し，官営模範工場を建設。
→のちに 2.5 ％に引き下げ

(3) **文明開化**……〈**文明開化**〉西洋の生活様式や思想を取り入れる風潮が流行。れんが造りの洋風建築，ガス灯，太陰暦にかわり**太陽暦**を採用。文明開化は大都市が中心だったが，農村でも少しずつ変化していった。
→1 日を 24 時間，1 週間を 7 日とする
〈**教育と思想**〉1872 年，㉔ ＿＿＿ を定め，満 6 歳以上の男女に小学校教育を受けさせることを義務とする。㉕ ＿＿＿＿＿ は『**学問のすゝめ**』を，㉖ ＿＿＿＿＿ は『**社会契約論**』を翻訳した『**民約訳解**』を著し，人権思想を紹介。
→フランスの思想家ルソーの著書

(4) **明治初期の外交**……〈**清・朝鮮**〉1871 年に**日清修好条規**，1876 年に**日朝修好条規**を結ぶ。
→対等な条約
→江華島事件がきっかけ。朝鮮にとって不平等な条約
〈**国境の画定**〉1869 年，**蝦夷地**を**北海道**と改称。**開拓使**を置き，㉗ ＿＿＿＿＿ を配置する。1875 年，ロシアと ㉘ ＿＿＿＿＿ を結び，樺太はロシア領，千島列島は日本領に。1876 年，小笠原諸島の領有を各国に通告。1879 年，琉球藩を廃止し**沖縄県**を設置（**琉球処分**）。
→北海道の開拓と警備を目的とした農兵

ロシア
樺太
千島列島
太平洋
北京
朝鮮
日本
清
沖縄

日朝修好条規（1876年）
日本が領有通告（1876年）
日清修好条規（1871年）
⑳（1875年）
沖縄県を置く（1879年）
--- 日本の国境
小笠原諸島

⬆ 明治初期の外交と国境の画定

⑰	
⑱	
⑲	
⑳	
㉑	
㉒	
㉓	
㉔	
㉕	
㉖	
㉗	
㉘	

ズバリ暗記
・**廃藩置県**によって，中央集権国家の基礎が完成。
・**徴兵令**で近代軍隊を組織，**地租改正**で財政を安定させ，富国強兵を図った。

入試Guide

幕末から明治維新のことがらでは，江戸幕府と新政府とのやりとり，そして新政府の取り組みがよく出題される。どのようにして江戸幕府は滅亡したのか，新政府は富国強兵のために何をしたのか，それぞれ覚えておこう。

Let's Try 差をつける記述式

アメリカが日本に開国を求めた理由を簡潔に答えなさい。

Point 当時，アメリカは清をはじめとするアジア諸国との貿易を望んでいた。

[　　　　　　　　　　　　　　　　　　　　　　　　　　　]

ねらわれる ココが
○日米和親条約と日米修好通商条約の内容
○開国〜大政奉還までの動き
○明治維新の改革

解答⇒別冊 p.29

1 欧米の発展について，次の問いに答えなさい。

(1) 次の説明文の空欄　X　・　Y　に入る語句と人物の組み合わせとして最も適当なものを，あとのア〜エから1つ選びなさい。[　　　]〔佐賀−改〕

> 　18世紀，バスチーユ牢獄の襲撃をきっかけに始まったフランス革命では，自由や平等，国民の主権がうたわれた　X　が発表され，その後の世界に大きな影響を与えた。また，ヨーロッパでは産業革命が進展し，工業化が進んだ。その結果，人々の間に貧富の差が生じるなど，深刻な問題が見られるようになった。こうした問題を19世紀に　Y　は追及し，社会主義の考えに影響を与えた。

ア X−独立宣言　Y−ロック　　イ X−独立宣言　Y−マルクス
ウ X−人権宣言　Y−ロック　　エ X−人権宣言　Y−マルクス

(2) 18世紀，『社会契約論』を著して人民主権を主張し，フランス革命に大きな影響を与えたフランスの思想家の名を答えなさい。

[　　　　　　]〔大阪−改〕

2 右の年表を見て，次の問いに答えなさい。

(1) 年表中のAについて，翌年に江戸幕府がペリーと結んだ条約を何というか，答えなさい。

〔愛媛−改〕

[　　　　　　]

年	できごと
1853	ペリーが来航する……………A
1859	幕府が神奈川(横浜)を開港する………B
1864	四国艦隊下関砲撃事件がおこる………C
1867	王政復古の大号令が出される………D
1872	学制が公布される………………E
1873	地租改正が行われる……………F

(2) 年表中のBについて，次の問いに答えなさい。

① Bの前年に結ばれた条約によって，神奈川(横浜)など5港の開港と開港地に設けた居住地においてアメリカ人が自由な貿易を行うことが認められた。幕府がアメリカとの間で結んだこの条約を何というか，答えなさい。[　　　　　]〔福島〕

② ①の条約は，日本にとって不平等な条約であった。どのような内容が不平等であったか，2つ答えなさい。〔新潟〕

[　　　　　　　　　　　　]
[　　　　　　　　　　　　]

(3) 年表中のCについて，次ページの文は，四国連合艦隊による砲台占領に関して述べたものである。文中の空欄　X　・　Y　に入る語句を答えなさい。

得点UP!

Check! 自由自在①
イギリス，アメリカ，フランスでおこった市民革命と，それぞれに影響を与えた啓蒙思想家を調べてみよう。

1 (2)「人は生まれながらにして自由・平等である」と説いた。

2 (1)下田と函館を開港した。

(2)①神奈川(横浜)以外に，函館・長崎・新潟・兵庫(神戸)を開港した。

Check! 自由自在②
産業革命を達成した欧米諸国が原料の生産地と製品の市場を求めてアジアに進出し，日本にも接近してきた状況を調べてみよう。

天皇を尊び，外国人を追い払うという，□X□を主張していた□Y□藩は，1863年，関門海峡（かんもんかいきょう）を通過する外国船に砲撃（ほうげき）を加えたが，翌年，4か国の艦隊（かんたい）による報復攻撃を受け，下関砲台（しものせきせんりょう）を占領された。

X[　　　　　　]　Y[　　　　　　]

得点UP!

(4) 年表中の**D**について，次の問いに答えなさい。

重要

① 王政復古（おうせいふっこ）の大号令は江戸（えど）幕府15代将軍の徳川慶喜（とくがわよしのぶ）が政治の権限を天皇に返した後，武力による倒幕（とうばく）を目ざす勢力が天皇中心の政治を行うために宣言したものである。**資料1**は慶喜が政権を天皇に返すことを発表したときの絵であるが，これを何というか，答えなさい。

[　　　　　　　　　　]

資料1

② **資料2**は，1871年10月時点における明治政府の中心組織を示したものである。**資料2**の空欄□P□に入る語句を，次の**ア～エ**から1つ選びなさい。[　　　]〔山形－改〕

ア 太政官（だじょうかん）　**イ** 政所（まんどころ）
ウ 摂政（せっしょう）　**エ** 老中（ろうじゅう）

資料2

```
                    [ P ]
                     │
      [左院]────[正院]────[右院]
                     │
        ┌─[参議]─┐
  大隈重信 板垣退助 木戸孝允 西郷隆盛 | 三条実美 太政大臣 | （欠員） 左大臣 | 岩倉具視 右大臣
```
(1871年10月)

③ 明治政府は，その構成者の特徴（とくちょう）から，のちに「藩閥政府（はんばつせいふ）」と呼ばれ批判された。なぜ批判されたのか，その理由を**資料2**を参考に答えなさい。〔大分－改〕

[　　　　　　　　　　　　　　　　　　　　　　　　]

(5) 年表中の**E**について，この年，「天は人の上に人をつくらず，人の下に人をつくらず」という冒頭（ぼうとう）の文で有名な，欧米（おうべい）の思想を日本に紹介（しょうかい）する本が出版されている。この本の書名を何というか，答えなさい。また，この本の著者を答えなさい。

書名[　　　　　　]　著者[　　　　　]〔香川－改〕

重要

(6) 年表中の**F**について，次の問いに答えなさい。〔長崎－改〕

① 1873年に地租改正（ちそかいせい）が始められたころの納税方法について，次の文中の空欄□X□に入る語句を答えなさい。[　　　]

土地所有者が，□X□の3％を現金で納める。

② 1877年に，当時定められていた税率が変更（へんこう）された。変更された内容をそのきっかけとなったおもなできごとを含め，簡潔に答えなさい。

[　　　　　　　　　　　　　　　　　　　　　　]

歴史

1 古代までの日本

2 中世の日本

3 近世の日本①

4 近世の日本②

理解度診断テスト①

5 欧米の発展と明治維新

6 立憲制国家の成立と日清・日露戦争

7 第一次世界大戦と大正デモクラシー

8 第二次世界大戦と日本

9 現代の日本と世界

理解度診断テスト②

(3)関門海峡は日本海から瀬戸内海（せとないかい）に入るときに通る海峡で，神戸港（こうべ）に行こうとする船の多くはこの海峡を通った。関門海峡の位置から，Y藩を特定することができる。

Check! 自由自在③
明治政府が中央集権国家を目ざして，どのような政策を進めていったか調べてみよう。

(5)人権思想家としては，ほかに「東洋のルソー」と呼ばれた中江兆民（なかえちょうみん）などがいた。

(6)明治政府は，財政を安定させるために，これまでの米による現物納をやめ，現金で納めさせる地租改正を行った。この年，近代軍隊の創設を目ざし，徴兵令（ちょうへいれい）も出されている。

STEP 3 発展問題

解答 ⇨ 別冊 p.30

1 次の I と II の文を読んで，あとの問いに答えなさい。

> I 4隻の軍艦が浦賀に来航して幕府に開国を求めた。これによって，幕府が行ってきた鎖国政策は大きく転換を迫られることになった。
>
> II 岩倉使節団は，欧米の進んだ政治制度や社会のしくみ，産業などを視察し，帰国後，日本の近代化を推し進めた。

(1) I の文について，次の問いに答えなさい。

① この軍艦を率いた人物は翌年に再び来航し，幕府は日米和親条約を結んだ。この条約が結ばれた年に最も年代の近い歴史上のできごとを，次の**ア〜エ**から1つ選びなさい。

[　　　]〔沖縄―改〕

ア キューバ危機　　**イ** インド大反乱　　**ウ** ロシア革命　　**エ** 辛亥革命

独創的 ② 右の表は，主な港における1861年と1864年の日本の貿易額に占める輸出入額の割合を表している。表中の**A**に入る地名を漢字で答えなさい。　　[　　　]〔福島―改〕

		（ A ）港	長崎港	函館港
1861年	輸出額	70.9 %	26.4 %	2.7 %
	輸入額	63.2 %	35.1 %	1.7 %
1864年	輸出額	85.1 %	11.0 %	3.9 %
	輸入額	68.5 %	29.8 %	1.7 %

（「幕末貿易史の研究」）

思考力 ③ 1858年に結ばれた日米修好通商条約によって貿易が始まったが，これによって日本はどのような影響を受けたか，「生糸」の語句を使って，簡潔に答えなさい。〔京都府立嵯峨野高―改〕

[　　　　　　　　　　　　　　　　　　　　　　　　　　　　]

④ 日米修好通商条約を結んだ大老の井伊直弼は，幕府の政策に反対する大名や公家，尊王攘夷派の武士を処罰した。この反対派を弾圧した事件を何というか，答えなさい。

[　　　]〔愛媛―改〕

⑤ 次の**A〜C**の文は，19世紀後半に日本でおこったできごとについて述べたものである。**A〜C**をおこった順に正しく並びかえたものを，あとの**ア〜エ**から1つ選びなさい。

[　　　]〔大阪―改〕

A 薩摩藩と長州藩が同盟を結んだ。
B 4か国の連合艦隊が下関の砲台を占領した。
C 徳川慶喜が大政奉還を行った。

ア A→B→C　　**イ** A→C→B　　**ウ** B→A→C　　**エ** B→C→A

(2) II の文について，次の問いに答えなさい。

① 岩倉使節団が欧米を訪問した1870年代に結ばれた条約によって日本とロシアとの国境が定められた。この条約を何というか，答えなさい。　　[　　　]〔佐賀―改〕

② 岩倉使節団が欧米に派遣されたのと同じころ，明治政府は近隣の国々との外交を進め，国交を開いた。このうち，1871年に中国との間で結ばれた条約を何というか，答えなさい。

[　　　]〔茨城―改〕

歴史

1 古代までの日本
2 中世の日本
3 近世の日本①
4 近世の日本②
診断テスト①
理解度
5 欧米の発展と明治維新
6 立憲制国家の成立と日清・日露戦争
7 第一次世界大戦と大正デモクラシー
8 第二次世界大戦と日本
9 現代の日本と世界
診断テスト②
理解度

③ 岩倉使節団が日本を出発したときに，最年少の女子留学生として同行した　A　は，帰国後，　B　。空欄　A　・　B　にそれぞれ入ることばの組み合わせとして最も適切なものを，次の**ア**〜**エ**から１つ選びなさい。　　　　　　　［　　　　　］〔愛媛－改〕

ア A－津田梅子　B－日本の女子教育の発展に貢献した

イ A－津田梅子　B－文学者として多くの小説を書いた

ウ A－樋口一葉　B－日本の女子教育の発展に貢献した

エ A－樋口一葉　B－文学者として多くの小説を書いた

(3) 思考力 明治政府が実施した地租改正について，右の**図**は明治時代に発行された地券である。拡大した部分（明治十〈1877〉年よりこの100分の2ヶ半）が示す内容として適切なものを，次の**ア**〜**エ**から１つ選びなさい。　　　　　　　　　　［　　　　　］〔兵庫－改〕

ア 土地の面積の変更　　**イ** 土地の価格の変更

ウ 税率の変更　　　　　**エ** 納税方法の変更

図

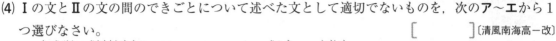

明治十年ヨリ此百分ノ貳ヶ半

(4) 難問 **Ⅰ**の文と**Ⅱ**の文の間のできごとについて述べた文として適切でないものを，次の**ア**〜**エ**から１つ選びなさい。　　　　　　　　　　　　　　　　　　［　　　　　］〔清風南海高－改〕

ア 土佐藩の坂本龍馬らの仲立ちによって，薩摩藩と長州藩が同盟を結んだ。

イ 大政奉還後，王政復古の大号令によって，藩が支配する土地と人民が朝廷に返上された。

ウ 社会の混乱を背景に，民衆が踊りながら伊勢神宮へ向かう「ええじゃないか」がおこった。

エ 学校教育を義務づけようとする法令が発布されたが，就学できた児童は限られていた。

2 教育・文化に関する次の問いに答えなさい。

(1) 難問 次の文は，明治政府が1872年に公布した法令の一部である。文中の空欄　X　に入る語句を漢字２字で答えなさい。また，空欄　Y　に入る内容を，あとの**ア**〜**エ**から１つ選びなさい。

X［　　　　　］　Y［　　　　　］〔山梨－改〕

> 今後人々は，必ず村に不学の家がなく，家に不学の人がなくなるように心がけねばならない。父兄はよくこの意味を理解し，子弟を必ず就学させるようにしなければならない。（前文の一部要約）
> →この法令は　X　である。これにより，全国に小学校が建てられ，　Y　。

ア 義務教育の年限が６年とされた　　**イ** 国民の知識を高める教育が重視された

ウ すべての子どもが教育を受けた　　**エ** 忠君愛国，父母への孝行などの道徳が広められた

(2) 明治時代の東京のようすを表した右の**図**を見て，次の問いに答えなさい。　　　　　　　〔鹿児島－改〕

① 都市部を中心に欧米の文化がさかんに取り入れられ，街のようすや人々の生活が大きく変化したが，このような風潮を何というか，答えなさい。［　　　　　］

② 欧米の文化が取り入れられた具体例を，右の**図**の中から１つ答えなさい。

［　　　　　　　　　　　　　］

図

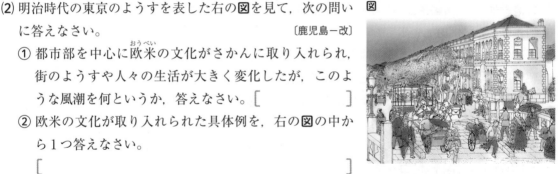

6 立憲制国家の成立と日清・日露戦争

STEP 1　まとめノート

解答 ⇨ 別冊 p.31

① 立憲政治の始まり ★★★

(1) **自由民権運動**……〈**士族の反乱**〉**征韓論**を退けられ，政府を去った
└朝鮮を武力で開国させようという考え
①　　　を中心に，1877 年に②　　　がおこるが，政府軍に敗れる。〈**政府批判**〉③　　　らが，薩摩・長州藩出身者らによる**藩閥政治**への批判運
└土佐藩出身
動を展開。1874 年，④　　　を政府に提出。〈**運動の高まり**〉運動を進め
る団体が合流して，1880 年に⑤　　　を結成。開拓使官有物払い下げ事
件をきっかけに，1881 年，政府は 10 年後の国会開設を約束。〈**政党
の結成**〉国会開設に備え，③　　　は**自由党**，**大隈重信**は⑥　　　を結成。
国会開設の勅諭→

(2) **大日本帝国憲法の制定と議会の開設**……〈**憲法制定**〉憲法制定準備のため，
伊藤博文らをヨーロッパに派遣。君主権の強いドイツ（プロイセン）の
憲法を手本に，伊藤博文を中心に草案を作成。1885 年，太政官制を廃
止して⑦　　　を定め，伊藤博文が初代内閣総理大臣になる。〈**憲法発布**〉
1889 年，天皇が国民に与える形で**大日本帝国憲法**を発布。主権は⑧　　　
└臣民とされた
にあり，**帝国議会**は⑨　　　と**衆議院**の二院で構成。〈**選挙**〉1890 年，第
1 回帝国議会が開かれる。衆議院議員の選挙権は直接国税 15 円以上を
納める満⑩　　　歳以上の男子だけで，全人口の約 1 ％に過ぎず。

> **ズバリ暗記**
> ・大日本帝国憲法では，主権は天皇にあった。
> ・内閣制度→大日本帝国憲法発布→衆議院議員総選挙→第 1 回帝国議会の順。

② 日清・日露戦争と東アジア ★★★

(1) **条約改正**……〈**改正の道のり**〉1871 年，⑪　　　を全権大使とする使節団
が欧米に派遣されるが，交渉は失敗。その後，鹿鳴館で舞踏会を開く
など**欧化政策**をとって交渉するが，国内の反対で失敗。1886 年の**ノル**
└和歌山県沖で船が沈没し，イギリス人船員は全員無事，日本人は全員死亡
マントン号事件をきっかけに，条約改正を求める世論が高まる。⑫　　　
の撤廃は，日清戦争直前に⑬　　　が成功させる。⑭　　　は 1911 年に
└1894 年
小村寿太郎によって完全に回復。

(2) **日清戦争**……〈**帝国主義**〉19 世紀の後半，産業革命をほぼ達成した欧米
列強は，原料供給地や商品の市場を求めてアジア・アフリカに進出し，
軍事力で植民地を獲得する帝国主義政策を進める。〈**日清戦争**〉1894 年，
朝鮮国内でおこった⑮　　　に日本と清が出兵。日本は清に宣戦を布告
└東学党の乱ともいう
し，日清戦争が始まる。〈**講和会議**〉1895 年，伊藤博文と⑬　　　が全権と
なり，⑯　　　を結ぶ。清は朝鮮が独立国であることを認め，多額の賠
償金の支払いと右ページの地図の⑰　　　や⑱　　　などの日本への割譲
を認めた。〈**三国干渉**〉ロシアがドイツ・フランスを誘い，⑰　　　の清への

右側の解答欄：
① ② ③ ④ ⑤ ⑥ ⑦ ⑧ ⑨ ⑩ ⑪ ⑫ ⑬ ⑭ ⑮ ⑯ ⑰ ⑱

返還を日本に要求。日本はその要求を受け入れ，国民の間にロシアへの敵対心が高まる。

(3) 日露戦争……〈中国分割〉列強の進出に対して不満をもった中国の民衆が⑲▢をおこす。8か国の連合国による⑲の制圧後，ロシアが満州の占領を続ける。1902年，日本とイギリスの間で⑳▢が成立。〈日露戦争〉1904年，日本はロシアに宣戦を布告し，日露戦争が始まる。互いに戦争継続が困難になり，1905年，アメリカの仲立ちで㉑▢を結ぶ。日本は北緯50度以南の樺太（サハリン）や旅順・大連の租借権，満州での鉄道の権利などを得たが，賠償金がなく，民衆が㉒▢をおこす。

(4) 東アジア……〈韓国〉日本は統監府を置き，初代統監に伊藤博文が就任。1910年に㉓▢を行い，朝鮮総督府を置いて植民地支配を開始。〈中国〉三民主義を唱えた孫文を中心に革命運動がおこり，1912年，孫文を臨時大総統とする中華民国が建国される（㉔▢革命）。

3 産業革命と近代文化の形成 ★

(1) 近代産業の発展……〈産業革命〉日清戦争前後に軽工業を中心に，日露戦争前後に重工業を中心に産業革命がおこる。日清戦争の賠償金をもとに，福岡県に官営の㉕▢が建設され，1901年に操業開始。官営工場の払い下げを受けた三井や三菱などの資本家は㉖▢に成長。〈労働運動〉労働条件の改善を求め，労働争議が各地でおこる。〈公害問題〉衆議院議員の㉗▢が足尾銅山鉱毒事件を問題提起。〈社会主義運動〉労働運動の高まりとともに社会主義運動が広まる。㉘▢で幸徳秋水らが処刑され，これ以降，社会主義運動は衰える。

(2) 近代文化の形成……〈自然科学〉㉙▢が破傷風の血清療法を発見。野口英世が黄熱病を研究。〈教育〉明治時代末期には小学校の就学率が100％近くに達する。忠君愛国の精神を養うために教育勅語が発布される。〈文学〉『吾輩は猫である』などを書いた夏目漱石や森鷗外が知識人の姿を描き，㉚▢や，『たけくらべ』などを書いた樋口一葉らの女性文学者が活躍。〈芸術〉フェノロサ・岡倉天心が日本美術を再評価。

⑲
⑳
㉑
㉒
㉓
㉔
㉕
㉖
㉗
㉘
㉙
㉚

イギリスの勢力範囲（イ）
ロシアの勢力範囲（ロ）
フランスの勢力範囲（フ）
ドイツの勢力範囲（ド）
日本の勢力範囲（日）
● 外国の領土・租借地

ハルビン
奉天
韓国
日本
漢城
旅順・大連 1898（ロ）
北京
膠州湾 1898（ド）
威海衛 1898（イ）
南京
上海
九龍半島 1898（イ）
マカオ 1887（ポルトガル）
香港 1842（イ）
広州湾1899（フ）
※数字は列強が権益を得た年。

↑ 列強の中国分割（1900年ごろ）

入試Guide

自由民権運動の始まりから大日本帝国憲法発布までの流れがよく問われる。また，日清・日露戦争については，戦争がおこった原因や戦後の講和条約の内容を覚えておこう。

Let's Try 差をつける記述式

明治政府が憲法を制定する際，ドイツ（プロイセン）の憲法を参考にした理由を簡潔に答えなさい。

Point ドイツ（プロイセン）の憲法の特徴について述べる。

[　　　　　　　　　　　　　　　　　　　　　　　　　　　　　]

解答⇨別冊 p.31

1 次の写真の人物と年表を見て，あとの問いに答えなさい。

年	人物の歴史とそのころのできごと
1841	長州藩で生まれる
1871	a 岩倉使節団に参加する…………
1885	初代内閣総理大臣となる
1889	b 大日本帝国憲法が発布される
1890	第1回帝国議会が開かれる…………
1894	c 日清戦争が始まる
1904	d 日露戦争が始まる
1909	ハルビン駅で暗殺される

（1）写真の人物の名を漢字で答えなさい。　〔茨城－改〕

　　　[　　　　　　　]

（2）下線部 a について，次の問いに答えなさい。

① この使節団による条約改正交渉は失敗し，その後，条約改正が達成されるまで約40年を費やした。次の文は，日本の欧米諸国との条約改正が達成されたことを説明したものである。文中の空欄 A ・ B に入る語句の組み合わせとして最も適当なものを，あとのア〜エから1つ選びなさい。　[　　]〔鳥取〕

　　1911年， A 外務大臣のもと，日米間で新たな通商航海条約が結ばれた。日本は B に成功し，欧米諸国との条約改正が達成された。

　ア A－小村寿太郎　B－関税自主権の完全回復
　イ A－小村寿太郎　B－領事裁判権の撤廃
　ウ A－陸奥宗光　B－関税自主権の完全回復
　エ A－陸奥宗光　B－領事裁判権の撤廃

② この使節団の帰国後，征韓論で敗れ，政府を去った後に民撰議院設立の建白書を提出し，自由党を結成した人物の名を答えなさい。

　　　　　　　[　　　　　　　]〔茨城－改〕

（3）下線部 b の憲法草案作成のため，写真の人物が参考にした憲法はどこの国の憲法か。国名を答えなさい。　[　　　　　　　]〔茨城－改〕

（4）年表中の X の時期におこったことがらを，次のア〜エから3つ選び，年代の古い順に並べかえなさい。[　　→　　→　　]〔千葉－改〕
　ア 国会開設の勅諭などが発表された明治十四年の政変により，薩摩・長州の2藩による権力体制が固まった。
　イ 写真の人物を中心として，立憲政友会が結成された。
　ウ 全国の自由民権運動の代表が大阪に集まり，国会期成同盟が結成された。
　エ 大隈重信を党首として，立憲改進党がつくられた。

得点UP!

1 (1)長州藩出身の木戸孝允，薩摩藩出身の西郷隆盛，大久保利通が亡くなったのち，明治政府の中心となって活躍した。

(2)①日露戦争に勝利したことで，日本は国際社会から認められるようになった。この通商航海条約はアメリカと結んだものである。

Check! 自由自在①
自由民権運動の始まりから大日本帝国憲法が発布され，帝国議会が開かれるまでの過程を調べてみよう。

(4)選択肢の1つは日清戦争後のできごとである。

(5) 下線部 c について，次の問いに答えなさい。

　① 1894 年に朝鮮半島で発生し，日清戦争のきっかけになった事件を，次のア〜エから１つ選びなさい。　[　　　]

　　ア 義和団事件　　イ 甲午農民戦争　　ウ 江華島事件　　エ 辛亥革命

重要　② 下関条約を締結した後，三国干渉によって日本が清に返還した場所を，次のア〜エから１つ選びなさい。　[富山－改]

　　ア 山東半島　　イ 台湾　　ウ 澎湖諸島　　エ 遼東半島

重要　③ 右の図は日清戦争の賠償金をもとに建設され，1901 年に鉄鋼の生産を開始した官営模範工場である。その名称を答えなさい。　[　　　]　〔福島〕

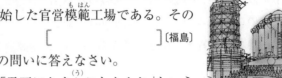

(6) 下線部 d について，次の問いに答えなさい。

　① 戦地にいる弟を思い「君死にたまふことなかれ」という詩を発表した人物の名を答えなさい。　[　　　]　〔愛媛－改〕

思考力　② 右の表は，日清戦争と日露戦争の，日本の死者と戦費を示している。日本は日露戦争に勝利したが，1905 年に結ばれた講和条約の内容に不満をもった人々による暴動がおこった。人々が講和条約の内容に不満をもった理由を，表から読み取れることに関連づけて，簡潔に答えなさい。　〔静岡〕

[

	死者 （万人）	戦費 （億円）
日清 戦争	1.4	2.3
日露 戦争	8.5	18.3

（「日本長期統計総覧」）

　③ この時期における人々の生活について説明した文として最も適当なものを，次のア〜エから１つ選びなさい。　[　　　]　〔神奈川－改〕

　　ア 電気洗濯機，電気冷蔵庫，テレビなどの家庭電化製品が普及した。

　　イ 義務教育が 6 年になり，就学率がほぼ 100 ％になった。

　　ウ 雑誌や新聞が普及するとともに，新たにラジオ放送が始まった。

　　エ 空襲が激しさを増す中で，都市の小学生が集団で農村へ疎開した。

2　次の文にあてはまる各人物の名を答えなさい。

(1) A の人物は，「民族・民権・民生」の三民主義を唱え，清王朝が滅亡するきっかけとなった，1911 年におこった辛亥革命で中心的な役割を果たした。

A 　　B

[　　　]　〔沖縄－改〕

(2) B の人物は，足尾銅山から渡良瀬川に流出した鉱毒によって大きな被害が出ていることを，衆議院議員として国会で追及し，解決を求めた。

[　　　]　〔岡山－改〕

得点UP!

(5)② 日本が清に返還した場所は朝鮮半島から中国東北部への進出の足がかりとして，重要な位置にあった。

Check! 自由自在②
日清戦争・日露戦争後に結ばれた講和条約の内容を調べてみよう。

(6)① キリスト教徒の内村鑑三や社会主義者の幸徳秋水らも日露戦争に反対したが，世論は戦争を支持した。

② 日露戦争ではロシアから賠償金を得ることができなかった。

Check! 自由自在③
条約改正までの過程と，日清戦争・日露戦争当時の国際情勢を関連づけて調べてみよう。

2 (1) あとを受け継いだ袁世凱は独裁政治を行った。

(2) 日本で最初の公害反対運動をおこした人物。

歴史

1 古代までの日本

2 中世の日本

3 近世の日本①

4 近世の日本②

理解度診断テスト①

5 欧米の発展と明治維新

6 立憲制国家の成立と日清・日露戦争

7 第一次世界大戦と大正デモクラシー

8 第二次世界大戦と日本

9 現代の日本と世界

理解度診断テスト②

STEP 3　発展問題

解答 ⇨ 別冊 p.32

1　次の問いに答えなさい。

(1) 1874年ごろから，国民が政治に参加する権利の確立を目ざす運動が行われていた。板垣退助らによって始められたこの運動を何というか，答えなさい。　[　　　　　]〔山形－改〕

(2) 右の年表を見て，次の問いに答えなさい。

年	できごと
1873	明治六年の政変
	↕ X
1890	第1回帝国議会が開かれる

① 年表の明治六年の政変で西郷隆盛や板垣退助らが政府を去った後，政府の中心になり，新たに内務省を設置して内務卿となった人物の名を，漢字で答えなさい。

[　　　　　]〔岐阜－改〕

② 年表のXの期間におこった次のア～ウのできごとを，年代の古い順に並べかえなさい。

[　　　→　　　→　　　]〔岐阜－改〕

　ア　大日本帝国憲法の発布　　イ　民撰議院設立の建白書の提出　　ウ　自由党の結成

③ 年表の帝国議会について，大日本帝国憲法に規定されている内容として正しいものを，次のア～エから2つ選びなさい。　[　　・　　]〔大阪－改〕

　ア　衆議院と貴族院の2つの議院で構成される。

　イ　衆議院と参議院の2つの議院で構成される。

　ウ　2つの議院とも，所属する全議員が，選挙権を有する者による選挙で選ばれる。

　エ　2つの議院のうち1つの議院のみ，所属する全議員が，選挙権を有する者による選挙で選ばれる。

(3) 日清戦争について，次の問いに答えなさい。

① 日清戦争のころの国際情勢を表した風刺画を，右のア～ウから1つ選びなさい。〔西大和学園高－改〕　[　　　]

ア　　　イ　　　ウ　

② 右の表は，日清戦争前後の日本の主な貿易品目と貿易額に占める割合の変化を示したものである。表中のA～Cには，生糸，綿花，綿糸のいずれかが入る。A・Cに入る貿易品目の組み合わせとして最も適当なものを，次のア～カから1つ選びなさい。

〈輸入〉

1885年	(%)
A	17.7
砂糖	15.9
綿織物	9.8
毛織物	9.1

1899年	(%)
B	28.2
砂糖	7.9
機械類	6.2
鉄類	5.4

〈輸出〉

1885年	(%)
C	35.1
茶	17.9
水産物	6.9
石炭	5.3

1899年	(%)
C	29.1
A	13.3
絹織物	8.1
石炭	7.2

（「日本貿易精覧」など）

[　　　]〔山梨〕

　ア　A－生糸　C－綿花　　イ　A－生糸　C－綿糸

　ウ　A－綿花　C－綿糸　　エ　A－綿花　C－生糸

　オ　A－綿糸　C－綿花　　カ　A－綿糸　C－生糸

歴史

1 古代までの日本

2 中世の日本

3 近世の日本①

4 近世の日本②

理解度診断テスト①

5 欧米の発展と明治維新

6 立憲制国家の成立と日清・日露戦争

7 第一次世界大戦と大正デモクラシー

8 第二次世界大戦と日本

9 現代の日本と世界

理解度診断テスト②

2 次の文を読んで，あとの問いに答えなさい。

> 清では，a「扶清滅洋」を唱える集団が北京の各国公使館を包囲すると，日本を主力とする連合軍がこれを鎮圧した。その後もロシアは，大軍を満州にとどめて事実上占領し，さらに韓国への進出を強めた。日本は 1902 年に▢▢▢▢▢を結んでロシアに対抗し，その後戦争が始まった。日本は苦戦を重ねつつ戦局を有利に進めたが，やがて戦力が限界に達し，ロシアでも国内で革命運動がおこったため，両国とも戦争の継続が困難となり b 講和条約が結ばれた。

(1) 下線部 a のできごとを何というか，次の**ア**〜**エ**から 1 つ選びなさい。　　［　　　］〔青森一改〕

　　ア 辛亥革命　　**イ** 日中戦争　　**ウ** 義和団事件　　**エ** 五・四運動

(2) 文中の▢▢▢▢▢に入る語句を漢字で答えなさい。　　［　　　］〔鹿児島一改〕

(3) 下線部 b について，次の問いに答えなさい。

　　① この講和条約を何というか，答えなさい。　　［　　　］〔沖縄一改〕

難問　② 日露戦争後のできごとで，①の条約と直接かかわりのないことがらを，次の**ア**〜**エ**から 1 つ選びなさい。　　［　　　］〔同志社高一改〕

　　　ア 日比谷焼き打ち事件　　**イ** 韓国統監府の設置

　　　ウ 大逆事件　　　　　　　**エ** 南満州鉄道株式会社の設立

思考力 (4) **図 1** は日露戦争時の首相である桂太郎と，重い荷物を背負った民衆を描いた風刺画である。また，**表**は日清戦争と日露戦争の戦費の比較，**図 2** は日露戦争前後の政府の租税収入額の変化を示したものである。**図 1** の風刺画が意味する日露戦争当時の民衆の負担となっていたことを，**表**と**図 2**を関連づけて答えなさい。〔熊本〕

図1

表

項目 戦争	戦費（万円）
日清戦争	23240
日露戦争	182629

（「日本長期統計総覧」）

図2

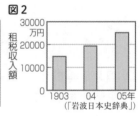

租税収入額

（「岩波日本史辞典」）

［

　　　］

3 次の問いに答えなさい。

(1) 明治時代の近代化について述べた文として正しくないものを，次の**ア**〜**エ**から 1 つ選びなさい。

　　［　　　］〔清風南海高一改〕

　　ア 新橋〜横浜間の開通を初めとして，主要な港と大都市を結ぶ鉄道が開通した。

　　イ 近代工業が発展していったが，日本で最初の公害問題が発生した。

　　ウ 綿糸の増産と品質向上のため，官営模範工場の富岡製糸場が設立された。

　　エ 東京ではガス灯が並ぶ道路に馬車や人力車が走り，太陽暦も採用された。

思考力 (2) **資料 1** のように，20 世紀初めに銑鉄の生産量が増加した。その理由を**資料 2** に着目して，簡潔に答えなさい。〔群馬一改〕

資料1 銑鉄の生産量の変化

※銑鉄とは鉄鉱石から直接製造された鉄。

（「現代日本産業発達史Ⅳ鉄鋼」）

資料2

［

　　　］

7 第一次世界大戦と大正デモクラシー

📊 STEP 1　まとめノート

解答⇨別冊 p.33

① 第一次世界大戦と日本 ★★

(1) 背　景……〈列強の対立〉ドイツ中心の
① ___ と，イギリス中心の② ___ が植
民地拡大を巡って対立。③ ___ 半島は，
いつ戦争がおこってもおかしくない状
況にあったため，「**ヨーロッパの火薬
庫**」と呼ばれる。

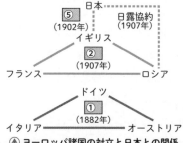

↑ヨーロッパ諸国の対立と日本との関係

(2) 第一次世界大戦……〈**大戦の始まり**〉
1914 年の④ ___ **事件**をきっかけに，ドイツ・オーストリアなどの同盟
┗セルビアの青年がオーストリアの皇太子夫妻を暗殺
国側と，イギリス・フランス・ロシアなどの連合国側との間で第一次
┗協商国側
世界大戦が始まる。〈**日本の参戦**〉日本は⑤ ___ を理由に連合国側で参
袁世凱政府┓
戦。中国に⑥ ___ を突きつける。〈**総力戦**〉戦車・飛行機など新兵器の
┗ドイツがもっていた山東省の権益を日本が引き継ぐことなどを要求
使用。国民・資源・技術などを総動員する総力戦に。〈**終結**〉1917 年に
┗潜水艦や毒ガス，機関銃も使われる
⑦ ___ が参戦し，連合国側が優勢に。1918 年に同盟国側が降伏。

(3) ロシア革命……〈**社会主義革命**〉ロシアでは 1917 年に革命がおこり，
皇帝は退位。その後，⑧ ___ が指導し，世界初の社会主義政府が成立。
ドイツと講和条約を結び戦争を終結。土地や工場を国有化。列強は革
命拡大を恐れて⑨ ___ を行うが，1922 年，世界初の社会主義国家であ
る⑩ ___ が建国される。

(4) 大戦景気……〈**好景気**〉日本は，製品の輸出先の拡大，軍需品の注文に
よって大戦景気にわき，**成金**が現れる。〈**物価の上昇**〉大戦による好景
┗大戦景気によって急に大金持ちとなった者
気と輸出の増加によって物価上昇が続く中，⑨ が始まると，商人によ
る米の買い占めや売り惜しみから，さらに米価が上昇。1918 年，富山
県の漁村の主婦らが米の安売りを求めたことから⑪ ___ がおこる。

② 国際協調とアジアの民族運動 ★

(1) 国際平和……〈**パリ講和会議**〉1919 年，ドイツと連合国との間で⑫ ___
が結ばれる。ドイツは領土の一部とすべての植民地を失い，巨額な賠
償金の支払いを課せられる。〈**国際連盟**〉アメリカ大統領⑬ ___ の提案
に基づき，1920 年に**国際連盟**が成立。スイスの⑭ ___ に本部を置き，
┗事務局次長に新渡戸稲造
日本は⑮ ___ に選ばれる。しかし，アメリカは議会の反対で加盟せず，
ソ連とドイツは当初加盟を許されず。〈**国際協調**〉1921 ～ 22 年に**ワシ
ントン会議**が開かれ，四か国条約，九か国条約，ワシントン海軍軍縮
┗日英同盟は解消
条約が結ばれる。

①
②
③
④
⑤
⑥
⑦
⑧
⑨
⑩
⑪
⑫
⑬
⑭
⑮

(2) **欧米諸国の変化**……〈**アメリカ**〉第一次世界大戦で直接の被害を受けなかったため，経済力が拡大。〈**ドイツ**〉1919 年，男女普通選挙や社会権などを明記した⑯＿＿＿＿憲法を制定。

(3) **アジアの民族運動**……〈**中国**〉1919 年，パリ講和会議で⑥＿の破棄が認められなかったため，⑰＿＿＿＿運動がおこり，排日・反政府運動が高まる。〈**朝鮮**〉1919 年，知識人や学生たちが日本からの独立を求める宣言を発表し，⑱＿＿＿＿運動がおこる。〈**インド**〉非暴力・不服従を唱える⑲＿＿＿＿の指導の下に，イギリスに対して完全な自治を要求する。

ズバリ暗記	・第一次世界大戦後，ドイツと連合国との間にベルサイユ条約が結ばれた。 ・第一次世界大戦後，国際平和機構である国際連盟が成立した。

3 大正デモクラシーと社会運動・文化 ★★★

(1) **大正デモクラシー**……〈**藩閥勢力への批判**〉1912 年，議会を無視して政治を行う藩閥の桂太郎内閣に対し⑳＿＿＿＿がおこり，翌年，桂内閣は退陣。
└尾崎行雄・犬養毅らが「憲政擁護」を掲げて運動をおこす
〈**思想**〉吉野作造の㉑＿＿＿＿，美濃部達吉の㉒＿＿＿＿などが**大正デモクラシー**の根本理論。〈**政党政治**〉1918 年に寺内正毅内閣が倒れると，立憲政友会の㉓＿＿＿＿が本格的な㉔＿＿＿＿を組織。〈**第二次護憲運動**〉加藤高明内
└米騒動の責任をとって退陣
閣は 1925 年，満㉕＿＿歳以上の
└陸軍・海軍・外務の 3 大臣以外の閣僚を，すべて立憲政友会の党員で占める
すべての男子に選挙権を与える**普通選挙法**を制定。同時に，国体の変革や私有財産制度を否定
└天皇が統治する国家体制
する共産主義を取り締まることを目的に㉖＿＿＿＿を制定。
└第二次世界大戦後に廃止

	0万人 1000	2000	3000	4000
1890年 満25歳以上の男子 直接国税15円以上	45万人(1.1%)			有権者数
1902年 満25歳以上の男子 直接国税10円以上	98(2.2)			
1920年 満25歳以上の男子 直接国税3円以上	307(5.5)			
1928年 満25歳以上の男子	1241(19.8)			
1946年 満20歳以上の男女		3688(48.7)		

※（ ）内の数字は全人口に占める有権者の割合。
（「日本統計年鑑」など）
⊕ **有権者数の増加**

(2) **社会運動・文化**……〈**社会運動**〉第一次世界大戦後，日本は不況になり，会社の倒産，失業者が増加。社会主義運動や労働争議，小作争議が活発になる。〈**部落解放運動**〉1922 年，京都で㉗＿＿＿＿が結成される。〈**女性解放運動**〉女性の地位向上を目ざし，㉘＿＿＿＿が**青鞜社**を結成。㉘＿＿＿＿は**市川房枝**らと**新婦人協会**を結成し，解放運動を展開。〈**社会**〉1923 年，**関東大震災**がおこる。〈**文化**〉1925 年，**ラジオ放送**の開始。

ズバリ暗記	・加藤高明内閣は満 25 歳以上のすべての男子に選挙権を与える普通選挙法を制定。同時に共産主義の取り締まりなどを目的に治安維持法を制定。

⑯＿＿＿＿＿＿
⑰＿＿＿＿＿＿
⑱＿＿＿＿＿＿
⑲＿＿＿＿＿＿
⑳＿＿＿＿＿＿
㉑＿＿＿＿＿＿
㉒＿＿＿＿＿＿
㉓＿＿＿＿＿＿
㉔＿＿＿＿＿＿
㉕＿＿＿＿＿＿
㉖＿＿＿＿＿＿
㉗＿＿＿＿＿＿
㉘＿＿＿＿＿＿

入試Guide

第一次世界大戦について，各国の動きとともに，日本がどのような行動をしたのかよく問われる。大正時代には，民主主義（デモクラシー）を求める風潮が高まったことも覚えておこう。

歴史

1 古代までの日本

2 中世の日本

3 近世の日本①

4 近世の日本②

理解度診断テスト①

5 欧米の発展と明治維新

6 立憲制国家の成立と日清・日露戦争

7 第一次世界大戦と大正デモクラシー

8 第二次世界大戦と日本

9 現代の日本と世界

理解度診断テスト②

Let's Try 差をつける記述式

米騒動がおこった理由を「シベリア出兵」の語句を使って簡潔に答えなさい。

Point シベリア出兵によってどのようなできごとがおこったかについて触れる。

[ ]

ココがねらわれる
○ 第一次世界大戦と日本
○ 大正デモクラシーの風潮
○ 社会運動の高まり

解答 ⇨ 別冊 p.33

1 次の文を読んで，あとの問いに答えなさい。

> a第一次世界大戦後の1919年，bベルサイユ条約が調印された。その後，cアメリカ大統領の提案に基づき，国際連盟が誕生した。

得点UP!

1 (1)第一次世界大戦前の三国協商・三国同盟の対立と，図の模式は少し異なる。最初は三国同盟側だったイタリアが，連合国側で参戦した。

(1) 下線部 a について，次の問いに答えなさい。

① 右の図は，大戦中の国際関係を示している。図中の空欄 **P** に入る国名を答えなさい。また，空欄 **Q** に入る国について述べたものを，次の**ア～ウ**から1つ選びなさい。P[　　　　]Q[　　　]

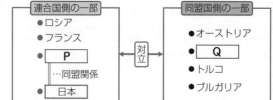

連合国側の一部
● ロシア
● フランス
● **P**
…同盟関係
● 日本

対立

同盟国側の一部
● オーストリア
● **Q**
● トルコ
● ブルガリア

ア 第一次世界大戦では，最初は中立であったが，途中から参戦した。

イ 第一次世界大戦中に革命がおこり，社会主義国家が成立した。

ウ 第一次世界大戦後，ワイマール憲法が制定された。

② 次の文中の空欄 **X** ・ **Y** に入る語句の組み合わせとして正しいものを，あとの**ア～エ**から1つ選びなさい。　[　　　] 〔新潟－改〕

> [背景・原因]「ヨーロッパの火薬庫」と呼ばれた **X** 半島では民族問題が加わって各国が激しく対立し，1914年，サラエボで事件がおきる。
> [結果] 各国が，国力のすべてを戦争に総動員した **Y** となった。戦後，国際平和を目ざして国際連盟が設立された。

ア X－イベリア　**Y**－総力戦　　**イ X**－イベリア　**Y**－紛争

ウ X－バルカン　**Y**－総力戦　　**エ X**－バルカン　**Y**－紛争

Check! 自由自在①
ヨーロッパを主な戦場とした第一次世界大戦が，なぜ「世界大戦」といわれるのか調べてみよう。

Check! 自由自在②
第一次世界大戦によって，日本経済が大戦景気と呼ばれる好景気になった背景を調べてみよう。

(2) 下線部 b について，次の問いに答えなさい。

① パリ講和会議では，「それぞれの民族のことは自分たちで決める」という考えが呼びかけられ，東ヨーロッパの諸民族は独立を認められた。このような考えを何というか，漢字4字で答えなさい。

　　　[　　　　　　　　] 〔千葉－改〕

② ベルサイユ条約によって，日本はマリアナ諸島などの権益をドイツから継承し，事実上の植民地支配を行った。第一次世界大戦後，こうした列強の支配に対して各地で行われた抵抗運動の説明として正しくないものを，次の**ア～エ**から1つ選びなさい。　[　　　] 〔沖縄－改〕

ア 朝鮮で三・一独立運動がおこった。

イ 中国で五・四運動がおこった。

ウ インドで非暴力・不服従運動が広がった。

エ フランスでレジスタンスが広がった。

(2)②選択肢の1つは第二次世界大戦中の抵抗運動である。

(3) 下線部 c について，次の問いに答えなさい。　〔山形－改〕

① 右の人物は，国際連盟の設立に貢献したアメリカの大統領である。この人物の名を答えなさい。

[　　　　　　　]

② 国際連盟の設立時の状況として正しいものを，次のア～エから１つ選びなさい。　[　　　　　]

ア 193 か国の加盟が認められた。

イ 本部は，オーストリアのウィーンに置かれた。

ウ 安全保障理事会では，5 か国に拒否権が認められた。

エ 日本はイギリス，フランス，イタリアとともに常任理事国になった。

2 大正デモクラシーと政治について，次の問いに答えなさい。

重要 (1) 右の写真は，普通選挙運動に影響を与えた人物である。大日本帝国憲法の下で民本主義を唱え，普通選挙によって民意を政治に反映させることなどを主張した，この人物の名を答えなさい。　[　　　　　]　〔長崎－改〕

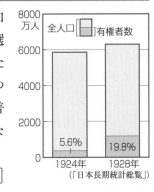

重要 (2) 米騒動の直後に成立した内閣の首相となった人物の名を答えなさい。また，次の文中の空欄　X　に入る語句を答えなさい。

首相[　　　　　　　]　X[　　　　　　]

> この内閣は，陸軍・海軍・外務の 3 大臣以外の閣僚を，すべて衆議院の第一党である立憲政友会の党員が占める，日本で初めての本格的な　X　内閣であった。

(3) 右のグラフは，1924 年と 1928 年における全人口と有権者の割合を示している。1925 年の普通選挙法の成立によって，有権者の割合が変化したが，衆議院議員の選挙権はどのような人がもつようになったか，簡潔に答えなさい。また，普通選挙法が制定されたときの首相の名を答えなさい。

[　　　　　　　　　　　　　　　　　]

首相[　　　　　　　]　〔埼玉－改〕

8000
万人

全人口 □有権者数

6000

4000

2000

0

5.6%　19.8%

1924年　1928年
（「日本長期統計総覧」）

(4) 大正時代の社会運動について述べた文として適切でないものを，次のア～エから１つ選びなさい。　[　　　　　]　〔長野－改〕

ア 全国水平社が結成され，差別からの解放を目ざす運動が広がった。

イ 農村では，小作争議が頻繁におこり，小作人の権利を守る全国組織ができた。

ウ それまでの政党は解散して大政翼賛会に合流し，労働組合も解散した。

エ 平塚らいてうは，女性の選挙権獲得のための本格的な運動に取り組んだ。

歴史

1 古代までの日本

2 中世の日本

3 近世の日本①

4 近世の日本②

診断テスト① 理解度

5 欧米の発展と明治維新

6 立憲制国家の成立と日清・日露戦争

7 第一次世界大戦と大正デモクラシー

8 第二次世界大戦と日本

9 現代の日本と世界

診断テスト② 理解度

得点UP!

2 (2)岩手県出身であり，華族でも藩閥出身でもなかったことから，「平民宰相」と呼ばれた。

(3)普通選挙法と同時に治安維持法も成立した。

Check! 自由自在③
大正デモクラシーを支える理論となった民本主義と天皇機関説はどのような考え方か調べてみよう。

Check! 自由自在④
第一次世界大戦の戦中・戦後の景気変動と社会運動との関連や，社会運動としてどのようなものがあるか調べてみよう。

STEP 3　発展問題

解答 ⇨ 別冊 p.34

1 次の文を読んで，あとの問いに答えなさい。

> 　a この半島は列強の利害と民族・宗教の対立がからまって紛争が絶えず，「ヨーロッパの火薬庫」と呼ばれた。サラエボ事件をきっかけに b 第一次世界大戦が始まり，4 年余り続いた。大戦終結後，ドイツと連合国軍の間に c 講和条約が結ばれた。

(1) 下線部 a の半島を何というか，答えなさい。　　　　　　　　[　　　　　　　　　]〔青森－改〕

(2) 下線部 b について，次の問いに答えなさい。

① 右の**資料1**は 1920 年，1924 年，1928 年のオリンピックへの女性の参加人数を示している。**資料1**の時期について説明した次の文中の空欄　X　に入る語句を答えなさい。また，空欄　Y　に入る人物を，あとの**ア～エ**から 1 つ選びなさい。

X[　　　　　　　] Y[　　　]〔群馬－改〕

資料1

年	オリンピックへの女性の参加数（人）
1920	65
1924	135
1928	277

（IOC ホームページ）

> 　**資料1**の背景として，第一次世界大戦が総力戦となったため，戦後の欧米諸国では人々の要求が高まり，　X　が求められたことがあげられる。日本でもこの時期，　Y　などが中心となり，　X　を求める運動が本格化した。

ア 樋口一葉　　**イ** 野口英世　　**ウ** 美濃部達吉　　**エ** 平塚らいてう

② 大戦中の日本は好景気であったが，国民の生活は苦しかった。その理由を**資料2**を参考に，「労働者」の語句を使って，簡潔に答えなさい。〔鹿児島〕

[　　　　　　　　　　　　　　　　　　　　]

資料2　物価と賃金の推移

（グラフ：物価と賃金の推移。縦軸 0～250，横軸 1914～18年。※1914年を100とする。『大正政治史』）

③ 第一次世界大戦の勃発以降におこったできごととして正しくないものを，次の**ア～エ**から 1 つ選びなさい。　[　　　]〔同志社高－改〕

ア 社会活動が活発になり，全国水平社が結成された。
イ 田中正造が足尾銅山の鉱毒被害について，議会で政府を追及した。
ウ 満 25 歳以上の男子全員に選挙権を与える普通選挙法が成立した。
エ 原敬が首相となり，初めての本格的な政党内閣が成立した。

(3) 下線部 c の講和条約を何というか，答えなさい。また，民族自決主義の考えに基づき，第一次世界大戦後，独立を承認された国々に色をつけて表した地図として正しいものを，上の**ア～エ**から 1 つ選びなさい。

（地図ア：フィンランド，エストニア，ラトビア，リトアニア，ポーランド，チェコスロバキア，ハンガリー，ユーゴスラビア／地図イ：モロッコ，チュニジア，リビア，ギニア，ガーナ，スーダン／地図ウ：ジャマイカ，ガイアナ／地図エ：パキスタン，インド，ビルマ，セイロン）

講和条約[　　　　　　　] 地図[　　　]〔青森－改〕

歴史

1 古代までの日本

2 中世の日本

3 近世の日本①

4 近世の日本②

理解度診断テスト①

5 欧米の発展と明治維新

6 立憲制国家の成立と日清・日露戦争

7 第一次世界大戦と大正デモクラシー

8 第二次世界大戦と日本

9 現代の日本と世界

理解度診断テスト②

2 次のⅠとⅡの文を読んで，あとの問いに答えなさい。

> Ⅰ 第一次世界大戦後，国際連盟が誕生し，日本はイギリス，フランス，イタリアとともに常任理事国になった。
>
> Ⅱ 1918年，米商人の買い占めなどによって米の値段が急に上がった。その結果，富山県の漁村で主婦たちが米商人を襲ったのをきっかけに，値下げを求める騒動が全国に広がった。

(1) Ⅰの文について，次の問いに答えなさい。

① 当時，欧米で広く読まれていた『武士道』という書を著し，設立間もない国際連盟の事務局次長となった人物として正しいものを，次のア〜エから1つ選びなさい。

[　]〔西大和学園高－改〕

ア 新渡戸稲造　　イ 杉原千畝　　ウ 松岡洋右　　エ 犬養毅

② 右の図は，アメリカ，イギリス，イタリア，ドイツ，日本，フランスの国際連盟への加盟状況を示している。図中の空欄　A　〜　C　にはそれぞれ，アメリカ，ドイツ，日本のいずれかの国が入る。　A　〜　C　に入る国の組み合わせとして正しいものを，次のア〜エから1つ選びなさい。

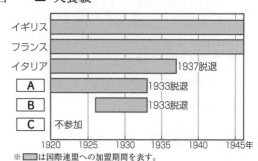

※ ▨は国際連盟への加盟期間を表す。

[　]〔高知－改〕

ア A－アメリカ　B－日本　　　C－ドイツ
イ A－日本　　　B－アメリカ　C－ドイツ
ウ A－日本　　　B－ドイツ　　C－アメリカ
エ A－ドイツ　　B－日本　　　C－アメリカ

(2) Ⅱの文について，次の問いに答えなさい。

① 米騒動の後，原敬内閣が成立した。大正時代は民主主義を求める動きが活発であり，政党内閣が何度か組織された。政党内閣について述べた次の文中の空欄　X　・　Y　に入る人物，政党をそれぞれ漢字で答えなさい。

X[　　　　　　]　Y[　　　　　　]〔東大寺学園高－改〕

> 東京帝国大学教授で憲法学者の　X　は1912年に天皇機関説を主張して，政党内閣を支持する憲法解釈を展開した。こうした動向を背景に，普通選挙の実施，政党内閣の成立を求める国民の声が大きくなった。米騒動の後，立憲政友会の総裁として原敬が本格的な政党内閣を組織したほか，　Y　総裁の加藤高明ものちに政党内閣を組織し，普通選挙法を成立させた。

② 電話交換手やバスガールなど働く女性が増加した大正時代の社会のようすとして正しいものを，次のア〜エから1つ選びなさい。　[　]〔函館ラ・サール高－改〕

ア 労働団体である友愛会が中心となり，日本初のメーデーが行われた。
イ 国産の映画が流行し，都市部では日本初のテレビ放送が開始された。
ウ 中学校への進学率が高まり，教育基本法により大学や専門学校の数が増えた。
エ 部落解放運動がおこり，被差別部落の住民が日本農民組合を創設した。

8 第二次世界大戦と日本

STEP 1　まとめノート

解答⇨別冊 p.35

1 世界恐慌と全体主義 ★★

(1) **世界恐慌と各国の対策**……〈世界恐慌〉1929 年，ニューヨーク・ウォール街の株式市場で株価が大暴落。不景気が世界に波及。〈**アメリカ**〉大統領の**フランクリン=ルーズベルト**（ローズベルト）が① ＿＿＿＿政策（→新規まき直し）を断行。〈**イギリス・フランス**〉植民地や自治領との結びつきを強める②＿＿＿を実施。〈**ソ連**〉「**五か年計画**」を進めていたため，恐慌の影響を受けず。
（→スターリンが指導。国家が生産量など経済を全面的に統制する計画経済）

(2) **ファシズム**……〈**もたざる国**〉植民地や資源に恵まれないドイツやイタリアでは**ファシズム**（→軍国主義的な独裁政治, 全体主義）が台頭。〈**イタリア**〉③＿＿＿が**ファシスト党**を率いてエチオピアに侵入し，併合。〈**ドイツ**〉④＿＿＿（国民〈国家〉社会主義ドイツ労働者党）を率いる⑤＿＿＿は，ドイツ民族の優秀さとベルサイユ体制の打破を訴える。

2 日本の中国侵略 ★★★

(1) **満州事変と日本の国際連盟脱退**……〈**満州事変**〉⑥＿＿＿年，**関東軍**（→満州に設置された日本の陸軍部隊）が奉天（現在の瀋陽〈シェンヤン〉）郊外で南満州鉄道の線路を爆破し，これを中国軍のしわざとする（⑦＿＿＿事件）。関東軍は翌年，満州全土を占領。〈**満州国建国**〉1932 年，清朝最後の皇帝溥儀（プーイー）を元首に立てて⑧＿＿＿の建国を宣言するが，実質的には日本人が支配。中国は日本の侵略であると国際連盟に訴え，⑨＿＿＿が調査。〈**国際連盟脱退**〉

⇧⑨

1933 年，日本による満州国承認の取り消しと日本軍の撤退を求める勧告案が採択され，これに反発した日本は国際連盟からの脱退を通告。

(2) **軍部の台頭**……〈**五・一五事件**〉⑩＿＿＿首相が海軍の青年将校らに暗殺され，⑪＿＿＿の時代が終わる。（→以後, 軍人や官僚の内閣が続く）〈**二・二六事件**〉1936 年，陸軍の青年将校が部隊を率いて大臣らを襲い，殺傷。（→これ以降, 軍部の政治に対する発言力が高まる）東京の中心部を一時占拠。

(3) **日中戦争**……〈**開始**〉1937 年，北京（ペキン）郊外での日中両軍の武力衝突（⑫＿＿＿事件）をきっかけに日中戦争が始まる。中国は**抗日民族統一戦線**を結成（→蒋介石の率いる国民政府と毛沢東の率いる共産党が提携）して抵抗。日本軍は首都の⑬＿＿＿を占領するが，戦争は長期化。〈**戦時体制の強化**〉1938 年，議会の承認なしに国民・物資を動員できる⑭＿＿＿を制定。政党は解散し，1940 年に結成された⑮＿＿＿に組み込まれる。米や衣料品は配給制や切符制となる。

ズバリ暗記
・柳条湖事件（1931 年）→満州事変（1931 年）→満州国建国（1932 年）→国際連盟脱退（1933 年）→盧溝橋事件（1937 年）→日中戦争（1937 年）の順。

① ＿＿＿＿＿
② ＿＿＿＿＿
③ ＿＿＿＿＿
④ ＿＿＿＿＿
⑤ ＿＿＿＿＿
⑥ ＿＿＿＿＿
⑦ ＿＿＿＿＿
⑧ ＿＿＿＿＿
⑨ ＿＿＿＿＿
⑩ ＿＿＿＿＿
⑪ ＿＿＿＿＿
⑫ ＿＿＿＿＿
⑬ ＿＿＿＿＿
⑭ ＿＿＿＿＿
⑮ ＿＿＿＿＿

入試Guide

世界恐慌に対して，各国がどのような取り組みをしたのか覚えておこう。

歴史

1 古代までの日本

2 中世の日本

3 近世の日本①

4 近世の日本②

診断テスト①

5 欧米の発展と明治維新

6 立憲制国家の成立と日清・日露戦争

7 第一次世界大戦と大正デモクラシー

8 第二次世界大戦と日本

9 現代の日本と世界

診断テスト②

③ 第二次世界大戦と太平洋戦争 ★★★

(1) **ヨーロッパ**……〈**大戦の開始**〉1939 年，ドイツはソ連と⑯[   ]を結び，同年に⑰[   ]に侵攻。イギリス・フランスがドイツに宣戦布告を行い，**第二次世界大戦**が始まる。ドイツは勝ち進み，イタリアもドイツ側で参戦。1940 年，ドイツ・イタリア・日本の間で⑱[   ]が結ばれる。

(2) **太平洋戦争**……〈**ABCD包囲網**〉日本は 1941 年，⑲[   ]を結んで北方の不安をなくし，フランス領インドシナ南部へも進出。

└→現在のベトナム南部

これに対してアメリカは，日本への石油輸出を禁止し，イギリスやオランダと協力して経済封鎖を行う。

↑ アメリカ・イギリスへの宣戦布告を報じる新聞

〈**開戦**〉1941 年 12 月 8 日，日本陸軍がイギリス領マレー半島に上陸するとともに，日本海軍がハワイの⑳[   ]を奇襲し，㉑[   ]が始まる。開戦から半年ほどで，日本は東南アジアや南太平洋の島々を占領。〈**アメリカの反攻**〉1942 年，㉒[   ]で日本海軍は大打撃を受け，形勢は逆転。サイパン島が占領されると，日本本土は空襲を受ける。〈**戦時下の国民生活**〉中学生や女学生などが軍需工場に動員（**勤労動員**）され，大学生も戦場へとかり出される（㉓[   ]）。都市の小学生は農村に疎開（**集団疎開・学童疎開**）。

(3) **大戦の終結**……〈**イタリア・ドイツの降伏**〉1943 年，スターリングラードの戦いでドイツは大敗。同年，イタリアが降伏。1944 年，連合国軍がノルマンディーに上陸し，パリを解放。1945 年 5 月，ドイツが降伏。

〈**日本の敗戦**〉1945 年 3 月，アメリカ軍が㉔[   ]に上陸。7 月，ベルリン

└→約 3 か月の激戦の末，アメリカ軍が占領

郊外でアメリカ・イギリス・ソ連の首脳が会談し，日本の無条件降伏

↑チャーチル（のちアトリー）　↑スターリン　↑フランクリン＝ルーズベルト（ローズベルト）

などを求める㉕[   ]を発表。8 月 6 日に㉖[   ]，9 日に㉗[   ]に㉘[   ]

↑アメリカ・イギリス・中国の名で発表

が投下される。8 月 8 日にはヤルタ協定に基づき，㉙[   ]が参戦。8

└→ドイツの戦後処理などが取り決められた　└→日ソ中立条約を破り，満州などに侵攻

月 15 日，昭和天皇が㉕[   ]の受諾を国民に発表。

└→ラジオ放送（玉音放送）で国民に知らせる

ズバリ暗記
・アメリカは 1945 年 8 月 6 日に広島，9 日に長崎に，核兵器である原子爆弾を史上初めて投下した。

⑯[   ]
⑰[   ]
⑱[   ]
⑲[   ]
⑳[   ]
㉑[   ]
㉒[   ]
㉓[   ]
㉔[   ]
㉕[   ]
㉖[   ]
㉗[   ]
㉘[   ]
㉙[   ]

入試Guide

満州事変～太平洋戦争の終結までの流れを問う問題がよく出題される。それぞれの戦争がおこった原因や背景を理解しておこう。

Let's Try　差をつける記述式

① ソ連が世界恐慌の影響を受けなかった理由を簡潔に答えなさい。

Point スターリンの指導の下，どのような政策が進められていたかについて触れる。

[   ]

② 日本が国際連盟を脱退した理由を簡潔に答えなさい。

Point リットン調査団が派遣された後に脱退したことに注目する。

[   ]

解答⇨別冊 p.35

1 次の年表を見て，あとの問いに答えなさい。

年	主なできごと
1929	ニューヨークの株式市場で株価が暴落し，世界恐慌がおこる……………A
1931	満州事変がおこる……………………………………………………………B
1937	日中戦争が始まる……………………………………………………………C
1939	第二次世界大戦が始まる
1945	☐ X ☐宣言を日本が受け入れて第二次世界大戦が終わる

重要

(1)年表中の **A** について，次の問いに答えなさい。

　① アメリカのルーズベルト大統領は，政府が積極的に公共事業をおこし
　たり，労働者を保護することで恐慌を乗り切ろうとした。これら一連
　の政策を何というか，答えなさい。

[　　　　　　　　　　]〔香川-改〕

　② イギリスやフランスは，本国と植民地などとの貿易を拡大し，それ以
　外の国からの商品に対して高い関税をかけることで，恐慌を乗り切ろ
　うとした。このような政策を何というか，答えなさい。

[　　　　　　　　　　]〔千葉-改〕

　③ 第一次世界大戦に敗れ，すべての植民地と国土の一部を失い，莫大な
　賠償金を課せられたドイツでは，ベルサイユ体制を打破することを訴
　える独裁者が登場した。ナチスを率いて独裁政治を行った人物の名を
　答えなさい。[　　　　　　　]〔長崎-改〕

(2) 年表中の **B** について，次の問いに答えなさい。

　① 満州事変によって満州国がつくられる
　と，農業経営を目的の１つとした，日
　本から満州への本格的な集団移住が始
　められた。満州国の位置を，右の地図
　中の**ア〜エ**から１つ選びなさい。

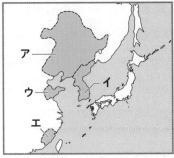

[　　　]〔石川-改〕

　② 満州事変後におこった次の**ア〜エ**ので
　きごとを，年代の古い順に並べかえなさい。

[　　→　　→　　→　　]〔富山-改〕

　ア 日本はドイツ・イタリアと日独伊三国同盟を締結した。
　イ 日本海軍がハワイの真珠湾を奇襲攻撃した。
　ウ 日本は国際連盟からの脱退を通告した。
　エ 日本はさらに南進を続けるために日ソ中立条約を締結した。

得点UP!

Check! 自由自在 ①

アメリカ・イギリ
スなどの「もてる
国」と，ドイツ・
イタリアなどの
「もたざる国」との
世界恐慌に対する
対策の違いを調べ
てみよう。

1 (1)①TVA(テネシ
ー川流域開発公社)
による大規模公共事
業を行った。

③ドイツ民族の優秀
さを国民に意識させ
る一方，言論統制や
ユダヤ人迫害を行っ
た。

(2)①政府は満州を
「日本の生命線」と考
え，多くの日本人を
開拓団として移民さ
せた。

③ 右の**資料1**は国際連盟が派遣したイギリスなど5か国の代表者からなるリットン調査団が，南満州鉄道の線路爆破事件を調べるようすである。次の文中の空欄　Y　・　Z　に入る語句・人物の名を答えなさい。

資料1

Y〔　　　　　　　〕　Z〔　　　　　　　〕〔熊本─改〕

> 日本の関東軍は奉天郊外の　Y　で南満州鉄道の線路を爆破したことをきっかけに軍事行動を開始し，満州の大部分を占領した。これに対し，中国国民政府の　Z　は，国際連盟に日本の行動を訴えた。

（3）右の**資料2**は，年表中の**B**と**C**の間におこったあるできごとについて書かれた新聞記事の内容の一部を表している。この**資料2**について述べた次の文中の□□□□に入る語句を，あとの**ア〜エ**から1つ選びなさい。

〔　　　　　　　〕〔福島〕

資料2

> 犬養総理大臣遂に逝去
> 狙撃されて重傷の
> 未曽有の帝都大不穏事件

> この新聞記事は，海軍の将校などが首相官邸を襲い，当時の内閣総理大臣である犬養毅を暗殺した□□□□を報じたものである。

ア 二・二六事件　　**イ** 日比谷焼き打ち事件
ウ 五・一五事件　　**エ** 生麦事件

（4）年表中の**C**について，この戦争を維持していくために，政府が翌年に出した，国民や物資を戦争のために優先して回すことを定めた法律を何というか，答えなさい。〔　　　　　　　〕〔香川─改〕

（5）年表中の空欄　X　には，ドイツの，ある都市名が入る。連合国は，この都市で，日本に対して軍隊の無条件降伏や民主主義の復活を求める宣言を発表した。空欄　X　に入る都市名を答えなさい。

〔　　　　　　　〕〔愛媛〕

（6）年表中の1929年から1945年の期間における日本の教育について述べた文として最も適切なものを，次の**ア〜エ**から1つ選びなさい。

〔　　　　　　　〕〔茨城─改〕

ア 満6歳以上の男女すべてが小学校教育を受けることなどを示した学制が発布された。
イ 軍国主義教育が推し進められ，教科書の民主的な内容の部分に墨を塗って使用した。
ウ 小・中学校の9年間を義務教育とすることなどを示した教育基本法が制定された。
エ 戦争末期になると，都市部の子どもたちは地方へ集団疎開した。

得点UP!

③国際連盟は，派遣したリットン調査団の調査に基づき，満州国承認の取り消しと日本軍の撤退を求める勧告案を採決した。これを不服とする日本は国際連盟からの脱退を通告した。

(3)二・二六事件と五・一五事件の違いと，それぞれの事件がその後の日本の政治にどのような影響を与えたのかに注意する。

Check! 自由自在②
満州事変から日中戦争開始までの短期間に，国内で軍部がおこした事件について調べてみよう。

Check! 自由自在③
昭和時代前半の国内政治と国際政治の動きを関連づけ，終戦までの過程を調べてみよう。

STEP **3** 発展問題

解答⇒別冊 p.36

1 次の文を読んで，あとの問いに答えなさい。

　　a 世界恐慌による不景気の波は日本にも押し寄せ，1931 年には b 満州事変がおこり，日本は満州を実質的に支配した。

　　1937 年に始まった戦争が長期化したため，日本は戦時体制を強めていった。1938 年に c 国家総動員法が制定され，1940 年には政党は解散し，大政翼賛会に合流していった。1941 年 12 月，アメリカ・イギリスなどを相手に d 太平洋戦争を始めた日本は，1945 年 8 月 14 日に e ポツダム宣言を受諾して降伏することを決めた。

(1) 下線部 **a** について，次の問いに答えなさい。

思考力 ① アメリカのルーズベルト大統領は，世界恐慌への対策として，1933 年からニューディール政策を開始し，テネシー川にはダムが建設された。**資料 1** はアメリカの失業率の推移を示す。ニューディール政策によって，ダムが建設されたのは，どのような目的があったからか。**資料 1** を参考に，「公共事業」の語句を使って，簡潔に答えなさい。〔三重−改〕

資料 1　アメリカの失業率の推移

（『南北アメリカ歴史統計』）

[
　　　　　　　　　　　　　　　　　　　　　　　]

② 1935 年前後のイタリアの状況を説明している文として最も適当なものを，次の**ア〜エ**から 1 つ選びなさい。[　　　]〔大阪教育大附高（天王寺）−改〕

　ア 第一次世界大戦の戦勝国であったが，ファシズムが台頭したこの国は，アフリカのエチオピアに侵攻した。

　イ 「五か年計画」の成功により，重工業分野は急成長したが，農業の集団化に対する農民の不満は大きかった。

　ウ オーストラリアやインドとの貿易を拡大する一方，それ以外の国の商品には関税を高くするブロック経済を進めた。

　エ 世界恐慌だけでなく大地震や金融恐慌の影響を受けて，厳しい生活を送る農村が多かった。

独創的 **(2)** **資料 2** は，下線部 **b** の満州事変から下線部 **d** の太平洋戦争の開始までの期間における，日本のようすを表した風刺画である。**資料 2** が表している内容として最も適当なものを，**A 群**の**ア〜エ**から 1 つ選びなさい。また，最も関係の深いできごとを，**B 群**の**カ〜ケ**から 1 つ選びなさい。

A 群[　　　]　B 群[　　　]〔山梨−改〕

資料 2

〈A 群〉

　ア 戦争放棄を求めているようす　　**イ** 民主主義が広がっているようす

　ウ 植民地支配に反対しているようす　　**エ** 軍部が台頭しているようす

〈B 群〉

　カ 義和団事件　　**キ** 二・二六事件　　**ク** 五・四運動　　**ケ** 原水爆禁止運動

(3) 下線部 **c** について，次の問いに答えなさい。

① 次の文中の空欄 A ・ B に入る語句の組み合わせとして最も適当なものを，あとの **ア〜カ** から1つ選びなさい。

〔 〕〔神奈川－改〕

> 日本と A との戦争中に，日本では国家総動員法が制定された。この法によって，大日本帝国憲法で議会に認められている B に関する機能は大きく制限された。その結果，政府は国民や物資を優先して戦争に回すことが可能になった。

ア A－アメリカ　B－法律の制定　　**イ** A－アメリカ　B－軍隊の指揮
ウ A－中華民国　B－法律の制定　　**エ** A－中華民国　B－軍隊の指揮
オ A－ドイツ　　B－法律の制定　　**カ** A－ドイツ　　B－軍隊の指揮

思考力 ② 国家総動員法が制定された後，日本では寺の鐘が政府に供出されはじめた。その理由を簡潔に答えなさい。

〔富山－改〕

[

]

(4) 下線部 **d** について，次の問いに答えなさい。

思考力 ① 太平洋戦争が始まる直前，日本は日ソ中立条約を結び，フランス領インドシナ南部へ軍を進めた。こうした動きにアメリカはどのような経済的対応をとったか，**資料3**，**資料4** を参考にして，「日本」，「石油」の語句を使って，簡潔に答えなさい。

[

]

資料3
日本の石油の輸入量の変化

3000千kL		
2000		
1000		
	1931 33 35 37 39 41年	

（『数字でみる日本の100年』改訂第7版）

資料4
日本の石油の輸入先とその割合（単位：%）

オランダ領東インド　その他
8.8
14.5
アメリカ 76.7%

（1940年）　（『昭和史』）

〔岐阜－改〕

独創的 ② 太平洋戦争に至るまでにおきたできごとに関する右の **ア〜ウ** の新聞記事を，年代の古い順に並べかえなさい。〔佐賀〕

[　　→　　→　　]

ア 日本の国際連盟脱退
イ 日本の真珠湾攻撃
ウ 北京郊外（盧溝橋）での日中武力衝突

(5) 下線部 **e** を受け入れた後，日本は連合国軍最高司令官総司令部（GHQ）の占領下に置かれた。1947年5月には大日本帝国憲法が廃止されたが，廃止されるまでの最後の約20年間，日本経済は何度も大きな打撃を受けた。この間の日本の経済状況について述べた文として誤っているものを，次の **ア〜ウ** から1つ選びなさい。

[〕〔大阪星光学院高－改〕

ア 関東大震災にかかわる不良債権を抱えて経済が悪化していた中小銀行に，多くの人が殺到して預金を引き出し，銀行の休業や倒産が相次いだ。

イ 世界恐慌の影響で，都市では会社が倒産し失業者があふれ，農村でも米と繭の価格が低迷し危機的な状況になった。

ウ 不景気の連続で，財閥はしだいに解体しはじめて勢力を弱め，かわって軍需生産に関係する新興財閥が急速に発展して市場を独占した。

歴史

1 古代までの日本
2 中世の日本
3 近世の日本①
4 近世の日本②
理解度診断テスト①
5 欧米の発展と明治維新
6 立憲制国家の成立と日清・日露戦争
7 第一次世界大戦と大正デモクラシー
8 第二次世界大戦と日本
9 現代の日本と世界
理解度診断テスト②

9 現代の日本と世界

第2章　歴史

📊 STEP 1　まとめノート

解答 ⇨ 別冊 p.36

❶ 日本の民主化と日本国憲法 ★★★

(1) **占領と民主化**……〈**占領政策**〉① _____ を最高司令官とする ② _____ が東京に設置される。〈**非軍事化**〉日本軍の解散。戦争犯罪容疑者と見なした軍人や政治家を ③ _____ で裁く。（→東条英機らが死刑となる）〈**民主化**〉治安維持法の廃止。満 ④ _____ 歳以上の男女に選挙権を与える。地主の土地を政府が買い上げ，小作農に安く売り渡す（⑤ _____ ）。戦争を推し進めたとして ⑥ _____ を解体し，独占禁止法を制定。民主主義教育の基本を示す ⑦ _____ を制定。（三井・三菱・住友・安田など↙）（教育勅語は失効↙）

(2) **新憲法の制定**……〈**新憲法**〉⑧ _____ が 1946 年 11 月 3 日に公布され，1947 年 5 月 3 日に施行される。〈**三大原則**〉⑨ _____ ・**基本的人権の尊重**・**平和主義**。

❷ 冷戦とアジア・アフリカ諸国の独立 ★★

(1) **国際連合**……〈**国際連合の成立**〉1945 年に発足，51 か国が加盟し，アメリカの ⑩ _____ に本部を置く。中心機関は**安全保障理事会**。（アメリカ・イギリス・フランス・ソ連・中国が常任理事国↙）

(2) **米ソの対立**……〈**東西対立**〉ソ連中心の社会主義の東側陣営と，アメリカ中心の資本主義の西側陣営が対立。両陣営の戦火を交えない対立を ⑪ _____ という。西側諸国は**北大西洋条約機構（NATO）**，東側諸国は**ワルシャワ条約機構**を結成。〈**ドイツ**〉1949 年，東西に分裂して独立。（→1991年に解体）（ドイツ民主共和国（東ドイツ），ドイツ連邦共和国（西ドイツ）↙）

(3) **アジア・アフリカの動き**……〈**中国**〉1949 年，⑫ _____ を主席とする**中華人民共和国**が誕生。〈**朝鮮戦争**〉朝鮮半島は北緯 38 度線を境に南北に分割占領，1948 年にそれぞれ独立。1950 年，北朝鮮が韓国に侵攻して（→南をアメリカ，北をソ連が占領）**朝鮮戦争**が始まる。1953 年に休戦。〈**植民地の独立**〉第二次世界大戦後，アジア・アフリカで多くの独立国家が誕生。1960 年はアフリカで一挙に 17 か国が独立し，「**アフリカの年**」といわれる。

(4) **日本の独立**……〈**講和会議**〉1951 年，⑬ _____ 内閣は，ソ連などを除く 48 か国と ⑭ _____ に調印し，翌年に独立を回復。⑭ 調印と同日，⑮ _____ を結び，引き続きアメリカ軍が日本に駐留することが決められる。〈**自衛隊**〉1950 年，② の指示で ⑯ _____ が発足。のちに保安隊，**自衛隊**と改組。〈**国際社会への復帰**〉1956 年，鳩山一郎内閣が ⑰ _____ に調印し，ソ連と国交を回復。同年，**国際連合**へ加盟し，国際社会に復帰する。

↑ ⑭ の調印式

① _____
② _____
③ _____
④ _____
⑤ _____
⑥ _____
⑦ _____
⑧ _____
⑨ _____
⑩ _____
⑪ _____
⑫ _____
⑬ _____
⑭ _____
⑮ _____
⑯ _____
⑰ _____

> **ズバリ暗記**
> ・日本国憲法の三大原則は，国民主権・基本的人権の尊重・平和主義。
> ・サンフランシスコ平和条約と同時に日米安全保障条約が結ばれた。

③ 世界の多極化 ★

(1) **アジア**……〈**第三世界**〉1955年，インドネシアで⑱[＿＿＿＿]を開き，平和十原則を発表。〈**中東**〉ユダヤ人とアラブ人の対立。1973年におこった
└1948年にイスラエルを建国
⑲[＿＿＿＿]によって，先進工業国では⑳[＿＿＿＿]がおこる。〈**ベトナム戦争**〉1965年からアメリカが北爆を開始するが1973年に撤退。〈**中国**〉
└北ベトナムへの無差別爆撃
1971年，台湾にかわり中華人民共和国が国連の中国代表権を獲得。

(2) **ヨーロッパ**……EECが組織され，1967年にECに発展。1993年には
└ヨーロッパ経済共同体　　　　　　　　　　　└ヨーロッパ共同体
地域統合を目ざす㉑[＿＿＿]が発足。

④ 日本の高度経済成長 ★★

(1) **日本経済の復興**……〈**経済の復興**〉朝鮮戦争による㉒[＿＿＿]で復興が早ま
└1950～53年
る。〈**高度経済成長**〉所得倍増計画が経済成長を促進するが，公害問題
└池田勇人内閣が提唱
が深刻化。1967年に**公害対策基本法**を制定，1971年に**環境庁**を設置。
└1993年より環境基本法へ移行　　　　　　　　　　└2001年より環境省
〈**低成長時代へ**〉1973年の⑳[＿＿＿]で日本の高度経済成長は終わる。

(2) **日本の外交**……〈**韓国**〉1965年，㉓[＿＿＿]を結び，国交を正常化。〈**中国**〉
1972年に㉔[＿＿＿]を発表して国交正常化。1978年には㉕[＿＿＿]を結ぶ。
〈**アメリカ**〉1968年に小笠原諸島，1972年に㉖[＿＿＿]を日本へ返還。

⑤ 世界の変化と日本の課題 ★

(1) **冷戦の終結**……〈**冷戦終結**〉1989年，米ソ首脳による㉗[＿＿＿]で，**冷戦の**
└ブッシュ(米)とゴルバチョフ(ソ)
終結を宣言。〈**ドイツの統一**〉1989年，㉘[＿＿＿]が崩され，翌年，**東西ド**
└東西を分断していた壁
イツが統一。〈**ソ連の解体**〉1991年，ロシア連邦など11の共和国が独立国家共同体(CIS)を結成し，**ソ連は解体**。

(2) **冷戦後の世界**……〈**地域紛争**〉**グローバル化**が進む一方，民族や宗教など
└世界の一体化
を巡る地域紛争が発生。〈**アメリカ**〉2001年，㉙[＿＿＿]をきっかけにアフ
└9月11日におこったテロ事件
ガニスタンを攻撃。2003年には大量破壊兵器を保有しているとの疑いから，イラクを攻撃(イラク戦争)。2008年には**世界金融危機**を引きおこす。

(3) **日本の動き**……〈**経済**〉1980年代，アメリカなどとの間で**貿易摩擦**。
└日本の自動車や半導体の輸出を巡って対立
1980年代末，土地と株の価格が異常に値上がりし，好景気(㉚[＿＿＿])となるが，1990年代初めに崩壊。〈**政治**〉1993年，非自民・非共産党の連立内閣が成立。その後，自民党，民主党と政権がかわり，2012年の選挙で圧勝した自民党が政権を取り戻す。〈**海外派遣**〉1992年に**国連平和維持活動協力法(PKO協力法)**が成立。〈**震災**〉1995年に**阪神・淡路大震災**，2011年に**東日本大震災**がおこる。

⑱
⑲
⑳
㉑
㉒
㉓
㉔
㉕
㉖
㉗
㉘
㉙
㉚

入試Guide

戦後，日本がどのように復興したのか，特にアメリカとの関係を覚えておく。

Let's Try　差をつける記述式

1956年に日本の国際連合への加盟が実現したのはなぜか，その理由を簡潔に答えなさい。

Point 同年に日ソ共同宣言が調印されたことに注目する。

[　　　　　　　　　　　　　　　　　　　　　　　　　　　　]

STEP 2　実力問題

解答 ⇨ 別冊 p.37

1 戦後政治について述べた次の文を読んで，あとの問いに答えなさい。

> 1946年　 X 　，a GHQ の占領下において，日本国憲法が公布され，翌年から施行された。
>
> 1951年，日本は b サンフランシスコで結ばれた平和条約に調印し，翌年独立を回復した。5年後の1956年には鳩山一郎首相が c 日ソ共同宣言に調印し，同年のうちに国際連合への加盟が実現，国際社会に復帰した。

(1) 文中の　 X 　に入る月日を答えなさい。　　　　〔茨城－改〕

(2) 下線部 a について，次の問いに答えなさい。

① 資料1と資料2を参考に，あとの文中の□□□に入る語句を答えなさい。　　　　〔宮崎－改〕

　資料1　銀行の名称変更に関する資料(1948年)

> 「安田銀行」が「富士銀行」になり，「住友銀行」が「大阪銀行」になった。

　資料2　企業の分割による名称変更に関する資料

> 三菱重工業は，1949年に東日本重工業，中日本重工業，西日本重工業の3社に分割され，「三菱」という名称の利用も制限された。

> 資料1，資料2のように，銀行や企業の名称変更が同じ時期に多く見られるのは，終戦後の民主化政策の1つである□□□の影響によるものだと考えられる。

② 各地で戦争をした日本の軍人たちの中には敗戦後に罪に問われる者もいた。GHQ は特に首相や軍の上層部など戦争をするうえで指導的な地位にあった28名の人物を，1946年から1948年までの間に日本で裁判にかけた。この裁判を何というか，「（　　）裁判」となるように漢字6字で答えなさい。　　　　　　　　　裁判〔沖縄－改〕

(3) 下線部 b について，次の問いに答えなさい。

① この条約とあわせて結ばれた，アメリカ軍の駐留などを認めた条約の名を漢字8字で答えなさい。　　　　〔長野－改〕

② 次の文中の□□□に入る国名を正式名で答えなさい。　　　　〔北海道－改〕

> 第二次世界大戦後の世界は，アメリカを中心とする西側の資本主義諸国と，□□□を中心とする東側の共産主義(社会主義)諸国の2つに分裂し，冷戦(冷たい戦争)と呼ばれた。

得点UP!

Check! 自由自在①

占領下の日本では，GHQ が強力に非軍事化と民主化を推し進めた。どのような政策を行ったのか調べてみよう。

1 (2)①マッカーサーを最高司令官とする GHQ は，日本の帝国主義を支え，戦争を推し進めたとして，三井・三菱・住友・安田などに対して解体を命じた。

(3)①現在も，在日アメリカ軍の基地の約70％は沖縄県に集中している。

②アメリカとソ連の緊張関係が高まる中での平和条約は，すべての交戦国との講和(全面講和)ではなく，西側の資本主義諸国との間だけで講和を結ぶ単独講和という形となった。

歴史

1 古代までの日本

2 中世の日本

3 近世の日本①

4 近世の日本②
理解度診断テスト①

5 欧米の発展と明治維新

6 立憲制国家の成立と日清・日露戦争

7 第一次世界大戦と大正デモクラシー

8 第二次世界大戦と日本

9 現代の日本と世界
理解度診断テスト②

(4) 下線部 c が調印された後，日本が国際連合に加盟できた理由を，**資料3** を参考にして，あとの文中の□□□に合うように答えなさい。また，ソ連が第二次世界大戦末期に占拠し，日本が返還を求めている島々を，**資料4** の**ア～エ**から1つ選びなさい。〔茨城-改〕

[   ]

島々 [   ]

資料3 日本の国際連合加盟申請に対する安全保障理事会常任理事国の賛否

年	アメリカ	イギリス	フランス	ソ連	中華民国
1952	賛成	賛成	賛成	反対	賛成
1956	賛成	賛成	賛成	賛成	賛成

資料4

> 1956年に日ソ共同宣言が調印され，日本とソ連の国交が回復し，□□□ため，日本の国際連合への加盟が実現した。

(5) 次の文は，日中共同声明の一部である。文中の□□□に入る語句と，中華人民共和国を建国した人物の組み合わせとして最も適当なものを，あとの**ア～エ**から1つ選びなさい。[   ] 〔神奈川-改〕

> …日中両国は一衣帯水の間にある隣国であり，長い伝統的友好の歴史を有する。両国国民は，両国間にこれまで存在していた不正常な状態に終止符を打つことを切望している。戦争状態の終結と日中□□□という両国国民の願望の実現は，両国関係の歴史に新たな一頁を開くこととなろう。…

〈語句〉 **X**－国交の正常化　**Y**－軍事同盟の構築
〈人物〉 **a**－毛沢東　**b**－蔣介石

ア Xとa　**イ** Xとb　**ウ** Yとa　**エ** Yとb

2 **日本の戦後経済について，次の問いに答えなさい。**

(1) 高度経済成長のころの日本のようすとして正しいものを，次の**ア～エ**から1つ選びなさい。[   ]〔鳥取〕

ア 日本の国民総生産(GNP)が，資本主義国の中でアメリカに次ぐ第2位になった。

イ ガス・水道・電気が家庭にも普及し，ラジオ放送も始まった。

ウ 株価や地価が異常に高くなり，景気がよくなったが，バブル経済が崩壊した。

エ 官営の八幡製鉄所がつくられ，鉄鋼の生産を始めるなど，重工業が発達した。

(2) 高度経済成長は第四次中東戦争が原因でおきた，原油価格の急激な上昇で終わった。第四次中東戦争によりおきた，原油価格の急激な上昇を何というか，漢字4字で答えなさい。[   ]〔栃木〕

得点UP！

(4)1952年と1956年の賛否がどのように変化しているかに注目する。

(5)1978年には，福田赳夫内閣が日中平和友好条約を締結した。

Check! 自由自在②
冷戦下，日本が西側諸国の一員として国際社会に復帰し，その後，近隣諸国と国交を回復していった過程を調べてみよう。

2 (1)高度経済成長は1950年代後半から1970年代前半まで続いた。この間のできごとを選べばよい。

Check! 自由自在③
朝鮮戦争による特需景気から石油危機までの約20年間の日本の経済成長と社会の変化について調べてみよう。

解答⇨別冊 p.38

1 次の年表を見て，あとの問いに答えなさい。

年・年代	主なできごと
1946（〜 50）	a 農地改革が行われる
1946	b 日本国憲法が公布される
このころ	c 冷戦が始まる
1951	d サンフランシスコ平和条約が結ばれ，翌年，日本は独立を回復する
1950 年代半ば	e 高度経済成長が始まる
1972	f 中国との国交回復が実現する
1993	g 非自民・非共産党の連立内閣が成立する
2001	［ h ］で同時多発テロがおこる

思考力
(1) 下線部 a について，**資料1**は 1941 年と 1949 年の自作地・小作地の割合を示している。1949 年の自作地の割合が，1941 年に比べて増えている理由を，「農地改革が行われ，」という書き出しに続けて，簡潔に答えなさい。 〔鳥取〕

資料1

	自作地	小作地
1941 年	53.8 %	46.2 %
1949 年	86.9 %	13.1 %

［農地改革が行われ，　　　　　　　　　　　　　　　　　　　　　］

(2) 下線部 b について，次の問いに答えなさい。 〔京都教育大附高－改〕

① 日本国憲法が施行された年月日を答えなさい。 ［　　　　　　　　　］

② 憲法が公布された 1946 年に行われた衆議院議員総選挙の結果，39 人の女性議員が誕生した。その後，公職選挙法は数度改正され，2015 年の改正では 70 年ぶりに選挙権についての変更が行われた。その変更の内容を簡潔に答えなさい。

［　　　　　　　　　　　　　　　　　　　　　　　　　　　　　　　　］

(3) 下線部 c について，次の問いに答えなさい。

難問
① **資料2**の X〜Z は，第二次世界大戦後に，資本主義陣営と社会主義陣営の争いが発生した地域を示している。X〜Z と，それぞれの争いについて述べた次の文 A〜C の組み合わせとして最も適当なものを，あとの**ア〜カ**から 1 つ選びなさい。

［　　　　］〔大分〕

資料2

A 戦争はアメリカの撤退によって終結に向かい，社会主義陣営の国に統一された。
B 国際連合が軍を派遣するなどして戦争は激化したが，のちに休戦協定が結ばれた。
C 両陣営は戦闘を行わなかったが，それぞれが独自の国を成立させた。

ア X−A　Y−B　Z−C　　**イ** X−A　Y−C　Z−B　　**ウ** X−B　Y−A　Z−C
エ X−B　Y−C　Z−A　　**オ** X−C　Y−A　Z−B　　**カ** X−C　Y−B　Z−A

② アメリカを中心とする資本主義陣営で 1949 年に成立した軍事同盟の名称を，アルファベット 4 文字で答えなさい。 ［　　　　　　　］〔東海高－改〕

(4) 下線部 **d** について説明した次の文中の￣￣￣￣に入る人物の名を漢字で答えなさい。また，（　）の中からあてはまる語句を 1 つ選び，記号で答えなさい。

人物[　　　　　] 語句[　　] 〔山梨〕

> 1951 年，￣￣￣￣を首相とする内閣がサンフランシスコ平和条約を結び，日本は独立を回復した。それと同時に（**ア** 日米安全保障条約　**イ** 日ソ共同宣言）に調印し，アメリカ軍の軍事基地が日本に引き続き置かれることになった。

(5) 下線部 **e** について，次の問いに答えなさい。

① 1960 年に成立した池田勇人内閣は，経済成長を促進する政策をとったが，この池田内閣が掲げたスローガンを漢字 4 字で答えなさい。[　　　　　]〔大阪星光学院高〕

② この時期における日本の外交について述べた文として正しいものを，次の**ア**〜**エ**から 1 つ選びなさい。[　　　　]

ア 世界平和と国際協調を目的とする国際連盟に加盟した。

イ 海外の復興支援を行う国連の平和維持活動に参加した。

ウ 韓国と国交正常化を果たした日韓基本条約を結んだ。

エ アメリカとソ連に対抗するため EC に加盟した。

③ 次の文は，**資料 3** のように経済成長率が変化した理由を説明したものである。文中の空欄 **A** ・ **B** に入る語句を答えなさい。ただし，同じ記号には同じ語句が入る。

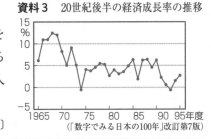

資料 3　20世紀後半の経済成長率の推移

（「数字でみる日本の100年」改訂第7版）

A[　　　　　] B[　　　　　]〔福岡－改〕

> 20 世紀後半，日本の経済成長率が 0 ％を下回ることが 2 度あった。1 度目は **A** の影響によるものである。**A** がおこったのは，中東戦争と深く関係している。2 度目は **B** が崩壊したことによるものである。**B** は，実際の経済の力を超えて，株式や土地の価格が急激に上昇したことでおきた。

(6) 下線部 **f** のときに発表された声明を何というか，答えなさい。[　　　　　]〔長野－改〕

(7) **難問** 下線部 **g** 以降の日本の政治，経済について述べた文として誤っているものを，次の**ア**〜**エ**から 2 つ選びなさい。[　　・　　]〔京都府立嵯峨野高－改〕

ア PKO 協力法が制定され，自衛隊がカンボジアでの国際連合の活動に参加した。

イ 憲法改正案についての国民投票の具体的な手続きが法律で定められた。

ウ 国の後押しのもとに，「平成の大合併」と呼ばれる多くの市町村合併が行われた。

エ 雇用における女性差別を禁止した男女雇用機会均等法が制定された。

(8) 右の写真は 2001 年 9 月 11 日におこった「同時多発テロ」で，イスラム教過激派にハイジャックされた民間航空機が高層ビルに突入したときのようすを撮影したものである。年表中の ￣**h**￣ に入る，この事件がおこった国を，次の**ア**〜**エ**から 1 つ選びなさい。[　　　　]〔清風高－改〕

ア 中国　**イ** ドイツ　**ウ** アメリカ　**エ** オーストラリア

歴史

1 古代までの日本
2 中世の日本
3 近世の日本①
4 近世の日本②
理解度診断テスト①
5 欧米の発展と明治維新
6 立憲制国家の成立と日清・日露戦争
7 第一次世界大戦と大正デモクラシー
8 第二次世界大戦と日本
9 現代の日本と世界
理解度診断テスト②

理解度診断テスト ②

本書の出題範囲 pp.96〜125　時間 **35**分　得点 ／ 50点　理解度診断 **A B C**

解答 ⇨ 別冊 p.38

1 近代以降の日本と世界とのかかわりについて，次の問いに答えなさい。

> **Ⅰ** 井伊直弼は独断で a 日米修好通商条約を結んだが，その内容は日本に不平等なものであった。
> **Ⅱ** 小村寿太郎は b 日露戦争が終わった後，関税自主権の完全回復に成功した。
> **Ⅲ** c 第一次世界大戦がおこり，日本は日英同盟を理由に連合国側に立って参戦した。
> **Ⅳ** 日本軍はアメリカの真珠湾を奇襲攻撃し，d 太平洋戦争が始まった。
> **Ⅴ** 日本は e 連合国軍最高司令官総司令部（GHQ）に占領された。
> **Ⅵ** 日本は主権を回復し，1950 年代半ばからは f 高度経済成長が始まった。

重要 (1) 資料 1 は，下線部 a のできごとの数年後にアメリカ大統領となった人物が，ゲティスバーグで民主政治について演説しているようすである。この演説で大統領は，「人民の，人民による，人民のための政治」と述べた。この大統領の名を答えなさい。（4 点）

[　　　　　　　　]〔高知-改〕

資料 1

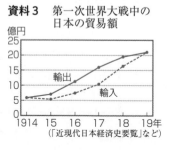

難問 (2) 下線部 b の後におきたできごとを，次の**ア〜オ**から 3 つ選び，年代の古い順に並べかえなさい。

（5 点）[　　　→　　　→　　　]〔北海道-改〕

ア 南満州鉄道株式会社が設立された。　　**イ** 満州国が建国された。
ウ 日本が中国に二十一か条の要求を出した。　　**エ** 清で義和団事件がおこった。
オ 三国干渉により，清に遼東半島を返還した。

思考力 (3) 下線部 c について，資料 2 は日本の産業別生産額の割合，資料 3 は第一次世界大戦中の日本の貿易額を表している。第一次世界大戦により，日本の経済はどのように変化したか，資料 2・資料 3 から読み取れることを簡潔に答えなさい。（6 点）〔岩手-改〕

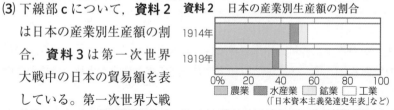

資料 2　日本の産業別生産額の割合

1914年
1919年

0% 20 40 60 80 100
農業　水産業　鉱業　工業
（「日本資本主義発達史年表」など）

資料 3　第一次世界大戦中の日本の貿易額

億円
25
20　輸出
15
10　　　　輸入
5
1914 15 16 17 18 19年
（「近現代日本経済史要覧」など）

[　　　　　　　　　　　　　　　　　　　　　　　　　]

重要 (4) 下線部 d について，このとき日本が敗戦を受け入れた宣言を何というか，答えなさい。（3 点）

[　　　　　　　　]〔弘学館高-改〕

(5) 下線部 e について，のちに日本は独立を果たすが，その際に結んだ条約の会議が開かれた都市はどこか，答えなさい。（4 点）[　　　　　　　　]〔大阪星光学院高-改〕

(6) 下線部 f について，この時期の日本のことがらとして誤っているものを，次の**ア〜エ**から 1 つ選びなさい。（3 点）　　[　　　]〔熊本-改〕

ア 国民総生産（GNP）が，資本主義国の中でアメリカに次いで第 2 位になった。
イ 男女雇用機会均等法が制定され，女性の社会進出を後押しする風潮が広まった。
ウ 公害問題への対応として公害対策基本法が制定され，環境庁が置かれた。
エ 東海道新幹線が開通し，東京オリンピックが開催された。

2 次の問いに答えなさい。

(1) 明治時代には，居留地や都市を中心に，それまでの日本の伝統的な生活が欧米風に変化しはじめた。これを文明開化と呼ぶ。文明開化のようすが描かれたものとして正しいものを，次の**ア**〜**エ**から１つ選びなさい。(3点)　　　　　　　　　　　　　　　　[　　　　]〔福島〕

ア　イ　ウ　エ

(2) 富岡製糸場の開業から第一次世界大戦がおこったころまでの日本の社会状況としてあてはまらないものを，次の**ア**〜**エ**から１つ選びなさい。(3点)　　　　　[　　　　]〔栃木一改〕

ア 工業や産業が発達したが，足尾銅山鉱毒事件のような公害も発生した。

イ 人を雇い，分業で製品を生産する工場制手工業が始まった。

ウ 三菱，住友，三井などの経済界を支配する財閥が現れた。

エ 資本主義の発展により，工場労働者が現れた。

(3) 右の**Ⅰ**・**Ⅱ**のグラフは，それぞれ，イギリスの1929年と1936年のいずれかの年における，輸入総額に占めるイギリス経済圏からの輸入額とイギリス経済圏以外からの輸入額の割合を示している。グラフについて説明した次の文中の空欄　**A**　に入る内容を，「イギリス経済圏」，「イギリス経済圏以外」，「関税」，「高く」の４つの語句を使って，簡潔に答えなさい。また，**B**にあてはまる語句を，（　）の**ア**・**イ**から１つ選びなさい。(A7点，B3点)

Ⅰ	イギリス経済圏 48.0%	イギリス経済圏以外 52.0

Ⅱ	イギリス経済圏 57.3%	イギリス経済圏以外 42.7

※イギリス経済圏とは，イギリスの植民地や自治領など，イギリスと経済的な結びつきが強い国と地域のことである。
（「近代国際経済要覧」）

A[　　　　　　　　　　　　　　　　　　　　　]

B[　　　　]　　　　　　　　　　　　　　　　〔愛媛〕

　世界恐慌がおこると，イギリスは自国に入る輸入品について，　**A**　する政策を行った。その結果，イギリスの輸入の状況は，**B**（**ア** **Ⅰ**から**Ⅱ**　**イ** **Ⅱ**から**Ⅰ**）へと変化した。

(4) 次の**ア**〜**カ**のうち，**X**−第一次世界大戦だけに該当するもの，**Y**−第二次世界大戦だけに該当するもの，**Z**−両方の大戦ともに該当するものをすべて選び，記号で答えなさい。(3点×3)

X[　　　　]　**Y**[　　　　]　**Z**[　　　　]〔大阪教育大附高(平野)−改〕

ア アメリカ合衆国は途中から大戦に参加した。

イ 日本とドイツは互いを敵として戦った。

ウ 戦争全体の終結後に，日本で新しい憲法が制定された。

エ 戦争全体の終結前に，イタリアが降伏した。

オ ロシアまたはソ連で，戦争中に革命がおこった。

カ 戦争の終結後に，平和の維持を目的とした国際機関が誕生した。

歴史

1 古代までの日本

2 中世の日本

3 近世の日本①

4 近世の日本②

理解度診断テスト①

5 欧米の発展と明治維新

6 立憲制国家の成立と日清・日露戦争

7 第一次世界大戦と大正デモクラシー

8 第二次世界大戦と日本

9 現代の日本と世界

理解度診断テスト②

精選 図解チェック&資料集 歴史

●次の空欄にあてはまる語句を答えなさい。

★ 建築物

↑法隆寺（飛鳥時代）

↑東大寺 ①（奈良時代）

↑ ② 鳳凰堂（平安時代）

↑銀閣（室町時代）

★ 戦乱

↑元軍（左）と戦う武士（右）（鎌倉時代）

↑ ③ の戦い（安土桃山時代）

★ 絵画

← ④ 画（雪舟・室町時代）

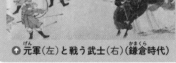
↑障壁画（狩野永徳・安土桃山時代）

↑ ⑤ 絵（葛飾北斎・江戸時代）

★ 重要人物

 ↑足利義満
 ↑ ⑥
 ↑豊臣秀吉
 ↑徳川吉宗
 ↑ ⑦
 ↑ ⑧
 ↑板垣退助
 ↑伊藤博文

★ 近代の重要資料

遼東半島（三国干渉により返還）／清は朝鮮の独立を認める／賠償金二億両（当時の日本円で約三億一千万円、日本の国家予算の約三倍）／澎湖諸島／日本に割譲／台湾／清／朝鮮／日本

↑下関条約の主な内容

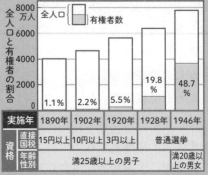

実施年	1890年	1902年	1920年	1928年	1946年
資格 直接国税	15円以上	10円以上	3円以上	普通選挙	
資格 年齢性別	満25歳以上の男子				満20歳以上の男女

全人口と有権者の割合：1.1%、2.2%、5.5%、19.8%、48.7%

↑有権者数の増加

自作地と小作地の割合

1940年	自作地54.5%	小作地45.5
1950年	89.9%	9.9

その他0.2

自作・小作の農家の割合

1940年	自作31.1%	自小作※42.1	小作26.8
1950年	61.9%		32.4

5.1／その他0.6

※自小作は、農家の耕地面積のうち、自己所有の耕地が10%以上、90%未満。
（「完結昭和国勢総覧」など）

↑農地改革による変化

第3章 公　民

1 第3章 公民 現代社会と日本国憲法
📊 STEP 1 まとめノート

解答 ⇨ 別冊 p.40

1 現代社会 ★

(1) **現代の日本**……〈発展・低成長〉1950年代後半から① 　　 と呼ばれ，経済が大きく発展。1973年の② 　　 を契機に①は終わる。1980年代後半に株価や地価が急騰する③ 　　 経済となる。←1990年代初めに崩壊〈社会〉現在は，子どもの数が減り，高齢者の数が増える④ 　　 社会。**情報通信技術**（⑤ 　　 ）により**情報社会**が形成。←インターネットの普及　←情報を正しく利用するために必要な考え方や態度**情報リテラシー**や**情報モラル**が求められる。←情報を正しく読み取り生かしていく能力**IoT**の普及や**人工知能**（**AI**）の活用で産業や社会が大きく変化。ヒトやモノ，情報などが国境を越えて移動し世界が一体化する⑥ 　　 化により，**国際協力**や**国際競争**，**国際分業**が進む。**多文化共生**を目ざす。←ユニバーサルデザインの推進など

(2) **家族と社会**……〈家族形態〉⑦ 　　 世帯が半数以上を占める。〈**民法**〉相続←家族関係や相続などを定めた法律は**均分相続**。**配偶者**・6親等内の血←結婚相手　←血のつながりのある者族・3親等内の姻族を⑧ 　　 という。←血族の配偶者，配偶者の血族社会生活を営む中で，対立が生じるが，⑨ 　　 と**公正**をもとに合意形成が必要となる。

家族形態の変化

年	夫婦と子	夫婦のみ	単独世帯	1人親と子	その他の世帯
1980年（3582万世帯）	⑦世帯60.2%　42.1	12.4	19.8	5.7	20.0
2000年（4678万世帯）	58.4%　31.9	18.9	27.6	7.6	14.0
2010年（5184万世帯）	56.4%　27.9	19.8	32.4	8.7	11.2
2020年（5411万世帯）	55.9%　26.1	20.5	35.7	9.3	8.4

※2020年は推計。（2020/21年版「日本国勢図会」など）

ズバリ暗記
- 1950年代後半から1973年まで，日本は高度経済成長が続いた。
- グローバル化により，国際分業を進め，多文化共生を目ざす。

2 人権のあゆみ ★★

(1) **啓蒙思想家**……〈革命権・抵抗権〉イギリスの⑩ 　　 が『**統治二論**』で主張。〈三権分立〉フランスの⑪ 　　 が『**法の精神**』で主張。〈人民主権〉フランスの⑫ 　　 が『**社会契約論**』で主張。**法の支配**の考えが広がる。

(2) **人権に関する主な宣言など**

名称	年	国・機関	内容
マグナ-カルタ	1215	イギリス	貴族が王権を制限。
⑬	1689	イギリス	名誉革命後に出される。国王の行為には議会の承認を必要とする。
独立宣言	1776	アメリカ	独立戦争時に出される。革命権を主張。
人権宣言	1789	フランス	フランス革命時，自由・平等・国民主権などを主張。
⑭ 憲法	1919	ドイツ	社会権を世界で初めて規定。
⑮ 宣言	1948	国際連合	人権保障の国際的基準を示す。
国際人権規約	1966	国際連合	⑮宣言を条約化し，法的拘束力をもたせる。

入試Guide

グローバル化に関しては，日本国内に住む外国人数の国籍別の順位を問う問題が多い。また，人権に関する宣言の文章から，その宣言名を問う問題もよく出される。

① 　　
② 　　
③ 　　
④ 　　
⑤ 　　
⑥ 　　
⑦ 　　
⑧ 　　
⑨ 　　
⑩ 　　
⑪ 　　
⑫ 　　
⑬ 　　
⑭ 　　
⑮

公民

1 現代社会と日本国憲法

2 政治参加、国会・内閣のはたらき

3 裁判所と三権分立、地方自治

4 くらしと経済

5 財政と国民の福祉

6 国際社会とわたしたち

理解度診断テスト

③ 日本国憲法 ★★★

(1) **成　立**……〈**民主化**〉1945 年のポツダム宣言受諾後，日本は民主国家として再出発。〈**公布・施行**〉公布年月日は⑯＿＿＿，施行年月日は⑰＿＿＿。

(2) **基本原則**……〈**国民主権**〉国の政治を決定する最終的な権限は国民にある。（┌大日本帝国憲法の下では主権者であった）**天皇**は日本国と日本国民統合の**象徴**。内閣の助言と承認の下，⑱＿＿＿のみを行う。〈**平和主義**〉前文と憲法第⑲＿＿＿条で規定。（┌戦争の放棄や戦力の不保持，交戦権の否認を明記）〈**基本的人権の尊重**〉憲法第 11 条で「侵すことのできない⑳＿＿＿」と規定。

(3) **憲法改正**……〈**憲法の地位**〉憲法第 98 条で「国の最高法規」と規定。〈**改正の手続き**〉衆議院・参議院の各議院で，総議員の㉑＿＿＿以上の賛成で国会が改正を発議。国民投票で㉒＿＿＿の賛成が必要。（┌案を出すこと）

(4) **平和主義と安全保障**……〈**自衛隊**〉文民統制（㉓＿＿＿）の実施。〈**国際関係**〉国連の**平和維持活動**（㉔＿＿＿）への参加。安全保障関連法の成立で**集団的自衛権**の行使が限定的に可能となる。（┌2015 年）（┌同盟国への攻撃に対して軍事行動をおこす）

(5) **基本的人権**……〈**種類**〉**自由権**には，㉕＿＿＿，身体の自由，経済活動の自由がある。**平等権**に基づき，男女が対等な立場で社会をつくることを目ざす㉖＿＿＿を制定。**社会権**には，憲法第 25 条で定めた㉗＿＿＿が含まれる。（┌1999 年）（┌健康で文化的な最低限度の生活）〈**制限**〉憲法第 12 条で国民に対して，基本的人権を不断の努力で保持することと，濫用せず，㉘＿＿＿のために利用する責任を負わせている。（┌社会全体の幸福・利益）

自由権
- ㉕＿＿＿
- 身体の自由
- 経済活動の自由

平等権
- 法の下の平等
- 両性の本質的平等

社会権
- ㉗＿＿＿
- 教育を受ける権利
- 勤労の権利
- 労働基本権

参政権
- 選挙権・被選挙権
- 国民審査権
- 国民投票権 など

基本的人権の内容

基本的人権を守るための権利

請求権
- 国家賠償請求権
- 裁判を受ける権利
- 刑事補償請求権

⬆ 基本的人権の内容

(6) **国民の三大義務**……子どもに普通教育を受けさせる義務，勤労の義務，㉙＿＿＿の義務。

(7) **新しい人権**……〈**種類**〉快適な生活環境を求める**環境権**，政府などがもつ情報を**知る権利**，私生活をみだりに公開されない㉚＿＿＿の権利，自分の生き方を自分で決める**自己決定権**など。（┌日本国憲法には明記されていない人権）（┌医師が患者に十分な説明をするインフォームド-コンセントなど）

ズバリ暗記
- 日本国憲法の公布は 1946 年 11 月 3 日，施行は 1947 年 5 月 3 日。
- 社会権は，生存権，教育を受ける権利，勤労の権利，労働基本権で構成。

⑯＿＿＿
⑰＿＿＿
⑱＿＿＿
⑲＿＿＿
⑳＿＿＿
㉑＿＿＿
㉒＿＿＿
㉓＿＿＿
㉔＿＿＿
㉕＿＿＿
㉖＿＿＿
㉗＿＿＿
㉘＿＿＿
㉙＿＿＿
㉚＿＿＿

入試 Guide

自由権について述べた文を，精神の自由，身体の自由，経済活動の自由のいずれにあてはまるかを区別させる問題は頻出。

Let's Try　差をつける記述式

① 日本国憲法の**国民主権**とはどのような原則か。**主権**の意味に触れながら答えなさい。　〔福島〕

Point 大日本帝国憲法の下では天皇に主権があった。

[　　　　　　　　　　　　　　　　　　　　　　　　　　　　　　　　]

② 昇降口に段差のないバスや，公共施設にスロープなどが設置される理由を答えなさい。

Point 車いす利用者や高齢者には，階段などの段差は移動の際，大きな障がいとなる。

[　　　　　　　　　　　　　　　　　　　　　　　　　　　　　　　　]

STEP 2　実力問題

解答⇨別冊 p.40

1 次の文を読んで，あとの問いに答えなさい。

> 現代社会は a グローバル化，情報化，少子高齢化が進んでいる。わたしたちの生活や文化も多様化し，多文化共生社会の中，社会的存在である人間は，多くの b 問題とかかわりながら生きている。

得点UP!

Check! 自由自在 ①

少子高齢化の原因，課題，対策を調べてみよう。

(1) 下線部 a について，次の問いに答えなさい。

① 次の文中の空欄 X ～ Z に入る語句を，あとのア～オから選びなさい。　　　X[　　　] Y[　　　] Z[　　　]〔兵庫－改〕

> 世界各国では，自国のみで商品を生産せずに，X な商品を輸出して，Y な商品を輸入する傾向にある。これを Z という。

ア 得意　　イ 不得意　　ウ 国際分業
エ 国際競争　　　　オ 産業の空洞化

② 次の文は秋田県で行っていることについて生徒がまとめたものである。文中の空欄 X に入る語句を，あとのア～オから1つ選びなさい。また，空欄 Y に入る適切な内容を「言語」の語句を使って答えなさい。
X[　　　] Y[　　　　　　　　　　　　]〔秋田〕

> 資料1を見ると，秋田県の外国人宿泊者数は2007年からの10年間で2倍以上に増え，X アジアからの宿泊者が7割以上を占めている。秋田県では，こうした状況を踏まえ，資料2のように Y というくふうをしたマニュアルを作成するなど，グローバル化に対応している。

ア 東　　イ 東南　　ウ 南　　エ 中央　　オ 西

資料1 秋田県の外国人宿泊者数の変化

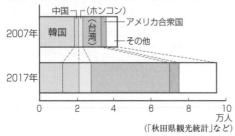

（「秋田県観光統計」など）

資料2
外国人への対応マニュアル（一部）

> **どちらへいらっしゃいますか？**
>
> Where would you like to go?
> 您要去哪里？
> 어디에 가십니까？
> 您要去哪裡？

（秋田県観光連盟資料より作成）

1 (1)②東南アジアはタイやベトナムなど，南アジアはインド，スリランカなど，中央アジアはカザフスタンなど，西アジアはイラク，サウジアラビアなど。**資料2**には，英語のほか，東アジアの国々で使用される中国語，韓国語が書かれている。

(2) 下線部 b について，問題解決のための議論ののち，多数決で決定されることが多い。**資料3**の空欄 Y に入る内容を答えなさい。[　　　　]〔群馬－改〕

資料3 多数決の長所と短所

長所	短所
・意見が反映される人の数が多い。 ・一定時間内で決まる。	・Y

2 山田さんが作成した次のメモを見て，あとの問いに答えなさい。

> 人権思想の発達…a啓蒙思想家や市民革命により広まる。
> 国際連合の動き…1948年に_____を採択する。
> b日本国憲法…1946年11月3日公布，1947年5月3日施行。

重要 (1) 下線部aについて，18世紀のフランスの思想家で，『法の精神』で三権分立を唱えたのはだれか，答えなさい。　[　　　　　　　　] 〔山梨－改〕

重要 (2) 空欄_____に入る，人権保障に向けて各国が達成すべき共通の基準を示すために採択されたものを，次のア～エから1つ選びなさい。

　　　　　　　　　　　　　　　　　　　　　[　　　　　　　　] 〔新潟〕

　ア 国際人権規約　　　　　イ 世界人権宣言
　ウ 子ども(児童)の権利条約　エ 女子差別撤廃条約

(3) 下線部bについて，次の問いに答えなさい。

重要 ① 憲法改正の手続きを示した次の図中の空欄 X ～ Z に入る語句を，あとのア～エから選びなさい。なお，同一記号を何度選んでもよい。

X[　　　　] Y[　　　　] Z[　　　　] 〔富山－改〕

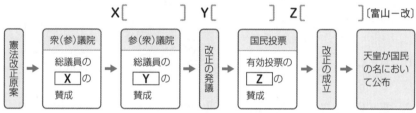

　ア 50分の1以上　　イ 3分の1以上
　ウ 3分の2以上　　エ 過半数

② 天皇に関する次の条文中の空欄 X に共通して入る語句を答えなさい。また，下線部の内容として適切なものを，あとのア～エから2つ選びなさい。　語句[　　　　]　記号[　　・　　] 〔富山〕

> 第1条　天皇は，日本国の X であり日本国民統合の X であつて，この地位は，主権の存する日本国民の総意に基く。
> 第7条　天皇は，内閣の助言と承認により，…国事に関する行為を行ふ。

　ア 最高裁判所長官の指名　　イ 国会の召集
　ウ 衆議院の解散　　　　　　エ 法律の制定

重要 ③ 憲法第25条には，「すべて国民は，健康で Y な最低限度の生活を営む権利を有する。」と定められている。空欄 Y に入る語句を答えなさい。また，この条文で保障されている権利を，次のア～エから1つ選びなさい。　語句[　　　　]　記号[　　　] 〔大阪・富山－改〕

　ア 自由権　イ 生存権　ウ 勤労の権利　エ 労働基本権

④ 憲法に規定されていない新しい人権を，次のア～エから1つ選びなさい。　[　　　　　　　　] 〔静岡〕

　ア 請求権　イ 団結権　ウ 参政権　エ 環境権

公民

1 現代社会と日本国憲法
2 政治参加，国会・内閣のはたらき
3 裁判所と三権分立，地方自治
4 くらしと経済
5 財政と国民の福祉
6 国際社会とわたしたち
理解度診断テスト

得点UP!

2 (1)三権分立とは，権力の濫用を防ぐために，国の権力を行政・司法・立法の3つに分けて，それぞれ独立した機関が担当する制度である。

(2)以下は採択されたものの条文。
第1条　すべての人間は，生まれながらにして自由であり，尊厳と権利とにおいて平等である。…
第2条① すべて人は，人種，皮膚の色，性，言語，宗教…いかなる事由による差別も受けることなく，この宣言に掲げるすべての権利と自由とを享有することができる。

(3)②第1条の「主権の存する日本国民」とは「国民主権」のことである。

Check! 自由自在 ②
大日本帝国憲法での主権者や天皇の地位を調べてみよう。

④新しい人権は，社会の急激な変化や人権意識の高まりなどを背景に主張されるようになった。

Check! 自由自在 ③
新しい人権の種類を調べてみよう。

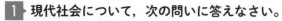

STEP 3 　発展問題

解答⇨別冊 p.41

1 現代社会について，次の問いに答えなさい。

（思考力）(1) **図1**の**ア～エ**は，エアコン・白黒テレビ・電気洗濯機・電気冷蔵庫のいずれかの普及率を示したものである。白黒テレビにあてはまるものを，**ア～エ**から1つ選び，記号で答えなさい。また，そのように判断した理由を「カラーテレビ」の語句を使って答えなさい。　記号[　　　　]〔三重〕

理由[　　　　　　　　　　　　　　　　　　　　　　　]

図1

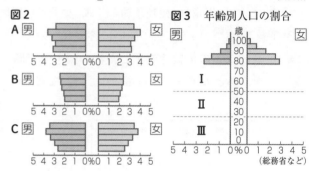

※普及率は全世帯に対する保有世帯の比率。
（内閣府）

（難問）(2) **図2**の**A～C**は，日本の2015年の人口ピラミッドのうち0～24歳，25～49歳，50～74歳のいずれかであり，**図3**の**Ⅰ～Ⅲ**にあてはまる。その組み合わせとして正しいものを，次の**ア～カ**から1つ選びなさい。　[　　　　]〔愛光高〕

ア Ⅰ-A　Ⅱ-B　Ⅲ-C
イ Ⅰ-A　Ⅱ-C　Ⅲ-B
ウ Ⅰ-B　Ⅱ-A　Ⅲ-C　　エ Ⅰ-B　Ⅱ-C　Ⅲ-A
オ Ⅰ-C　Ⅱ-A　Ⅲ-B　　カ Ⅰ-C　Ⅱ-B　Ⅲ-A

（難問）(3) 人口の減少や少子高齢化の進行が経済成長率の低下をもたらすと考えられるのはなぜか。「労働力」，「貯蓄」の語句を使って答えなさい。　〔お茶の水女子大附高〕

[　　　　　　　　　　　　　　　　　　　　　　　　　　　　　　　　]

2 次の日本国憲法の条文を読んで，あとの問いに答えなさい。　〔京都教育大附高－改〕

A　日本国民は，正義と秩序を基調とする国際平和を誠実に希求し，国権の発動たる[　a　]と，武力による威嚇又は武力の行使は，国際紛争を解決する手段としては，永久にこれを[　b　]する。

B　すべて国民は，[　c　]で文化的な最低限度の生活を営む権利を有する。

C　すべて国民は，法の下に[　d　]であつて，[　e　]，信条，性別，社会的身分又は門地により，政治的，経済的又は社会的関係において，差別されない。

D　何人も，[　f　]の[　g　]に反しない限り，居住，移転及び[　h　]選択の自由を有する。

(1) 空欄[　a　]～[　h　]に入る語句を漢字2字でそれぞれ答えなさい。

a[　　　] b[　　　] c[　　　] d[　　　]
e[　　　] f[　　　] g[　　　] h[　　　]

（思考力）(2) 次のことがらと最も関係のあるものを，上の**A～D**の条文から1つずつ選びなさい。
① 感染症による入院措置　　② ユニバーサルデザイン　　③ 公的扶助

①[　　　]　②[　　　]　③[　　　]

公民

1 現代社会と日本国憲法

2 政治参加、国会・内閣のはたらき

3 裁判所と三権分立、地方自治

4 くらしと経済

5 財政と国民の福祉

6 国際社会とわたしたち

理解度診断テスト

3 日本国憲法について，右の資料を見て，次の問いに答えなさい。

(1) 下線部 a について述べた文として正しくないものを，次のア～エから1つ選びなさい。　［　　　］〔清風南海高〕

資料

日本国憲法の構成（一部）
前文
第1章：a 天皇
第2章：b 戦争の放棄
第3章：国民の c 権利及び義務

ア 皇室典範では，天皇の地位は世襲であって，皇位の継承は男系もしくは女系の男子に限ると定められている。

イ 天皇は日本国の象徴であり，日本国民統合の象徴であるとされている。

ウ 天皇の国事行為の中には，国会の召集や衆議院の解散が含まれる。

エ 天皇は国事行為以外に，国会の開会式での「おことば」を発表することが認められている。

(2) 下線部 b について述べた文として正しいものを，次のア～エから1つ選びなさい。

　　　　　　　　　　　　　　　　　　　　　　　　　　　　　　　［　　　］〔愛光高〕

ア 日本国憲法の前文には，平和のうちに生存する権利についての宣言が書かれている。

イ 日本国憲法第9条に，自衛隊は外国からの侵略に備えるための戦力であると書かれている。

ウ 非核三原則「もたず，つくらず，もち込ませず」は，日本国憲法の条文に書かれている。

エ 個別的自衛権だけでなく集団的自衛権も行使できるように，日本国憲法が改定された。

(3) 下線部 c について，次の問いに答えなさい。

難問 ① 世界の人権，権利にかかわる次のア～オの文を古い順に並べたとき，2番目と4番目になるものを，1つずつ選びなさい。　2番目［　　　］　4番目［　　　］〔筑波大附属駒場高〕

ア 経済生活の秩序は，すべての者に人間たるに値する生活を保障する目的をもつ正義の原則に……個人の経済的自由は，確保されなければならない。

イ すべての人は，人種，皮膚の色，性，言語，宗教……いかなる差別も受けることなく，この宣言に関するすべての権利と自由とを享有することができる。

ウ われわれは自明の真理として，すべての人は平等につくられ，造物主によって，一定の奪いがたい天賦の権利を付与され……幸福追求の含まれることを信ずる。

エ 権利の保障が確保されず権力分立が定められていないすべての社会は，憲法をもたない。

オ 軍隊に行くかわりに納めるお金や税金を国王が徴収するときは，議会の承認を得る。

独創的 ② 日本国憲法の基本的人権の構成を図示したものを，次の図のア～エから1つ選びなさい。

③ 次のA・Bの文について，ともに正しければ

ア，Aのみ正しければ

イ，Bのみ正しければ

　［　　　］〔宮崎〕

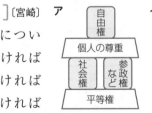  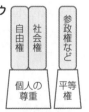 

ウ，ともに誤りであればエと答えなさい。　［　　　］〔東大寺学園高〕

A 集会に参加したり，デモ行進によって自分の意思を表明したりすることは，精神の自由に含まれる。

B 現行犯を除いて，裁判官が発行する令状がなければ逮捕されないことは，身体の自由に含まれる。

2 政治参加，国会・内閣のはたらき

STEP 1　まとめノート

解答 ⇨ 別冊 p.42

① 民主政治と政治参加 ★★

(1) **政治参加**……すべての国民が直接政治に参加する**直接民主制**から，国民の代表者が政治を行う①　　制へ。
└代議制または議会制民主主義とも呼ばれる

(2) **選挙制度**……〈**法律**〉1925 年に普通選挙法が制定され，満 25 歳以上の男子，1945 年には満 20 歳以上の男女，2015 年には満②　　歳以上の男女に選挙権が与えられた。財産などで制限しない③　　選挙，1 人一票の④　　選挙，無記名投票を行う⑤　　選挙，被選挙人を直接に選出する**直接選挙**。〈**選挙区**〉衆議院議員選挙は，1 選挙区から 1 人を選ぶ⑥　　制と，政党の得票数に応じて議席を配分する⑦　　制を組み合わせた⑧　　制。参議院議員選挙は，⑦ 制と選挙区制。〈**問題**〉議員 1 人あたりの有権者数に開きがあり，「**法の下の平等**」の点から「**一票の**⑨　　」が問題になっている。

公職選挙法で選挙権などを定める

総選挙の年	納税額	年齢・性別
1890	直接国税 15 円以上	満 25 歳以上の男子
1928	規定なし	同上
1946	同上	満 20 歳以上の男女
2017	同上	満② 歳以上の男女

⊕ 選挙権の拡大

(3) **民主政治と政党・世論**……〈**政党**〉政権獲得を目ざし，**政権公約**を示す。アメリカ合衆国などの**二大政党制**，日本などの**多党制**。〈**政党政治**〉政権を担当する⑩　　の政治を**野党**が批判・監視。国民の多くの意見である⑪　　を尊重して政治を行う。
└マニフェストともいう
└共和党と民主党

> **ズバリ暗記**
> ・1925 年制定の普通選挙法で，満 25 歳以上の男子に選挙権が与えられた。
> ・衆議院議員選挙は，小選挙区比例代表並立制で行われる。

② 国　会 ★★★

(1) **地位としくみ**……〈**地位**〉国会は**国権の**⑫　　であり，国で唯一の⑬　　。

〈**しくみ**〉衆議院と参議院の**二院制**(両院制)。〈**衆議院の優越**〉衆議院は参議院と比べ，任期が短く解散もあり，国民の意

	衆議院	参議院
定数	465 人	248 人*1
任期	4 年 (解散あり)	6 年(解散なし，3 年ごとに半数を改選)
被選挙権	満 25 歳以上	満 30 歳以上
選挙区	小選挙区比例代表並立制 比例代表選出：176 人 小選挙区選出：289 人	比例代表選出：100 人*2 選挙区選出　：148 人

*1 公職選挙法の改正で，それまでの 242 人から 2019 年の選挙で 245 人，2022 年の選挙で 248 人と 3 人(比例代表 2 人，選挙区 1 人)ずつ増員。
*2 参議院の比例代表は，候補者名・政党名のいずれでも投票できる非拘束名簿式を採用。

⊕ 衆議院と参議院の比較

右側解答欄：
① _____
② _____
③ _____
④ _____
⑤ _____
⑥ _____
⑦ _____
⑧ _____
⑨ _____
⑩ _____
⑪ _____
⑫ _____
⑬ _____

> **入試Guide**
> 衆議院と参議院について，議員定数だけでなく，小選挙区制，比例代表制，選挙区制などの議員数の区別，任期などの「数字」に注意する。

思をより反映するため，参議院よりも強い権限が与えられている。

(2) **種　類**……毎年1月，会期150日間で召集される⑭_____，内閣が必要と認めたときなどに召集される⑮_____，衆議院の解散後の総選挙実施日から⑯_____日以内に召集される⑰_____。**参議院の緊急集会。**
<small>参議院の解散中，内閣の要求があれば召集→</small>

(3) **仕　事**……〈**法律の制定**〉法律案を内閣や議員が提出。衆議院と参議院で議決が一致しない場合，必要に応じて⑱_____が開かれる。〈**予算の議決**〉衆議院に**予算先議権**。委員会では⑲_____も開かれる。〈**その他**〉内閣総理大臣を⑳_____の中から指名，**内閣不信任の決議**，裁判官の㉑_____**裁判**，国政調査権など。
<small>└衆議院のみの権限</small>
<small>└国会が国政について調査を行う権限</small>

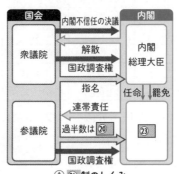

↑ **法律ができるまで**（衆議院が先議のとき）

ズバリ暗記
・衆議院の優越には，法律案の議決，予算の先議・議決と条約の承認，内閣総理大臣の指名，内閣不信任の決議がある。

3 内　閣 ★★★

(1) **地位としくみ**……〈**地位**〉行政の最高機関。〈**構成**〉内閣総理大臣と㉓_____で構成。㉓の過半数は⑳_____。内閣の構成員は全員文民であることが必要。
<small>└職業軍人でない者</small>
〈**しくみ**〉国会の信任に基づき，国会に対して連帯して責任を負う㉔_____**制**。衆議院で内閣不信任決議案が可決された場合，内閣は10日以内に衆議院を解散するか㉕_____しなければならない。解散の場合は，その日から㉖_____日以内に総選挙を行い，選挙の日から⑯_____日以内に⑰_____を召集。

↑ ㉔**制のしくみ**

(2) **仕　事**……法律の執行，外交，条約の締結，㉗_____の作成，**政令**の制定。
<small>1年間の歳出・歳入の見積もり→</small>　<small>←内閣が定める命令</small>

(3) **行　政**……〈**行政機関**〉1府12省庁で構成。〈**行政改革**〉無駄をなくす**行政改革**を進め，経済活動の規制を緩める㉘_____も実施。

公民

1 現代社会と日本国憲法

2 政治参加，国会・内閣のはたらき

3 裁判所と三権分立，地方自治

4 くらしと経済

5 財政と国民の福祉

6 国際社会とわたしたち

理解度診断テスト

⑭_____
⑮_____
⑯_____
⑰_____
⑱_____
⑲_____
⑳_____
㉑_____
㉒_____
㉓_____
㉔_____
㉕_____
㉖_____
㉗_____
㉘_____

入試Guide

衆議院の優越に関する問題は頻出。優越している理由を記述させる問題も多い。議院内閣制も頻出。どういうしくみか理解しておく。

Let's Try　差をつける記述式

① 衆議院の優越が認められている理由を，「国民の意見」の語句を使って答えなさい。　〔和歌山〕

Point「任期」と「解散」の語句も使って答える。

[　　　　　　　　　　　　　　　　　　　　　　　　　]

② 議院内閣制とはどのようなしくみか答えなさい。

Point「内閣」，「国会」，「信任」，「連帯責任」の語句を使って答える。

[　　　　　　　　　　　　　　　　　　　　　　　　　]

STEP 2　実力問題

解答 ⇨ 別冊 p.42

1 日本の選挙について，次の問いに答えなさい。

(1) 右の表は，選挙の基本原則を示したものである。表中の空欄 X ～ Z に入る語句を答えなさい。

種類	内容
X	1人一票の選挙権をもつ原則
Y	無記名で投票する原則
直接選挙	有権者が直接投票する原則
Z	満18歳以上のすべての国民が選挙権をもつ原則

X〔　　　　　　〕　Y〔　　　　　　〕　Z〔　　　　　　〕

思考力

(2) ある年の衆議院議員選挙に関する**資料**と，その調査結果の概要を述べた文章をもとに，下の**資料**中の空欄 A ～ C に入る項目を，あとの**ア**～**ウ**から1つずつ選びなさい。

A〔　　　　　　〕　B〔　　　　　　〕　C〔　　　　　　〕〔山梨―改〕

資料　投票の際に考慮した課題(高い順に5位まで)

	18～29歳	30～49歳	50～69歳	70歳以上
1	景気対策	景気対策	A	A
2	B	B	C	C
3	A	A	景気対策	景気対策
4	消費税	C	消費税	消費税
5	雇用対策	消費税	B	外交・防衛

調査結果の概要
・それぞれの年代にとって，より身近な課題が上位になっている。
・すべての年代において「医療・介護」は「年金」を上回っている。

ア 子育て・教育　　**イ** 医療・介護　　**ウ** 年金

重要

(3) 比例代表の選挙区において，右の表のような投票結果になった。定数が5議席で，ドント式で議席を配分した場合，B党に配分される議席数を答えなさい。

	A党	B党	C党	D党
得票数	1800	1500	960	720

〔　　　　議席〕〔富山〕

2 国会について，次の問いに答えなさい。

(1) 右の表は，ある年の国会に関連した主なできごとをまとめたものである。表中の空欄 X ・ Y に入る国会の種類を答えなさい。なお，衆議院の解散はなかった。

1月	X	開会
6月	X	閉会
10月	Y	開会
12月	Y	閉会

X〔　　　　　　〕　Y〔　　　　　　〕〔山梨―改〕

(2) 国会の審議を示した右の図を見て，次の問いに答えなさい。

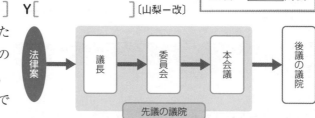

① 図中の委員会での審議において，関係者や学識経験者から意見を聴取するために開かれる会を何というか，答えなさい。

〔　　　　　　　〕

得点UP!

Check! 自由自在①

直接選挙など4つの選挙の基本原則と，その反対になる選挙制度を調べてみよう。

1 (3)ドント式とは，政党の得票数を1，2，3…と整数で順に割り，得られた数値(商)を議員定数になるまで大きい方から順に選んでいく方式である。

2 (1) X の国会は1月に開かれている。この国会は会期が150日間なので，遅くとも表のように6月中に終わる。次年度の予算の審議が議題の中心となる。

Y の国会は，衆議院の解散がなかったことから，内閣または，いずれかの議院の総員員の4分の1以上の要求があったために開かれた国会である。

② 国会は図のように，二院制をとっている。その理由を答えなさい。

[   ] 〔茨城一改〕

(3) 国会の仕事を，次の**ア**〜**エ**から1つ選びなさい。 [   ] 〔北海道〕

ア 法律を公布する。 **イ** 予算を作成する。
ウ 最高裁判所長官を指名する。 **エ** 条約を承認する。

(4) 内閣総理大臣の指名についてまとめた次の文中の空欄 W に入る内容を，「国会の議決」，「内閣総理大臣」の語句を使って，25字以内（句読点を含む）で答えなさい。なお，**X・Y・Z**のいずれかの語句を使って，内閣総理大臣となる人物を示すこと。 〔千葉〕

[ ]

　右の表で，衆議院で得票数が1位となったのは**X**，参議院で得票数が1位となったのは**Y**である。このような投票結果となった場合，日本国憲法第67条に定められているとおり，両院協議会を開催しても意見が一致しないときは， W として指名されることとなる。

国会における内閣総理大臣の指名投票の結果

衆議院			参議院		
順	人物	得票数	順	人物	得票数
1	X	235	1	Y	125
2	Y	200	2	X	108
3	Z	30	3	Z	15

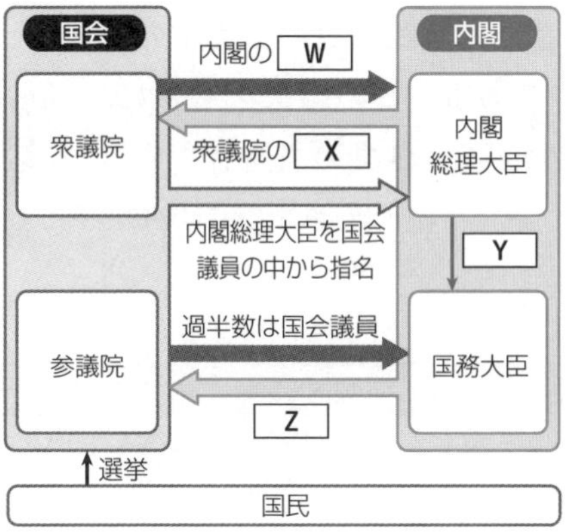

3 右の図を見て，次の問いに答えなさい。

(1) 図のような国会と内閣の関係を何というか，答えなさい。

[   ] 〔佐賀一改〕

(2) 図中の空欄 W 〜 Z に入る語句を，次の**ア**〜**エ**からそれぞれ選びなさい。 〔大分一改〕

W[   ] X[   ]
Y[   ] Z[   ]

ア 連帯責任 **イ** 任命・罷免
ウ 解散の決定 **エ** 信任・不信任の決議

```
国会 ──内閣の W──→ 内閣
衆議院 ←─衆議院の X─
        ─────────→   内閣
                     総理大臣
       内閣総理大臣を国会
       議員の中から指名            Y
       過半数は国会議員
参議院 ←───────  国務大臣
            Z
  ↑選挙
国民
```

(3) 衆議院が解散し，新内閣が発足するまでの一連のできごとを示した次の**ア**〜**エ**を，その順番に並べかえ，記号で答えなさい。

[→   →   →   ] 〔埼玉一改〕

ア 内閣総理大臣の指名 **イ** 特別会（特別国会）の召集
ウ 国務大臣の任命 **エ** 衆議院議員総選挙の投票

(4) 内閣の仕事や権限として適切なものを，次の**ア**〜**エ**から1つ選びなさい。

[   ] 〔鹿児島〕

ア 憲法改正の発議 **イ** 予算の議決
ウ 条約の締結 **エ** 弾劾裁判所の設置

公民

1 現代社会と日本国憲法

2 政治参加，国会・内閣のはたらき

3 裁判所と三権分立，地方自治

4 くらしと経済

5 財政と国民の福祉

6 国際社会とわたしたち

理解度診断テスト

解答 ⇨ 別冊 p.43

1 日本の選挙・政党について，次の問いに答えなさい。

(1) 現在の国政選挙について述べた次の **A～C** の文について，その正誤の組み合わせとして正しいものを，あとの**ア～ク**から1つ選びなさい。 ［　　］〔大阪教育大附高（池田）〕

A インターネットを利用した選挙活動は一部認められている。

B 投票日の前に期日前投票をすることが認められている。

C 日本に住む外国人に対しても選挙権が認められている。

ア A－正　B－正　C－正　　**イ** A－正　B－正　C－誤　　**ウ** A－正　B－誤　C－正

エ A－誤　B－正　C－正　　**オ** A－正　B－誤　C－誤　　**カ** A－誤　B－正　C－誤

キ A－誤　B－誤　C－正　　**ク** A－誤　B－誤　C－誤

(2) 右の図は，第31回衆議院議員総選挙（昭和42年）から第48回衆議院議員総選挙（平成29年）までの年代別投票率を示したものである。この図をもとに，日本の選挙が抱える課題を2つ答えなさい。 〔お茶の水女子大附高〕

［　　　　　　　　　　　　　　　　］
［　　　　　　　　　　　　　　　　］

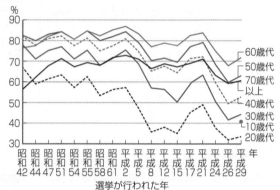

※年代別投票率は，全国の投票区から選挙ごとに144～188投票区を抽出し調査したもの。
※昭和42年の60歳代投票率は60～70歳の値，70歳代以上の投票率は71歳以上の値。
※10歳代の投票率は，全数調査による数値。 （総務省）

(3) 下の**表1**・**表2**は，衆議院議員の総選挙の結果を示したものである。この結果をもとに，**表3**の候補者名簿から，**B**党の当選者をすべて選びなさい。 〔大阪教育大附高（池田）〕

［　　　　　　　　　　　　　］

表1 小選挙区

候補者	1区		2区		3区	
候補者	①さん	⑥さん	②さん	⑩さん	⑦さん	⑭さん
得票数	800	600	700	300	500	400

表2 比例代表制（定数5議席）

	A党	B党	C党	D党
得票数	1500	1100	300	400

表3 各政党の候補者名簿

順位	A党	B党	C党	D党
1位	①さん	⑥さん	⑩さん	⑭さん
2位	②さん	⑦さん	⑪さん	⑮さん
3位	③さん	⑧さん	⑫さん	⑯さん
4位	④さん	⑨さん	⑬さん	
5位	⑤さん			

(4) 日本の政党について述べた文として正しいものを，次の**ア～エ**から1つ選びなさい。

［　　］〔東京学芸大附高〕

ア 直近の衆議院議員選挙か参議院議員選挙で立候補する者が複数名いれば，政党助成法における政党としての要件を満たす。

イ 政党助成法に基づき，各政党は得票や議席に応じて政党交付金を受け取ることができる。

ウ 日本国憲法は，政党を国民の政治的意思決定に不可欠な役割を果たすと位置付けている。

エ 政治的な中立性を確保するため，企業や団体から政党への資金提供はすべて禁止されている。

公民

1 現代社会と日本国憲法

2 政治参加、国会・内閣のはたらき

3 裁判所と三権分立、地方自治

4 くらしと経済

5 財政と国民の福祉

6 国際社会とわたしたち

理解度診断テスト

(5) 右の**表4**は，参議院議員選挙の選挙区における議員1人あたりの有権者数を表している。2016年の参議院議員選挙では，鳥取県及び島根県と，徳島県及び高知県の2つの合同選挙区が設けられた。この合同選挙区が設けられた目的について，**表4**を参考にして「議員1人あたりの有権者数」「一票の価値」の語句を使って答えなさい。　〔福島〕

[　　　　　　　　　　　　　　　　　　　　]

表4

選挙区	2013年参議院議員選挙	2016年参議院議員選挙
北海道	（全国最多）1149739	768896
埼玉県	980428	（全国最多）1011503
福井県	324371	（全国最少）328722
鳥取県	（全国最少）241096	合同選挙区 535029
島根県	293905	
徳島県	325559	合同選挙区 639950
高知県	313961	

※各選挙において，議員1人あたりの有権者数が全国で最も多い選挙区を（全国最多），最も少ない選挙区を（全国最少）と示している。　（総務省）

---

2 **国会と内閣**について，次の問いに答えなさい。

(1) 国会を構成する両議院に関する記述として誤っているものを，次の**ア～エ**から1つ選びなさい。

[　　　]〔ラ・サール高〕

ア 憲法は両議院の議事について，「総議員の3分の1以上の出席がなければ，議事を開き議決することができない」と定めている。

イ 国政調査権は，衆議院のみに認められた権限であり，参議院にはその権限がない。

ウ 憲法は両議院の議事について，「この憲法に特別の定めのある場合を除いては，出席議員の過半数でこれを決し，可否同数のときは，議長の決するところによる」と定めている。

エ 両議院の本会議については，公開を原則とするが，出席議員の3分の2以上の多数で議決したときは，秘密会を開くことができる。

(2) 次の**ア～キ**を，法律が制定される時間の流れの順に並べたとき，2番目と5番目にくるものをそれぞれ選び，記号で答えなさい。　2番目[　　]　5番目[　　]〔筑波大附高〕

ア 衆議院本会議において法律案を全会一致（いっち）で可決した。

イ 参議院本会議で賛成多数で可決し，法律案を衆議院に回付（案を回すこと）した。

ウ 内閣が閣議決定し法律案を衆議院に提出した。

エ 衆議院内閣委員会で審議（しんぎ）を行い，法律案を一部修正のうえ，全会一致で可決した。

オ 参議院へ送付され総務委員会で審議され，法律案を一部修正のうえ可決した。

カ 天皇の名で公布した。

キ 衆議院本会議において，全会一致で回付案に同意した。

(3) 右の**表1**は，日本の内閣とアメリカ合衆国の大統領の権限について，2つの権限の有（う）無を，権限がある場合は「○」，権限がない場合は「×」で示したものである。**A・B**に入る組み合わせとして正しいものを，**表2**の**ア～エ**から1つ選びなさい。

[　　　]〔東京 '20〕

表1

	日本の内閣	アメリカ合衆国の大統領
議会に対して法律案を提出する権限	○	A
議会の解散権	B	×

表2

	ア	イ	ウ	エ
A	○	○	×	×
B	○	×	○	×

3 裁判所と三権分立，地方自治

▋▋ STEP 1　まとめノート

解答 ⇨ 別冊 p.44

① 裁判所 ★★★

(1) 地　位……〈**独立**〉司法権の独立。〈**裁判官**〉良心と憲法及び ① のみに従う。〈**裁判所**〉すべての裁判所は，**違憲立法審査権**をもつ。
　　（違憲審査権，法令審査権ともいう）
　　→法律や規則などが憲法に違反していないかを審査する権限

(2) 裁判所・裁判の種類……〈**裁判所**〉最高裁判所と ② （高等・地方・簡易・家庭）に分けられる。〈**刑事裁判**〉③ が犯罪の疑いのある被疑者
　　→「憲法の番人」と呼ばれる
を裁判所に訴える（起訴）。起訴された者を ④ という。〈**民事裁判**〉
金銭の貸借などで，訴えた者を ⑤ ，訴えられた者を ⑥ という。
　　　　　　　　　　　　行政裁判も民事裁判と同様の手続き→

(3) 三審制……裁判を慎重，公正に行うため。右図中の X を ⑦ ，Y を ⑧ という。

(4) 司法の課題……〈**冤罪**〉無実の者が有罪になること。刑の確定後に裁判をやり直す ⑨ 制度がある。
〈**司法制度改革**〉法テラスを設置。
　　日本司法支援センターの別称→
裁判員制度や被害者参加制度の実施。取り調べの可視化の導入など。

(5) 裁判員制度……2009年から開始。
　→6名の裁判員が3名の裁判官とともに審理し，判決を下す
〈**裁判員**〉20歳以上の有権者の中からくじで選ばれる。〈**対象**〉地方裁判所の ⑩ 裁判の第一審。〈**仕事**〉有罪・無罪，刑の内容を決定。

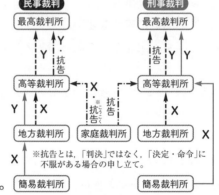

⬆ 三審制

※抗告とは，「判決」ではなく，「決定・命令」に不服がある場合の申し立て。

> **ズバリ暗記**
> ・刑事裁判は検察官と被告人，民事裁判は原告と被告の組み合わせ。
> ・裁判員制度は，地方裁判所で行われる，重大な刑事裁判の第一審のみで採用。

② 三権分立 ★★★

(1) 三権分立……フランスの啓蒙思想家の ⑪ が『法の精神』で説く。

(2) 国会と内閣……国会は内閣総理大臣を ⑫ し，内閣は衆議院の ⑬ 権をもつ。

(3) 内閣と裁判所……内閣は ⑭ を指名し，その他の裁判官を任命する。

(4) 裁判所と国会……裁判所は法律に対して ⑮ 権をもち，国会は ⑯ を行う。

国会（立法）
内閣（行政）
裁判所（司法）
国民（主権者）
選挙
衆議院の解散の決定 ⑬
国会召集の決定
内閣総理大臣の ⑫
内閣不信任の決議
国政調査権
裁判官の ⑯ ⑮
世論
国民審査
行政の命令や処分の違憲・違法審査
⑭ の指名　その他の裁判官の任命
⬆ 日本の三権分立のしくみ

①
②
③
④
⑤
⑥
⑦
⑧
⑨
⑩
⑪
⑫
⑬
⑭
⑮
⑯

> **入試Guide**
> 刑事裁判と民事裁判の違い，裁判員制度の特色を問う出題が多いので，正確に理解しておく。また，三権の抑制と均衡を表した図（左図参照）で，矢印の内容も多く問われる。

(1) 地方自治……〈**民主主義**〉住民が自らの意思で政治を行うことから，地方自治は「⑰　　　の学校」と呼ばれる。〈**憲法**〉日本国憲法で規定。国から独立した機関が地方自治を行い（団体自治），住民が自ら政治に参加する（⑱　　　自治）ことが地方自治の本旨。〈**法律**〉1947 年に地方自治法，また**地方分権**を推進するため，1999 年には⑲　　　法を制定。

←イギリスの政治学者のブライスのことば

(2) しくみとはたらき……〈**議決機関**〉一院制の都道府県議会，市（区）町村議会。議員の任期は⑳　　　年。被選挙権は満 25 歳以上。地方公共団体の決まりである㉑　　　の制定・改廃や予算の議決などを行う。〈**執行機関**〉都道府県知事（被選挙権は満㉒　　　歳以上）や**市（区）町村長**（被選挙権は満㉓　　　歳以上）などを㉔　　　と呼ぶ（それぞれ任期は 4 年）。〈**両者の関係**〉議会は㉔に㉕　　　決議を行うことができる。㉔は議会を㉖　　　することができる。〈**仕事**〉警察・消防・水道・学校建設など。〈**財政**〉㉗　　　などの自主財源のほか，使途が自由な㉘　　　，使途が指定される㉙　　　が国から支給される（依存財源）。

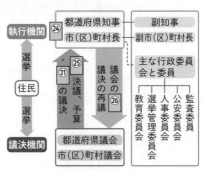

↑ **地方自治のしくみ**

(3) 発展のために……〈**直接請求権**〉住民が地方公共団体に請求できる権利。㉑の制定・改廃には，有権者の㉚　　　以上の署名を集め，㉔へ請求。㉔や議員の解職には，有権者の 3 分の 1 以上の署名を集め，選挙管理委員会へ請求する。〈**住民投票**〉特別法の制定には，住民投票で過半数の賛成が必要。㉑に基づく住民投票も実施。行政を調査する**オンブズマン（オンブズパーソン）**を設置。

←イニシアティブという

←リコールという

←スウェーデンで始まる

請求の種類	必要署名数	請求先
㉑の制定・改廃	有権者の㉚以上	㉔
監査	有権者の 50 分の 1 以上	監査委員
議会の解散	有権者の 3 分の 1 以上*	選挙管理委員会
首長・議員の解職	有権者の 3 分の 1 以上*	選挙管理委員会
その他の職員の解職	有権者の 3 分の 1 以上*	㉔

*有権者数が 40 万人を超える場合は，必要署名数が緩和される。

↑ **住民による直接請求**

⑰	
⑱	
⑲	
⑳	
㉑	
㉒	
㉓	
㉔	
㉕	
㉖	
㉗	
㉘	
㉙	
㉚	

公民

1 現代社会と日本国憲法

2 政治参加，国会・内閣のはたらき

3 裁判所と三権分立，地方自治

4 くらしと経済

5 財政と国民の福祉

6 国際社会とわたしたち

理解度診断テスト

入試Guide

直接請求に必要な署名数，請求先がよく問われる。人の地位や職を失わせる解職請求や議会の解散請求は，ほかの請求より多くの署名数が必要である。

Let's Try　差をつける記述式

① 日本の裁判で三審制がとられている理由を簡潔に答えなさい。　〔広島〕

Point 最終判決までに時間はかかるが，3 回裁判を行うことの長所を考える。

[　　　　　　　　　　　　　　　　　　　　　　　　　　　]

② 三権分立のしくみをとる理由を，「権力」の語句を使って答えなさい。　〔茨城〕

Point 「権力」が 1 つに集中すると，どのようなことがおこるかを考えて書く。

[　　　　　　　　　　　　　　　　　　　　　　　　　　　]

STEP 2 実力問題

ねらわれるココが
- ○刑事裁判，民事裁判の法廷のようす
- ○三権分立の抑制と均衡，国民との関係
- ○地方財政の歳入の特色

解答⇨別冊 p.45

1 **裁判所について，次の問いに答えなさい。**

重要 (1) 右の**図1**は，1つの事件について3回まで裁判を受けることができるしくみを示している。このしくみを何というか，答えなさい。また，図中の空欄（くうらん）［X］・［Y］に入る語句を答えなさい。

図1

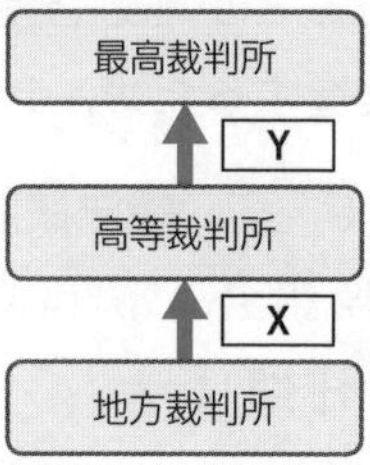

最高裁判所
Y
高等裁判所
X
地方裁判所

しくみ［　　　　］

X［　　　　］ Y［　　　　］〔北海道〕

(2) **図1**中の最高裁判所は，「憲法の番人」といわれる。この理由を，「憲法」，「判断」の語句を使って答えなさい。〔高知〕

［　　　　　　　　　　　　　　　　］

(3) 右の**図2**は，裁判員が参加する裁判のようすを簡略に示している。この裁判の種類と，**図2中**の空欄［a］・［b］に入る語句を，次の**ア**～**エ**から1つずつ選びなさい。

種類［　　　　］

a［　　　　］ b［　　　　］〔山形一改〕

図2

裁判員
裁判官
裁判員
書記官
被告人
証言台
a
b
傍聴人

ア 民事裁判　**イ** 刑事（けいじ）裁判　**ウ** 検察官　**エ** 弁護人

思考力 (4) **資料1**の新聞の記事に関して，**資料2**・**資料3**をもとに，次の文中の空欄［a］・［b］に入る適切な内容を答えなさい。〔宮崎一改〕

資料1 新聞の記事(一部)

〈2018年5月の記事〉裁判員制度は施行（しこう）から9年を迎（むか）えたが，裁判員候補者の辞退率の上昇（じょうしょう）が続いており，昨年1年間の辞退率は66.6％で過去最高となった。

資料2 審理予定日数(平均)の推移

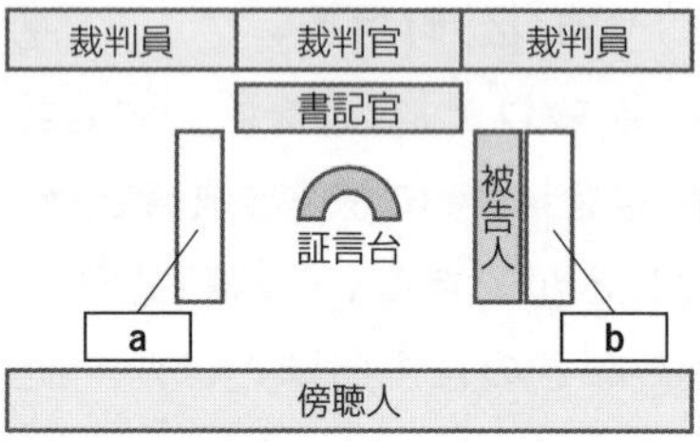

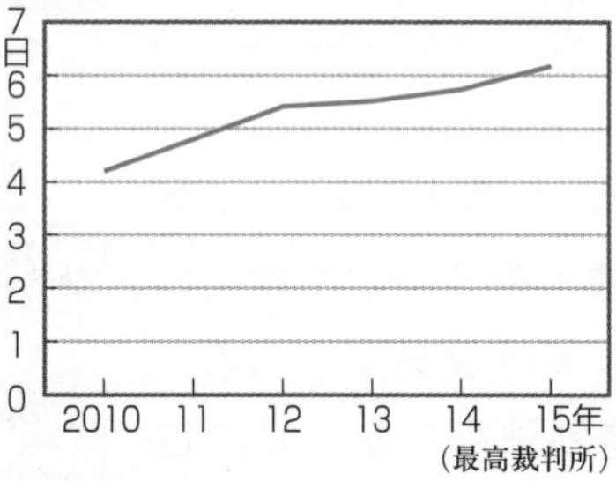

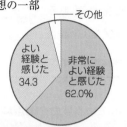

日
7
6
5
4
3
2
1
0
2010
11
12
13
14
15年

(最高裁判所)

資料3 裁判員経験者へのアンケート結果と感想の一部

その他
よい経験と感じた 34.3
非常によい経験と感じた 62.0%

・裁判員という視点から犯罪を見つめることができて，貴重な体験となった。
・裁判の進め方など，裁判員にならなければ，わからないことばかりであった。

(2017年度)　(最高裁判所)

> 裁判員候補者の辞退率が増加しているのは，**資料2**から，審理（しんり）に参加するために［a］ことが難しいからだと思われる。一方で，**資料3**から，裁判員を経験することで［b］が深まることも考えられる。

a［　　　　　　　　　　　］

b［　　　　　　　　　　　］

得点UP!

1 (2)「番人」とは「見張る」という意味である。法の構成において「憲法」は最上位にあり，それに反する法律などは無効となる。

(3)図2中に「被告人（ひこくにん）」がいることから，裁判の種類がわかる。

(4)**資料2**からは年々，審理予定日数が長くなっている。審理に参加するには，社会人であれば仕事を休まなければならない。**資料3**からは，「よい」と感じた人が約95%にのぼり，「貴重な体験」をしたり，「裁判員にならなければ，わからないこと」を経験できたという感想がある。これらから「［b］が深まる」，とつながるように考える。

Check! 自由自在①

裁判員にはどのような人がなるのか，どのような仕事をするのか調べてみよう。

2 三権分立を示した右の図中の A〜C から，国会にあてはまるものを選びなさい。また，次の①〜④にあてはまるものを，図中のア〜オから選びなさい。　〔福岡，富山－改〕

① 内閣不信任の決議　　② 衆議院の解散
③ 最高裁判所長官の指名　④ 命令，規則，処分の違憲・違法の審査

国会［　　　］　①［　　　］　②［　　　］　③［　　　］　④［　　　］

3 地方自治について，次の問いに答えなさい。

(1) 地方公共団体が地域の実情に合った独自の活動が行えるようにするために，1999 年に成立し 2000 年に施行された法律を何というか，答えなさい。
［　　　　　　　　　　］〔滋賀〕

(2) 地方自治は「_____の学校」といわれる。_____に入る語句を答えなさい。
［　　　　　　　］〔山口－改〕

(3) 都道府県知事の選出方法として正しいものを，次のア〜エから１つ選びなさい。
［　　　］〔栃木〕

　ア 被選挙権は満 25 歳以上で，地方議員の中から議会で指名される。
　イ 被選挙権は満 30 歳以上で，地方議員の中から議会で指名される。
　ウ 被選挙権は満 25 歳以上で，住民の直接選挙で選ばれる。
　エ 被選挙権は満 30 歳以上で，住民の直接選挙で選ばれる。

(4) 右の資料は，2020 年度の神奈川県・**X**県・**Y**県の歳入の内訳で，**X**県・**Y**県は山形県・千葉県のいずれかである。また，**A・B**は，地方税・地方交付税交付金のいずれかである。県名と**A・B**の項目の組み合わせとして正しいものを，右の**ア〜エ**から１つ選びなさい。
［　　　］〔岩手－改〕

	X県	Y県	A	B
ア	千葉県	山形県	地方税	地方交付税交付金
イ	千葉県	山形県	地方交付税交付金	地方税
ウ	山形県	千葉県	地方税	地方交付税交付金
エ	山形県	千葉県	地方交付税交付金	地方税

（歳入の内訳 グラフ）
国庫支出金6.4　地方債　その他
神奈川県　A 63.7%　B 5.5　9.6　14.8
X県　46.2%　10.2　9.4　9.9　24.3
Y県　18.1%　28.5　11.8　11.2　30.4
0　20　40　60　80　100%
（神奈川県など）

(5) 次の文中の**X・Y**から適切な語を**ア〜ウ**からそれぞれ選びなさい。　X［　　　］　Y［　　　］〔富山〕

　　議会の解散を請求するには，有権者の**X**（　ア 50 分の 1　　イ 20 分の 1　ウ 3 分の 1 ）以上の署名を集め，**Y**（　ア 選挙管理委員会　イ 首長　ウ 監査委員 ）に提出することが必要である。

得点UP!

2 図中の「裁判官の弾劾裁判」は，国会がもつ権限であり，職務を怠るなどの行為があった裁判官に対して，その処分を判定する裁判である。

Check! 自由自在②
三権の抑制・均衡関係，国民と三権の関係はどうなっているのか調べてみよう。

3 (1)地方自治法は 1947 年に制定されている。

(4)地方税は，住民が納める(都)道府県民税や市(区)町村民税（あわせて住民税と呼ぶ），企業が納める事業税などがあり，住民数や企業数が多ければ多額となる。地方交付税交付金は，地方公共団体間の地方税収入の格差を是正するために国から支給されるお金である。

Check! 自由自在③
議会の解散請求で，署名の提出後に行われることを調べてみよう。

公民

1 現代社会と日本国憲法
2 政治参加・国会・内閣のはたらき
3 裁判所と三権分立，地方自治
4 くらしと経済
5 財政と国民の福祉
6 国際社会とわたしたち

理解度診断テスト

STEP 3　発展問題

解答 ⇒ 別冊 p.45

1 **裁判や裁判所について，次の問いに答えなさい。**

(1) 次の文中の空欄　X　に入る内容を，右の表を参考に簡潔に答えなさい。また，空欄　Y　に入る語句を答えなさい。

X [　　　　　　　　　　　　　　　　　　　]

Y [　　　　　　　　　　] 〔群馬〕

人口 10 万人あたりの裁判官，検察官，弁護士の人数

	日本	アメリカ合衆国	フランス
裁判官	3.1	10.0	8.5
検察官	2.2	10.1	2.9
弁護士	31.7	385.4	97.6

(2018 年版「裁判所データブック」)

　　日本は，アメリカ合衆国やフランスと比べると，　X　ことがわかる。そこで，司法制度改革の一環として，法律にまつわる問題を解決するための総合案内所である　Y　が設置された。

(2) 次の文を参考に，右の架空の裁判員裁判の結果の表から有罪となるものを，**ア〜オ**からすべて選びなさい。

[　　　　　　　] 〔岐阜〕

	裁判官		裁判員	
	有罪	無罪	有罪	無罪
ア	0 人	3 人	5 人	1 人
イ	1 人	2 人	4 人	2 人
ウ	1 人	2 人	2 人	4 人
エ	2 人	1 人	2 人	4 人
オ	2 人	1 人	4 人	2 人

　　意見がまとまらない場合は多数決で決定するが，多数側に裁判官が 1 人以上含まれている必要がある。

(3) 司法制度について述べた文として正しいものを，次の**ア〜エ**から 1 つ選びなさい。

[　　　　] 〔東大寺学園高−改〕

ア 最高裁判所の裁判官の定年は 80 歳，その他の裁判所の裁判官の定年は 65 歳である。

イ 刑事事件の被疑者は逮捕されても，裁判官の判断で起訴されない場合がある。

ウ 犯罪被害者やその家族が，裁判員として刑事裁判に参加できる制度が導入されている。

エ 民事裁判では，裁判とは別に話し合いにより紛争当事者が合意する調停手続きがある。

(4) 最高裁判所について述べた文として誤っているものを，次の**ア〜エ**から 1 つ選びなさい。

[　　　　] 〔ラ・サール高〕

ア 法律は，最高裁判所裁判官について，その長たる裁判官を最高裁判所長官とし，その他の裁判官を最高裁判所判事とするとしたうえで，最高裁判所判事の人数を 15 人と定めている。

イ 最高裁判所の長たる裁判官については，内閣の指名に基づいて，天皇が任命する。

ウ 最高裁判所の大法廷は全員の裁判官，小法廷は 5 人の裁判官によって構成される。

エ 憲法は，最高裁判所が，「訴訟に関する手続，弁護士，裁判所の内部規律及び司法事務処理に関する事項について，規則を定める権限を有する」と規定している。

(5) 下級裁判所について述べた文として誤っているものを，次の**ア〜エ**から 1 つ選びなさい。

[　　　　] 〔ラ・サール高−改〕

ア 下級裁判所とは，高等裁判所，地方裁判所，家庭裁判所及び簡易裁判所である。

イ 事件の性格により，第一審が高等裁判所になることもある。

ウ 下級裁判所の裁判官は，法務大臣の指名した者の名簿に基づいて，内閣が任命する。

エ 東京高等裁判所の特別の支部として，知的財産高等裁判所が設置されている。

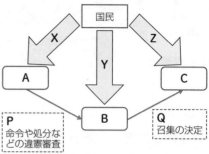

公民

1 現代社会と日本国憲法

2 政治参加、国会・内閣のはたらき

3 裁判所と三権分立、地方自治

4 くらしと経済

5 財政と国民の福祉

6 国際社会とわたしたち

理解度診断テスト

2 右の図中のA〜Cは，国会，内閣，裁判所のいずれかで，矢印P・Qはその方向にはたらきかけることができる権限，X〜Zは国民が三権に対してはたらきかけることができることを示している。X〜Zについての次の記述の中から，正しいものをすべて選んだものを，あとのア〜キから1つ選びなさい。 [　　　　]〔国立高専〕

X 国民審査を行い，Aの主な役職を任命する。

Y 報道機関などが行う調査を通じて，Bに対する支持や不支持といった意見を表明する。

Z 投票することにより，Cを構成する議員を選ぶ。

ア X　　イ Y　　ウ Z　　エ XとY　　オ XとZ　　カ YとZ　　キ XとYとZ

3 地方自治について，次の問いに答えなさい。

(1) 地方公共団体の仕事について，次の文中の下線部ア〜エから誤っているものを1つ選びなさい。 [　　　　]〔東大寺学園高〕

> 地方公共団体が行う公共サービスは，ア消防や警察といった住民の安全を守るための活動や，イ上下水道やごみ処理場の整備など多岐にわたっている。ウパスポートの交付や国道の管理，エ家庭裁判所で行われる裁判など本来なら国が行うべき仕事を地方公共団体が担うこともある。

(2) 地方自治について正しい文を，次のア〜エからすべて選びなさい。 [　　　　]〔大阪教育大附高(平野)−改〕

ア 都道府県知事と市(区)町村長の被選挙権は，ともに満30歳以上である。

イ 地方公共団体の首長と地方議会の議員は，ともに住民による直接選挙で選ばれる。

ウ 国会が，ある特定の地方公共団体にのみ適用する特別法をつくる場合，その地域において住民投票を行い，過半数の同意を得る必要がある。

エ 地域の重要な問題に対して住民の意思をはかるため，その地方議会で定めた住民投票条例に基づき行われる住民投票は，過半数の同意で法的拘束力が発生する。

(3) 住民参加について述べた次のX・Yについて，その正誤の組み合わせとして適切なものを，あとのア〜エから1つ選びなさい。 [　　　　]〔兵庫〕

X 市町村合併など，地域で意見が分かれる課題を巡って，住民投票が行われている。

Y 教育や防災などの分野で，社会貢献活動を行うNPOが重要な役割を果たしている。

ア X−正　Y−正　　イ X−正　Y−誤

ウ X−誤　Y−正　　エ X−誤　Y−誤

(4) 右の表で，A町の地方交付税交付金がZ町に比べて多くなる理由を，表から読み取れることをもとに，地方交付税交付金の役割に触れて答えなさい。 〔長野〕

	A町		Z町	
	金額（百万円）	割合（%）	金額（百万円）	割合（%）
地方税	1953	21.1	5650	58.4
地方交付税交付金	3455	37.4	470	4.9
国庫支出金	779	8.4	828	8.6
地方債	611	6.6	500	5.2
その他歳入	2451	26.5	2227	23.0
合計	9249	100.0	9675	100.0

※四捨五入の関係で合計値が合わない場合がある。

4 くらしと経済

STEP 1 まとめノート

解答⇨別冊 p.46

① 生活と経済 ★★

(1) **家計と消費**……〈**家計**〉収入と支出で家庭を維持すること。① ┃　　┃やサービスを購入。〈**収入**〉労働による② ┃　　┃所得や**財産所得**，**事業所得**など。〈**支出**〉実支出と，実支出以外の支出（**貯蓄**）。実支出は食料費などの**消費支出**と**非消費支出**に区分。支払い方法が多様化。
　└形のある商品
　└個人業主所得とも呼ばれる
　└税金や社会保険料の支払いなど
　└現金を使わないキャッシュレス決済が普及しつつある

(2) **消費者の権利**……〈**消費者の4つの権利**〉アメリカ合衆国大統領③ ┃　　┃が主張。〈**消費者保護**〉製品の欠陥が原因の被害を救済する④ ┃　　┃**法**，訪問販売などでの契約を解除できる⑤ ┃　　┃**制度**。**消費者契約法**や**消費者基本法**の制定，**消費者庁**の設置など。

(3) **商業と流通**……〈**商業**〉⑥ ┃　　┃**業**と小売業。〈**流通**〉商品が消費者へ届くまでの流れ。**流通の合理化**が進む。**POSシステム**なども普及。
　└販売時点情報管理システム

② 生産のしくみ ★★

(1) **生産要素**……〈**生産**〉**土地・資本（資金）・労働力（働く人）**の生産要素を使って生産。生産規模の拡大である⑦ ┃　　┃を目ざす。
　└近年は知的資源（技術力，人的ネットワークなど）も重要視

(2) **企　業**……〈**種類**〉利潤を追求する⑧ ┃　　┃と，公共の利益のための**公企業**，国や地方公共団体と民間が共同出資した**公私合同企業**など。

(3) **株式会社**……〈**特色**〉⑧ の代表。資本を少額の⑨ ┃　　┃に分けて発行し**株主**を集める。〈**株主**〉**配当**を受け取る。⑩ ┃　　┃に出席し，⑨ の1単元につき1議決権で経営方針を決定。**有限責任**，⑨ の自由売買。

(4) **企業の集中と独占**……〈**独占形態**〉同種企業が協定を結ぶ⑪ ┃　　┃。〈**独占への対策**〉⑫ ┃　　┃**法**が制定され，**公正取引委員会**を設置。
　└独占形態には⑪のほかに，トラスト，コンツェルンがある

(5) **中小企業**……〈**割合**〉製造業で企業数の**99.7 %**，従業者数の約**69 %**，売上高の約**44 %**。〈**独自性**〉⑬ ┃　　┃**企業**が成長。
　└2016年　　└2016年　　└2015年　　└独自のアイデアや先進技術の導入

(6) **企業の社会的責任**……企業は**社会的責任**（⑭ ┃　　┃）を果たすことも必要。
　└企業は利潤の追求だけでなく，法令を守り，情報を公開し，雇用を確保することなども必要

③ 労　働 ★★

(1) **労働の権利**……〈**労働基本権**〉労働組合をつくる**団結権**，団体で交渉する**団体交渉権**，団体で行動しストライキなどを行う**団体行動権（争議権）**。〈**労働三法**〉労働条件の最低基準を定めた⑮ ┃　　┃**法**，労働三権を保障した**労働組合法**，労使の対立を調整する**労働関係調整法**。
　└労働三権　　└労働時間週40時間以内，1日8時間以内

(2) **現代日本の労働**……〈**雇用の変化**〉**終身雇用制・年功序列賃金制**→**非正規労働者**の増加，**能力給**や**成果主義**を導入する企業の増加。⑯ ┃　　┃を目ざす。〈**女性の職場進出**〉企業の女性差別を禁止する⑰ ┃　　┃**法**や**育児・介護休業法**の制定など。
　└仕事と生活の調和を図る

---

① _____

② _____

③ _____

④ _____

⑤ _____

⑥ _____

⑦ _____

⑧ _____

⑨ _____

⑩ _____

⑪ _____

⑫ _____

⑬ _____

⑭ _____

⑮ _____

⑯ _____

⑰ _____

入試Guide

株式会社の特色と株主の権利がよく問われる。また，日本での中小企業と大企業の割合の違い，労働三権と労働三法の名称と内容について問われることも多い。

4 市場のしくみと金融 ★★★

(1) **価格のはたらき**……〈価格〉需要量と供給量で
変化する価格を ⑱ ＿＿＿＿ 価格，右図のPを ⑲ ＿＿＿＿
価格 という。〈価格の種類〉売り手が1社の
⑳ ＿＿＿＿ 価格や，電気・ガスなどの ㉑ ＿＿＿，小
売店が販売価格を決定するオープン価格など。

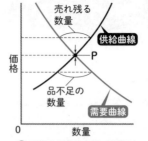

④ 需要と供給と価格の関係

(2) **貨幣と通貨制度**……〈貨幣〉お金には，価値尺
度，交換手段，価値貯蔵手段などの役割。〈通貨〉実際に使われる貨幣
のこと。㉒ ＿＿＿ 通貨と預金通貨。〈通貨制度〉1931年までは金本位制度。
現在は，政府と日本銀行が通貨量を管理する ㉓ ＿＿＿ 制度。

(3) **金融のしくみ**……〈金融〉お金の融通。銀行などの金融機関が金融の仲
立ちをする。〈日本銀行〉日本の
㉔ ＿＿＿ 銀行。日本銀行券を発行する
発券銀行，一般の銀行と取り引きす
る**銀行の銀行**，国の金庫として**政府
の銀行**。〈日本銀行の政策〉景気や物
価の安定を図るため，国債などを売
り出すことで通貨を吸収して通貨量
を減らし，また，国債などを買い取

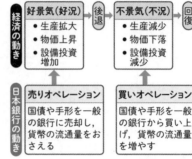

④ 日本銀行の ㉖ 政策（㉕ ）

ることで通貨量を増やす ㉕ ＿＿＿ や，一般の銀行に預金の一定割合を日
本銀行に預けさせる**預金準備率操作**などの ㉖ ＿＿＿ 政策を行う。
└→1991年以降，預金準備率操作は行われていない

(4) **グローバル化と日本経済**……〈貿易〉売買の際の自国通貨と外国通貨と
の交換比率を ㉗ ＿＿＿ という。〈円高・円安〉1ドル＝120円だったもの
が1ドル＝100円になるように円の価値が高くなることを ㉘ ＿＿＿，1
ドル＝100円だったものが1ドル＝110円になるように円の価値が下
がることを ㉙ ＿＿＿ という。㉘ では日本の輸出は減少，輸入は増加，
└→円高不況の結果，日本企業が海外へ。そのため産業の空洞化が発生
㉙ では日本の輸出は増加，輸入は減少する。

ズバリ暗記
• 日本銀行は，公開市場操作を中心とする金融政策を行う。
• 円高は日本の輸出には不利，輸入には有利。円安はその逆の状態になる。

⑱	
⑲	
⑳	
㉑	
㉒	
㉓	
㉔	
㉕	
㉖	
㉗	
㉘	
㉙	

入試Guide

図から需要量と供給量
の変化を読み取る問題
や，日本銀行の金融政
策のうち，公開市場操
作（オープン-マーケッ
ト-オペレーション）に
ついての出題が多いの
で，しっかり理解して
おくことが必要。また，
円高・円安の意味と，
貿易などに及ぼす影響
を理解しておく。

公民

1 現代社会と日本国憲法

2 政治参加、国会・内閣のはたらき

3 裁判所と三権分立、地方自治

4 くらしと経済

5 財政と国民の福祉

6 国際社会とわたしたち

理解度診断テスト

Let's Try 差をつける記述式

① 大企業が株式会社の形態をとる理由を，「株式」，「資金」の語句を使って答えなさい。 〔新潟〕

Point 大企業は経営のために多額の資金（お金）が必要。どのようにして集めるのかを考える。

[ ]

② 日本銀行の「銀行の銀行」と呼ばれる役割について答えなさい。 〔埼玉〕

Point 日本銀行が一般の銀行との間で何を行うのかを考える。

[ ]

STEP **2**　実力問題

解答 ⇒ 別冊 p.47

1 次の問いに答えなさい。

(1) 右の図中の➡は農産物の一般的な流通経路を示している。これに対して，➡は農産物直売所で販売される農産物に多く見られる流通経路である。一般に同じ商品の場合，➡の流通経路に比べ，➡の流通経路が消費者にもたらすと考えられる利点を答えなさい。〔熊本〕

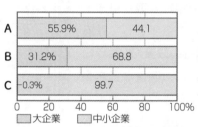

[　　　　　　　　　　　　　　　　　　　　　]

(2) 特定の販売方法において，一定期間内ならば契約を取り消すことができる制度を何というか，答えなさい。　[　　　　　]制度〔栃木〕

2 次の問いに答えなさい。

(1) 右のグラフは，日本の製造業の大企業と中小企業の構成比を表しており，グラフのA～Cは，企業数，従業者数，売上高のいずれかである。A～Cの組み合わせとして適当なものを，右下のア～カから1つ選びなさい。

[　　　]〔福島〕

A	55.9%	44.1
B	31.2%	68.8
C	-0.3%	99.7

0　20　40　60　80　100%
□大企業　□中小企業
(2016年，売上高は2015年)（2020年版「中小企業白書」）

	ア	イ	ウ	エ	オ	カ
A	企業数	企業数	従業者数	従業者数	売上高	売上高
B	従業者数	売上高	企業数	売上高	企業数	従業者数
C	売上高	従業者数	売上高	企業数	従業者数	企業数

(2) 企業の1種類である株式会社について，次の文中の[　　　]に入る内容を，「株式の数」，「会社の利益」の語句を使って答えなさい。〔愛媛〕

[　　　　　　　　　　　　　　　　　　　　　]

株式会社には配当というしくみがあり，株主は[　　　]ことができる。

(3) 次の文中の空欄 I ～ III に入る語句を，あとのア～ケからそれぞれ選びなさい。　I [　　　] II [　　　] III [　　　]〔埼玉−改〕

　労働者の権利は，法律で守られている。 I では，労働時間は週 II 時間以内，1日8時間以内と定められている。日本は，先進工業国の中でも依然として労働時間が長いので，これからは，仕事と家庭生活や地域生活とを両立できる III の実現が課題となっている。

ア 労働組合法　　**イ** 労働基準法　　**ウ** 労働関係調整法
エ 40　　　　　**オ** 48　　　　　**カ** 64　　　**キ** インフレーション
ク ワーク-ライフ-バランス　　**ケ** デフレーション

得点UP!

1 (1)流通の過程で各業者は，経費などのほかに自らの利潤を加えて価格を設定し，商品を流通させる。消費者に届く間の業者数が減れば，価格がどうなるかを考える。

Check! 自由自在 ①
日本には，消費者保護のためにどのような法律やしくみがあるのか調べてみよう。

Check! 自由自在 ②
株式会社はどのようなしくみになっているのか調べてみよう。

2 (3)労働時間や男女同一賃金など労働条件の最低基準を定めた法律の内容である。

Check! 自由自在 ③
労働者にはどのような権利が認められているのか調べてみよう。

(4) 次の**表**を読み取ったものとして適切ではないものを，あとの**ア〜エ**から１つ選びなさい。　　[　　　　]〔神奈川〕

表 非正規雇用で働く人の数及び非正規雇用で働く人の数が雇用者の数に占める割合

		計	15〜24 歳	25〜34 歳	35〜44 歳	45〜54 歳	55〜64 歳	65 歳以上
男性	数	666 万人	129 万人	81 万人	59 万人	59 万人	135 万人	203 万人
	割合	22.1 %	46.4 %	14.3 %	9.0 %	8.2 %	26.5 %	72.0 %
女性	数	1426 万人	140 万人	163 万人	273 万人	371 万人	292 万人	187 万人
	割合	54.4 %	51.3 %	34.3 %	50.0 %	56.6 %	66.7 %	82.0 %
合計	数	2092 万人	269 万人	244 万人	332 万人	430 万人	427 万人	390 万人
	割合	37.2 %	48.9 %	23.4 %	27.5 %	31.3 %	45.1 %	76.5 %

(2020年)　　　(総務省)

ア「非正規雇用で働く人の数」の半数以上は，女性である。

イ 65 歳以上の年齢層について見ると，男女とも「非正規雇用で働く人の数」がほかの年齢層と比べて最も多い。

ウ 45 歳以上の男女の合計について見ると，年齢層が高くなるほど，「非正規雇用で働く人の数が雇用者の数に占める割合」が増加している。

エ 25 歳以上 54 歳以下の女性について見ると，年齢層が高くなるほど，「非正規雇用で働く人の数が雇用者の数に占める割合」が増加している。

3 ▶ **市場経済のしくみと金融について，次の問いに答えなさい。**

(1) 需要量と供給量の関係を示した右の**図1**を見て，次の文中の空欄　**Ⅰ**・**Ⅱ**　に入る語句を，あとの**ア〜エ**からそれぞれ選びなさい。

Ⅰ[　　　　]　Ⅱ[　　　　]　〔京都－改〕

> 価格がPのとき，供給量が需要量を　**Ⅰ**　，　**Ⅱ**　の式で表される量の売れ残りが出るので，この商品の価格は下落すると考えられる。

図1

価格高い ↑ P
需要曲線
供給曲線
安い ↓
0　　Q1　　Q2　数量
少ない ←→ 多い

ア 上回り　　**イ** 下回り
ウ Q1 + Q2　　**エ** Q2 − Q1

(2) 日本銀行の金融政策について，右の**図2**中の空欄　**A**　〜　**D**　に入る語句を，次の**ア〜エ**から選びなさい。　〔大分－改〕

A[　　　　]　B[　　　　]
C[　　　　]　D[　　　　]

ア 国債を買う　　**イ** 国債を売る
ウ 増加する　　**エ** 減少する

図2 日本銀行の金融政策のしくみ

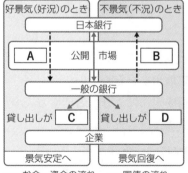

好景気(好況)のとき　不景気(不況)のとき
日本銀行
A　公開　市場　B
一般の銀行
貸し出しが C　貸し出しが D
企業
景気安定へ　景気回復へ
── お金・資金の流れ　--- 国債の流れ

(3) 1 ドル＝100 円のとき，日本国内での価格が 50 万円の機械をアメリカ合衆国へ輸出すると，アメリカ合衆国での価格は 5000 ドルになる。円安が進行して 1 ドル＝125 円になった場合，同じ機械のアメリカ合衆国での価格は[　　　]ドルになる。[　　　]に入る数字を答えなさい。[　　　　]〔千葉〕

公民

1 現代社会と日本国憲法

2 政治参加、国会・内閣のはたらき

3 裁判所と三権分立、地方自治

4 くらしと経済

5 財政と国民の福祉

6 国際社会とわたしたち

理解度診断テスト

3 (1)需要量は，消費者が買おうとする量。価格が高ければ需要量は減り，価格が安ければ需要量は増える。そのため，問題の図の，右下に下がる線が需要曲線となる。供給量は，生産者が売ろうとする量。価格が高ければ供給量は増えるので，右上に上がる線が供給曲線となる。

(2)好景気のときには，人々の所得が増え，購買意欲が高まる。その結果，需要量が供給量を大きく越え，物価が上昇してインフレーションがおこるおそれがある。これを防ぐため，通貨の量を減らす対策がとられる。不景気のときには，人々の所得が減り，需要量も減るので，通貨の量を増やす対策がとられる。

(3) 50 万円の日本製品は，1 ドル＝100 円のときは，50 万(円)÷100(円)で 5000(ドル)となる。

Check! 自由自在④
円高・円安のときの貿易への影響を調べてみよう。

STEP 3　発展問題

解答 ⇨ 別冊 p.48

1 **消費生活**について，次の問いに答えなさい。

(1) 日本の消費者問題と消費者行政について述べた文として正しいものを，次の**ア〜エ**からすべて選びなさい。　　　　　　　　　　　　　　　　　　　　　　[　　　　]〔青雲高−改〕

　ア 相手を呼び出して高額な商品を売る，アポイントメントセールスが問題となっている。

　イ 申し込みをしていない商品を送りつけ，代金を請求するマルチ商法が問題となっている。

　ウ 電話勧誘で商品を購入した場合，一定期間内であれば消費者は無条件で契約を解除できる。

　エ 製造者の重大な過失が認められた場合のみ，消費者は製造者の賠償責任を問うことができる。

(2) 中学生が書いた下のレポートの［　　　　］に入る内容を，右の**資料1・資料2**を参考に，「消費者」の語句を使って答えなさい。　　〔鹿児島−改〕

資料1

あなたの行動が社会を変える！
消費者が主役の「消費者市民社会」では，消費者の行動で社会を変えることが求められている。「消費者市民社会」の一員として，自分自身の行動を考えてみよう。

資料2

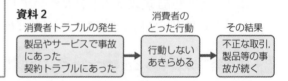

　　資料1・2を見て，消費者トラブルがあったときは，消費生活センターに相談することが大切だと思いました。そのように行動することで，［　　　　］社会の実現につながるからです。これからは，社会に与える影響を自覚した責任ある行動をしていきたいと思います。

2 **労働**について，次の問いに答えなさい。

(1) 男女雇用機会均等法が制定されるきっかけとなった国際条約を，次の**ア〜エ**から1つ選びなさい。　　　　　　　　　　　　　　　　　　　　　　　　　　　　[　　　　]〔鹿児島〕

　ア 子どもの権利条約　　**イ** 人種差別撤廃条約　　**ウ** 女子差別撤廃条約　　**エ** 障害者権利条約

(2) 雇用について，次の**a・b**の文の正誤の組み合わせとして正しいものを，あとの**ア〜エ**から1つ選びなさい。　　　　　　　　[　　　　]〔東大寺学園高〕

　a 男女雇用機会均等法では，女性を一定の割合で雇うことを義務付けた法定雇用率を定めている。

　b 高年齢者雇用安定法により，希望する人全員を65歳まで雇用することが義務付けられている。

　　ア a−正　b−正　　**イ** a−正　b−誤
　　ウ a−誤　b−正　　**エ** a−誤　b−誤

資料3

工場の従業員数	
正社員	3000 人
期間従業員（非正規）	1300 人
合計	4300 人

(3) 右上の**資料3**は，ある工場の従業員数の内訳である。企業が，正社員のほかに非正規の期間従業員を雇用する理由を，**資料4**に着目して答えなさい。　　　　〔群馬〕

[

]

資料4 ○○自動車の国内生産台数の推移

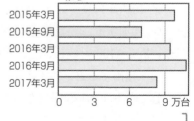

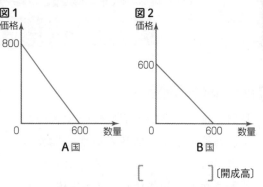

公民

1 現代社会と日本国憲法

2 政治参加、国会・内閣のはたらき

3 裁判所と三権分立、地方自治

4 くらしと経済

5 財政と国民の福祉

6 国際社会とわたしたち

理解度診断テスト

3 市場経済や金融について，次の問いに答えなさい。

思考力

(1) A国とB国の2つの国があり，ある商品の価格と需要量の関係が，右の**図1**と**図2**の線分で表されると仮定する。このA国とB国が市場を統合すると，価格が400のとき，この商品の需要数量はいくつになるか，答えなさい。なお，需要数量は単純に合算されるとする。また，割り切れないときは，小数第一位を四捨五入し，整数で答えること。

[　　　]〔開成高〕

(2) 日本の金融について，次の問いに答えなさい。

① 右の**図3**のお金の流れに着目して，銀行の役割を答えなさい。〔福岡〕

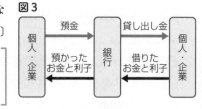

[

]

② 企業の資金調達に関する記述として誤っているものを，次の**ア〜エ**から1つ選びなさい。

[　　　]〔ラ・サール高〕

ア 社債の発行による資金調達を直接金融という。

イ 株式の発行による資金調達では，一般に証券会社が，資金供給者と資金需要者の仲介をする。

ウ 株式の発行による資金調達は，間接金融には該当しない。

エ 銀行からの借り入れによる資金調達を直接金融という。

③ 右の**図4**は，日本の金融機関の中心で，中央銀行である日本銀行の金融政策について模式的に示したものである。不景気のときには，日本銀行はどのような金融政策を行うか，**図4**を踏まえて答えなさい。〔山形〕

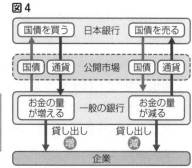

[

]

難問

(3) 外国為替について述べた文として誤っているものを，次の**ア〜エ**から1つ選びなさい。

[　　　]〔ラ・サール高〕

ア 円高になると，日本が輸入する製品の日本での価格が下がるので，輸入量が増加する。

イ 日本からアメリカ合衆国の有価証券への買い注文が増加することは，円をドルにかえる動きを引きおこすので，ドル高に向かって作用する。

ウ アメリカ合衆国と比較して日本の利子率が上がることは，資産をドルで運用するより円で運用する方が有利になるので，円安に向かって作用する。

エ ドル安になると，アメリカ合衆国が輸出する製品の輸出先での価格が下がるので，輸出量が増加する。

5 財政と国民の福祉

📊 STEP 1 まとめノート

解答 ⇨ 別冊 p.49

❶ 財政のはたらき ★★★

(1) **財　政**……〈**財政**〉国や地方公共団体が営む経済活動を財政という。〈**はたらき**〉道路や港湾などの ① ＿＿＿ の整備、警察などの**公共サービス**の提供(資源配分の調整)。高所得者からの税金を低所得者へ分ける、所得の ② ＿＿＿。経済の安定化。
　インフラストラクチャー(インフラ)↲

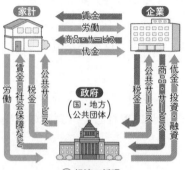
⬆ 経済の循環

(2) **経済の安定化**……〈**景気変動**〉**好景気**(好況)と**不景気**(不況)を交互に繰り返す。〈**景気調整**〉景気が過熱してインフレーションのおこるおそれがあるとき、政府は公共投資を減らし、③ ＿＿＿ を行って、社会全体の需要をおさえる。不景気のときは、公共投資を増やし、④ ＿＿＿ を行って需要を高め、経済活動を活発にさせる。
　公共事業のための支出↲

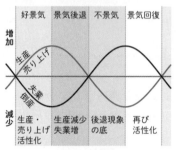
⬆ 景気変動

(3) **歳出と歳入**……〈**予算**〉一般会計と特別会計。このほか、国の制度や信用をもとに集められた資金を社会資本の整備などに使う ⑤ ＿＿＿ がある。〈**歳出**〉少子高齢化の進展に伴う ⑥ ＿＿＿、**国債**の元金・利子を支払うための ⑦ ＿＿＿、**地方交付税交付金**の割合が高い。〈**歳入**〉国民や企業が支払う**租税**(税金)が中心。不足分は国債の発行で得た ⑧ ＿＿＿ で補う。〈**租税の種類**〉国へ納める ⑨ ＿＿＿、地方公共団体へ納める ⑩ ＿＿＿。納税者と担税者が同一の ⑪ ＿＿＿ には、個人の所得にかかる ⑫ ＿＿＿、企業の所得にかかる ⑬ ＿＿＿、**相続税**などがある。納税者と担税者が異なる ⑭ ＿＿＿ には、国内の商品やサービスの消費にかかる ⑮ ＿＿＿、輸出入品にかかる**関税**、**酒税**などがある。
　かつて「第二の予算」と呼ばれた↲
　↳1年間の歳出・歳入の見積もり
　↳歳入不足時の赤字国債、特定事業のための建設国債
　↳税金を負担する人

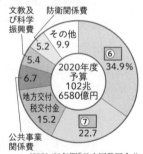
⬆ 国の歳出の内訳
(2020/21年版「日本国勢図会」)

	⑪		⑭	
⑨	⑫ 相続税	⑬ 贈与税	⑮ 酒税 揮発油税 関税 たばこ税	
(都)道府県税	(都)道府県民税 事業税 自動車税		地方消費税 (都)道府県たばこ税 ゴルフ場利用税 軽油引取税	
市(区)町村税	市(区)町村民税 固定資産税		市(区)町村たばこ税 入湯税	
⑩				

⬆ 主な税金の種類

ノート欄:
① ＿＿＿＿＿＿
② ＿＿＿＿＿＿
③ ＿＿＿＿＿＿
④ ＿＿＿＿＿＿
⑤ ＿＿＿＿＿＿
⑥ ＿＿＿＿＿＿
⑦ ＿＿＿＿＿＿
⑧ ＿＿＿＿＿＿
⑨ ＿＿＿＿＿＿
⑩ ＿＿＿＿＿＿
⑪ ＿＿＿＿＿＿
⑫ ＿＿＿＿＿＿
⑬ ＿＿＿＿＿＿
⑭ ＿＿＿＿＿＿
⑮ ＿＿＿＿＿＿

入試Guide

歳出の上位、歳入の上位の項目をおさえておく。また、国税と地方税、直接税と間接税の区別、それぞれに属する税の種類や、所得税での**累進課税**制度の特色、消費税の逆進性などが重要。

公民

1 現代社会と日本国憲法

2 政治参加、国会・内閣のはたらき

3 裁判所と三権分立、地方自治

4 くらしと経済

5 財政と国民の福祉

6 国際社会とわたしたち

理解度診断テスト

(4) **特色ある租税・制度**……〈**所得税・相続税**〉納税者の所得や財産が大きいほど高い税率が適用される⑯_____ **制度**。所得の② 効果が大きい。〈**消費税**〉所得の多い人にも少ない人にも同じ税率でかかるため，所得の少ない人には負担が大きくなる**逆進性**となる。

> **ズバリ暗記**
> ・国の歳出の上位３つは社会保障関係費，国債費，地方交付税交付金。
> ・所得税は所得が増えるにつれ，税率が高い累進課税制度が適用されている。

2 社会保障制度の充実 ★★

(1) **意　義**……生活困窮者を，社会全体で救う。憲法第25条の「⑰_____で文化的な⑱_____の生活」を保障する努力。

(2) **制度と課題**……〈**制度**〉医療保険など，労働者が将来に備えて掛け金を積み立てる⑲_____ が中心。生活保護など，現在の生活に困っている人を救済する⑳_____，高齢者や障がい者などへサービスを提供する㉑_____，国民の健康増進などを目ざす㉒_____ がある。〈**制度の充実**〉2000年に40歳以上の国民が保険料を納める㉓_____ **制度**が開始。2008年に75歳以上を対象に後期高齢者医療制度が開始。〈**課題**〉少子高齢化に伴う社会保障給付費の増加と，現役世代の負担増。高齢者や障がい者も，普通に生活できる社会を築こうとする㉔_____ の実現へ。
ユニバーサルデザインやバリアフリーもこの一環

3 環境の保全と日本経済の課題 ★

(1) **公害の発生と対策**……〈**発生**〉高度経済成長期の急速な重化学工業化や都市化が原因。〈**四大公害病**〉三重県の㉕_____，富山県の㉖_____，新潟県の㉗_____，熊本県と鹿児島県の㉘_____。〈**対策**〉1967年に㉙_____ **法**を制定。1971年に**環境庁**（現環境省）を設置。
→三重県四日市市　→神通川流域　阿賀野川流域　→八代海沿岸

(2) **環境保全と対策**……〈**環境保全**〉環境問題に対処していくため，1993年に㉚_____ **法**を制定。1997年に開発による環境への影響を事前に評価する㉛_____ **法**を制定。〈**循環型社会**〉資源の消費を最小限におさえ，環境への負荷の軽減を目ざし，2000年に**循環型社会形成推進基本法**を制定。

(3) **日本経済の課題**……〈**産業構造の高度化**〉第三次産業の発展。〈**食料問題**〉食料自給率の低下。〈**経済**〉バブル経済，**世界金融危機**後の低成長。

⑯_____
⑰_____
⑱_____
⑲_____
⑳_____
㉑_____
㉒_____
㉓_____
㉔_____
㉕_____
㉖_____
㉗_____
㉘_____
㉙_____
㉚_____
㉛_____

> **入試Guide**
> 社会保障制度を構成する４種類の内容と，四大公害病の発生地域をおさえておくこと。

Let's Try　差をつける記述式

① 間接税とはどのような税か。負担する人と納める人との関係に着目して答えなさい。〔熊本〕

Point 直接税は，負担する人（担税者）と納める人（納税者）は同じ。

[　　　　　　　　　　　　　　　　　　　　　　　　　　　　　]

② 所得税に適用される累進課税とはどのような制度か，答えなさい。〔和歌山〕

Point 「税率」の語句を必ず使用する。

[　　　　　　　　　　　　　　　　　　　　　　　　　　　　　]

月　日

STEP 2 実力問題

ねらわれるココが
- 政府の財政政策
- 税金の種類
- 日本の社会保障制度

解答⇨別冊 p.49

1 次の問いに答えなさい。

重要 (1) 右の図は，経済の循環を表したものである。図中の矢印 **a**・**b** にあてはまる内容の組み合わせとして正しいものを，次の**ア**～**エ**から1つ選びなさい。［　　　］〔佐賀〕

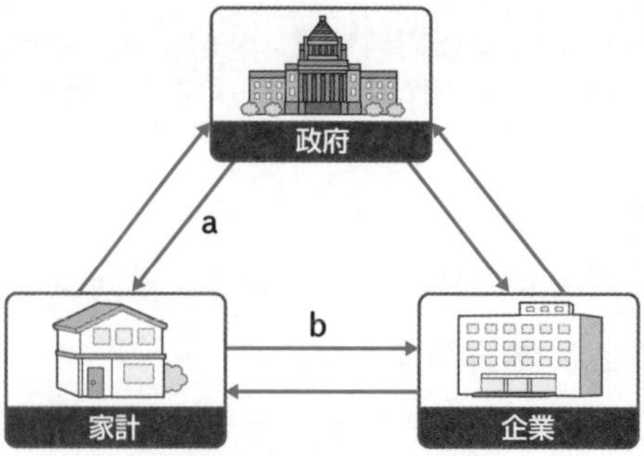

政府
a
b
家計
企業

ア a－税金　b－労働，代金
イ a－税金　b－商品，賃金
ウ a－社会保障などの公共サービス　b－労働，代金
エ a－社会保障などの公共サービス　b－商品，賃金

(2) 右上の図中の政府が行う財政政策と，その後の景気の変化までの一連の流れとして正しいものを，次の**ア**～**エ**から1つ選びなさい。

［　　　］〔佐賀－改〕

ア 好況のとき：減税を行い，公共事業への支出を増やす→経済活動が活発になる→景気が上向きになる
イ 好況のとき：増税を行い，公共事業への支出を減らす→経済活動が縮小する→景気がおさえられる
ウ 不況のとき：減税を行い，公共事業への支出を増やす→経済活動が活発になる→景気がおさえられる
エ 不況のとき：増税を行い，公共事業への支出を減らす→経済活動が縮小する→景気が上向きになる

重要 (3) 主な税金をまとめた右の表中の，**A**～**D** に入るものを，次の**ア**～**エ**からそれぞれ選びなさい。

	国税	(都)道府県税	市(区)町村税
直接税	A	C	D
間接税	B	地方消費税	入湯税

A［　　　］ B［　　　］ C［　　　］ D［　　　］〔三重－改〕

ア 固定資産税　**イ** 消費税　**ウ** 自動車税　**エ** 所得税

思考力 (4) 右の**図1**・**2**からは，「公債金」が「国債費」を上回っていることがわかる。近年この状況が続き，日本の財政は大きな問題を抱えている。その問題とは何か，「公債金」と「国債費」の差に注目して答えなさい。

図1 国の歳入

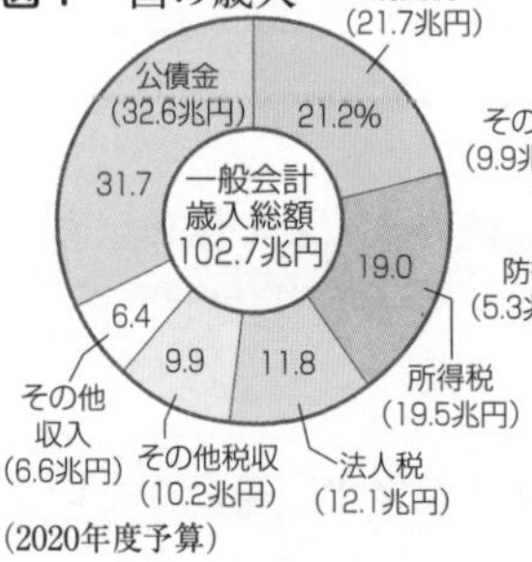

消費税 (21.7兆円) 21.2%
公債金 (32.6兆円) 31.7
一般会計 歳入総額 102.7兆円
所得税 (19.5兆円) 19.0
法人税 (12.1兆円) 11.8
その他税収 (10.2兆円) 9.9
その他収入 (6.6兆円) 6.4

図2 国の歳出

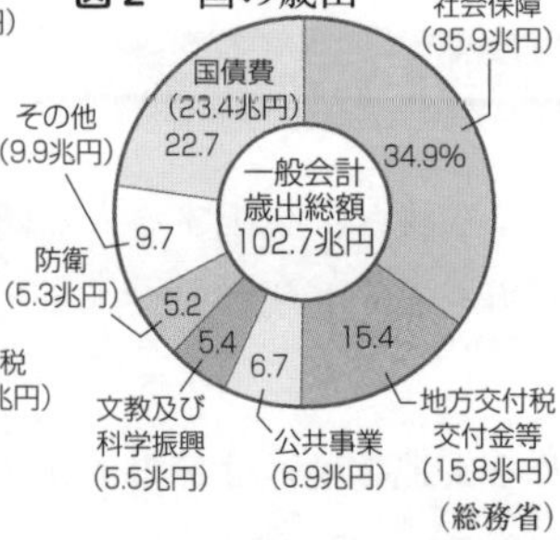

社会保障 (35.9兆円) 34.9%
国債費 (23.4兆円) 22.7
その他 (9.9兆円) 9.7
一般会計 歳出総額 102.7兆円
防衛 (5.3兆円) 5.2
文教及び科学振興 (5.5兆円) 5.4
公共事業 (6.9兆円) 6.7
地方交付税交付金等 (15.8兆円) 15.4

(2020年度予算)　(総務省)

〔沖縄〕

［　　　　　　　　　　　　　　　　　　　］

得点UP!

1 (1)税金は家計や企業が政府へ支払う。労働は，家計の構成員が政府や企業で働くこと。代金は，商品への支払い金額。賃金は，労働への対価として支払われるお金。公共サービスを行うのは政府。

(2)政府は景気を調整するために，財政政策を行う。日本銀行が行う金融政策と混同しないこと。

Check! 自由自在①
好景気(好況)と不景気(不況)のそれぞれのときに行われる財政政策と金融政策を調べてみよう。

(3)固定資産税は，土地や家屋所有者にかかる税金。なお，地方消費税は，消費税のうちの一部を地方公共団体に回すもの。

(4)歳入の公債金は，国債を発行して得たお金であり，返済しなければならない借金である。

Check! 自由自在②
国債発行額がどのように推移しているのか調べてみよう。

(5) 日本の社会保障制度について，次の問いに答えなさい。 〔長野一改〕

重要 ① **資料1**の介護には介護保険が含まれる。介護保険は，社会保障制度の4つの柱のうちのどれにあたるか。次の**ア〜エ**から1つ選びなさい。 [　　　]

ア 公的扶助　　イ 社会保険
ウ 公衆衛生　　エ 社会福祉

② **資料1・2**を正しく読み取ったものを，次の**ア〜エ**からすべて選びなさい。 [　　　]

ア 2040年度の社会保障給付費における介護の給付額は，2018年度と比べて2倍以上になる。

イ 社会保障給付費の給付額の各項目を見ると，いずれの年度も，年金の給付額が最も多い。

ウ 2040年度の社会保障給付費における保険料の負担額は，2018年度と比べて2倍以上になる。

エ 社会保障給付費の負担額の各項目を見ると，いずれの年度も，公費より保険料の負担額が多い。

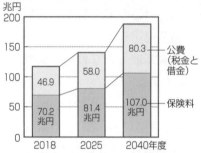

資料1 社会保障給付費の見通し（給付額）

資料2 社会保障給付費の見通し（負担額）

※資料1・2は2018年度の予算をもとにした推計値である。
（資料1・2は内閣官房・内閣府・財務省・厚生労働省など）

2 次の問いに答えなさい。

(1) 四大公害病のうち，イタイイタイ病について述べた文を，次の**ア〜エ**から1つ選びなさい。 [　　　]〔鳥取〕

ア 被害地域は新潟県阿賀野川流域で，主な原因はメチル水銀化合物による水質汚濁であった。

イ 被害地域は三重県四日市市で，主な原因は亜硫酸ガスによる大気汚染であった。

ウ 被害地域は富山県神通川流域で，主な原因はカドミウムによる水質汚濁であった。

エ 被害地域は熊本県・鹿児島県八代海沿岸で，主な原因はメチル水銀化合物による水質汚濁であった。

(2) 右の図は，エコマークと呼ばれる環境ラベルである。このマークを商品に表示することは，消費者にとってどのような利点があると考えられるか，「環境」，「選択」の語句を使って答えなさい。 〔和歌山〕

[

]

公民

1 現代社会と日本国憲法

2 政治参加・国会・内閣のはたらき

3 裁判所と三権分立，地方自治

4 くらしと経済

5 財政と国民の福祉

6 国際社会とわたしたち

理解度診断テスト

得点UP!

(5)①介護保険は，40歳以上の国民が納めた保険料と，国・地方公共団体から支出される資金を財源とし，介護が必要な人に，昼間だけ施設に預かるデイサービス，家庭訪問での介護サービスなどのサービスを提供するしくみである。

2 (1)四大公害病のうちイタイイタイ病は，骨折などの症状のため，患者が「痛い，痛い」と訴えたことから生まれた名称である。ほかの3つの公害病は地名がもととなっている。

(2)エコマークは環境への負荷が少なく，環境保全に役立つと認められた商品につけられる。

Check! 自由自在 ③
環境問題を考える際の，3Rと循環型社会のしくみについて調べてみよう。

STEP 3　発展問題

解答 ⇨ 別冊 p.50

1 財政について，次の問いに答えなさい。

思考力

(1) 国の財政危機状況を確認するための資料として最も適切なものを，次の**ア〜エ**から1つ選びなさい。　　　　　　　　　　　　　　[　　　　　]〔愛知〕

　ア 毎年の国内総生産を総人口で割った額の推移を示したグラフ。

　イ 毎年の歳入に占める間接税と直接税の割合の推移を示したグラフ。

　ウ 毎年の国内総生産に対する輸出額と輸入額の割合の推移を示したグラフ。

　エ 毎年の歳入に占める国債発行額の割合と国債残高の推移を示したグラフ。

(2) 右の**図**は，2014年における年齢階層別の世帯主の当初所得の平均と再分配所得の平均を示したものである。**図**を正しく読み取ったものを，次の**ア〜エ**からすべて選びなさい。[　　　　　]〔大阪〕

　ア 当初所得と再分配所得のいずれにおいても，所得が最も高い年齢階層は50〜54歳であり，所得が最も低い年齢階層は75歳以上である。

　イ 当初所得が再分配所得を上回っている年齢階層において，年齢階層が上がるごとに当初所得から再分配所得を引いた値は大きくなる。

　ウ 再分配所得が当初所得を上回っている年齢階層において，年齢階層が上がるごとに再分配所得から当初所得を引いた値は大きくなる。

　エ 再分配所得における年齢階層間での最大の所得の格差よりも，当初所得における年齢階層間での最大の所得の格差の方が大きい。

図　年齢階層別の世帯主の当初所得と再分配所得

（厚生労働省）

(3) 右の**表1**は，日本の年度当初予算における，一般会計予算の歳出割合上位3項目とその割合を示し，**ア〜ウ**は，1970年度，2000年度，2020年度のいずれかである。年代の古いものから順に記号で答えなさい。[　　→　　→　　]〔熊本〕

思考力

表1

項目と割合（%）	ア		イ		ウ	
	国債費	25.8	社会保障費	34.9	地方交付税交付金	20.9
	社会保障費	19.7	国債費	22.7	公共事業費	17.7
	地方交付税交付金	16.5	地方交付税交付金	15.4	社会保障費	14.3

(4) 右の**グラフ**は，国の一般会計の歳入のうちの消費税額と法人税額の推移を表したものである。また，**グラフ**には日本の好景気と不景気の時期を色分けして示している。次の問いに答えなさい。　　　　　　　　　　　〔福島〕

① **グラフ**の**H**と**J**の時期に，ある共通した理由によって消費税額が急激に増加している。その理由を答えなさい。[

グラフ　国の一般会計の歳入のうちの消費税額と法人税額の推移

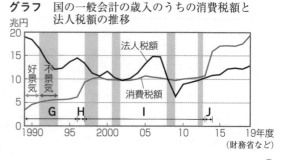

（財務省など）

公民

1 現代社会と日本国憲法

2 政治参加，国会・内閣のはたらき

3 裁判所と三権分立，地方自治

4 くらしと経済

5 財政と国民の福祉

6 国際社会とわたしたち

理解度診断テスト

思考力 ② **グラフの G と I の時期に共通するグラフの変化を参考に，消費税の財源としての特徴を，** 「景気」の語句を使って，「消費税は，法人税と比較して」の書き出しに続けて答えなさい。

[消費税は，法人税と比較して

(5) 現在，日本の税制度は，いろいろな税を組み合わせることによって，全体として，より公平に税を集められるようにくふうされている。このうち，消費税は，どのような点で公平であるといえるか。右の**表2**と**図**を参考に，所得税が公平であるといえる点と対比させながら答えなさい。〔岩手〕

[

表2 所得税の税率

課税される所得金額	税率
195 万円以下	5 %
195 万円を超え 330 万円以下	10 %
330 万円を超え 695 万円以下	20 %
695 万円を超え 900 万円以下	23 %
900 万円を超え 1800 万円以下	33 %
1800 万円を超え 4000 万円以下	40 %
4000 万円超	45 %

図

```
コンビニ　IWATE

大通り店 ☎ 019-△△△-△△△△
【領収証】
2020年11月3日（火）11：31
レジNo:0002
乾電池　　　　　　¥490
ボールペン　　　　¥120
通常はがき　　　　¥ 63 非
‐‐‐‐‐‐‐‐‐‐‐‐‐‐‐‐‐‐‐‐‐‐
10％対象計　　　　¥610
（内　消費税10％　¥ 55）
非課税計　　　　　¥ 63
合計　　　　　　　¥673
お預かり合計　　　¥673
お釣り　　　　　　¥ 0
```

難問 (6) 所得税の課税される所得金額が 600 万円の場合，上の**表2**をもとに，所得税額はいくらになるかを答えなさい。必要があれば小数も用いて答えること。

[　　　　　　　]万円〔ラ・サール高〕

2 **環境問題について，次の問いに答えなさい。**

(1) 右の**図**は，循環型社会の模式図である。**図**中の A～C に入る語句の組み合わせとして正しいものを，次の**ア～カ**から1つ選びなさい。〔大阪教育大附高（平野）〕

[　　　　]

	A	B	C
ア	Reduce	Reuse	Recycle
イ	Reduce	Recycle	Reuse
ウ	Reuse	Reduce	Recycle
エ	Reuse	Recycle	Reduce
オ	Recycle	Reduce	Reuse
カ	Recycle	Reuse	Reduce

図

```
A（再生利用）　　　　　資源
　　　　　　　　　　　　↓投入
処理　　　　B　　　生産　C（生産抑制）
（再生・焼却など）　　　　　　消費・使用
埋め立て　　　廃棄
```

(2) 日本の廃プラスチックについて，右下の**資料**を読み取ったものとして正しいものを，次の**ア～エ**から1つ選びなさい。

[　　　　]〔佐賀〕

ア 2019 年は 2005 年と比較して，総排出量と有効利用量は減少しており，有効利用率※も低下している。

イ 2019 年は 2005 年と比較して，総排出量は減少しているが，有効利用量は増加しており，有効利用率も上昇している。

ウ 2019 年は 2005 年と比較して，総排出量は減少しているが，有効利用量は増加しており，有効利用率は低下している。

エ 2019 年は 2005 年と比較して，総排出量と有効利用量は増加しており，有効利用率の変化はない。

資料 2005年と2019年の日本における廃プラスチックの総排出量・有効利用量の比較

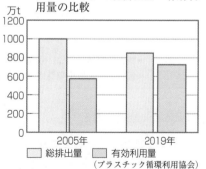

（プラスチック循環利用協会）

□ 総排出量　■ 有効利用量

（※有効利用率…総排出量に占める有効利用量の割合）

6 国際社会とわたしたち

STEP1 まとめノート

解答 ⇨ 別冊 p.51

① 現代の国際社会 ★★★

(1) **国際社会と国家**……〈**主権国家**〉他国の
支配や干渉を受けない独立の権利(**主
権**)をもつ国。国家の領域は，**領土・
① ・②**。〈**決まり**〉**③** には慣
習(国際慣習法)と条約がある。

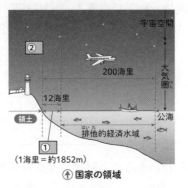

↑ **国家の領域**
(1海里＝約1852m)

(2) **国際連合(国連)**……〈**成立**〉1945年に**国
際連合憲章**が採択されて発足。2021年
6月現在，193か国が加盟。本部はアメリカ合衆国の**④** にある。
〈**総会**〉全加盟国が参加。〈**安全保障理事会**〉平和と安全を守る国連の最
└それぞれ1票の投票権をもつ
も重要な機関。アメリカ合衆国・イギリス・フランス・ロシア連邦・
⑤ の**⑥** 5か国と**⑦** 10か国で構成される。五大国一致の原
則から，**⑥** は**⑧** をもつ。〈**経済社会理事会**〉経済的・社会的問題を
└1国でも反対すると議案を否決できる権限
処理。〈**国際司法裁判所**〉オランダのハーグに設置。〈**事務局**〉事務総長
└裁判には当事国双方の同意が必要
のもと，国連の仕事を実行。〈**専門・関連機関**〉教育・科学・文化を通
して世界平和を目ざす**国連教育科学文化機関(⑨)**，発展途上国の
子どもへの援助を行う**国連児童基金(⑩)**，**国際労働機関(⑪)**，
世界保健機関(⑫)など。〈**活動**〉**平和維持活動(⑬)**の実施など。

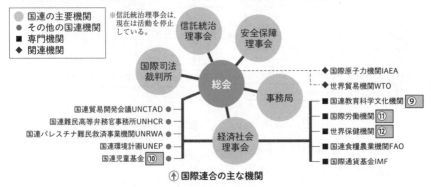

↑ **国際連合の主な機関**

ズバリ暗記
・排他的経済水域は，領海を除き海岸線から200海里以内。
・国際連合の安全保障理事会の5常任理事国は，拒否権をもつ。

② 国際政治・経済の動き ★★

(1) **2つの世界**……〈**東西対立**〉第二次世界大戦後，アメリカ合衆国が中心
の**⑭ 主義**陣営と，ソ連が中心の**社会主義**陣営による**⑮** と呼ば
西側┘ 東側┘
れる緊張状態が続く。〈**集団防衛機構**〉アメリカ合衆国中心の軍事同盟
の**⑯** と，ソ連中心の軍事同盟の**ワルシャワ条約機構**の対立。
└1991年に解体

① _____
② _____
③ _____
④ _____
⑤ _____
⑥ _____
⑦ _____
⑧ _____
⑨ _____
⑩ _____
⑪ _____
⑫ _____
⑬ _____
⑭ _____
⑮ _____
⑯ _____

入試Guide

国際連合の主要6機関
の名称とはたらき，特
に安全保障理事会の拒
否権，国際司法裁判所
のしくみが問われる。
また，国際連合の専門
機関のはたらきと略称
が問われる。専門機関
の日本語での表示名も
確認しておく。

(2) **冷戦後の社会**……地域紛争，民族紛争が多発し，国を追われた大量の⑰〔　　　〕が生まれ，**国連**⑰**高等弁務官事務所**（⑱〔　　　〕）が支援。

(3) **戦後の国際経済協力**……国際復興開発銀行(IBRD，世界銀行)，国際通貨基金(IMF)，経済協力開発機構(OECD)，世界貿易機関(WTO)など。

(4) **地域的な経済の結びつき**……〈**地域主義**〉ヨーロッパ連合(EU)，アフリカ連合(AU)，**アジア太平洋経済協力会議**（⑲〔　　　〕），**環太平洋経済連携協定**（⑳〔　　　〕），**米国・メキシコ・カナダ協定**(USMCA)など。〈**2国間協力など**〉自由貿易協定(FTA)や経済連携協定（㉑〔　　　〕）。
└─リージョナリズム
└─アジア太平洋経済協力ともいう　　　　└─環太平洋パートナーシップ協定ともいう
└─2020年，北米自由貿易協定(NAFTA)から移行

(5) **経済格差**……南半球に多い発展途上国と，北半球に多い先進工業国との経済格差を㉒〔　　　〕，発展途上国間での経済格差を㉓〔　　　〕という。

③ **世界のさまざまな問題** ★★

(1) **核時代**……〈**核兵器**〉アメリカ合衆国・ロシア連邦などが保有。〈**核軍縮**〉1963年，**部分的核実験停止条約**(PTBT)→1968年，㉔〔　　　〕**条約**(NPT)→1987年，**中距離核戦力**(INF)**全廃条約**→1996年，**包括的核実験禁止条約**(CTBT)→2017年，**核兵器禁止条約**。
└─中国・イギリス・フランス・インド・パキスタン・北朝鮮も保有
└─2019年に失効　　　└─2021年に発効

(2) **地球環境の問題**……〈**種類**〉**酸性雨**，**オゾン層の破壊**，**砂漠化**，二酸化炭素などによる**地球温暖化**。〈**国際会議**〉1972年，スウェーデンで**国連人間環境会議**。1992年，ブラジルで㉕〔　　　〕**会議**など。〈**京都議定書**〉1997年，地球温暖化防止京都会議(COP3)で先進国の㉖〔　　　〕の削減数値を決定。〈**COP21**〉2015年，パリで開かれたCOP21で京都議定書にかわる㉗〔　　　〕を採択し，すべての国に㉖の削減を義務付ける。
└─ストックホルム
└─「かけがえのない地球」をスローガンに掲げ，人間環境宣言を採択
└─リオデジャネイロ　└─地球サミット　　└─気候変動枠組条約第21回締約国会議　└─二酸化炭素など

(3) **課題への対策**……㉘〔　　　〕**エネルギー**の促進，食料援助や**フェアトレード**などの取り組み。国際連合の「**持続可能な開発目標**」（㉙〔　　　〕）。
└─太陽光，風力，地熱など。自然エネルギーともいう　　　└─公正貿易
└─持続可能な社会を実現するために，世界の国々が2030年までの達成を目ざした17の目標

④ **国際社会における日本** ★★

(1) **外交課題**……ロシア連邦との**北方領土**問題，沖縄の米軍基地問題，韓国との**竹島**問題，北朝鮮による日本人拉致問題，中国との**尖閣諸島**問題など。

(2) **日本の役割**……〈**経済協力**〉アジアを中心とした国々への**政府開発援助**（㉚〔　　　〕）による支援。〈**国際平和**〉軍縮や国連の**平和維持活動**（⑬〔　　〕）への参加。〈**民間協力**〉非政府組織(NGO)の活躍。

| ⑰ |
| ⑱ |
| ⑲ |
| ⑳ |
| ㉑ |
| ㉒ |
| ㉓ |
| ㉔ |
| ㉕ |
| ㉖ |
| ㉗ |
| ㉘ |
| ㉙ |
| ㉚ |

公民

1 現代社会と日本国憲法

2 政治参加，国会・内閣のはたらき

3 裁判所と三権分立，地方自治

4 くらしと経済

5 財政と国民の福祉

6 国際社会とわたしたち

理解度診断テスト

入試Guide

京都議定書の内容と問題点について，図表などを使用して出題される。再生可能エネルギーの開発・研究が進められている理由や課題についても問われる。

Let's Try　差をつける記述式

① 国際連合の安全保障理事会の5常任理事国がもつ拒否権とは，どのような権限か，答えなさい。

Point「拒否」には何か国が必要か，「拒否」するとどうなるのかを書く。

[　　　　　　　　　　　　　　　　　　　　　　　　　　　　　　　　　　　]

② フェアトレードとはどのようなことか，「発展途上国」，「価格」の語句を使って答えなさい。〔群馬〕

Point「フェア」とは「公正・適正」，「トレード」とは「取り引き・貿易」の意味であることを考える。

[　　　　　　　　　　　　　　　　　　　　　　　　　　　　　　　　　　　]

STEP 2　実力問題

解答 ⇨ 別冊 p.51

1 国家や国際連合について，次の問いに答えなさい。

(1) 次の文中の空欄 a ～ d に入る語句・数値を答えなさい。

〔秋田・北海道一改〕

a[　　　] b[　　　] c[　　　] d[　　　]

　独立した国家は，他国に支配されたり干渉されたりせず，国の政治や外交について自ら決める権利である a をもつ。国家間の決まりである b には，国と国とが結ぶ条約や，公海自由の原則のように長年の慣行で守られているものがある。日本の領海は，領土の海岸線から c 海里までであり，領海と排他的経済水域をあわせた範囲は，海岸線から d 海里までである。

(2) 右の**図1**中の**ア～ウ**は，ヨーロッパ州，アフリカ州，北・南アメリカ州のいずれかである。アフリカ州を示しているものを，**ア～ウ**から1つ選びなさい。　　[　　　]〔秋田〕

図1　国連加盟国数の推移

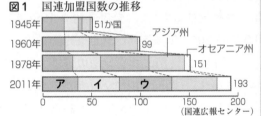

(3) 右の**図2**中の空欄 X に入る，国と国との争いを法に基づいて解決するなどの役割を担う機関を何というか，答えなさい。

[　　　]〔鹿児島〕

図2　国際連合の主要機関

(4) 右の**表**は，**図2**中の安全保障理事会におけるある重要な決議案の投票結果を示したものである。投票の結果，この決議案は採択されたか，それとも採択されなかったか。理由を明らかにしながら，「常任理事国」の語句を使って答えなさい。〔福島〕

[

]

表

投票	国名
賛成	コートジボワール，赤道ギニア，エチオピア，フランス，カザフスタン，クウェート，オランダ，ペルー，ポーランド，スウェーデン，イギリス，アメリカ合衆国
反対	ボリビア，ロシア連邦
棄権	中国

(5) 国際連合に関連する次の機関の略称を，アルファベットで答えなさい。

① 日本も戦後の1949年から支援を受けていた機関で，現在も子どもの命と健康を守る活動を行う。　　　　　　　[　　　]

② 1948年に設立され，「すべての人に健康を」を目的とし，主に発展途上国で医療などの活動をする機関。　　[　　　]〔山形一改〕

③ 教育・科学・文化を通して世界平和を目ざす機関で，世界遺産の登録，保護の推進なども行う。　　　　　　[　　　]〔大阪一改〕

得点UP!

1 (2)アフリカ州で17か国が独立した1960年は，「アフリカの年」と呼ばれた。
(3)本部はオランダのハーグに置かれている。
(4)安全保障理事会は，5か国の常任理事国と10か国の非常任理事国で構成され，重要事項の決定については，5か国の常任理事国を含む9か国以上の賛成が必要である。
(5)①「子ども」であるのでChildrenに関連する文字が入る。
②「健康」であるのでHealthに関連する文字が入る。
③「教育」「科学」「文化」であるのでEducation, Science, Cultureに関連する文字が入る。

Check! 自由自在 ①
国際連盟と国際連合の違いを調べてみよう。

公民

1 現代社会と・日本国憲法

2 政治参加、国会・内閣のはたらき

3 裁判所と三権分立、地方自治

4 くらしと経済

5 財政と国民の福祉

6 国際社会とわたしたち

理解度診断テスト

2 次の文を読んで，あとの問いに答えなさい。

> 今日，世界には，a 難民問題，b 貧困問題，c 環境問題などさまざまな問題がある。各国は，地域との連携，世界との協力なしには，課題解決は困難である。日本も d 国際貢献を通じて世界と協力し，世界平和を目ざしている。

(1) 下線部 a について，難民の保護や支援を行う国際連合の機関の略称を，次のア～エから1つ選びなさい。　　　　　　　　　　　　　　　　［　　　　］〔山梨－改〕

　ア WTO　　イ NAFTA（ナフタ）　　ウ UNHCR　　エ ASEAN（アセアン）

(2) 下線部 b について，次の文にあてはまる語句を答えなさい。

　① 発展途上国間での経済格差の問題。　　　　　［　　　　　　　］〔栃木－改〕

　② 発展途上国でつくられた農産物や製品を，その労働に見合う公正な価格で取り引きすること。　　　［　　　　　　　］〔富山－改〕

(3) 下線部 c について，

資料 発電にかかる費用の比較

発電方法	石炭火力	天然ガス火力	風力	地熱	太陽光
費用	12.3 円	13.7 円	21.6 円	16.9 円	24.2 円

※費用は発電量 1 kWh あたりの費用で，建設費や運転維持費などを含む。

（資源エネルギー庁）

この問題への対策面から再生可能エネルギーによる発電が進められている。上の**資料**からわかる，この発電の課題を答えなさい。〔鹿児島〕

［　　　］

(4) 下線部 d について，次の問いに答えなさい。

　① 政府による発展途上国への資金や技術援助を何というか，アルファベットで答えなさい。　　　　　　　　　［　　　　　　　］〔長野－改〕

　② 右の**表**を正しく読み取ったものを，次のア～エから1つ選びなさい。

　　　　　　　　　　　［　　　］〔愛媛〕

表 主な先進国の政府開発援助の実績

項目＼国	援助総額（百万ドル）	GDPに対する援助総額の割合（％）	国民1人あたりの負担額（ドル）	2国間援助の額（百万ドル）	国際機関への出資と拠出の額（百万ドル）
アメリカ合衆国	34412	0.18	106.5	28535	5877
ドイツ	24736	0.71	300.7	19637	5099
イギリス	18053	0.68	275.0	11517	6536
日本	10417	0.21	82.1	7049	3368
フランス	9622	0.39	144.2	5642	3980
イタリア	5087	0.27	84.0	2420	2667
オランダ	4966	0.64	290.6	3157	1809
スウェーデン	4894	0.95	489.6	3452	1442
ノルウェー	4380	1.18	832.7	3451	929
スペイン	4278	0.35	92.1	2597	1681

※ 2 国間援助とは，発展途上国に対して直接的に行う援助のこと。

（2016年）　　　　　　　　　　　　　　　　　　　　　（総務省など）

　　ア 日本は，**表**中の 10 か国のうち，援助総額と国際機関への出資と拠出の額が，いずれも 4 番目に多い。

　　イ **表**中の 10 か国とも，国際機関への出資と拠出の額よりも 2 国間援助の額の方が多い。

　　ウ 日本とドイツを比べると，GDP に対する援助総額の割合は，日本の方が大きい。

　　エ ノルウェーの国民 1 人あたりの負担額は，日本の国民 1 人あたりの負担額の 10 倍以上である。

得点UP！

2 (1)国連難民高等弁務官事務所の略称を選ぶ。

Check! 自由自在 ②
国際連合に関連する機関で，United Nations の頭文字の UN で始まるものを調べてみよう。

(2)①先進工業国と発展途上国との経済格差は南北問題という。

(3)**資料**中の再生可能エネルギーは，風力，地熱，太陽光による発電である。

Check! 自由自在 ③
日本のエネルギーの供給は，再生可能エネルギーを含めてどのように推移しているのか調べてみよう。

(4)①この援助の，技術協力を担当しているのが国際協力機構（ジャイカ）（JICA）である。その一事業として，青年海外協力隊というボランティア隊員が世界へ派遣されている。

Check! 自由自在 ④
日本の政府開発援助は，どの地域に対する援助が多いのか調べてみよう。

STEP 3 発展問題

1 国家・国際連合について，次の問いに答えなさい。

(1) 国連海洋法条約で定められている排他的経済水域に関して述べた文として誤っているものを，次の**ア～エ**から1つ選びなさい。　　　　　　　　　　　[　　　]〔弘学館高〕

ア 日本の排他的経済水域と領海を合わせた面積は広く，国土面積の10倍以上にもなる。

イ 排他的経済水域では，沿岸国が海洋資源に主権をもち，外国船の航行は制限されている。

ウ 排他的経済水域は領海の外側にあり，海岸線から200海里以内の範囲である。

エ 日本の遠洋漁業の減少は，各国が排他的経済水域を設定したことなどが背景にある。

(2) 国際連合について述べた文として正しいものを，次の**ア～エ**から1つ選びなさい。

[　　　]〔開成高〕

ア 国際連合は，アメリカ合衆国のウィルソン大統領が提唱した「十四か条の平和原則」に基づいて1945年に発足した。原加盟国は51か国で，そこに日本も含まれている。

イ 国連総会は全加盟国で構成され，原則として年1回開かれる。総会では1国につき1票の投票権をもつが，常任理事国には拒否権が与えられている。

ウ 安全保障理事会の決議に基づいて派遣される平和維持活動（PKO）は，国連憲章で定められた国連軍と，非武装の停戦監視団や選挙監視団によって構成される。

エ 国際司法裁判所には15名の裁判官がおり，国家間の紛争の解決にあたるが，裁判を始めるには当事国の同意が必要である。

表 地域別国連加盟国数と安全保障理事会の常任理事国数（2020年現在）

地域	加盟国数	常任理事国数
アジア	54か国	1か国
アフリカ	54か国	0か国
中南米	33か国	0か国
西欧その他	29か国	3か国
東欧	23か国	1か国

(3) 右の**表**から読み取れる，国際連合の安全保障理事会の課題を簡潔に答えなさい。〔群馬〕

[　　　　　　　　　　　　　　　　　　　　　　　]

2 世界のさまざまな問題と国際協力について，次の問いに答えなさい。

(1) **I**は，政府の開発協力の文章の一部である。**I**・**II**の表は，政府開発援助事業予算，**III**の表は，**II**の表の贈与の内訳を示したものである。1997年度と比較した2018年度における政府開発援助の変化について，**I**～**III**の資料を活用し，政府開発援助事業予算と2国間政府開発援助贈与の内訳に着目して答えなさい。〔東京 '20〕

I
・自助努力を後押しし，将来における自立的発展を目ざすのが日本の開発協力の良き伝統である。
・引き続き，日本の経験と知見を活用しつつ，当該国の発展に向けた協力を行う。

II

	政府開発援助事業予算（億円）		
		政府貸付	贈与
1997年度	20147	9767（48.5％）	10380（51.5％）
2018年度	21650	13705（63.3％）	7945（36.7％）

（外務省）

III

	2国間政府開発援助贈与（億円）		
		無償資金協力	技術協力
1997年度	6083	2202（36.2％）	3881（63.8％）
2018年度	4842	1605（33.1％）	3237（66.9％）

（外務省）

公民

1 現代社会と日本国憲法

2 政治参加・国会・内閣のはたらき

3 裁判所と三権分立，地方自治

4 くらしと経済

5 財政と国民の福祉

6 国際社会とわたしたち

理解度診断テスト

(2) 右の表は，主な地球環境問題への国際的な取り決めに関するものである。表中のA〜Dに入る語句を，次のア〜エからそれぞれ選びなさい。

採択年	主な取り決め	主な内容
1971年	ラムサール条約	湿地とそこに生息・生育する動植物の保全促進
1973年	A	過度な国際取引による野生動植物の絶滅防止
1987年	B	オゾン層を破壊する物質の放出の規制
1992年	気候変動枠組条約	大気中の温室効果ガスの濃度の安定化
1992年	生物多様性条約	生物多様性の保護と生物資源の持続可能な利用
1997年	C	先進国への温室効果ガス排出削減目標の規定
2015年	D	世界共通の長期目標として2℃目標を設定

A[　　　] B[　　　] C[　　　] D[　　　] 〔お茶の水女子大附高〕

ア 京都議定書　　イ モントリオール議定書　　ウ パリ協定　　エ ワシントン条約

(3) 核兵器に関して述べた文（2021年6月現在）として正しいものを，次のア〜エから1つ選びなさい。　　　　　　　　　　　　　　　　　[　　　] 〔帝塚山高一改〕

ア 昨今の中国・北朝鮮情勢の変化に伴い，日本は核兵器を，「もたず，つくらず，もち込ませず」という非核三原則を放棄した。

イ 1968年，核保有国に核兵器をすべて放棄させ，また，非核保有国の新たな核保有も全面的に禁止する核拡散防止条約が主要国の間で締結された。

ウ 1998年にインドとパキスタン，2006年に北朝鮮が核実験を行うなど，核保有国は広がりつつあるが，中国はいまだに核実験を成功させていない。

エ 1996年，包括的核実験禁止条約が国連総会で採択されたが，アメリカ合衆国などが批准していないため発効していない。

(4) SDGsの考え方をオリンピックの準備や運営などで取り組む際，その取り組みとして適切と考えられるものを，次のア〜オから2つ選びなさい。　[　　・　　] 〔筑波大附属駒場高〕

ア 道路や公共施設などのバリアフリー化を進め，くらしやすい街づくりをする。

イ 建設資材となる木材には，なるべく安価で質の高いものを使用する。

ウ 食堂などで提供する海産物・農産物には，常に新鮮なものを用意する。

エ AIなど最新技術を用いて警備を行うとともに，厳罰化によってテロを防止する。

オ 会場などの電力に，水素や太陽光などの再生可能エネルギーを使用する。

(5) 世界経済の動向について述べた文として正しいものを，次のア〜オから2つ選びなさい。

[　　・　　] 〔筑波大附属駒場高一改〕

ア 自由貿易協定（FTA）は，貿易の自由化に加えて，人の移動，知的財産に関する内容を含む幅広い経済統合の枠組みである。

イ 日本とヨーロッパ連合（EU）の経済連携協定（EPA）が発効されたことで，著作権の保護期間を延長する共通のルールがつくられた。

ウ フランスは当初，環太平洋経済連携協定（TPP）への不参加を表明していたが，最終的には参加した。

エ 東南アジアの10か国で構成されている東南アジア諸国連合（ASEAN）は，経済統合を進めつつ，環境や災害への対処などで協力を進めている。

オ 経済のグローバル化と貿易の自由化によって先進国と発展途上国との経済的な格差は解消し，現在では「南北問題」や「南南問題」は問題視されなくなった。

理解度診断テスト

| 本書の出題範囲 pp.130～165 | 時間 35分 | 得点 / 50点 | 理解度診断 A B C |

解答 ⇨ 別冊 p.53

1 次の問いに答えなさい。

重要

(1) 国民の権利について，右の**表1**中の**A**～**C**に入る語句を，次の**ア**～**ウ**からそれぞれ選びなさい。(2点×3)

表1

身体の自由	精神の自由	経済活動の自由
A	B	C

A〔　　　　　〕　B〔　　　　　〕　C〔　　　　　〕〔北海道－改〕

ア 学問の自由　　**イ** 職業選択の自由　　**ウ** 奴隷的拘束及び苦役からの自由

思考力 独創的

(2) 小選挙区制で議員が選出される議会があり，定員は3人である。この議会の選挙で政党A～Cが3つの選挙区Ⅰ～Ⅲで候補者を立てたときの得票数が**表2**であった。この小選挙区での結果は，A党2議席，C党1議席であ

表2

選挙区	A党	B党	C党	計
Ⅰ	35	25	40	100
Ⅱ	50	40	10	100
Ⅲ	a	b	c	100

表3

	a	b	c
ア	20	50	30
イ	60	15	25
ウ	50	40	10
エ	40	35	25

ったが，この3つの選挙区を合併して，得票数を比例代表制(ドント式)で配分すると，A党2議席，B党1議席となった。選挙区Ⅲの得票数a～cに入る適切な組み合わせを，**表3**の**ア**～**エ**から1つ選びなさい。(4点)　〔東京学芸大附高〕

(3) 国会について，次の問いに答えなさい。(5点×2)

重要

① 日本国憲法は，国会は「国権の最高機関」であると位置づけている。このように定められている理由を「代表者」の語句を使って，25字以内で答えなさい。　〔青雲高〕

② 法律案が衆議院で可決され，参議院で否決された場合，どのような経緯を経れば成立するのか。その一部を示した次の文中の＿＿＿＿に入る語句を答えなさい。　〔山形－改〕

〔　　　　　　　　　　　〕

| 衆議院で，＿＿＿＿の多数で再び可決されたとき，成立する。 |

難問

(4) 内閣と総辞職の関係について述べた次の**a**・**b**の正誤の組み合わせとして正しいものを，あとの**ア**～**エ**から1つ選びなさい。(3点)　〔東大寺学園高－改〕

a 内閣は，自ら衆議院を解散した場合でも，総選挙後初めて国会が召集されたときに，総辞職しなければならない。

b 内閣総理大臣が死亡した場合は，国務大臣が職務を代行するので，総辞職する必要はない。

ア a－正　b－正　　**イ** a－正　b－誤　　**ウ** a－誤　b－正　　**エ** a－誤　b－誤

(5) 裁判所の裁判員制度について述べた次の**a**～**c**の正誤の組み合わせとして正しいものを，あとの**ア**～**オ**から1つ選びなさい。(2点)　〔沖縄－改〕

a 裁判員制度は原則として，裁判官3人と，裁判員6人が裁判に参加するものである。

b 裁判員制度は民事裁判で適用され，私人(個人)間の争いを解決に導く。

c 裁判員制度は刑事裁判で適用され，殺人などのほか，すべての刑事事件が対象となる。

ア a－正　b－正　c－誤　　**イ** a－正　b－誤　c－正　　**ウ** a－正　b－誤　c－誤

エ a－誤　b－正　c－誤　　**オ** a－誤　b－誤　c－正

公民

1 現代社会と日本国憲法

2 政治参加、国会・内閣のはたらき

3 裁判所と三権分立

4 くらしと経済

5 財政と国民の福祉

6 国際社会とわたしたち

理解度診断テスト

2 次の問いに答えなさい。

(1) 右の図中の **A・B** に入る語句の組み合わせとして正しいものを，次の**ア〜エ**から1つ選びなさい。(2点) [　　　]〔新潟〕

 ア A−配当　B−労働　　**イ** A−配当　B−サービス

 ウ A−税金　B−労働　　**エ** A−税金　B−サービス

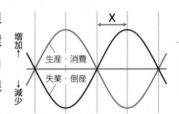

(2) 1968年に消費者の保護を目的として制定され，その後2004年に自立した消費生活を目ざして改正された法律を，漢字6字で答えなさい。(3点) [　　　]〔沖縄〕

(3) 右の表は，あるホテルの宿泊料金（しゅくはく）を表している。土曜・祝前日の宿泊料金が日曜〜金曜よりも高い理由を，「需要量（じゅよう）」，「供給量」の語句を使って，「ホテルの部屋数という」に続く形で答えなさい。(5点) 〔埼玉−改〕

日曜〜金曜	11000円
土曜・祝前日	13000円

[ホテルの部屋数という

　　]

(4) 消費税について述べた次の**a・b**の正誤の組み合わせとして正しいものを，あとの**ア〜エ**から1つ選びなさい。(3点) [　　　]〔福島〕

 a 消費税は，税金を納めなければならない人と実際に税金を負担する人が一致（いっち）する。

 b 消費税は，所得税に比べて，低所得の人ほど所得に対する税負担の割合が高くなる。

 ア a−正　b−正　　**イ** a−正　b−誤　　**ウ** a−誤　b−正　　**エ** a−誤　b−誤

重要

(5) 景気変動のようすを示した右の図中の，**X**の時期の政府や日本銀行の政策を述べた文として正しいものを，次の**ア〜エ**から1つ選びなさい。(3点) [　　　]〔国立高専〕

 ア 政府は公共事業を減らして増税を行い，日本銀行は一般（いっぱん）の銀行に国債（こくさい）などを売る。

 イ 政府は公共事業を減らして増税を行い，日本銀行は一般の銀行から国債などを買う。

 ウ 政府は公共事業を増やして減税を行い，日本銀行は一般の銀行に国債などを売る。

 エ 政府は公共事業を増やして減税を行い，日本銀行は一般の銀行から国債などを買う。

思考力

(6) 右の図中の空欄（くうらん）　**X**　・　**Y**　に入る語句を，円高・円安から選んで答えなさい。また，空欄　**A**　〜　**D**　に入る数字を答えなさい。

 (1点×6)〔お茶の水女子大附高−改〕

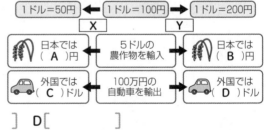

X[　　　　]　Y[　　　　]

A[　　　]　B[　　　]　C[　　　]　D[　　　]

(7) 日本の国際貢献（こうけん）について述べた次の**a・b**の正誤の組み合わせとして正しいものを，あとの**ア〜エ**から1つ選びなさい。(3点) [　　　]〔神奈川〕

 a 戦争などで生活が破壊（はかい）された人々への支援（しえん）として，政府開発援助(ODA)による経済援助や非政府組織(NGO)による開発協力が行われてきた。

 b 日本の自衛隊は，法律に基（もと）づきPKOに参加するとともに，21世紀の初めにはイラクに派遣（はけん）された。

 ア a−正　b−正　　**イ** a−正　b−誤　　**ウ** a−誤　b−正　　**エ** a−誤　b−誤

● 精選 図解チェック&資料集 公民

●次の空欄にあてはまる語句を答えなさい。

★ 人権のあゆみ・基本的人権

▶フランス人権宣言

第1条　人は，自由かつ権利において平等なものとして出生し，かつ生存する。社会的差別は，共同の利益の上にのみ設けることができる。

第3条　あらゆる主権の原理は，本質的に国民に存する。

第4条　自由は，他人を害しないすべてをなし得ることに存する。　　　　　　　　　　（「人権宣言集」）

▶ ① 憲法（ドイツ）

第151条(1)　経済生活の秩序は，すべての者に人間たるに値する生活を保障する目的をもつ正義の原則に適合しなければならない。この限界内で，個人の経済的自由は，確保されなければならない。　　　　　　（「人権宣言集」）

↑ 人権に関する主な宣言・憲法

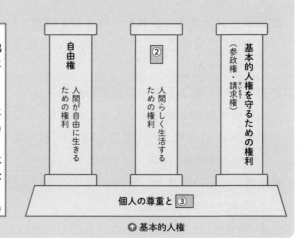

自由権　人間が自由に生きるための権利

② 　人間らしく生活するための権利

基本的人権を守るための権利（参政権・請求権）

個人の尊重と ③

↑ 基本的人権

★ 国会・内閣・裁判所

民事裁判

④ 裁判

最高裁判所

上告　上告／上抗告

高等裁判所

上告　⑤ ／ ⑤ 抗告

地方裁判所　家庭裁判所

⑤

簡易裁判所

最高裁判所

上告　上告／抗告

高等裁判所

⑤ ／ ⑤ ／ 抗告

地方裁判所　家庭裁判所

簡易裁判所

※抗告とは，「判決」ではなく，「決定・命令」に不服がある場合の申し立て。

↑ 三審制のしくみ

⑥ 権（国会）

選挙

国民

内閣総理大臣の指名
衆議院の解散
内閣不信任の決議，国会召集の決定
国政調査権

世論

行政権（内閣）

最高裁判所長官の指名
その他の裁判官の任命

行政の命令や処分の違憲・違法審査

裁判官の弾劾裁判

違憲立法審査

⑦

司法権（裁判所）

↑ 三権分立

★ 経済

政府（国・地方公共団体）

賃金・社会保障など　労働

公共サービス

税金

代金、投資・融資　商品・サービス

公共サービス

税金

⑧

代金
商品・サービス
賃金
労働

⑨

↑ 経済の循環

		直接税	⑪ 税
国税		⑩ 税 →累進課税の制度 法人税 相続税	酒税 揮発油税 消費税 関税 たばこ税
地方税	（都）道府県税	（都）道府県民税 事業税 自動車税	地方消費税 （都）道府県たばこ税 ゴルフ場利用税
	市（区）町村税	市（区）町村民税 固定資産税	市（区）町村たばこ税 入湯税

↑ 主な税金

思考力・記述問題対策 高校入試予想問題

出題傾向

※公立高校入試問題の場合。

1 地理・歴史・公民の3分野から，基本的な用語やことがらを中心に，幅広くバランスよく出題されている。

2 地図やグラフ，統計表，写真などの資料から情報を読み取る問題が多く出題され，思考力を必要とする問題も見られる。

3 記号選択や用語記述だけでなく，十数字から数十字までの文章記述問題が増える傾向にある。

4 大設問の中で，2分野・3分野にまたがる問題が出されるなど，分野融合問題も出題されている。

【公民分野】
■ 政治については，国会・内閣・裁判所や地方自治に関する出題が多い。
■ 経済や国際社会については，家計や消費者の権利，社会保障，環境問題・エネルギー問題などの出題が多い。
■ 時事的な内容

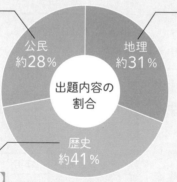

出題内容の割合

公民 約28%
地理 約31%
歴史 約41%

【地理分野】
■ 地図と結びつけて，地域の自然や産業を問う問題が多い。
■ 人口や農産物の生産量，工業生産額などを数値で表し，そこから地域の特色を読み取る問題が増加している。
■ 地図やグラフをかく作図問題も見られる。

【歴史分野】
■ 古代〜現代まで幅広く出題されている。
■ 年表だけでなく，写真や絵画，あるいは文献史料などを利用した問題が増えている。
■ テーマ史で複数の時代について幅広く問う出題が多い。

合格への対策

● 教科書を徹底的に復習する…教科書に出てきた用語やことがらは，その意味も含めて理解しよう。

● 弱点をチェックする…問題を解いて間違えたとき，「何が原因で間違えたのか」をしっかりと確認しよう。

● 実戦力を養う…問題に数多くあたることで，入試問題に出題されやすい内容や，出題パターンなどが見えてくるはず。

● ニュースや新聞の話題に注目する…時事的な内容の問題に対応するために，ふだんからニュースや新聞をチェックしよう。さらに，関連する用語やことがらとセットで理解を深められると効果的。

思考力・記述問題対策（地理）

解答 ⇒ 別冊 p.55

1 世界の地理に関して，次の問いに答えなさい。

(1) ナイジェリアで信仰者が多い宗教には，その教えや決まりに適合していることを意味する「ハラール」ということばがある。**資料1**は，「ハラール」にあたる食品などにつけられているマークの1つである。この宗教の信者にとって，**資料1**のようなマークが食品につけられている利点を，この宗教の決まりと合わせて，簡潔に答えなさい。〔静岡ー改〕

資料1

(2) **資料2**は，ナイジェリアの輸出総額と原油の輸出額の推移を，**資料3**は，原油価格の推移を表したものである。**資料2**からナイジェリアの輸出総額が安定していないことがわかるが，その理由を「原油の輸出額」，「原油価格」の2つの語句を使って，簡潔に答えなさい。〔高知〕

資料2

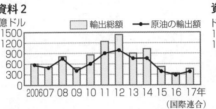

資料3

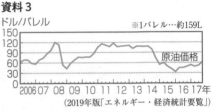

(3) **資料4**は，イタリアなど4か国の発電の割合と電力消費量を示したものである。**資料4**から読み取れることをもとに，次の文中の空欄 **X** に入る内容を，「再生可能エネルギー」の語句を使って，簡潔に答えなさい。〔福岡〕

資料4

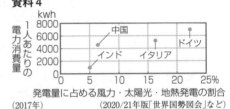

発電量に占める風力・太陽光・地熱発電の割合
(2017年)　(2020/21年版「世界国勢図会」など)

> **資料4**に示すアジア州の国々は，経済成長を目ざす中でも，**X**ことで，地球環境問題への対処や持続可能な社会の実現がいっそう可能になる。

(4) 右の**表**は，アメリカ合衆国と中国の小麦，米，とうもろこしの生産量と輸出量を示したものである。**表**から読み取れる，中国と比較したアメリカ合衆国の農産物の生産量と輸出量の関係を簡潔に答えなさい。〔熊本〕

表

国＼項目	小麦 生産量（万t）	小麦 輸出量（万t）	米 生産量（万t）	米 輸出量（万t）	とうもろこし 生産量（万t）	とうもろこし 輸出量（万t）
アメリカ合衆国	4746	2873	808	478	39760	5351
中国	13440	60	21268	174	25907	47

(2017年)　(2020/21年版「世界国勢図会」)

(1)	
(2)	
(3)	
(4)	

2 次の文を読んで，あとの問いに答えなさい。

　関東地方は，総人口が日本で最も多い地方である。高度経済成長などの**a社会の変化**とともに，人口の移動が見られた。**b工業**がさかんな地域が集中する一方，千葉県や茨城県の大都市近郊や，**c群馬県嬬恋村**のような高原などでは野菜の生産もさかんである。

(1) 下線部 **a** について，右の**グラフ1**の A・B，**表** の C・D は，東京都中央区，東京都多摩市のいずれかである。東京都中央区の正しい組み合わせを，次の**ア〜エ**から１つ選びなさい。〔岐阜〕

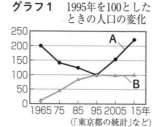

グラフ1 1995年を100としたときの人口の変化

（「東京都の統計」など）

表 年齢層別の人口の割合 （単位：%）

	C	D	日本全体
0 〜 14 歳	12.0	12.2	12.9
15 〜 64 歳	71.6	62.4	61.5
65 歳以上	16.4	25.4	25.6

(2015年) 　（「東京都の統計」など）

ア グラフ1－A　表－C　　**イ** グラフ1－A　表－D
ウ グラフ1－B　表－C　　**エ** グラフ1－B　表－D

(2) 下線部 **b** について，次の文の空欄 **X** に入る内容を，右の**資料1・2**から読み取れることを関連づけて，「生産にかかる費用」の語句を使って簡潔に答えなさい。〔福岡〕

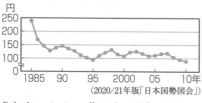

資料1 為替相場の推移

（2020/21年版「日本国勢図会」）

資料2 海外に進出している企業のうち製造業の海外生産比率の変化

	海外	国内
1985年度	8.7%	91.3
2010年度	31.9%	68.1

（経済産業省）

　日本の工業の変化に関して**資料1・2**を関連づけると，製造業では，円の価値が **X** ことがわかる。

(3) 下線部 **c** について，群馬県のキャベツの生産の特徴を千葉県と比べたとき，右の**グラフ2**のようになる理由を，**グラフ3・資料3**を参考にして，「標高」，「夏」の２つの語句を使って，「群馬県の主な産地は，千葉県に比べて」の書き出しに続けて，簡潔に答えなさい。〔岐阜〕

グラフ2 東京都中央卸売市場のキャベツの入荷量

(2020年)　　　　（東京都中央卸売市場）

グラフ3 キャベツの主な産地の月別平均気温

—— 銚子市(千葉県)　—— 嬬恋村(群馬県)
（2021年版「理科年表」など）

資料3

・キャベツは高温に弱い。
・銚子市は，関東平野にある。

(1)	

(2)	

(3) 群馬県の主な産地は，千葉県に比べて

💡 思考力・記述問題対策 (歴史)

解答⇨別冊 p.55

1 次のカードを見て，あとの問いに答えなさい。

〔広島〕

カードⅠ

古代には天皇と貴族を中心とする朝廷による政治が行われた。そのうち，奈良時代には，律令に基づく政治が確立して a 朝廷への権力集中が進み，朝廷の支配する地域も拡大した。

カードⅡ

中世には b 武士が台頭し，武士による政権が成立した。幕府のしくみは，御恩と奉公による将軍と御家人の主従関係をもとに成り立っていた。

カードⅢ

近世には，c 武士による強力な統一政権が成立した。江戸時代になると，幕府と藩による政治が行われた。幕府は大名や朝廷などを法で統制して政治を行った。

(1) 下線部 a について，日本の国のおこりや天皇を中心とする朝廷が日本を治める由来などを示すことを目的として，奈良時代につくられた書物を，次のア～エから１つ選びなさい。

ア『源氏物語』　　**イ**『解体新書』　　**ウ**『新古今和歌集』　　**エ**『日本書紀』

(2) 下線部 b について，太郎さんは武士が 11 世紀半ばから 12 世紀半ばころにかけて勢力を伸ばし，政治に力を

> **A** 11 世紀半ばころ，東北地方で豪族の反乱がおこる。
> **B** 12 世紀半ばころ，保元の乱・平治の乱がおこる。

及ぼすようになったことに興味をもった。太郎さんはその理由を考えるために，上の **A・B** のできごとにおける武士の役割を調べ，それを文にまとめた。11 世紀半ばから 12 世紀半ばころにかけて，武士が勢力を伸ばし，政治に力を及ぼすようになったのはなぜだと考えられるか。太郎さんがまとめた次の文中の，□□□□に入る内容を答えなさい。

> **A** では地方の反乱を鎮めるために武士が動員されたのに対し，**B** では□□□□の決着をつけるために武士が動員された。このことから，武士の役割が次第に大きくなり，政治に力を及ぼすようになったことがわかる。

(3) 下線部 c について，花子さんは江戸幕府が強い権力を維持するために行ったことに興味をもち，調べると，右の地図のように，江戸から離れた西日本にも幕府が直接支配した地域があることがわかった。地図中の **X** の都市を直接支配することが，権力を維持することにつながったのはなぜだと考えられるか。その理由を，**X** の都市名を挙げて答えなさい。

□幕府領
● 幕府が直接支配した都市
▲ 幕府が直接支配した鉱山

京都
生野銀山
石見銀山
大阪
X
別子銅山

(1)	(2)	
(3)		

2 近代の日本の政治と外交に関する次の問いに答えなさい。

(1) 明治政府は，1873年から地租改正を実施した。地租改正の説明として正しいものを，次の**ア**〜**エ**からすべて選びなさい。　　　　　　〔大阪教育大附高(池田)〕

ア 米の収穫高をもとに，課税額が決められた。

イ 税は，米などの農産物で納めることとなった。

ウ 土地の所有者が明確に定められた。

エ 1870年代後半の政府の収入に占める地租の割合は3分の2を超えた。

(2) 次の**A**〜**D**は，明治時代以降，日本が結んだ条約の一部を説明したものである。これについて，あとの問いに答えなさい。　　　　　　〔大阪教育大附高(池田)〕

A 中国政府が，山東省にドイツがもっているすべての利権を日本に譲ることを認めた。

B イギリスが，日本に対してもっていた領事裁判権の撤廃を認めた。

C イギリス，アメリカ，日本，フランス，イタリアの5か国間で海軍の主力艦(戦艦など)の保有量と保有比率が定められた。

D アメリカが日本の関税自主権の完全な回復を認めた。

① **A**〜**D**の条約を時代順に古いものから並べなさい。

② **A**〜**D**の条約が結ばれた年と同じ年か，その前年におこった世界のできごとを，次の**ア**〜**カ**からそれぞれ選びなさい。

　　ア アメリカでニューディール政策が始まった。　　**イ** 辛亥革命が始まった。

　　ウ インドでインド大反乱が始まった。　　**エ** ムッソリーニがイタリアの首相になった。

　　オ 朝鮮で甲午農民戦争が始まった。　　**カ** 第一次世界大戦が始まった。

(3) 太平洋戦争中のできごとについて述べた次の**X**〜**Z**の正誤を判断し，正しいものには○，誤っているものには×で答えなさい。　　　　　　〔清風南海高〕

X 国民の協力を得るために，政府は新聞などのマスメディアを通して，正しい情報を国民に伝えた。

Y 戦局が悪化する中で，徴兵が猶予されていた大学生らを軍に徴集する学徒出陣が行われるようになった。

Z 政府は，朝鮮や台湾の人々を日本軍として動員したり，軍需物資の生産を支える労働につかせたりした。

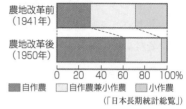

資料 農地改革前後の自作・小作別農家数の割合

農地改革前(1941年)

農地改革後(1950年)

0　20　40　60　80　100%

■自作農　□自作農兼小作農　□小作農

(「日本長期統計総覧」)

(4) 戦後の民主化政策の1つとして農地改革が行われた。その結果，農村において，経済面での平等化が進んだと考えられる理由を，右の**資料**を参考に簡潔に答えなさい。　〔広島〕

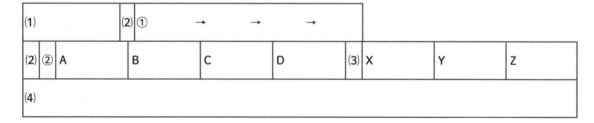

(1)			(2)	①		→	→	→			
(2)	②	A		B		C		D		(3)	X
(4)											

思考力・記述問題対策 （公民）

解答 ⇨ 別冊 p.56

1 次の表を見て，あとの問いに答えなさい。

	○○党	△△党	□□党
政治・安全	議員定数の見直し	a 選挙制度の見直し	b 国際連合の改革の推進
くらし	c 税制度の改正	d 社会保障制度の充実	e 労働の条件を改善

(1) 下線部 a について，**資料1**に示す判決が出された理由を，**資料2**を参考に，「一票」，「法の下に平等」の語句を使って答えなさい。　　〔福岡－改〕

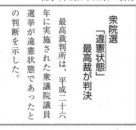

資料1　衆議院議員選挙に関する新聞記事（平成27年11月）の要約

衆院選「違憲状態」最高裁が判決

最高裁判所は，平成二十六年に実施された衆議院議員選挙が違憲状態であったとの判断を示した。

資料2　衆議院議員選挙における2つの小選挙区の有権者数（平成26年12月）

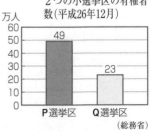

（総務省）

(2) 下線部 b についての説明として誤っているものを，次の**ア〜エ**から1つ選びなさい。　　〔市川高〕

ア 安全保障理事会は，米・英・仏・中・ロの常任理事国を含む10か国で構成されている。

イ 国連の原加盟国は51か国であったが，2021年6月時点では193か国が加盟している。

ウ 全加盟国が参加する国連総会の決議は，出席投票国による多数決で決定される。

エ 経済社会理事会は，ILO などの専門機関と協力して活動している。

(3) 下線部 c について，**資料3**は，日本の税制度の1つを模式的に示したものである。**資料3**のように納税者の支払い能力に応じて課税されるしくみが取り入れられた理由を，「税の負担を」の書き出しに続けて答えなさい。　　〔福岡〕

資料3

（財務省）

(4) 下線部 d について，**資料4**は，GDP に対する政府の社会保障支出と国民負担率の割合における国際比較である。**資料4**中の**A〜C**にあてはまる国名を，アメリカ合衆国，スウェーデン，日本のうちからそれぞれ選びなさい。　　〔清風南海高〕

(5) 下線部 e について，**資料5**から読み取れる，労働問題に関する現在の課題を，「日本は，他国と比べて」の書き出しに続けて，「両立」の語句を使って答えなさい。　　〔福岡〕

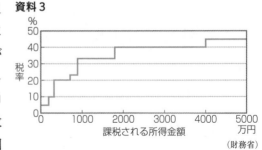

資料4

（2014年）　　（厚生労働省）

資料5　1日の生活時間の国際比較

※残業…会社などで定められた労働時間を超える労働。

（2018年版「データブック国際労働比較」など）

(1)

(2)

(3) 税の負担を

(4) A　　　　B　　　　C

(5) 日本は，他国と比べて

---

2 次の文を読んで，あとの問いに答えなさい。

2019年6月に日本が初めて議長国を務めたG20サミットが大阪で開催された。G20サミットは金融や世界経済を主要な議題とする国際会議である。

近年のG20サミットでは，主要な議題に加え，a 環境や b 移民，c 難民に関する問題についても議論が行われている。

(1) 下線部 a について，国際社会では，現在も地球温暖化を防ぎ，先進国と発展途上国が共存しながら持続可能な社会をつくっていくための議論が続けられている。温室効果ガスの削減を目ざしたしくみの1つとして考えられている「排出量取引」について，「目標」，「売買」の語句を使って答えなさい。　　　　　〔和歌山〕

(2) 下線部 b について，アメリカ合衆国では1924年，移民法が改正され，日本からの移民が実質禁止された。右の絵は，当時の風刺画家が移民法改正への皮肉を込めて描いたもので，当時のアメリカ合衆国でインディアンと呼ばれていた人たち（左側の2人）と，日本人（右側の2人）が何かを話している。元の絵に「ふきだし」はないが，この絵を描いた画家の意図を考え，「ふきだし」にあてはまる文を答えなさい。　　　　　〔開成高〕

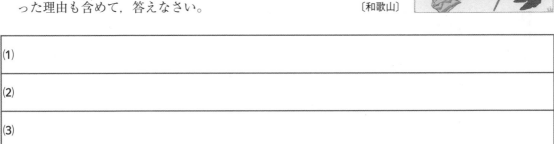

(3) 下線部 c は，どのような人々のことをいうのか，難民となるに至った理由も含めて，答えなさい。　　　　　〔和歌山〕

(1)

(2)

(3)

思考力・記述問題対策（三分野融合）

解答 ⇨ 別冊 p.57

1 次の問いに答えなさい。

(1) **資料1**は，小麦の生産量の多い上位4か国を，**資料2**は，米の生産量の多い上位4か国を示したものである。A・Bにあたる国を，次の**ア**～**エ**からそれぞれ選びなさい。　〔大阪〕

　ア 中国　　　**イ** オーストラリア
　ウ インド　　**エ** フランス

資料1　世界の小麦の総生産量に占める国別の生産量の割合

ロシア連邦　┌アメリカ合衆国

A 17.9%	B 13.6	9.8	7.0	その他 51.7

(2018年)

資料2　世界の米の総生産量に占める国別の生産量の割合

インドネシア　┌バングラデシュ

A 27.1%	B 22.1	10.6	7.2	その他 33.0

(2018年)　（資料1・2とも2020/21年版「世界国勢図会」）

(2) 江戸時代の中ごろから，農村に経済上の変化がおこり，紅花や綿，菜種などが商品作物として栽培されるようになった。農村における経済上の変化とはどのようなことか，答えなさい。　〔山形〕

(3) 農作物の取り引きについて，**資料3**を見て，次の問いに答えなさい。　〔長野－改〕

　① 長野県では，収穫したレモンを冷蔵施設に貯蔵し，6月から8月に出荷している。その理由の1つを，**資料3**を参考に答えなさい。

　② **資料3**に関して，アメリカ合衆国とチリの取扱数量が多い時期が異なる理由の1つを，両国の位置関係に触れながら答えなさい。

資料3　東京都中央卸売市場におけるレモンの産地別取扱数量と平均価格

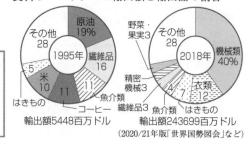

日本国内　アメリカ合衆国　チリ　その他
国産の平均価格　外国産の平均価格

(2020年)　（東京都中央卸売市場）

(4) ベトナムの経済について，**資料5**からベトナムの輸出額と輸出品目が，1995年から2018年において変化していることがわかる。変化した理由について，**資料4**の内容を踏まえて，「グローバル化」の語句を使って答えなさい。　〔滋賀〕

資料4　ベトナムの経済を巡る動き

1986年	市場経済のしくみを導入する。
1995年	ASEANに加盟する。
1998年	APECに正式に参加する。
2009年	日本と経済連携協定を結ぶ。

資料5　ベトナムの輸出額と輸出品の割合

1995年
原油 19%　その他 28　繊維品 16　米 10　はきもの 11　コーヒー 11　魚介類
輸出額5448百万ドル

2018年
機械類 40%　野菜・果実3　その他 28　精密機械3　衣類 12　4　7　はきもの　魚介類　繊維品3
輸出額243699百万ドル

（2020/21年版「世界国勢図会」など）

(1) A		B		(2)	
(3)	①				
	②				
(4)					

2 渋沢栄一（しぶさわえいいち）に関する右の年表を見て、次の問いに答えなさい。

(1) 下線部 **a** に関連して、**資料1** は、江戸（えど）幕府が大名を統制するために定めた武家諸法度（ぶけしょはっと）の一部である。**資料1** 中の大名とは、どのような武士のことか、石高（こくだか）に触（ふ）れながら答えなさい。〔埼玉−改〕

年	できごと
1840	現在の埼玉県深谷（ふかや）市で生まれる
1867	a 幕臣としてフランスに行き、b 銀行や c 株式会社のしくみを学ぶ
1873〜1916	d 500 以上の企業（きぎょう）を設立するなど、産業の振興（しんこう）に尽力（じんりょく）する
1931	11 月 11 日に永眠（えいみん）

(2) 下線部 **b** について、クレジットカードで商品を購入（にゅう）した代金は、後日、銀行の口座を使って引き落としができるようになっている。クレジットカードで支払う際の利点を、支払（しはら）い方法に触れながら「現金」の語句を使って答えなさい。〔山口〕

資料1

― 大名は、毎年 4 月中に江戸へ参勤すること。
― 自国の城を修理する場合は届け出ること。
― 大名は、勝手に結婚（けっこん）してはいけない。
― 大きな船をつくってはいけない。

(3) 下線部 **c** について、株式会社のしくみについて述べた文として正しいものを、次の**ア〜エ**から1つ選びなさい。〔大分〕

ア 株主は、購入したときと同じ価格でのみ株式を売却（ばいきゃく）することができる。

イ 株主は、株主総会で会社の方針に意見を述べることはできない。

ウ 株式会社が倒産（とうさん）した場合、株主は出資した金額以上の負担を負う。

エ 株式会社は、活動で得た利潤（りじゅん）の一部を配当金として株主に支払う。

(4) 下線部 **d** について、次の **A〜C** は、鉄鋼業、食料品工業、電気機械工業のいずれかの製造品出荷（か）額の上位 10 都道府県（2018 年）を示したものである。業種と **A〜C** の組み合わせとして正しいものを、右の**ア〜カ**から1つ選びなさい。〔大分〕

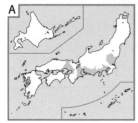
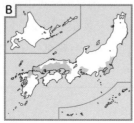
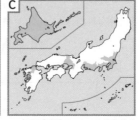

(2021年版「データでみる県勢」)

	鉄鋼	食料品	電気機械
ア	A	B	C
イ	A	C	B
ウ	B	A	C
エ	B	C	A
オ	C	A	B
カ	C	B	A

(5) **資料2** は、渋沢栄一の没年前後の日本の工業総生産額を示したもので、**A・B** は、軽工業、重化学工業のいずれかである。**B** が 1931 年以降大幅（おおはば）に増加した理由を、**B** の工業名とともに答えなさい。〔大分〕

資料2

（縦軸）300 億円 / 200 / 100 / 0
（横軸）1929 31 33 35 37 38年
（「長期経済統計」）

(1)	
(2)	
(3)	(4)
(5)	

高校入試予想問題 **第1回**

時間 **50分**　得点 /100点　合格80点

解答 ⇒ 別冊 p.58

1 **右の地図を見て，次の問いに答えなさい。**　〔山梨－改〕

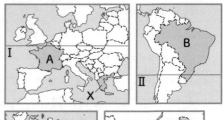

(1) 2020年1月1日午前7時を迎えたのが最も遅かった首都がある国を，地図中の**A〜D**から1つ選びなさい。

(2) 地図中の**I〜Ⅳ**の緯線から，同じ緯度を表すものを2つ選びなさい。

(3) 地図中の**X**の国には，気候に合わせた特徴的な住居が見られる。これについて，次の文中の◯◯◯に入る内容を簡潔に答えなさい。

> **X**の国の住居には，気候に合わせて窓を小さくするくふうが見られる。これは◯◯◯ためである。

(4) 右の**グラフ**と**表**を正しく読み取ったものを，次の**ア〜エ**から1つ選びなさい。

グラフ 工業出荷額に占める機械工業の割合と自動車の生産台数

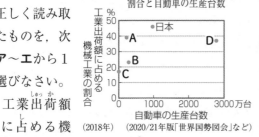

(2018年)（2020/21年版「世界国勢図会」など）

表

国名	国内総生産 （億ドル） (2018年)	一次エネルギー 供給量（億 t ） (2017年)	二酸化炭素 排出量（億 t ） (2017年)
A	27789	2.5	3.1
B	18686	2.9	4.3
C	14539	1.3	3.9
D	136082	30.6	93.0
日本	49713	4.3	11.3

(2020/21年版「世界国勢図会」)

ア 工業出荷額に占める機械工業の割合が30％を超える国は，すべて二酸化炭素排出量が10億 t を超えている。

イ 日本は**D**国と比べ，国内総生産，一次エネルギー供給量が小さいが，自動車の生産台数は多い。

ウ 国内総生産の上位2か国は，二酸化炭素排出量，自動車の生産台数でも上位2か国である。

エ 日本は**B**国と比べ，国内総生産，一次エネルギー供給量，自動車の生産台数が2倍以上である。

(1)	(2)	・	(3)	
(4)				

2 **次の問いに答えなさい。**

(1) 次の表の**ア〜エ**は，東京都・大阪府・愛知県・新潟県の製造品出荷額を割合で示したものである。①東京都と②新潟県にあてはまるものを，それぞれ1つ選びなさい。　〔大阪教育大附高（平野）－改〕

ア		イ		ウ		エ	
輸送用機械	18.9%	輸送用機械	55.0%	食料品	15.7%	化学	10.6%
電気機械	10.1%	電気機械	6.0%	化学	12.9%	金属製品	9.5%
印刷	10.0%	鉄鋼	5.1%	金属製品	10.9%	生産用機械	9.2%
食料品	9.4%	生産用機械	5.0%	生産用機械	8.4%	鉄鋼	8.6%
情報通信機械	7.0%	食料品	3.6%	電子部品	7.1%	石油・石炭製品	8.5%
その他	44.6%	その他	25.3%	その他	45.0%	その他	53.6%

(2018年)　　　　　　　　　　　　　　　　　　　　　　　　　　　　　　　　　　　　　(2021年版「データでみる県勢」)

(2) 右の表の**ア〜カ**は，人口密度が高い順（2020年），65歳以上の人口割合が高い順（2020年），水田面積が広い順（2019年），海面漁獲量が多い順（2018年），農業産出額が多い順（2018年），製造業出荷額が多い順（2018年）に，上位5位に入る都道府県を示したものである。

	ア	イ	ウ	エ	オ	カ
1位	北海道	愛知県	秋田県	北海道	東京都	北海道
2位	新潟県	神奈川県	高知県	鹿児島県	大阪府	長崎県
3位	秋田県	大阪府	山口県	茨城県	神奈川県	茨城県
4位	宮城県	静岡県	島根県	千葉県	埼玉県	静岡県
5位	福島県	兵庫県	山形県	宮崎県	愛知県	宮城県

(2021年版「データブック オブ・ザ・ワールド」など)

このうち，次の①〜③にあてはまるものを，それぞれ**ア〜カ**から選びなさい。〔青雲高－改〕

① 65歳以上の人口割合が高い順　② 水田面積が広い順　③ 製造業出荷額が多い順

(1)	①		②		(2)	①		②		③	

3 次の文を読んで，あとの問いに答えなさい。〔群馬－改〕

> A 7世紀以降，日本は唐の制度を取り入れて，a <u>新たな国づくり</u>を目ざした。b <u>平安時代以降も遣唐使</u>が派遣されたが，9世紀末に停止された。
> B 室町幕府は，明に朝貢する形式で貿易を行い，明から c <u>生糸・絹織物</u>などが輸入された。
> C 戦国大名の中には宣教師の布教活動を保護し，d <u>南蛮貿易</u>で利益をあげる者が現れた。
> D 大老 e <u>井伊直弼</u>により通商条約が結ばれた。その後，f <u>都市部では打ちこわしが多発した</u>。

(1) 下線部 a について，**資料1**は唐の影響を受けて実施された制度である。この制度を何というか，答えなさい。

(2) 下線部 b について，唐に渡り，帰国して比叡山で仏教を広めた人物の名を答えなさい。

(3) 下線部 c について，生糸と絹織物以外に大量に輸入されたものは何か，**資料2**を参考に答えなさい。

(4) 下線部 d について，南蛮貿易でもたらされた鉄砲は，その後，戦国大名に広く行きわたった。その理由を**資料3**を参考に簡潔に答えなさい。

資料1

> 口分田を男に二段，女にはその三分の二を与えよ。
> （一部要約）
> ※段は土地の単位。

資料2 定期市の開催数

> 鎌倉時代：月3回
> ↓
> 室町時代：月6回
> （応仁の乱以降）

資料3 堺の鉄砲鍛冶

資料4 江戸の物価と賃金

米1升
日雇い賃金（1人）
1864　65　66　67年
※1864年における値を1とした。
（「近世後期における主要物価の動態」）

(5) 下線部 e について，この人物が活躍した前後におこった次の**ア〜ウ**のできごとを，年代の古い順に並べかえなさい。

ア 安政の大獄　　**イ** 薩長同盟の成立　　**ウ** 桜田門外の変

(6) 下線部 f について，打ちこわしが発生した理由を**資料4**を参考に簡潔に答えなさい。

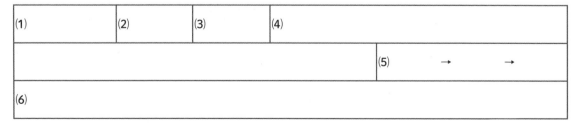

(1)		(2)	(3)	(4)	
				(5)	→　　　→
(6)					

4 **世界と日本の歴史について，次の問いに答えなさい。**　〔西大和学園高―改〕

(1) 17世紀のイギリスの皇室の説明として誤っているものを，次の**ア～エ**から1つ選びなさい。

　ア ピューリタン革命で国王が議会と対立し，議会派との戦いに敗れて処刑された。

　イ 共和政のときに政権を握ったクロムウェルの政治は安定せず，間もなく王政が復活した。

　ウ 名誉革命で武力衝突がほとんどないまま，国王が海外に逃れて議会派が勝利した。

　エ オランダから新しい国王を招き，議会は人権宣言を発表して議会政治の方針を示した。

(2) 19世紀の日本についての説明として正しいものを，次の**ア～エ**から1つ選びなさい。

　ア 五箇条の御誓文にしたがって帝国議会を開いたが，貴族院の力が強かったため，これに不満をもつ板垣退助らが中心となって自由民権運動を展開した。

　イ 徴兵令によって近代的な軍隊をつくり，これを背景に廃藩置県を断行し，中央集権的な政治体制を築いた。

　ウ 産業の近代化が進められ，新橋～横浜間に鉄道が開通し，また，群馬県には官営模範工場として富岡製糸場が設けられた。

　エ 日清戦争に勝利した日本は，多額の賠償金と台湾・遼東半島などを獲得したが，ロシア・フランス・ドイツによる三国干渉によってこれらの領土や賠償金を放棄した。

(3) 日英同盟に関する説明として正しいものを，次の**ア～エ**から1つ選びなさい。

　ア 日英同盟を結んだ日本は，イギリスからの資金で南満州鉄道を建設して満州に進出した。

　イ 日英同盟によって日本は，不平等条約のうち，領事裁判権の撤廃に成功した。

　ウ 第一次世界大戦が始まると，日本は日英同盟を口実としてドイツ領山東半島を占領した。

　エ 日本がアメリカと太平洋戦争を開始すると，イギリスは日英同盟を解消した。

(4) アメリカの南北戦争に関する説明として正しいものを，次の**ア～エ**から1つ選びなさい。

　ア 北部諸州は自由貿易を求めたが，農業を中心とする南部諸州は保護貿易を求めて対立した。

　イ リンカン大統領の奴隷解放宣言に反対する南部諸州が，独立を宣言して戦争が始まった。

　ウ リンカン大統領は，南北戦争の激戦地で「人民の，人民による，人民のための政治」という民主政治をわかりやすく説明した演説を行った。

　エ 南北戦争後，大陸横断鉄道を建設し，西部の開拓を行い，さらに太平洋に進出してペリーを派遣して日本に開国を求めた。

(5) 次の**ア～カ**を二・二六事件の前後のできごとに3つずつ分け，年代の古い順に並べかえなさい。

　ア 盧溝橋事件をきっかけとして日中戦争が始まった。

　イ 日本が国際連盟から脱退した。

　ウ 南満州鉄道が爆破されて，満州事変が始まった。

　エ 日本・ドイツ・イタリアが軍事同盟を結んだ。

　オ アメリカでの株価暴落をきっかけに大恐慌が始まった。

　カ ドイツがポーランドに侵攻して，第二次世界大戦が始まった。

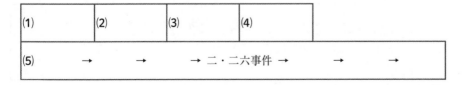

5 あけみさんが作成した年齢に関する右の資料を見て，次の問いに答えなさい。　〔長崎－改〕

(1) 資料中の空欄 P ・ Q に入る年齢を，
　　次からそれぞれ選びなさい。
　　ア 20歳　　イ 25歳
　　ウ 40歳　　エ 60歳

年齢	権利や義務
15歳	義務教育終了，a職業について働くことができる。
18歳	b選挙権をもつ。
P	c衆議院議員，市(区)町村長などに立候補できる。
30歳	参議院議員，d都道府県知事に立候補できる。
Q	介護保険に加入する。

(2) 下線部aについて，次の問いに答えなさい。
　　① 労働基本権(労働三権)のうち，労働者が
　　　使用者と対等な立場で労働条件を維持，
　　　改善していくために，労働組合を結成する権利を何というか，答えなさい。
　　② 企業について述べた次のA・Bの正誤の組み合わせとして正しいものを，あとのア～エから1つ選びなさい。
　　　A 国内における企業のうち，半数以上が大企業である。
　　　B 独自の技術などを用いて，新たな事業を展開する企業をベンチャー企業という。
　　　ア A－正　B－正　　イ A－正　B－誤
　　　ウ A－誤　B－正　　エ A－誤　B－誤

(3) 下線部bと同じく，参政権にあたるものとして正しいものを，次のア～エから1つ選びなさい。
　　ア 自己決定権　　　　イ 集会・結社・表現の自由
　　ウ 教育を受ける権利　エ 最高裁判所裁判官の国民審査権

(4) 下線部cについて，次の問いに答えなさい。
　　① 法律案の議決や内閣総理大臣の指名など，国会におけるいくつかの重要な議決については，
　　　衆議院と参議院の議決が一致しない場合，衆議院の議決が優先される。その理由を，「任
　　　期」，「国民」の語句を使って，「衆議院は」に続けて答えなさい。
　　② 内閣総理大臣は衆議院議員であることが多いが，内閣総理大臣の権限について述べた次の
　　　A・Bの正誤の組み合わせとして正しいものを，あとのア～エから1つ選びなさい。
　　　A 国務大臣を任命し，内閣を代表して行政各部を指揮・監督する。
　　　B 裁判官としてふさわしくない行為をした裁判官を辞めさせる。
　　　ア A－正　B－正　　イ A－正　B－誤
　　　ウ A－誤　B－正　　エ A－誤　B－誤

(5) 下線部dについて，「地方自治は， X の学校である。」といわれる。空欄 X に入る語句を答えなさい。

(6) あけみさんは，年齢にかかわらず，商品を購入した場合，消費税を支払わなければならない。
　　消費税のように，税金を納める人と負担する人が異なる税を何というか，答えなさい。

(1)P	Q	(2)①	②	(3)	
(4)①衆議院は					②
(5)	(6)				

高校入試予想問題 第2回

時間 **40**分　得点　　合格80点 /100点

解答 ⇨ 別冊 p.59

1 右の年表を見て，次の問いに答えなさい。

〔埼玉-改〕

(1) 年表中の空欄 **X** に入る人物の名を答えなさい。

(2) 下線部 **a** の始まった時代のようすとして正しいものを，次の**ア**～**エ**から１つ選びなさい。

ア 豪族が支配していた土地と人々を，公地公民として国家が直接支配した。

イ 惣と呼ばれる自治組織がつくられ，村の掟が定められた。

ウ 人々は口分田の面積に応じて租を負担し，調や庸，兵役の義務の負担もあった。

エ 農具で備中ぐわや，千歯こきなどが使われ，作業の能率や生産力が上がった。

(3) 下線部 **b** と **c** について，ポルトガル人のマゼランは，スペインの援助で航海を行った。**地図1**中の**A**～**C**の航路のうち，マゼランの航路を１つ選びなさい。

(4) **地図1**中のナイジェリアなどについて，右の**表1**を正しく読み取っているものを，次の**ア**～**オ**からすべて選びなさい。

ア ナイジェリアとインドネシアの人口密度では，インドネシアの方が高い。

イ アメリカ合衆国とロシア連邦では，石炭・原油産出量ともにロシア連邦の方が多い。

ウ 4か国で発電量が最多の国が，二酸化炭素排出量も最多である。

エ 4か国で人口が多い国の順に発電量も多い。

オ 4か国で発電量のうちの火力の割合が最も高いのはインドネシアである。

(5) 下線部 **d** について，次の**ア**～**エ**を年代の古い順に並べかえなさい。

ア ゴルバチョフ共産党書記長とブッシュ大統領がマルタ島で会談し，冷戦の終結を宣言した。

イ 日ソ共同宣言が調印され，日本とソ連の国交が回復した。

ウ ロシア革命がおこり，レーニンの指導の下，ソビエト政府が成立した。

エ ソ連がヤルタ会談での協定に基づき，日ソ中立条約を破って満州に侵攻した。

(6) 下線部 **e** について，次ページの**地図2**中の•は，この条約で開港された５つの港の位置を示したものであり，次ページの**表2**は，この５つの港のある道県の人口などを表したものである。**X**の港がある道県にあたるものを，表2中の**ア**～**オ**から１つ選びなさい。

年	できごと
239	邪馬台国の女王 **X** が魏に使いを送る
1404	**a** 勘合貿易が始まる
1624	**b** スペイン船の来航が禁止される
1639	**c** ポルトガル船の来航が禁止される
1804	**d** ロシア使節レザノフが長崎に来航する
1858	**e** 日米修好通商条約が結ばれる

地図1

表1

	ナイジェリア	ロシア連邦	インドネシア	アメリカ合衆国
人口(万人)	19089	14399	26399	32446
面積(万 km²)	92	1710	191	983
発電量(億 kWh)	322	10943	2549	42864
火力	267	7029	2234	27701
石炭産出量(万 t)	5	31281	46100	32023
原油産出量(万 t)	9053	51454	3892	46127
二酸化炭素排出量(百万 t)	86	1537	496	4761

(2017年)　　(2020/21年版「世界国勢図会」など)

表2

道県名	人口 （千人）	面積 （km²）	海岸線 の延長 （km）	農業 産出額 （億円）	主な産出物				工業出荷額 （億円）
					米	野菜	果実	畜産	
ア	9198	2416	429	697	36	360	82	146	185700
イ	5466	8401	848	1544	479	355	32	604	166391
ウ	2223	12584	635	2462	1445	350	77	478	51212
エ	1327	4131	4196	1499	135	439	149	562	18084
オ	5250	78421	4402	12593	1122	2271	54	7347	64136

（2018年，人口は2019年）　　　　　　　　　　　（2021年版「データでみる県勢」など）

地図2

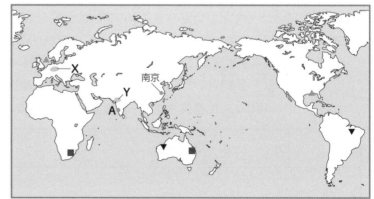

(7) 右の**グラフ**は，**地図2**中の**X**のある県と福岡県の2020年度の歳入（さいにゅう）の内訳を示している。福岡県と比較（ひかく）した**X**のある県の歳入の内訳の特色を，地方税と地方交付税交付金に着目し，地方交付税交付金とはどのようなものかに触（ふ）れながら，答えなさい。

グラフ　Xのある県と福岡県の2020年度
一般会計当初予算（歳入）の内訳

（福岡県など）

(8) **地図2**中の●のある道県や福岡県には，地方裁判所がある。裁判について述べた文として正しいものを，次の**ア～エ**から1つ選びなさい。

ア 第一審（いっしん）の判決に不服の場合，第二審の裁判所に上告し，さらに不服があれば控訴（こうそ）することができる。

イ 裁判員制度は，地方裁判所でのすべての刑事（けいじ）裁判で行われる制度である。

ウ 民事裁判で，被告人（ひこく）が弁護人を依頼（いらい）できないときは，国が費用を負担する。

エ 法律が憲法に違反（いはん）していないかどうかを審査する権限は，地方裁判所ももっている。

(1)		(2)	(3)	(4)	(5)	→	→	→
(6)		(7)						
								(8)

---

2 次の問いに答えなさい。

(1) 地図中の**A**の地域（インド西岸）で7月に吹（ふ）く主な風向きとして正しいものを，次の**ア～エ**から1つ選びなさい。

〔大阪教育大附高（池田）〕

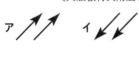

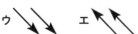

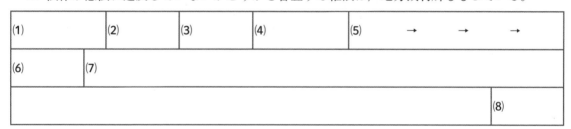

(2) 地図中の■，▲，▼は，石炭，石油，鉄鉱石のいずれかの産出地である。このうち，■が表すものを答えなさい。

〔大阪教育大附高（池田）-改〕

(3) 地図中の**X**の地域を中心に，森林の枯死や，屋外の建造物や彫刻が溶けるなどの被害が発生している。この環境問題の名称を明らかにしたうえで，その環境問題が発生する原因と，**X**の地域に被害が集中する理由を答えなさい。〔大阪教育大附高(平野)〕

(4) 地図中の**Y**の地域でおこった古代文明について述べた文として正しいものを，次の**ア～エ**から1つ選びなさい。〔愛光高〕

ア 月の満ち欠けに基づく太陰暦や，時間を60進法で測ることが考え出された。

イ 上下水道や公衆浴場などが整備された，モヘンジョ-ダロに代表される都市がつくられた。

ウ 神のように敬われた国王の墓としてピラミッドがつくられた。

エ 各地に丘の上の神殿とふもとの広場とを中心としたポリスが建設された。

(5) 地図中の南京でおこったできごとについて述べた文として正しいものを，次の**ア～エ**から1つ選びなさい。〔ラ・サール高ー改〕

ア 袁世凱は南京を首都とする中華民国政府を建てると，自らは臨時大総統の地位を孫文に譲った。

イ 日本の首相と周恩来が南京で会談し，日中共同声明を発表して両国の国交が結ばれた。

ウ アヘン戦争の講和条約が南京で結ばれ，5港を開港することなどが決まった。

エ 遊牧民族に北部の領土を奪われた宋が南京に都を移し，日本など海外との交易をさかんに行った。

(6) 地図中の南京を含む「中国への日本の進出」について，次の**ア～エ**のできごとを年代の古い順に並べかえたときの，2番目と4番目の記号を答えなさい。〔東海高〕

ア 張作霖爆殺事件　　**イ** 南京事件　　**ウ** 盧溝橋事件　　**エ** 五・四運動

(7) フランスで出された人権宣言と，イギリスで出された権利(の)章典の内容にあてはまらないものを，次の**ア～エ**から2つ選びなさい。〔東京学芸大附高ー改〕

ア すべての人は平等につくられ，造物主によって，一定の権利を付与されている。

イ 人は，自由かつ権利において平等なものとして出生し，かつ生存する。

ウ 経済生活の秩序は，すべての人に人間に値する生存を保障することを目ざす。

エ 議会の同意なしに，国王の権限によって法律の効力を停止することは違法である。

(8) フランスやイギリスは，国際連合の安全保障理事会の常任理事国である。安全保障理事会について述べた文として正しいものを，次の**ア～エ**から1つ選びなさい。〔開成高〕

ア 国連加盟国すべての代表が出席し，すべての国が対等な一票を行使する。

イ 常設の国連軍を組織し，これまでも国際法違反の国への攻撃を行ってきた。

ウ 国連の中枢となる機関で，国連の事務総長は常任理事国の国民から選ばれる。

エ 合計15か国によって構成され，常任理事国は実質事項の決議での拒否権をもつ。

(1)		(2)		(3)		
						(4)
(5)		(6) 2番目		4番目	(7)　　・	(8)

中学

自由自在 社会

問題集 From Basic to Advanced

解答解説

受験研究社

解答編

中学　自由自在問題集　社会

第1章　地理

1　世界と日本のすがた

STEP 1　まとめノート

本冊 ⇒ pp.6〜7

❶　① 4　② 7：3　③ インド洋
④ ユーラシア大陸　⑤ オーストラリア大陸
⑥ 内陸国　⑦ バチカン市国　⑧ 緯度
⑨ 赤道　⑩ 緯線　⑪ 経度　⑫ 本初子午線
⑬ 経線　⑭ 正距方位図法
⑮ メルカトル図法

❷　⑯ 太平洋　⑰ 15　⑱ 標準時子午線　⑲ 明石
⑳ 東経135　㉑ 領空　㉒ 本州　㉓ 38
㉔ 択捉島　㉕ 12　㉖ 200
㉗ 排他的経済水域　㉘ 北方領土　㉙ 竹島
㉚ 尖閣諸島

解説

❶　② 陸地が最も多く見える半球を**陸半球**(フランスのパリ西南のナントを中心とする)といい，全陸地面積の84％を含む。海洋が最も多く見える半球を**水半球**(ニュージーランド南東のアンティポディーズ諸島を中心とする)といい，全海洋面積の64％を占める。
⑥ **内陸国**には，モンゴル，スイス，マリなどがある。
⑧ 緯度が高くなるほど気温が下がり，気候が変化していく。
⑨ **赤道**はアフリカ大陸のビクトリア湖，南アメリカ大陸のアマゾン川の河口，マレー半島の南端付近などを通る。
⑩ 緯線のうち，北緯23度26分の線を**北回帰線**，南緯23度26分の線を**南回帰線**という。太陽は夏至の日の正午に北回帰線上の真上に，冬至の日の正午に南回帰線上の真上に来る。
⑫ **本初子午線**より西を**西経**，東を**東経**という。

❷　⑱ 日本の標準時は1つだけであるが，ロシア連邦やアメリカ合衆国のように国土が東西に広い国では複数の標準時を設けている。
⑳ 東経135度上には，北半球ではロシア連邦など，南半球ではオーストラリアなどが位置する。

㉗ **排他的経済水域**を守るために沖ノ鳥島では，島が水没しないように護岸工事が行われた。

Let's Try　差をつける記述式

① (例)正距方位図法は中心からの**距離**と方位が正しく，メルカトル図法は角度が正しい。
② (例)沖ノ鳥島周辺に広がる排他的経済水域が失われる。

STEP 2　実力問題

本冊 ⇒ pp.8〜9

❶　(1) 太平洋・大西洋
(2) ウ
(3) Ⅰ−B　Ⅱ−EF
(4) ウ

❷　(1) A−ユーラシア　B−日本海
C−オホーツク海　D−東シナ海
E−明石
(2) 西経90度
(3) 進める
(4) ① イ
② 東−南鳥島　西−与那国島
③ Ⅰ−エ　Ⅱ−ア　Ⅲ−イ　Ⅳ−オ

解説

❶　(1) Xの北アメリカ大陸は，西側で**太平洋**，東側で**大西洋**に面している。
(2) ア．南半球に位置するのはcとeの2つである。イ．ユーラシア大陸に位置するのはbの1つである。エ．eは南アメリカ州に位置している。オセアニア州にあるのはcである。
(3) 地図1の**メルカトル図法**では，高緯度になるほど面積が大きくなるため，CDの長さは，実際よりも長く表されている。
(4) ア．地図1の経線は20度間隔で引かれていることから，デリーとリオデジャネイロの経度の差は約120度となる。イ．地図2は中心(東京)からの距離と方位が正しい地図なので，リオデジャネイロから見たデリーまでの距離や方位は読み取ることはできない。エ．**日付変更線**の東側に近い方から最も早く日付が変わるため，東

京→デリー→リオデジャネイロの順となる。

2 (1) 日本は，**日本海，太平洋，オホーツク海，東シナ海**に囲まれている。

(2) 日本とシカゴの時差は15時間である。**経度15度で1時間の時差**となるので，15時間では，15×15＝225度の経度差となる。よって，シカゴの経度は，225－135＝90(度)である。

(3) **日付変更線**を東から西へ越えるときは，日付を1日進め，西から東へ越えるときは，1日遅らせる。

(4) ① Yの緯線は日本の最北端の択捉島を，Zの経線は日本の最東端の南鳥島付近を通っている。択捉島にある北端は北緯45度33分，南鳥島にある東端は東経153度59分である。
③ Ⅰは尖閣諸島，Ⅱは北方領土，Ⅲは竹島，Ⅳは沖ノ鳥島である。

(!) ココに注意
(2) 時差の計算では，求める地点(都市)の時刻が元の地点(都市)より進んでいるのか遅れているのかに注意する。

STEP3 発展問題 本冊 ⇒ pp.10～11

1 (1) C
(2) (例)面積が正確なので，国ごとの人口密度の違いを正しく比べられるから。
2 (1) 1月15日午後4時(1月15日16時)
(2) ア・エ
(3) 地点－イ
　　緯度と経度－南緯30度・西経15度
3 (1) B
(2) Ⅲ→Ⅳ→Ⅰ→Ⅱ
(3) イ
(4) ① イ　② イ

解説
1 (1) **地図A**は，緯線と経線が直角に交わる**メルカトル図法**で，主に航海図に利用される。**地図B**は，中心からの距離と方位が正確な**正距方位図法**で，主に航空図に利用される。**地図C**は面積が正しい地図で，主に分布図などに利用される。
(2) 人口密度は，人口÷面積で求めるため，その国の面積が地図上で正確に示されていないと，各国ごとの人口密度の分布を正確に表すことができない。
2 (1) **地図1**の経線は15度間隔で引かれているので，B地点の経度は西経120度となる。2地点の経度の差は，135＋120＝255(度)となるので，

時差は，255÷15＝17時間。B地点の時刻はA地点の17時間前となる。

(2) **イ.地図1**のメルカトル図法は距離や方位は正しく表されないため，最短コースになるかどうかは判断できない。**ウ.地図2**の正距方位図法では，地図の中心からの方位と距離が正しく，それ以外の地点間の距離や方位は正確ではない。**オ.** D地点にはたどりつかない。

(3) ある地点から地球の中心を通って反対側に位置する地点のことを対蹠点という。

(!) ココに注意
(3) 対蹠点の緯度は，北緯と南緯を入れかえる。経度は，東経と西経を入れかえ，180度－元の地点の経度となる。

3 (1) 円周の左側は**本初子午線**となる。本初子午線と東経90度の間に位置するのはBとなる。
(2) 札幌との経度の差が大きい都市ほど時差も大きくなる。札幌との経度の差がいちばん大きいⅢの都市との時差が最も大きく，札幌との経度の差がいちばん小さいⅡの都市との時差が最も小さくなる。
(3) 面積の広さから，**ウ**がブラジル，**エ**がアメリカ合衆国と判断する。**ア**と**イ**のうち，日本の面積は約38万km²であることから，**ア**が日本，**イ**がインドネシアとなる。
(4) Aはポルトガルで**ヨーロッパ州**，Bはサウジアラビアで**アジア州**，Eはオーストラリアで**オセアニア州**に位置する。
① 2214÷13009≒0.17…≒17(%)
② **グラフ**から，アジア州の人口は約46億人，オセアニア州の人口は約4000万人。アジア州の面積を3000万km²とすると，アジア州の人口密度は46億÷3000万≒153.3…(人/km²)，オセアニア州の面積を800万km²とすると，オセアニア州の人口密度は4000万÷800万＝5(人/km²)となり，153.3÷5≒30.6…≒30(倍)となる。

なるほど資料

★ **世界の面積・人口**

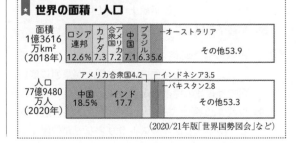

面積 1億3616万km² (2018年)	ロシア連邦 12.6%	カナダ 7.3	アメリカ合衆国 7.2	中国 7.1	ブラジル 6.3	5.6	オーストラリア	その他53.9

人口 77億9480万人 (2020年)	中国 18.5%	インド 17.7	アメリカ合衆国4.2	パキスタン2.8	インドネシア3.5	その他53.3

(2020/21年版「世界国勢図会」など)

2 世界の人々の生活・環境, 世界の諸地域 ① (アジア州)

STEP 1 まとめノート
本冊 ⇨ pp.12〜13

1 ① 北大西洋　② 偏西風　③ 季節風
④ サバナ　⑤ 西岸海洋性

2 ⑥ サリー　⑦ チマ−チョゴリ
⑧ 高床式の住居　⑨ ゲル　⑩ イヌイット
⑪ イスラム教　⑫ シャカ(釈迦)
⑬ ムハンマド　⑭ メッカ　⑮ ヒンドゥー教

3 ⑯ ヒマラヤ　⑰ 黄河(ホワンホー)　⑱ 一人っ子政策
⑲ 稲作　⑳ 経済特区　㉑ BRICS(ブリックス)
㉒ 機械類
㉓ アジア NIES(ニーズ)(新興工業経済地域)
㉔ 東南アジア諸国連合
㉕ プランテーション　㉖ タイ
㉗ インドネシア　㉘ フィリピン
㉙ 情報通信技術(ICT)　㉚ 石油輸出国機構

解説

1 ①・② 暖流の**北大西洋海流**と**偏西風**の影響を受け、西ヨーロッパは高緯度のわりに、比較的温暖。
④ 熱帯の**熱帯雨林気候**は1年を通して降水量が多く、**サバナ気候**は雨季と乾季がある。

2 ⑨ 毛皮を使ったテント式の住居で、家畜とともに移動する遊牧生活に適している。中国内陸部では**パオ**という。
⑪ 西アジアを中心に北アフリカや東南アジアでも広く信仰されている。1日に5回、聖地の**メッカ**に向かって祈りを捧げる。
⑮ **ヒンドゥー教**は信者の数では仏教よりも多いが、インドを中心とした民族宗教である。そのため、多くの民族に信仰されて広域に分布する世界宗教とは異なる。

3 ㉑ 近年、経済発展が著しいブラジル(Brazil)・ロシア連邦(Russia)・インド(India)・中国(China)・南アフリカ共和国(South Africa)の頭文字を合わせた造語。
㉓ 韓国・シンガポール・ホンコン(1997年に中国に返還)・台湾がアジア NIES と呼ばれる。

Let's Try 差をつける記述式

(例)経済特区がつくられて発展した沿岸部と開発が遅れている内陸部の間で、経済格差が大きくなっている。

STEP 2 実力問題
本冊 ⇨ pp.14〜15

1 (1) オ
(2) A−ウ　B−ア　C−イ
(3) エ

2 (1) ① 経済特区
② A−畑作　B−稲作(いなさく)　C−牧畜(遊牧)
③ (例)人口が多いので、生産された米のほとんどが国内で消費されるため。
(2) ① ASEAN(アセアン)
② (例)低賃金での労働力が得られるので、生産費用を安くすることができるため。
③ (例)輸出品目は農産物や資源から工業製品を中心としたものに変化し、輸出額も大幅に増加している。

解説

1 (1) ★で示されている地域はシベリアで冷帯(亜寒帯)気候に属する。アは熱帯の**熱帯雨林気候**、イは乾燥帯の**ステップ気候**、ウは高山気候、エは温帯の**地中海性気候**の内容である。
(2) A は熱帯に位置し、1年を通じて高温多雨であることから**ウ**、B は乾燥帯に位置し南半球にあることから**ア**、C はアンデス山脈の高山地域に位置し、1年を通じて気温が低く、寒暖差が小さい**イ**となる。
(3) エはマレーシアではなくタイの説明。マレーシアではイスラム教の信者が多い。

2 (1) ① **経済特区**は、東部の沿岸部にある、シェンチェン、チューハイ、アモイ、スワトウ、ハイナン省に置かれた。外国の投資を受け入れ、工業生産や科学技術の発展を図った。
③ 中国は、米や小麦の生産量が世界有数であるが、人口が多いことから生産量の多くが国内で消費される。そのため、ほかの主な生産国と比べると輸出量が少ない。
(2) ① 東南アジア諸国連合。インドネシア・マレーシア・フィリピン・シンガポール・タイ・ブルネイ・ベトナム・ラオス・ミャンマー・カンボジアの10か国が加盟している。
② 資料1から、日本やアメリカ合衆国と比べ、タイやマレーシアの賃金が格段に低いことが読み取れる。したがって、人件費をおさえることができ、安価に製品を生産できる。その一方、日本の企業の多くが海外へ移転することで、日本では国内の産業が衰える

「**産業の空洞化**」という現象がおこった。
③ **資料2**から，主要輸出品目が米や野菜から機械類や自動車などに変化し，工業化が進展したこと，それに伴い輸出総額も増加していることが読み取れる。

!ココに注意
(1) ② 中国の農業は，寒冷で雨が少ない北部では小麦などの畑作，温暖で雨が多い南部では稲作，乾燥した西部では牧畜がさかん。

STEP3 発展問題
本冊 ⇨ pp.16〜17

1 (1) イ
(2) A 語−c　B 教−a
2 (1) ウ
(2) (例)将来，原油が採れなくなることが予想されることから，原油に依存する経済体制を変えるため。
(3) (例)人口が増加し，1人あたりの国民総所得も増加していることから，製品を販売するための大きな<u>市場</u>
(4) イ
3 (1) ア
(2) A−(例)内陸部にある
　　B−(例)海上輸送をする

(解説)
1 (1) 地図中には，南北アメリカ大陸が示されていない。面積が最大の**ユーラシア大陸**には5つの気候帯があるのでア，**南極大陸**はすべて寒帯に属するので**エ**となる。**イ**と**ウ**のうち，乾燥帯の割合が特に高い**ウ**が**オーストラリア大陸**，熱帯と乾燥帯の割合が高い**イ**が**アフリカ大陸**と判断する。
(2) **A**は人口が世界一の中国があるので中国語と判断する。中国に次いで人口が多いインドでは，公用語のヒンディー語，準公用語の英語のほかに，憲法で21の公用語が認められている。**B**はイスラム教である。
2 (1) **ア**は乾燥帯の**砂漠気候**で，**C−②**，**イ**は乾燥帯の**ステップ気候**で，**B−④**，**エ**は熱帯の**熱帯雨林気候**で，**E−①**，**オ**は熱帯の**サバナ気候**で，**A−⑤**，**カ**は**高山気候**で，**D−③**の組み合わせとなり，温帯に位置する**ウ**が残る。
(2) **資料1**から原油の埋蔵量には限りがあること，**資料2**から原油の輸出に占める割合が大きく減少していることが読み取れる。西アジアの石

油生産国では，原油の輸出に依存する経済から脱却し，**観光業**などに力を入れている国も見られる。
(3) インドは，今後も人口が増加し，経済も発展すると考えられ，企業にとって大きな市場となる可能性をもっている。

!ココに注意
(4) 中国は，人口の約9割は漢族で，少数民族の多くは，主に西部に居住している。

3 (1) **ア**は，液化天然ガスの生産が多い**マレーシア**である。日本にとってマレーシアは，オーストラリア，カタールに次いで3番目の液化天然ガスの輸入先である(2019年)。**フィリピン**は，バナナ(果実)の生産がさかんなことから**ウ**となる。**エ**は，日本へ衣類やはきものの輸出が多い**ベトナム**，**イ**が**タイ**である。
(2) ラオスは**内陸国**で，船を利用して製品を輸出することができない。そのため，進出する企業が少ないと考えられる。

なるほど資料

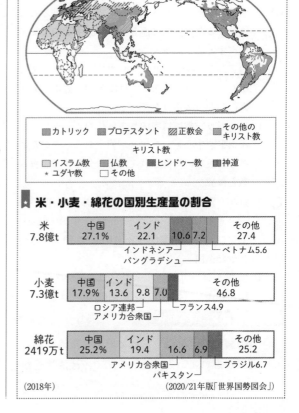

★ **世界の宗教の分布**

■ カトリック　**■** プロテスタント　**▨** 正教会　**■** その他のキリスト教
キリスト教
□ イスラム教　**■** 仏教　**■** ヒンドゥー教　**▥** 神道
★ ユダヤ教　**□** その他

★ **米・小麦・綿花の国別生産量の割合**

米 7.8億t	中国 27.1%	インド 22.1	10.6	7.2	その他 27.4

インドネシア
バングラデシュ
ベトナム5.6

小麦 7.3億t	中国 17.9%	インド 13.6	9.8	7.0	その他 46.8

ロシア連邦
アメリカ合衆国
フランス4.9

綿花 2419万t	中国 25.2%	インド 19.4	16.6	6.9	その他 25.2

アメリカ合衆国
パキスタン
ブラジル6.7

(2018年)
(2020/21年版「世界国勢図会」)

3 世界の諸地域 ②
(ヨーロッパ州, アフリカ州)

STEP 1 まとめノート　本冊 ⇒ pp.18〜19

❶ ① 産業革命　② アルプス　③ フィヨルド
④ 北大西洋　⑤ 偏西風　⑥ ゲルマン
⑦ ラテン　⑧ プロテスタント
⑨ カトリック　⑩ 混合　⑪ 地中海式
⑫ ルール　⑬ ヨーロッパ共同体　⑭ ユーロ
⑮ パークアンドライド　⑯ ウラル

❷ ⑰ 奴隷　⑱ 植民地　⑲ ナイル　⑳ サハラ
㉑ サヘル　㉒ 砂漠化　㉓ 焼畑
㉔ プランテーション　㉕ レアメタル
㉖ モノカルチャー　㉗ スラム
㉘ アパルトヘイト　㉙ カカオ豆　㉚ 原油

解説

❶ ① それまでの手工業による生産から，機械を使用した大量生産が可能となった。
⑥・⑦ イギリスやドイツなどには**ゲルマン系民族**，フランスやスペイン，イタリアなどには**ラテン系民族**が多い。
⑪ 乾燥する夏にぶどう・オレンジ・オリーブなどの果樹を栽培し，比較的降水量の多い冬に小麦などの穀物を栽培する。
⑮ 交通渋滞や排出ガスの軽減を目的に，都市中心部への自動車の乗り入れを規制する取り組み。郊外で自動車から公共の交通機関に乗り換えて中心部へと入る。ドイツのフライブルクなどで実施されている。

❷ ⑰ 16〜19世紀にかけて，アフリカ大陸の多くの黒人が奴隷として売買され，アメリカ大陸などへ強制的に送られた。
⑱ 19世紀にはアフリカの大部分の地域がヨーロッパの国々によって植民地として支配された。
⑳ アフリカ大陸北部に広がる世界最大の砂漠。**オアシス**が点在している。
㉑・㉒ **サヘル**地域では，人口増加に伴う熱帯林の伐採や家畜の過放牧などにより**砂漠化**が進行している。
㉙ チョコレートの原料。コートジボワールとガーナを合わせた生産量は世界の約55％を占める（2018年）。
㉚ ナイジェリアはアフリカ最大の原油産出国。輸出の80％以上を原油が占めている（2018年）。

Let's Try 差をつける記述式

① (例)都市の郊外で自動車から公共の交通機関に乗り換えて中心部に入ることで，二酸化炭素などの温室効果ガスの排出を減らす取り組み。
② (例)かつて，ヨーロッパ諸国の植民地となっていたため。

STEP 2 実力問題　本冊 ⇒ pp.20〜21

1 (1) フィヨルド
(2) X−北大西洋　Y−偏西風
(3) エ
(4) ウ
(5) エ

2 (1) ウ
(2) (例)2000年以降に加盟した国々は，2000年以前に加盟した国々と比べて，1人あたりの国内総生産が低いことから，加盟国間の経済格差が課題となっている。

3 (1) ウ
(2)① ア
② 経済−モノカルチャー経済
問題点−(例)特定の鉱産資源や農産物は，国際価格が安定しないため，国の財政が不安定であること。

解説

1 (1) 氷河によって侵食されてできた谷に海水が入り込み複雑な海岸線を形成している。
(2) イギリスやドイツは北海道よりも高緯度にあるが，暖流の北大西洋海流と偏西風の影響で比較的温暖な気候である。
(4) Ⅰは地中海沿岸に分布しているので**地中海式農業**，Ⅱはアルプス山脈の北側やドイツに分布しているので**混合農業**，Ⅲはアルプス山脈周辺に分布しているので**酪農**と判断する。
(5) ヨーロッパの北部は**プロテスタント**，南部は**カトリック**，東部は**正教会**の信者が多い。

2 (1) 面積が37.8万km²の**エ**は日本，人口が14.3億人の**ア**が中国とわかる。**イ**と**ウ**のうち，面積が広い**イ**がアメリカ合衆国，**ウ**がEUとなる。
(2) 2000年以降，EUに加盟した国は東ヨーロッパの国々で，工業化が遅れて経済が停滞してい

る国が多い。

3 (2) ①・②**A**は**エ**のアルジェリア，**B**は**ア**のコートジボワール，**C**は**イ**のナイジェリア，**D**は**ウ**のザンビアである。特定の作物や資源の生産と輸出に頼る**モノカルチャー経済**は，発展途上国に多く見られ，コートジボワールのカカオ豆，ナイジェリアや西アジア諸国の原油，コンゴ民主共和国やザンビアの銅，ボツワナのダイヤモンドなどがその例である。農産物や鉱産資源は，自然環境の変化による生産量や国際情勢による市場価格の変動が大きく，経済が不安定になる。そのため，多くの国が工業やほかの産業にも力を入れるなどして，モノカルチャー経済から抜け出そうと努力している。

STEP3　発展問題　本冊 ⇒ pp.22〜23

1 (1) ア
(2) (例)各国が製造した部品を集め，それらを組み立てる。
(3) ウ　　(4) ア
2 (1) ア
(2) (例)植民地時代に民族の分布を無視して引かれた境界線がそのまま国境となっているところが多いから。
(3) ① ア　② ウ　③ イ
(4) フェアトレード
(5) (例)商品作物の輸出に頼るモノカルチャー経済になっているため。

解説

1 (1) **イ**．フランスの輸出入額の差は約800億ドル，イギリスは約2200億ドルである。**ウ**．イタリアも輸出額が輸入額を上回っている。**エ**．イタリアの輸出額は5000億ドルを超えているが，イギリスは約4700億ドルである。
(3) **資料3**の**a**は面積が最大なのでロシア連邦，次に面積が広い**b**はカナダ，**c**は人口が約3.3億人なのでアメリカ合衆国，**d**は人口が約14.4億人なので中国となる。これらから**A**はアジア州，**B**はヨーロッパ州，**C**は北アメリカ州，**D**は南アメリカ州となる。**略地図の X**は国際河川のライン川，**Y**はフランス国内だけを流れるセーヌ川である。
(4) **イ**は，**ア・ウ・エ**のいずれに対しても**貿易赤字**

となっているので，アメリカ合衆国である。アメリカ合衆国の最大の輸入相手国は中国なので，**ウ**が中国となる。EU(27か国)と日本の貿易の規模を考えると，**イ・ウ**との貿易額が大きい**ア**がEUである。
2 (1) トンブクトゥは**乾燥帯**に位置するので，降水量が1年を通じて少ない**ア**となる。
(3) 砂漠地帯は人口密度が低いため，北部が低位となっている**ア**が①，工業化が進んでいる南アフリカ共和国や，原油の生産がさかんなエジプトやナイジェリアが中・高位となっている**ウ**が②，**イ**が③となる。

なるほど資料

★ ヨーロッパの気候区分

★ ヨーロッパの農業地域

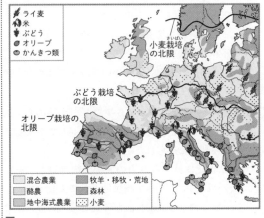

★ モノカルチャー経済の国々

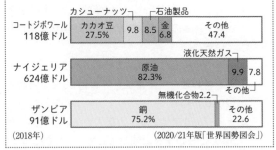

(2018年)　　(2020/21年版「世界国勢図会」)

4 世界の諸地域 ③
(北アメリカ州，南アメリカ州，オセアニア州)

STEP 1 まとめノート 本冊 ⇨ pp.24〜25

1 ① ネイティブアメリカン ② イギリス
③ アパラチア ④ グレートプレーンズ
⑤ ヒスパニック ⑥ 適地適作 ⑦ 綿花
⑧ とうもろこし ⑨ 小麦 ⑩ 地中海式
⑪ 多国籍 ⑫ サンベルト
⑬ シリコンバレー ⑭ 貿易摩擦 ⑮ 銀

2 ⑯ インディオ ⑰ インカ ⑱ メスチソ
⑲ アンデス ⑳ アマゾン ㉑ 熱帯雨林
㉒ サバナ ㉓ コーヒー豆 ㉔ さとうきび
㉕ 日系人 ㉖ リャマ ㉗ パンパ

3 ㉘ アボリジニ ㉙ 白豪主義 ㉚ 羊毛

(解説)

1 ④ **プレーリーとロッキー山脈**の間に広がる大平原。**センターピボット方式**によるかんがいで，小麦やとうもろこしの栽培が行われている。

⑤ カリフォルニア・テキサス・ニューメキシコ・フロリダなどの南部の州に多い。

⑧ 生産量は世界一（2018年）。牛や豚の飼料としても使われている。

⑨ プレーリーの北部では**春小麦**，南部では**冬小麦**が栽培されている。日本にとってアメリカ合衆国は小麦の最大の輸入相手国である。

⑭ **貿易摩擦**とは，貿易を行っている国の間でおこる対立。どちらか一方の国の輸入額が輸出額を大きく上回るなど，貿易収支が著しく不均衡な場合におこる。

2 ⑱ 南アメリカ州全体では，**メスチソ**が多い。ただし，アルゼンチンやウルグアイでは白人の比率が高い。ブラジルでは白人が最も多いが，次いで白人と黒人の混血である**ムラート**が多い。

⑳・㉑ **アマゾン川**流域は熱帯雨林気候であり，高温多雨である。

㉓ コーヒー豆は，大農園で単一栽培されてきたが，天候の影響によって収穫量が大きく変わるので価格の変動も大きく，コーヒー豆農園の経営は不安定である。そのため，大豆やとうもろこしなどもつくる**多角経営**が進められている。

㉔ ブラジルはさとうきびの生産量が世界一（2018年）。**バイオエタノール**への需要の高まりなどから，その原料となるさとうきびの価格が上昇

している。

㉙ **白豪主義**の廃止後は，中国やベトナムなどアジア系移民が増加した。

(Let's Try 差をつける記述式)

① (例)その地域の気温や降水量，**土壌**などの自然環境に最も適した作物を生産する農業。

② (例)ヨーロッパ系以外の移民を制限する白豪主義が廃止されたから。

STEP 2 実力問題 本冊 ⇨ pp.26〜27

1 (1) ① ウ ② イ ③ ア
(2) A-Y I-半導体
(3) a
(例)輸出総額に占める農産物の輸出額の割合が高く，総産業従事者に占める農業従事者の割合は低いが，1人あたりの農地面積が広いので，大規模農業を行っていると考えられるため。
(4) エ

2 (1) A-イ B-ウ C-ア
(2) X
(3) a・c
(4) ① コーヒー豆 ② さとうきび

3 (1) ×-鉄鉱石 ●-石炭
(2) ア

(解説)

1 (1) **アフリカ系**は，かつて綿花栽培のための労働力として連れてこられたため，南東部に多い。**ヒスパニック**は，メキシコやカリブ海諸国などからの移民で，メキシコとの国境付近に多い。

(2) 五大湖周辺では，鉄鋼業や自動車工業がさかんであった。北緯37度以南の**サンベルト**では航空機・宇宙産業や**先端技術(ハイテク)産業**が発達している。

(3) アメリカ合衆国の農業は，広い農地で労働者を雇い，大型機械を使った**企業的な農業**が特徴である。bは食料自給率が低く輸出が少ない日本，cが中国である。

(4) **ア**は第一次産業の割合が高いタイ。近年，工業化が進み，BRICSの1つに数えられているブラジルが**イ**。第三次産業の割合が高く，第一次産業の割合が最も低い**エ**がアメリカ合衆国である。

！ココに注意

(2) 北緯 37 度以南の温暖な地域を**サンベルト**といい，先端技術（ハイテク）産業が発達している。特に情報通信技術(ICT)関連企業が集中しているのがサンフランシスコ郊外の**シリコンバレー**である。

---

2 (1) **A** の資源はベネズエラに多いので原油，ベネズエラは石油輸出国機構（OPEC）に加盟している。**B** の資源はチリに多いので銅，**C** の資源はブラジルに多いので鉄鉱石と判断する。

(4) **W** のブラジルは，かつてはコーヒー豆に頼るモノカルチャー経済であった。バイオエタノールの原料として需要が高まるさとうきびの生産は世界一（2018 年）。近年，飼料などの原料として需要が高まっている大豆の生産量も増加している。

3 (2) **イ**．オーストラリアの輸入相手先 2 位はアメリカ合衆国である。**ウ**．中国の輸出相手先 1 位はアメリカ合衆国である。**エ**．アメリカ合衆国の輸出総額はオーストラリアの約 7 倍。

STEP 3　発展問題　本冊 ⇨ pp.28〜29

1 (1) ア
(2) シリコンバレー
(3) エ
(4) （例）綿花の栽培地域は，とうもろこしの栽培地域と比べて，年平均気温が高く，年降水量が多い。
(5) ウ
2 (1) イ
(2) 記号 − イ
　　理由 −（例）バイオエタノールの原料としての需要が高いため。
(3) エ→ア→イ→ウ

解説

1 (1) **A** の地域は，夏は乾燥し，冬は湿潤な地中海性気候である。

(3) **ア**．太平洋沿岸ではなく五大湖周辺で始まった。**イ**．ピッツバーグは鉄鋼業で発展した。**ウ**．航空宇宙産業は打撃を受けていない。

(5) 中国は，首都ペキン（北京）よりもチョンチン（重慶）の人口が上回っていることから**ア**。フランスは，首都パリが国内で最も人口が多いので**イ**。アメリカ合衆国は，ニューヨークの人口が首都ワシントン D.C. の人口よりもはるかに多

いので**ウ**。

！ココに注意

(4) アメリカ合衆国の農業は，**適地適作**により農作物が栽培されている。小麦・とうもろこし・綿花の栽培地域を地図で確認しておくこと。

---

2 (1) 地点 **R** は，地点 **S** よりも標高が高いので気温は低くなる。また，リャマやアルパカは，農作物の栽培に適さない標高の高い場所で飼育されている。

(2) ブラジルは，かつてはコーヒー豆が主要な輸出品目であったが，2018 年現在，輸出額に占める割合は，大豆が最も高くなっている。

(3) **資料3**より，**ア**は 1981 年，**イ**は 2001 年，**ウ**は 2011 年，**エ**は 1901 年または 1961 年とわかる。

▶ なるほど資料

★ アメリカ合衆国・カナダの農牧業地域

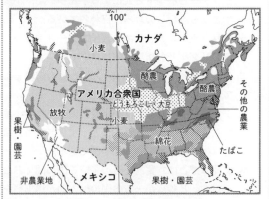

★ オーストラリアの農牧業と鉱業の分布

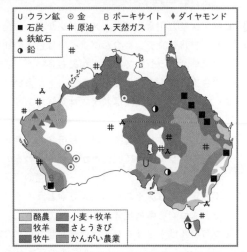

理解度診断テスト ①

本冊 ⇒ pp.30〜31

理解度診断 A…40点以上，B…30〜39点，C…29点以下

1 (1) イ　　(2) モノカルチャー経済
　　(3) エ　　(4) ウ・カ　　(5) a−ウ　b−ア

2 (1) エ　　(2) X−イ　Y−カ
　　(3) (例)地下水を大量にくみ上げるため，枯渇するおそれがある。
　　(4) エ

解説

1 (1) A国はドイツ，B国は南アフリカ共和国，C国はインド，D国はインドネシアである。1人あたりの国内総生産が最も高いイがドイツと判断する。小麦の生産量が最も多いアはインド，逆に小麦の生産量がほとんどないエがインドネシア，ウが南アフリカ共和国である。

(2) B国の南アフリカ共和国は，工業製品が上位にあるが，ナイジェリアは原油，ボツワナはダイヤモンドが8〜9割を占める。このように特定の農産物や鉱産資源の生産・輸出に頼る経済を**モノカルチャー経済**という。

(3) アは中国について述べた内容である。イについて，C国(インド)はASEANに加盟していない。ウはアメリカ合衆国について述べた内容である。

(4) ア．オーストラリア大陸は安定大陸で，地震はほとんどおこらない。イ．東南アジアは高温多湿な気候のため，小麦の栽培には不向きである。エ．オセアニア州で広く信仰されているのはキリスト教である。オ．主な貿易相手国はアジア諸国やアメリカ合衆国で，ヨーロッパの国々との結びつきは弱い。

2 (2) Xの西海岸の地域は，アジア系やヒスパニックの割合が高いことからa，カリフォルニアはカリフォルニア米で知られていることから米の生産量が多いeと判断する。Yの北部の地域は酪農がさかんで，飼料のとうもろこしが栽培されていることからf，また，Zの南部の地域は綿花地帯で，黒人が多いことから，人種構成比はcとなるので，Yの人種構成比はbとなる。

(3) **センターピボット方式**は，乾燥地域で水を供給するため，360度回転するアームで地下水を散水したり，肥料や農薬を散布したりする農法。アメリカ合衆国の小麦地帯やとうもろこし地帯で行われている。一方，地下水を大量に消費す

るので，地下水の枯渇を招くおそれがある。

(4) A．さとうきびがバイオエタノールの原料であることから石油危機以降の環境対策。C．農地開発のために熱帯林の伐採が行われている。

5 地域調査，日本の地域的特色 ① (自然，人口)

STEP 1 まとめノート　　本冊 ⇒ pp.32〜33

1 ① 国土地理　② 等高線　③ 北
　④ 扇状地　⑤ 三角州
2 ⑥ 環太平洋　⑦ アルプス-ヒマラヤ
　⑧ 国際河川　⑨ フィヨルド　⑩ リアス海岸
　⑪ 大陸棚　⑫ 海溝　⑬ 4分の3
　⑭ フォッサマグナ　⑮ 飛驒　⑯ 温
　⑰ 季節風　⑱ 梅雨　⑲ 北海道　⑳ 瀬戸内
　㉑ 南西諸島　㉒ ハザードマップ
3 ㉓ 人口爆発　㉔ 人口ピラミッド　㉕ 富士山
　㉖ つぼ　㉗ 過密　㉘ ドーナツ化
　㉙ 過疎　㉚ 限界

解説

1 ② **主曲線**は2万5千分の1地形図では10mおき，5万分の1地形図では20mおきに引かれる。
⑤ 河口に形成される**三角州**は，工業用地として使用されることもある。

2 ⑨ スカンディナビア半島の西岸が典型的である。
⑪ 東シナ海に広がる**大陸棚**は，好漁場になっている。
⑮ 飛驒山脈・木曽山脈・赤石山脈は，それぞれ北アルプス・中央アルプス・南アルプスといわれる。
⑰ **季節風**は夏は南東の方向から，冬は北西の方向から日本列島に吹き込み，日本の気候に影響を与える。

3 ㉓ アジアの人口は世界の人口の約6割を占める。
㉕ 日本の**人口ピラミッド**も戦後，富士山型→つりがね型→つぼ型へと推移し，現在に至る。
㉖ 65歳以上の人口割合が7％以上の社会を高齢化社会，14％以上の社会を高齢社会，21％以上の社会を超高齢社会という。
㉙ 過疎地域は国土面積の約60％を占めている。

Let's Try 差をつける記述式

① (例)1年を通して降水量が少ない点は共通しているが，内陸性の気候は気温の年

較差・日較差が大きく，冬は平均気温が氷点下になる月があるのに対し，瀬戸内の気候は冬でも比較的温暖である。

② (例)労働力が減少するため，国の生産力が低下する。／医療費や年金など，現役世代の社会保障費の負担が増える。

STEP2 実力問題　本冊 ⇨ pp.34〜35

1 (1) ウ　　(2) ア
2 (1) オ　　(2) フォッサマグナ　　(3) ア
3 (1) A－地震　B－台風
　　(2) X－ア　Y－ウ　　(3) エ　　(4) エ

解説

1 (1) X. 方位記号が示されていないため，地形図上の上が北，下が南，右が東，左が西となる。

　　Y. 実際の距離は，地形図上での長さ×縮尺の分母で求められるので，4(cm)×25000＝100000(cm)＝1(km)である。

　(2) Q. D－D′の方が区間内に引かれている等高線の数が多く，傾きが急で，高低差が大きい。

！ココに注意

(1) 実際の距離を求める問題では，単位に指定がないかを必ず確認しなくてはならない。また，単位換算をするときに，間違えないように気をつけよう。

2 (1) 日本一長い信濃川がCとわかる。日本で2番目に長く，関東平野に入ると流れがゆるやかになることからBが利根川である。

　(3) Aは冬の降水量が多いことから，**日本海側の気候**に属する鳥取市である。鳥取市の気候は，北西の季節風と対馬海流の影響を受ける。Bは1年を通して降水量が少ないことから**瀬戸内の気候**に属する高松市(香川県)，Cは夏の降水量が多いことから，**太平洋側の気候**に属する高知市である。高知市の気候は，南東の季節風と黒潮(日本海流)の影響を強く受ける。

3 (2) イ. **河岸段丘**は，河川の流路に沿って発達した階段状の地形で，天竜川や信濃川，利根川支流の片品川などで見られる。エ. **Ⅴ字谷**は，河川の侵食作用によってつくられた，横断面がⅤ字形になっている深い谷で，飛驒山脈などに見られる。

　(3) アフリカは1950年代以降，**人口爆発**と呼ばれる人口の急激な増加が続いている。

STEP3 発展問題　本冊 ⇨ pp.36〜37

1 (1) ア
　(2) 番号－③
　　理由－(例)(★の地点から見て)標高が高く，河川を渡ることなく避難することができる(から)
2 (1) 1950年－イ　2019年－ア　　(2) d・イ
　(3) (例)日本の河川は傾斜が急なので，物流には不向きだから。
　(4) エ
　(5) グラフ－ア
　　理由－(例)夏と冬の季節風が山地にさえぎられ，ほかの都市に比べて降水量が少ないから。

解説

1 (1) 地形図より，この地域は，整備された海岸線付近まで山が迫っており，集落が山と海岸線に挟まれた土地につくられていることが読み取れる。つまり，典型的な扇状地や大規模な三角州は形成されていない。

　(2) 土砂災害の危険から逃れるために斜面や谷は避ける必要がある。したがって，谷に位置する④はふさわしくない。①は標高が10m以下で，海岸にも近く，高潮や洪水の危険があるため，適していない。②は標高の高い平地だが，避難する際に川を渡る必要があり，洪水に巻き込まれる危険があるため適していない。したがって，③がふさわしい。

！ココに注意

(2) 等高線が標高の高い方に張り出している地形を谷，逆に標高の低い方に張り出している地形を尾根という。

---

2 (1) **ア**はつぼ型，**イ**は**富士山型**，**ウ**はつりがね型である。富士山型は多産多死，つぼ型はつりがね型の少産少死がさらに進んだ状態である。

　(2) 愛知県は機械工業がさかんな**中京工業地帯**を構成する県であることから，人口も増加傾向にあり第二次産業の就業者が多い。よって，表中で年平均人口増減率が2番目に高く，第二次産業の就業者割合が最も高い**d**があてはまる。**b**は米の収穫量が多いことから秋田県，**c**は第三次産業の就業者割合が表中で最も高く，米の収穫量が少ないことから沖縄県。残る**a**は鹿児島県。

　(3) 日本の河川の特色には，大陸を流れる外国の河

川と比べると，流れが急で短いことと，降水や雪どけ水などの影響で，季節ごとに水量が大きく変わることなどがある。

(4) 西（a）から東（b）に向かって，ロッキー山脈→中央平原→アパラチア山脈と続いている。

(5) 瀬戸内の気候に属する岡山市は，1年を通して降水量が少ないアである。夏の南東の季節風は四国山地に，冬の北西の季節風は中国山地にさえぎられるため，2つの山地に挟まれた瀬戸内は季節風の影響を受けにくく，ほかの地域に比べ降水量が少ない。なお，イは高知市（太平洋側の気候），ウは鳥取市（日本海側の気候）である。

なるほど資料

★ 等高線の種類

種類＼縮尺	記号	2万5千分の1 地形図	5万分の1 地形図
計曲線	——	50 m ごと	100 m ごと
主曲線	——	10 m ごと	20 m ごと
補助曲線	- - -	5 m ごと，2.5 m ごと※	10 m ごと
	-----		5 m ごと

※2.5 m の補助曲線には必ず等高線数値を表示する。

★ 等高線と傾斜の関係

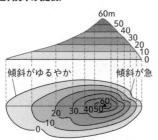

傾斜がゆるやか　　傾斜が急

★ 等高線と谷・尾根

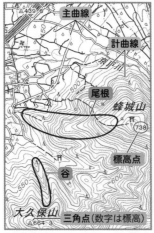

（国土地理院発行2万5千分の1地形図「石和」）

6 日本の地域的特色 ②（資源・エネルギー，産業，交通・通信），日本の地域区分

📘 STEP 1 まとめノート

本冊 ⇨ pp.38〜39

1 ① ペルシア　② 地球温暖化　③ 再生可能
④ 火力　⑤ 集約農業　⑥ 米　⑦ 近郊農業
⑧ 促成栽培　⑨ 高原野菜　⑩ 抑制栽培
⑪ 青森　⑫ 長野　⑬ 茨城　⑭ 甲府
⑮ ぶどう　⑯ 潮目（潮境）
⑰ 排他的経済水域　⑱ 栽培漁業
⑲ 太平洋ベルト　⑳ 中小工場

2 ㉑ ハブ空港　㉒ 便宜置籍船
㉓ インターネット　㉔ デジタルデバイド
㉕ 加工　㉖ 中国　㉗ 成田国際　㉘ 名古屋
㉙ 自動車　㉚ メディアリテラシー

解説

1 ① サウジアラビアやアラブ首長国連邦，イラン，イラク，クウェート，カタールなど，ペルシア湾沿岸に産油国が集中している。

③ 風力・太陽光・水力・地熱・バイオマスなどがあるが，発電コストが高いことや発電量が自然条件に左右され安定しないことなど，実用化に向けての課題が残る。

⑤ 狭い土地に労働力や資本（機械など）を投入する農業。

⑭ 甲府盆地の扇状地では，かつて養蚕業がさかんであったが，現在ではぶどうやももの果樹栽培がさかんで，ワインの生産や観光業にも力を入れている。

⑯ 寒流の親潮（千島海流）と暖流の黒潮（日本海流）がぶつかり，えさとなるプランクトンが豊富で魚種も多い。

2 ㉒ 船籍だけでなく，乗組員も人件費が安い東南アジアなどの外国人が多い。

㉕ 近年は，中国や東南アジア諸国から機械類などの工業製品の輸入が増え，加工貿易の形は崩れてきている。

㉙ 自動車は積みかえの手間がなく，道さえあれば戸口から戸口まで輸送が可能なため，貨物においては鉄道にかわって輸送量を伸ばした。旅客輸送においても自動車が中心だが，時間が正確な鉄道も通勤や通学の手段として一定の割合を保っている。また，環境への配慮から自動車中心の輸送の見直しが図られている。

① (例)市場での取り扱い量が少ない時期に出荷をずらすことで,高値で取り引きできる。
② (例)原料や燃料の輸入と製品の輸出に便利なため。

STEP2 実力問題　本冊 ⇨ pp.40〜41

1 (1) イ
(2) イ
(3) 記号－エ　県名－山梨県
(4) 潮目(潮境)
(5) 航空機－エ　鉄道－ア

2 (1) エ
(2) (例)二酸化炭素を排出せず,環境への負荷が小さい。

解説

1 (1) 鉄鉱石はオーストラリア西部やブラジル,石炭はオーストラリア東部やインドネシアで産出量が多い。どちらもオーストラリアが日本の最大の輸入相手国である。
(2) Z は,日没が早くなると開花するきくの性質を利用し,電灯をあてることで季節を錯覚させ,開花時期を遅らせる栽培方法である。
(3) d はぶどうの生産量が多いので,ぶどうとももの生産量日本一を誇る山梨県(エ)とわかる。a は米の生産量が多いので新潟県(イ),c はりんごの生産量が多いので,りんごの生産量日本一の青森県(ア)である。残った b は,近郊農業がさかんな茨城県(ウ)となる。
(5) 航空機は輸送費が高いため,小型軽量で高価な製品の輸送に適しており,国内の貨物輸送に占める割合は非常に低い。重いものを一度に大量に輸送できる船舶は,貨物輸送において重要な役割を果たしているが,鉄道輸送は自動車の普及によって取り扱い量が大きく減少した。

！ココに注意

(2) 嬬恋村(群馬県)や野辺山原(長野県)の高冷地で行われる野菜の遅づくりだけが抑制栽培ではない。出荷時期をほかの地域よりも遅らせる電照ぎくの栽培も抑制栽培である。

2 (1) 高度経済成長期以降,第一次産業の就業者数が急減し,第三次産業の就業者数が増加した。

STEP3 発展問題　本冊 ⇨ pp.42〜43

1 (1) ア→X　(2) ウ
(3) P－(例)船と鉄道は,同じ輸送量でもエネルギー消費量が少ない
Q－(例)二酸化炭素の排出量を削減できる
(4) ハブ
(5) コンビニエンスストアーイ　2019 年－X

2 (1) ア　(2) エ→Y　(3) ア　(4) エ→ア

解説

1 (1) 1973 年の石油危機(オイルショック)や,各国が 200 海里の排他的経済水域を設定したことによって遠洋漁業の漁獲量が著しく低下したことから,1970 年はイ,1990 年はア,2018 年はウとわかる。また,近年「育てる漁業」が推進されていることから,割合が増加している Y が海面養殖業,X が沿岸漁業である。
(2) 瀬戸内工業地域は,埋め立て地を利用した工業用地に石油化学コンビナートや製鉄所が集中し,石油化学工業や金属工業がさかんである。
(5) 百貨店が近年不振であること,逆にコンビニエンスストアが店舗数を増やし,急速に売り上げを伸ばしていることから,X が 2019 年,Y が 1991 年,ア がスーパーマーケット,イ がコンビニエンスストアである。

！ココに注意

(1) 遠洋漁業の漁獲量は 1970 年代前半をピークに急速に減っていくが,沖合漁業の漁獲量は 1980 年代以降も増加していった。しかし,1990 年代に入ると乱獲や水域環境の変化によってしだいに魚が少なくなっていき,漁獲量が急速に減少していった。

2 (1) 男女とも 65 歳以上の割合が高いウが農業,女性の割合が小さく,大部分を 15〜64 歳の男性が占めるエが建設である。農業は高齢化が進み,特に高齢女性の割合が高くなっている。女性の割合が 50 ％を上回るアが金融・保険業,残ったイが製造業である。
(2) 航空機は近距離では利用されないことからX が航空機,Y が鉄道である。また,ア－イ間,イ－エ間は距離が近いことからア・イ・エは距離が近く,その中間がイと推測できる。つまり,ウが宮城県,イが広島県である。また,宮城県との移動が多いのは,人口が多い大阪府と考えられることから,アが大阪府,エが福岡県である。

(3) **地熱発電の割合が大きいエ**は火山が多い大分県、**水力発電の割合が大きいイ**は雪どけ水が豊富でダムが多い富山県である。**火力発電所**は大都市付近の臨海部に多いことから**ウ**が東京湾岸に工業地域が発達している千葉県、残った**ア**が青森県である。発電に適した強い風が吹きつける青森県には風力発電所がつくられている。

(4) 首都である東京都が1位→印刷・同関連業。甲府盆地で果実栽培がさかんな山梨県が1位→果実。近郊農業がさかんな茨城県と千葉県が上位→野菜。オートバイで知られる浜松市のある静岡県が1位→輸送用機械器具と判断できる。

！ココに注意

(2) 人は、距離が遠くなるほど早く移動ができる航空機を利用することが多い。近距離の場合は自動車や鉄道を移動手段として利用することが多い。航空機は、近距離の場合には路線がないことが多い。

■ なるほど資料

★ **主な工業地帯・地域の工業出荷額割合**

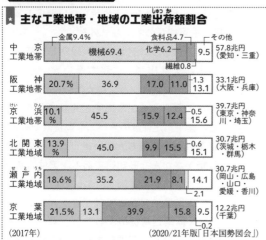

★ **日本の輸出入品目の変化**

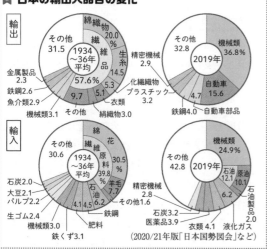

（2020/21年版「日本国勢図会」など）

---

7 九州、中国・四国、近畿地方

■ STEP 1 まとめノート　本冊 ⇒ pp.44〜45

① ① 筑紫　② 阿蘇山　③ 筑後
　④ シラス台地　⑤ リアス　⑥ 二毛作
　⑦ 宮崎　⑧ 促成　⑨ 有明　⑩ 八幡製鉄所
　⑪ シリコンアイランド

② ⑫ カルスト　⑬ 日本海側　⑭ 瀬戸内
　⑮ 太平洋側　⑯ 二期作　⑰ ビニールハウス
　⑱ かき　⑲ 化学　⑳ コンビナート　㉑ 過疎
　㉒ 広島

③ ㉓ 天下の台所　㉔ 琵琶　㉕ 紀伊　㉖ 志摩
　㉗ 近郊　㉘ 淡路　㉙ 阪神　㉚ 中小工場
　㉛ 伝統的工芸品

解説

① ④ 南九州に積もる火山灰土を**シラス**という。シラスは水もちが悪く、水の確保が難しいため干ばつの被害を受けやすく、稲作には不向きである。

　⑤ 九州西北部の長崎県は離島が多く、**リアス海岸**が発達している。そのため、面積は小さいが、海岸線は北海道に次いで日本で2番目に長い。

　⑥ 同じ土地で1年間に異なる2種類の作物をつくることを**二毛作**、同じ土地で1年間に同じ作物を2回つくることを**二期作**という。

　⑧ ピーマンやきゅうりなどの夏野菜を冬に栽培する。

　⑪ アメリカ合衆国のシリコンバレーにならって**シリコンアイランド**とよばれた。

② ⑫ 山口県の秋吉台が**カルスト地形**として知られる。山口県は宇部市や周南市などで、石灰石を原料とする**セメント工業**がさかんである。

　⑳ 岡山県倉敷市の**水島地区**には、鉄鋼と石油化学のコンビナートがある。

③ ㉔ 京阪神の上水道・農業・工業の水源として利用される。琵琶湖から流れ出る瀬田川は、京都府では宇治川、大阪府では淀川と名称を変えて大阪湾に注ぐ。

　㉘ 瀬戸内海最大の島である。明石海峡大橋と大鳴門橋で本州と四国を結ぶ。

　㉛ 経済産業省が指定する。

Let's Try 差をつける記述式

（例）本州までの移動時間が短縮された。／買

い物に行く人などが本州の大都市に吸い寄せられ，地方都市の消費が落ち込んだ。

STEP2　実力問題

1. (1) イ・ウ
   (2) ① カ
   　　② p−鹿児島県・キ　q−宮崎県・カ
   (3) (例)台風の通り道になることが多いため，台風による暴風雨の被害を防ぐため。

2. (1) ウ→エ→ア→イ
   (2) (例)陸路での交通が便利になり，航空機や船舶の利用者が減少し，高速バスや自動車の利用者が増加した。
   (3) ア
   (4) 三重県

解説

1. (1) 大分県には火山が多く，温泉熱を利用した**地熱発電**の割合が高い。**八丁原地熱発電所**は，地球内部の熱を利用して電気をつくる日本最大の地熱発電所である。したがって，アは誤り。dの御岳の火山灰でできたシラス台地は，水もちが悪いため稲作には適していないので，エも誤り。なお，bは阿蘇山，cは雲仙岳の位置を示している。
   (2) ①・② Xは北海道が最大なので肉用牛。YとZのうち，全国の飼育数が1億羽を超えているZが肉用若鶏，Yが豚となる。豚は鹿児島県，肉用若鶏は宮崎県が飼育頭数日本一である。なお，rは熊本県である。

2. (1) ア．「比較的降水量が少ない」，「オリーブ」→瀬戸内の地域。イ．「冬場でも温暖で日照時間が長い」→太平洋側の地域。ウ．「山間部」→中国山地。エ．「冬に雪が多く降る」→日本海側の地域。
   (4) 最も人口が多いbが大阪府，大阪府に次いで人口の多い京都府がcとわかる。残るaとdを比べると，中京工業地帯に属し，四日市市や鈴鹿市などの工業都市を有する三重県の方が第二次産業人口の割合が高いと推測でき，aとわかる。

(!)ココに注意

(4) 人口密度とは1km²あたりの人口なので，面積が大きな都道府県や国では値が小さく，逆に面積が小さな都道府県や国では値が大きくなる。各地方で，面積が最大の都道府県，最小の都道府県を確認しておこう。

STEP3　発展問題

1. (1) イ・カ
   (2) ① (例)新鮮な状態のまま，野菜や生花を比較的安価な運送費で消費地まで届けることができるから。
   　　② イ
   (3) ① イ　② X−ウ　Y−ア

2. (1) ア
   (2) (例)2月は北西の季節風，8月は南東の季節風の影響を受けるため。

3. (1) エ
   (2) ハザードマップ(防災マップ)
   (3) (例)景観を守る

解説

1. (1) 福岡県の工業は**八幡製鉄所**から発展したが，近年は鉄鋼業にかわって，ICや自動車などの機械工業が中心になっている。金属工業や化学工業と違い，原材料を輸入に頼らない機械工業は内陸でも可能なので，カである。
   (2) ② 旅行者数が多いアとイが大阪府と京都府である。アは出張・業務も多いが，イは観光・レクリエーションが大半を占めるため，アが大阪府，イが京都府と判断できる。また，国宝指定件数の多いエは奈良県である。
   (3) ① 野菜の割合が最も大きいイが，野菜の**促成栽培**がさかんな高知県である。アはAの島根県，ウはDの愛媛県，エはBの広島県である。
   　　② Bの広島県は自動車工業がさかんなことから，Xは輸送用機械とわかる。瀬戸内工業地域は，鉄鋼と石油化学がさかんなことから，Yは石油・石炭製品である。

(!)ココに注意

(1) 高速道路のインターチェンジ付近にICや自動車組み立て工場が進出し，工業団地を形成している。ICは小型軽量で高価なため航空機での輸送に向いているので，空港の近くにも工場が建設されている。

2. (1) 阿蘇山は噴火によって火口付近に大きなくぼ地(**カルデラ**)が形成されている。阿蘇山のカルデラの中には水田や畑，牧草地が広がり，鉄道や国道が通っている。

3. (1) X．大阪は「将軍のおひざもと」ではなく「天下の台所」と呼ばれた。Y．阪神工業地帯ではなく，中京工業地帯について説明している。

なるほど資料

★ 九州地方の工業都市

- 金属
- 機械
- 化学
- 窯業
- 食料品
- 電子部品
- 自動車
- 造船
（2017年）

✈ 主な空港
━ 高速道路

※出荷額が1300億円以上の業種のある市。政令指定都市は区ごとの統計。
（平成30年版「工業統計表」）

★ 半導体工場の分布

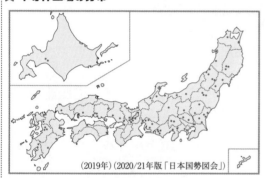

（2019年）（2020/21年版「日本国勢図会」）

8 中部，関東地方

STEP1 まとめノート

本冊 ⇨ pp.50〜51

① ① 飛騨　② 信濃　③ 木曽　④ 濃尾
　⑤ 若狭　⑥ 茶　⑦ 豊川　⑧ 中京
　⑨ 輪中　⑩ 高冷地　⑪ 甲府
　⑫ 水田単作　⑬ 地場　⑭ 輪島　⑮ 原子力

② ⑯ 利根　⑰ 関東ローム　⑱ 沖ノ鳥島
　⑲ からっ風　⑳ 近郊　㉑ 銚子　㉒ 京浜
　㉓ 印刷　㉔ 京葉　㉕ 化学　㉖ 北関東
　㉗ 東京国際（羽田）　㉘ 衛星
　㉙ ヒートアイランド　㉚ 都心回帰

解説

① ⑦ 愛知用水は木曽川から，豊川用水は天竜川（豊

川）から水を引いている。愛知県には愛知用水と豊川用水以外に，矢作川から岡崎平野に明治用水が引かれている。

⑧ 愛知県は，輸送用機械・鉄鋼・窯業・繊維の生産額が全国一，工業製品出荷額も全国一である。

⑫ 新潟県は米の生産量の全国一を北海道と競っている。富山県は水田率が全国一である。

② ⑯ 長さは信濃川に次いで，日本で2番目。

⑱ 水没のおそれがあるため，護岸工事が行われた。沖ノ鳥島を失うと，広大な排他的経済水域を失うことになる。

㉗ 東京（羽田）−札幌（新千歳），東京−福岡，東京−那覇間が国内旅客輸送の上位3路線（2018年度）。

㉘ 衛星都市はベッドタウンとも呼ばれ，夜間人口が昼間人口よりも多い。

Let's Try 差をつける記述式

① （例）冬の降雪量が非常に多く，裏作ができないから。

② （例）学校や企業が集中している東京都に多くの人が昼間は通勤・通学しているから。

STEP2 実力問題

本冊 ⇨ pp.52〜53

1 (1) ア
　(2) 太平洋ベルト
　(3) イ
　(4) エ
　(5) エ

2 (1) （例）北西の
季節風の影
響を受けて
雪が多い
　(2) 右図

解説

1 (1) 関東平野は，日本で最も広い平野であることから，山地の割合が最も低いⅠが関東地方と判断できる。中部地方には，日本アルプスと呼ばれる3000m級の山脈が連なっていることから，平均標高が最も高いⅢが中部地方となる。

(3) 製造品出荷額が最大で，機械の割合が高いウが中京工業地帯。残ったア・イ・エのうち，化学工業の割合が最大のイが京葉工業地域となる。京葉工業地域はほかの工業地帯・地域に比べて，化学工業の占める割合が高い。なお，アは三大

15

工業地帯の中で金属工業の占める割合が最も高い阪神工業地帯，残る**エ**は京浜工業地帯である。

(4) 面積の大きい**ウ**と**エ**が長野県か新潟県のいずれかとなるが，新潟県は稲作がさかんなので**ウ**，長野県は**エ**となる。なお，米の割合が高い**ア**が富山県，野菜の割合が高い**イ**が愛知県である。

(5) **ア**．冬の降水量が多いので日本海側の富山県富山市である。**イ**．年平均気温が10℃を下回っているので北海道網走市である。**ウ**．夏の降水量が多いので太平洋側の高知県土佐清水市である。**エ**．年降水量が少なく，夏と冬の気温の差が大きいので内陸の長野県飯田市である。

2 (1) **資料1**からは，冬(1月，12月)の降水量が多いことがわかる。**資料2**からは，冬は北西の季節風が吹くことがわかる。

(2) 学校や企業の数が多い東京都は，昼夜間人口比率が非常に高く，東京都の周辺の県は低くなる。

!ココに注意

(2) 昼夜間人口比率の求め方は明記されているので，計算ミスをしないように注意しよう。

STEP3 発展問題　本冊 ⇒ pp.54〜55

1 (1) **イ**　(2) **ア**

(3) (例)鉄道を使って東京都に通勤・通学する人が多いから。

(4) **カ**

2 (1) 造山帯

(2) **カ**

(3) **ア**

(4) **エ**

解説

1 (1) 流域面積が日本最大の利根川は**イ**，長さが日本一の信濃川が**ア**，北海道を流れる石狩川が**ウ**，岩手県と宮城県を流れる北上川が**エ**である。

(4) 日本の人口は約1億3000万人，東京都の人口が約1400万人なので，東京都は日本の人口の約10%を占めている。したがって，**Z**が東京都とわかる。**X**はすべての項目で過半数を占めていることから，関東地方以外の道府県と推測できる。

!ココに注意

(4) 東京に集中→「数値の大きい**X**が東京都」と飛びつかないこと。もっている知識で冷静に分析しよう。

---

2 (2) 1月の降水量が多い**C**が福井市，1月の気温が氷点下になる**B**が松本市というように，1月の数値だけで判断できる。

(3) **イ**．中京工業地帯は，東海市で鉄鋼業，四日市市で石油化学工業がさかんである。**ウ**．大手自動車会社の本社がある豊田市は，部品をつくる関連工場が集まり，企業城下町として発展した。この自動車会社が用いた生産体制はジャストインタイム方式と呼ばれる。**エ**．名古屋港は輸出額日本一の貿易港となった。

(4) **ア**の合計特殊出生率は沖縄県が，**イ**の第二次産業就業人口の割合は東京都，神奈川県，千葉県，愛知県や大阪府など工業地帯・地域が形成される都府県が，**ウ**の人口密度は三大都市圏に含まれる都府県などが高く示される。**ア・イ・ウ**とも，該当する都府県は低く示されているので，**エ**が正解となる。

■ なるほど資料

★ 中部地方の地形

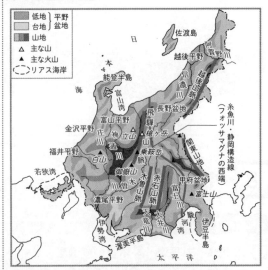

★ 昼間人口・夜間人口と昼夜間人口比率

	昼間人口 (千人)	夜間人口 (千人)	昼夜間 人口比率※
茨城県	2843	2917	97.5
埼玉県	6456	7267	88.8
千葉県	5582	6223	89.7
東京都	15920	13515	117.8
神奈川県	8323	9126	91.2

※昼間人口÷夜間人口×100
(2015年)

(2021年版「データでみる県勢」)

9 東北，北海道地方

STEP 1 まとめノート　本冊 ⇨ pp.56〜57

① ① 奥羽　② 庄内　③ 三陸　④ やませ
　⑤ 米　⑥ 冷害　⑦ 八郎潟　⑧ 津軽
　⑨ ほたて貝　⑩ 将棋駒
　⑪ 東日本大震災　⑫ ねぶた祭
　⑬ 七夕まつり　⑭ 白神　⑮ 仙台

② ⑯ アイヌ　⑰ 北方領土　⑱ 冷(亜寒)
　⑲ 濃霧　⑳ 客土　㉑ 石狩　㉒ 十勝
　㉓ パイロットファーム　㉔ 根釧
　㉕ 北洋　㉖ 排他的経済水域
　㉗ 食料品　㉘ 釧路　㉙ 札幌　㉚ 青函

解説

① ③ 三陸海岸は海岸線の出入りが複雑で，波が穏やかな入り江が発達しているため，天然の良港が多く，養殖業もさかんである。しかし，津波がおこると入り江に波が集中するため，被害が大きくなることが多い。

⑤ 東北地方と北陸地方は，「日本の穀倉地帯」や「日本の米ぐら」と称される。

⑦ 八郎潟を干拓してできた大潟村は，北緯40度の緯線と，東経140度の経線が交差する。

⑫ 弘前市では，毎年8月1日〜7日にわたってねぷたまつりが開催される。

⑭ 青森県と秋田県の県境に位置する。世界最大級のぶなの原生林が広がり，世界自然遺産に登録されている。

② ⑱ 梅雨の影響をほとんど受けないため，6〜7月の降水量が少ない。

㉑ 内陸の気候で夏に気温が上がる上川盆地でも，稲作が行われている。

Let's Try　差をつける記述式

① (例)夏にやませと呼ばれる冷たく湿った北東の風が吹くと霧などが発生し，日照不足や気温の低下を引きおこすから。

② (例)玄関や窓ガラスを二重にしたり，壁に断熱材を使用したりして，寒さを防いでいる。／屋根の傾きを急にしたり，電熱ヒーターを使用したりすることで，雪が積もらないようにくふうしている。

STEP 2 実力問題　本冊 ⇨ pp.58〜59

① (1) A−奥羽　B−やませ
　(2) a−北方領土　b−択捉
　(3) 北海道−ア　東北−イ　九州−ウ
　　 A−米

② (1) ア・ウ・エ　(2) ① C　② A　③ B
　(3) 道県名−秋田県　位置−オ
　(4) (例)岩手県や宮城県はリアス海岸が発達し，波が穏やかな湾が多いから。

③ (1) アイヌ民族
　(2) (例)北海道は，ほかの地方に比べると農家1戸あたりの耕地面積が大きく，大規模農業が行われている。
　(3) ア

解説

① (3) 畜産業の割合が大きいアとウが北海道か九州のいずれかである。冷涼な北海道は果実の栽培には不向きなことから，果実の割合が極端に小さいアが北海道である。

!ココに注意

(3) 北海道は，都道府県別の農業産出額は全国一だが，地方別の農業産出額では九州地方などは北海道を上回る。

② (1) 北海道は札幌市，岩手県は盛岡市，宮城県は仙台市がそれぞれ道県庁所在地である。
　(2) ①は夏の降水量が多いので太平洋側のC，②は冬の寒さが特に厳しいので北海道のA，③は冬の降水量が多いので日本海側のBである。

③ (3) 北海道は東京などの大消費地から遠いため，生乳を消費期限の長いバターやチーズに加工して大消費地に出荷している。また，北海道は畑作や畜産がさかんなことから畑の割合が高い。

STEP 3 発展問題　本冊 ⇨ pp.60〜61

① (1) カルデラ　(2) イ
　(3) ① 親潮(千島海流)
　　② (例)南東の季節風が暖かく湿った空気を運んでくるが，寒流の親潮の上空で冷やされて濃霧が発生するから。
　(4) ① ア
　　② (例)消費地から遠い北海道の生乳の多くは，飲用ではなく加工用に処理される。

② (1) ウ　(2) カ　(3) エ

1 (2) 増加率(％)は, 「(変化後〔2016年度〕÷変化前〔2012年度〕−1)×100」で求められる。

(3) ② 根室市など北海道東部では, 暖かく湿った空気が寒流に冷やされ, 夏に濃霧が発生する。根釧台地は火山灰土のうえ, 濃霧で夏の気温が上がらず, 稲作にも畑作にも不向きなため, パイロットファーム(実験農場)がつくられて日本有数の酪農地帯になった。

(4) ① 耕地面積が広く, 果実の産出額が少ないアが北海道である。

!ココに注意

(3) ② やませと混同しないように注意しよう。やませは北東の風であり, 南東の季節風とは異なる要因で北海道や東北地方の太平洋側に冷害を引きおこす。

2 (1) 有明海は平均水深20mの遠浅の海。リアス海岸としては, 三陸海岸や若狭湾, 志摩半島や宇和海沿岸などがある。

(2) 冬の降水量が少ないⅡは太平洋側の仙台市, 冬の降水量が多いⅠは日本海側の秋田市である。地図から山形市は内陸に位置していることがわかる。山に囲まれた山形盆地に位置する山形市は, 降水量の少ないⅢである。

(3) エ. 日本海側→太平洋側の誤りである。

!ココに注意

(2) 「山形県は日本海側に位置するから山形市も冬の降水量が多い」と, 思い込まないこと。

なるほど資料

★米の地方別生産割合

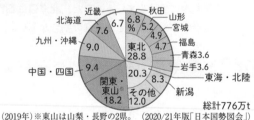

(2019年) ※東山は山梨・長野の2県。　(2020/21年版「日本国勢図会」)

★農家の耕地面積の違い

	1ha未満※	1〜10ha	10〜30ha	30ha以上
北海道 3.5万戸	7.7%	29.1	34.2	29.1

10ha以上1.9

	1ha未満※	1〜5ha	
都府県 109.5万戸	53.5%	40.7	

5〜10ha3.9

※経営耕地面積のない農家を含む。
(2019年)　(2020/21年版「日本国勢図会」)

理解度診断テスト ②

本冊⇒pp.62〜63

理解度診断 A…40点以上, B…30〜39点, C…29点以下

1 (1) 紀伊山地

(2) 黒潮

(3) 海岸−リアス海岸　地形−エ

(4) イ

(5) エ

(6) (例)市街地の中に点在する古墳群と町並みの調和が保たれるかが課題といえる。

(7) エ

2 (1) ウ

(2) ア

(3) ウ

解説

1 (1) 紀伊山地の吉野すぎ(奈良県)と尾鷲ひのき(三重県)は, 天竜すぎ(静岡県)とあわせて人工林の三大美林に数えられる。

(2) 紀伊半島の沖合には, 暖流の黒潮(日本海流)が流れている。

(3) チリ南西部とノルウェー北西部は氷河の侵食によって形成されたフィヨルドが発達している。千葉県九十九里浜は砂浜海岸で, 海岸線は単調である。

(4) 静岡県の中央部, 駿河湾内にある漁港。古くから遠洋漁業の拠点として発展し, かつお・まぐろの水揚げ量が多い。

(5) 液化天然ガス・石炭・鉄鉱石など, 地下資源が上位を占めるエがオーストラリア。なお, アは果実が上位にあるのでフィリピン, イは原油が最も多いのでロシア連邦, ウは航空機類やぶどう酒が上位にあるのでフランスとわかる。

(7) 人口が2番目に多い国は, インドである。インド・中国・日本・アメリカ合衆国の4か国の中では, インドの経済的発展が最も遅れているので, 発展途上国に多く見られる富士山型に最も近いエがインドと判断できる。

!ココに注意

(6) 百舌鳥・古市古墳群を構成する古墳の1つ1つは大きく, またそれぞれが広範囲に点在しているため, 全体を把握することが難しく, 遺産として伝わりづらい。陵墓のため中に入ることもできないので, うまく観光資源としてアピールできるかも課題といえる。

2 (1) 平均気温が低い**B**と**D**が，**a**または**b**のいずれかとわかる。冬の降水量が多い**B**→日本海側の**a**，降水量が少ない**D**→内陸の**b**である。残る**A**と**C**のうち，年降水量が少ない**A**が瀬戸内の**d**なので，残った**C**が**c**となる。

(2) **b**が位置する長野県と**d**が位置する愛媛県は，果実の生産がさかんなので，**ア**か**イ**のいずれかとわかる。長野県は高冷地で野菜の抑制栽培もさかんなので**ア**が長野県，**イ**が愛媛県である。なお，**a**が位置する秋田県は米の収穫量が全国3位（2019年）で稲作がさかんなので**エ**，近郊農業がさかんな**c**が位置する千葉県は農業産出額の総計が最も多い**ウ**となる。

(3) **c**の千葉県の東京湾岸には，石油化学や製鉄のコンビナートがつくられており，化学工業や金属工業がさかんなので，**X**は石油・石炭製品とわかる。長野県の諏訪湖周辺の諏訪市や岡谷市には，高速道路沿いに電子部品などの機械工場が多くつくられているので，**Z**が電子部品・デバイス・電子回路である。

(!) ココに注意

(3) 諏訪湖周辺の諏訪市や岡谷市は，かつては製糸業がさかんであったが，高度経済成長期にきれいな水と空気をいかした時計・カメラなどの精密機械工業が発達した。現在では，松本市など高速道路沿いの都市で電子部品やプリンターなどの電気機械工業がさかんになっている。

③ **プレーリー**や**グレートプレーンズ**が小麦栽培の中心。北部では春に種をまき秋に収穫する**春小麦**，南部では秋に種をまき翌年の初夏に収穫する**冬小麦**を栽培。

④ **排他的経済水域**は，海岸から200海里（約370km）までの範囲のうち，領海を除いた海域である。この範囲内では，沿岸国が水産資源や鉱産資源を管理することができる。

⑤ **瀬戸内工業地域**は，沿岸部に**石油化学コンビナート**が点在しており，化学工業の占める割合が高い。

⑥ **信濃川**は日本で最も長い川で，越後平野で日本海に注ぐ。なお，日本で最も流域面積が広い川は**利根川**である。

⑦ 北海道の気候は**冷帯（亜寒帯）**に属し，冬は非常に寒くて長い。また，梅雨や台風の影響を受けることが少ない。

⑧ 日本海側の地域は，冬は湿った北西の季節風の影響で多量の雪が降り，降水量が多くなる。

● **精選** **図解チェック&資料集** 地理

本冊 ⇒ p.64

① **ユーラシア**	② **正距方位**	③ **小麦**
④ **排他的経済**	⑤ **瀬戸内**	⑥ **信濃**
⑦ **北海道**	⑧ **日本海側**	

解説

① **ユーラシア大陸**は，六大陸の中で最も面積が広い大陸であり，アジア州とヨーロッパ州が含まれる。六大陸の中で最も面積が小さい大陸は，**オーストラリア大陸**である。

② **正距方位図法**は，図の中心からある1点までの距離と方位を正しく表している図法である。ほかに，面積を正しく表している**モルワイデ図法**や，角度を正しく表している**メルカトル図法**などがある。

1 古代までの日本

STEP 1　まとめノート　本冊 ⇨ pp.66 ～ 67

① ① 甲骨文字　② 始皇帝　③ 貝塚　④ 土偶
② ⑤ 卑弥呼　⑥ 邪馬台国　⑦ 渡来人
③ ⑧ 冠位十二階　⑨ 十七条の憲法
　⑩ 遣隋使　⑪ 法隆寺　⑫ 中大兄皇子
　⑬ 公地公民　⑭ 壬申の乱
④ ⑮ 大宝律令　⑯ 班田収授　⑰ 調
　⑱ 墾田永年私財法　⑲ 遣唐使　⑳ 聖武
　㉑ (東大寺)正倉院　㉒ 万葉集
⑤ ㉓ 平安京　㉔ 菅原道真　㉕ 摂関政治
　㉖ 藤原道長　㉗ 紫式部　㉘ 清少納言
　㉙ 浄土　㉚ 平等院鳳凰堂

解説

① ① 戦争や農業などの重要事が占いで決められ，亀の甲羅や牛などの骨にその結果が甲骨文字で刻まれた。
③ 出土するものから，当時の生活のようすが推測できる。
④ 女性をかたどったものが多く，子孫の繁栄や豊かな収穫を祈ってつくられたと考えられている。
② ⑤ 占いによって政治を行った。
⑦ 須恵器の製造技術，ため池をつくる技術，機織り・養蚕・造船などの技術を日本に伝えた。
③ ⑪ 1993 年にユネスコの世界文化遺産に登録された。
④ ⑮ 律は刑罰，令は政治のさまざまな決まりを定めたもの。
⑯ 男子は 2 段，女子はその 3 分の 2，奴婢はそれぞれの 3 分の 1 の広さの口分田を与えられた。
⑰ 農民には都まで税を運ぶ負担もあった。
⑱ 大仏造立の 詔 と同じ年に出された。
㉒ 漢字の音・訓を使って日本語の音を書き表す万葉がなが用いられている。
⑤ ㉓ 平城京から長岡京へ遷都されたが，わずか 10 年で平安京へと遷都された。
㉔ 藤原氏の陰謀によって大宰府に左遷された。のちに学問の神様(天神)としてまつられた。
㉖ 「この世をば　わが世とぞ思う　望月の　欠けたることも　なしと思えば」という歌を詠み，栄華を誇った。

㉗ 藤原道長の娘である彰子に仕えた。
㉙ 念仏を唱えて阿弥陀仏にすがり，極楽浄土に生まれ変わることを願った。

Let's Try　差をつける記述式

① (例)シルクロードを通じて唐にもたらされた文物が，遣唐使によってもち込まれたから。
② (例)戦乱や災害が続き，社会に不安が広がり，貴族らは極楽往生を願ったから。

STEP 2　実力問題①　本冊 ⇨ pp.68 ～ 69

① (1) ウ　(2) イ　(3) 甲骨文字
② (1) (例)食料の煮炊きや貯蔵のため
　(2) ウ
③ (1) イ・ウ　(2) 卑弥呼
④ (1) 前方後円墳　(2) 大王
⑤ (1) A －青銅　B －ア
　(2) X －聖徳太子(厩戸皇子)　Y －蘇我馬子

解説

① (1) A はナイル川，B はティグリス川とユーフラテス川，C はインダス川，D は黄河と長江の流域にそれぞれ文明がおこった。
(2) b と資料 1 はメソポタミア文明。
② (1) 資料 1 は縄文土器で，縄目の文様がつけられている。縄文土器は低温で焼かれているため黒褐色をしており，厚手のものが多い。
(2) 弥生時代の代表的な集落遺跡である吉野ヶ里遺跡(佐賀県)からは，集落を取り囲む濠や柵，矢じりのささった人骨などが発掘されている。
③ (1) 金印は志賀島(福岡県)から発見されており，奴国がこの付近に位置していたことが推測される。当時，周辺国の支配者は中国の皇帝にみつぎ物を献上し，そのかわりに支配者としての地位を認められ，返礼品を与えられるという朝貢関係にあった。
(2) 『魏志』倭人伝では，卑弥呼が銅鏡 100 枚と「親魏倭王」の称号を皇帝から与えられたと伝えている。
④ (1) 「百舌鳥・古市古墳群」は大阪府堺市・羽曳野市・藤井寺市に位置し，2019 年にユネスコの世界文化遺産に登録された。大仙古墳は最大の古墳で，仁徳天皇が葬られたと伝えられている。
(2) 「ワカタケル大王」の文字が刻まれた鉄刀が熊本県の江田船山古墳からも出土している。

STEP 2 実力問題 ②　本冊 ⇨ pp.70〜71

1 (1) 中大兄皇子
(2) ① 班田収授法　② 口分田
(3) ① 調　② 防人　③『万葉集』　(4) イ
2 (1) 寺院－法隆寺　仏像－C
(2) X－(例)国を守る
　　Y－(例)極楽浄土に生まれ変わる
(3) ① 正倉院　② 聖武天皇　③ 鑑真
(4) (例)後一条天皇の祖父として、摂政の職に就こうとした

解説

1 (1) 中臣鎌足らとともに改革を推し進めた。中臣鎌足は藤原氏の始祖である。
(2) 戸籍に基づき、6歳以上の男女に口分田が与えられた。
(3) ① 乳製品や荏胡麻などの特産品の税は「調」といった。
(4) 新たに開墾した土地は、私有については永久に認められたが、「租」は納めなければならなかった。私有地はのちに荘園と呼ばれるようになる。
2 (1) Aは広隆寺(飛鳥文化)、Bは平等院鳳凰堂(国風文化)、Dは東大寺南大門(鎌倉文化)に安置されている仏像である。
(2) 資料2の中尊寺金色堂は平泉(岩手県)にある。
(3) ① 校倉造という建築様式で建てられている。
　　③ 平城京に唐招提寺を開いた。

(!) ココに注意

(4)「幼い後一条天皇」という表現に注目する。天皇が幼いときに政治の補佐をする職は摂政、成人した天皇の補佐をする職は関白である。

STEP 3 発展問題　本冊 ⇨ pp.72〜73

1 (1) ① 遺跡－吉野ヶ里遺跡　位置－ア　② ウ
(2) (例)大和政権の勢力は、少なくとも関東地方から九州地方まで及んでいたと考えられる。
(3) (例)隋の皇帝に認めてもらうには、政治制度を整える(ことが必要と考えたから。)
(4) 戦い－白村江の戦い
　　理由－(例)滅んだ百済の復興を助けるため。
(5) 大宰府　　(6) イ
2 ア・オ

解説

1 (1) ② ア．資料1は戦闘の犠牲者であると考えられている。イ．弥生時代は水や土地を巡って争いが増加したと考えられている。エ．日本で漢字が日常的に用いられるようになるのは、5世紀ごろと考えられている。
(3) 資料4の「政治のやり方について指導された」ことに対して、聖徳太子が進めたことが、資料5の具体的な内容であると考える。
(4) この戦いに敗北した中大兄皇子は、唐・新羅の侵攻に備えて西日本各地に山城を築いて防備を固めるとともに、都を大津宮(滋賀県)に移した。
(6) イ．光明子は藤原不比等の娘で、聖武天皇の皇后となった。ア．聖徳太子の説明。藤原(中臣)鎌足は中大兄皇子とともに大化の改新を推し進めた。ウ．藤原頼通の説明。なお、藤原道長は摂政・太政大臣は務めたが、関白には任じられていない。エ．奥州藤原氏の説明である。

(!) ココに注意

(2) 問題文に「古墳に葬られた人物がワカタケル大王に仕えていた」とあることに注目する。

2 ア．Aの文字はエジプト文明の象形文字。イ．Bのインダス文明のインダス文字はまだ解読されていない。ウ．Cは紀元前18世紀ごろにバビロニア王国のハンムラビ王が発布したハンムラビ法典で、ムハンマドがイスラム教を開いたのは7世紀である。エ．Dの半両銭を秦の始皇帝がつくったのは紀元前3世紀で、日本の和同開珎がつくられたのは8世紀である。オ．Eは福岡県の志賀島で発見された、「漢委奴国王」と刻まれた金印である。

なるほど資料

★ 関連写真・絵・史料

↑ 金印

↑ 銅鐸

↑ 大仙(仁徳陵)古墳

↑ 東大寺大仏

五絃琵琶
↑ 正倉院の宝物

この世をば
わが世とぞ思う
望月の
欠けたることも
なしと思えば
↑ 藤原道長の歌

2 中世の日本

STEP 1　まとめノート　本冊⇨ pp.74〜75

① ① 平将門　② 奥州藤原　③ 上皇
④ 平清盛

② ⑤ 源 頼朝　⑥ 御恩　⑦ 奉公　⑧ 執権
⑨ 承久の乱　⑩ 六波羅探題
⑪ 御成敗式目(貞永式目)　⑫ 禅宗
⑬ 金剛力士像　⑭ 北条時宗
⑮ (永仁の)徳政令　⑯ 後醍醐天皇
⑰ 足利尊氏

③ ⑱ 足利義満　⑲ 日明(勘合)　⑳ 中継貿易
㉑ アイヌ　㉒ 座　㉓ 土一揆　㉔ 一向一揆
㉕ 足利義政　㉖ 応仁の乱　㉗ 下剋上
㉘ 分国法(家法)　㉙ 能　㉚ 書院造
㉛ 雪舟

(解説)

① ② 平泉(岩手県)に**中尊寺金色堂**を建立した。
③ 自由な立場で，摂政・関白の力をおさえて政治を行った。上皇は出家すると法皇と呼ばれた。
④ 娘を天皇の后とし，その子を天皇の位につけて，外戚の祖父として力をふるった。

② ⑥・⑦ 将軍と御家人は**御恩**と**奉公**の主従関係で結ばれていた。
⑧ 将軍の補佐をする役職であるが，実質的な政治権力を握っていた。
⑨ **北条政子**が御家人たちに頼朝の御恩を説き，結束を訴えた。
⑪ 武士の社会の慣習に基づいて定められ，裁判の基準とされた。
⑮ 御家人が売ったり質に流したりした土地を無償で返却することを命じた。

③ ⑲ 勘合は正式な貿易船に与えられた合札。足利義満は**朝貢貿易**の形式で明と貿易を行った。
⑳ **琉球王国**は，東南アジアや日本の品を中国にみつぎ物として献上し，返礼として与えられた生糸や絹織物を日本などに輸出する中継貿易で利益を得た。
㉒ 寺社や公家に税を納めることで，営業の独占などの特権を受けた。
㉓ **正長の土一揆**は，近江(滋賀県)の馬借の蜂起をきっかけにおこった。
㉗ 身分が下の者が，実力で身分の上の者に取って

かわる風潮。
㉚ 床の間や違い棚などを設け，禅宗の僧の住まいを模した建築様式。

Let's Try　差をつける記述式

① (例)上皇方についた貴族や西日本の武士の領地を取り上げ，功績のあった東国の御家人をその(西国の)領地の地頭に任命したから。
② (例)正式な貿易船と倭寇の船を区別するため。

STEP 2　実力問題 ①　本冊⇨ pp.76 〜 77

1 (1) ウ　(2) イ

2 (1) ア
(2) X － (例)西日本に及ぶようになった
Y － (例)荘園領主と地頭の争いが増えた
(3) 六波羅探題
(4) ① フビライ＝ハン　② 北条時宗　③ ウ
④ イ
(5) ① (永仁の)徳政令
② (例)分割相続によってしだいに狭くなった

(解説)

1 (1) C で乱をおこしたのは**藤原純友**で，**平 将門**は関東地方で乱をおこした。A は前九年合戦・後三年合戦，B は**保元の乱**，D は壇ノ浦の戦いで，藤原純友の乱→ A → B → D の順におきた。
(2) b は北条泰時(鎌倉時代)，c は徳川家康(江戸時代)に関する文である。

2 (1) **イ・ウ**は将軍への「**奉公**」にあたる。
(2) **資料2**で承久の乱の後に，東国の御家人が新たに西国に地頭として派遣されていることがわかる。**資料3**でこれまでの荘園領主と農民の関係に新たに地頭が介入していることから，荘園領主と地頭の紛争が増えたと推測できる。
(4) ① フビライ＝ハンの祖父にあたる**チンギス＝ハン**が**モンゴル帝国**をつくりあげた。
③ **資料4**の右側が幕府の御家人，左側が元軍である。**ア**．馬に乗った御家人は 1 人しか描かれていない。**イ**．火薬を使った武器(てつはう)を投げつけているのは左側の元軍。**エ**．よろいやかぶとを身につけているのは御家人である。

④ **イ**．イタリア人のマルコ＝ポーロは元を訪れ，フビライに仕えた。『世界の記述』は『東方見聞録』のこと。なお，元寇は 13 世紀，**ア**のローマ帝国の分裂は 4 世紀末，**ウ**の宗教改革は 16 世紀のできごとである。

(5) ② 分割相続が行われるたびに 1 人が相続する領地は狭くなっていき，御家人の生活が苦しくなっていった。

！ ココに注意

(5) ② 5 人の兄弟で領地を分けていることから，これを繰り返すことで，領地は細分化されてしまうことがわかる。相続対象に女性が入っていることにも注目する。

STEP 2　実力問題 ②　本冊 ⇒ pp.78〜79

1 (1) **イ**

(2) （例）輸入した品を別の国や地域に輸出することで利益を得る中継貿易。

(3) **ウ・ケ**

(4) （例）倭寇を取り締まり，正式な貿易船の証明となる明からの勘合

2 (1) **イ・エ**

(2) （例）寄合で村独自の掟をつくり，自治を行う組織。

(3) 借金

3 (1) 応仁の乱　(2) 下剋上　(3) 分国法（家法）

(4) 銀閣 − B　建築様式 − 書院造

解説

1 (1) 資料 1 は，後醍醐天皇の**建武の新政**の混乱ぶりを皮肉った「二条河原落書」。後醍醐天皇は武家のしきたりを無視し，天皇中心の政治を推し進めようとしたために武士の反発を招いた。このため，建武の新政はわずか 2 年半で崩れた。

(2) 中国から生糸や陶磁器などを，東南アジアから象牙やこしょうなどを輸入し，それらの輸入品を日本に輸出している。

(3) **ア**は**足利尊氏**について述べた文，**イ・エ**は鎌倉時代のできごとで，**イ**は 2 代執権**北条義時**，**エ**は 8 代執権**北条時宗**について述べている。**カ**は鎌倉時代，**キ・ク**は江戸時代の文化の説明。

！ ココに注意

(4) 明が求めたのは「倭寇の取り締まり」であり，足利義満がもたせたのは「勘合」であることから，文のつながりに気をつける。

---

2 (1) **イ**．問（問丸）は船を用いて物資を運ぶ水上輸送業者で，年貢米などを保管する倉庫業も営んでいた。なお，陸上輸送を担っていたのは馬借や車借である。**エ**．鎌倉時代は月に 3 回（三斎市）の開催であったのが，室町時代には 6 回（六斎市）となった。**ア・ウ**は江戸時代の説明文である。

(3) 土倉や酒屋，寺院などは高利貸しも営んでいたため，一揆の襲撃対象となった。

3 (3) 越前（福井県）を治めた戦国大名・朝倉氏の「朝倉孝景条々」である。戦国大名はそれぞれ独自の分国法（家法）を制定していた。

！ ココに注意

(4) A は足利義満が北山につくった金閣である。金閣は三層建築で金箔が貼られている。銀閣は二層建築で銀箔は使われなかったが，金閣にちなんで銀閣と呼ばれるようになった。

STEP 3　発展問題　本冊 ⇒ pp.80〜81

1 (1) 弘安

(2) （例）朝廷の動きを監視するため。

(3) ① 下地中分　② ア

(4) ア・ウ

2 (1) X − 定期的　Y − 惣　(2) エ

(3) 足利義満

(4) ① （例）都に運ばれる日本海側の物資が，琵琶湖を経由して大津に集まるから。

② （例）人々は借金の帳消しを求めており，当時，高利貸しを行っている寺院が多かったから。

3 ウ

解説

1 (1) 1281 年という年代から 2 度目の襲来であると判断できる。1 度目の襲来（文永の役）は 1274 年である。

(3) ① 幕府の支配が全国に及び，地頭の力が強くなると，地頭と荘園領主との対立が深まった。そこで，荘園を半分に分け，荘園領主と地頭が半分ずつ支配権をもつようにした。

② **ア**．資料 2 のほぼ中央に線が引かれ，右に「領家分」，左に「地頭分」という文字が見える。**イ**．倭寇は室町時代に大陸の沿岸部で海賊行為を働いた者たちである。**ウ**．山林にも線が引かれている。**エ**．資料 2 は地頭

と荘園領主の年貢徴収についての紛争の解決策である。幕府は関東御領や関東御分国などを財政基盤としていた。

(4) **イ**. （永仁の）徳政令は困窮する御家人に対する救済策であり，庶民には適用されていない。

エ. 足利尊氏は建武の新政に不満をもち，挙兵して後醍醐天皇を吉野(奈良県)に追いやり，新政を失敗に追い込んだ。

！ココに注意

(1) 1度目の襲来(文永の役)の後，2度目の襲来に備えて博多湾岸に石塁が築かれた。

2 (2) 資料1の下部に「一遍上人絵伝」と書かれている。**一遍**は時宗の開祖で，踊念仏を行った。**ア**は日蓮宗(法華宗)を開いた**日蓮**，**イ**は禅宗(臨済宗・曹洞宗)を開いた**栄西・道元**，**ウ**は聖武天皇の説明である。

！ココに注意

(4) ① 重い荷物を運ぶには船が適しており，琵琶湖が水運に利用されていることに注目する。

3 足利義政が東山に**銀閣**をつくったことから，義政の時代の文化を**東山文化**という。禅宗の影響を受けた，静かで趣のある文化である。**書院造**の建築様式，**枯山水**の庭園，**水墨画**などがその特色を顕著に表している。**ア**は鎌倉時代，**イ**は足利義満のころの北山文化の説明である。

なるほど資料

★ 関連写真・絵・人物

↑ 東大寺南大門

↑ 金剛力士像

↑ 後醍醐天皇

↑ 足利義満

↑ 明軍と戦う倭寇

↑ 金閣

← 雪舟の水墨画

↑ 銀閣

↑ 書院造

---

3 | **近世の日本 ①**
(安土桃山時代，江戸時代前期)

STEP 1 まとめノート 本冊 ⇨ pp.82〜83

1 ① ローマ教皇(法王) ② イエズス会
③ コロンブス

2 ④ ポルトガル
⑤ (フランシスコ＝)ザビエル ⑥ 南蛮
⑦ 長篠の戦い ⑧ 楽市・楽座 ⑨ 太閤検地
⑩ 刀狩 ⑪ 兵農分離 ⑫ 朝鮮
⑬ 狩野永徳 ⑭ 千利休 ⑮ 出雲の阿国

3 ⑯ 徳川家康 ⑰ 関ヶ原の戦い ⑱ 老中
⑲ 外様大名 ⑳ 武家諸法度 ㉑ 徳川家光
㉒ 参勤交代 ㉓ 五人組 ㉔ 朱印船
㉕ 島原・天草一揆 ㉖ オランダ ㉗ 出島
㉘ 対馬 ㉙ 朝鮮通信使 ㉚ 薩摩 ㉛ 松前

解説

1 ① **カトリック教会**の頂点に立つ聖職者。
② **プロテスタント**の勢力拡大に対抗し，ザビエルらが創設したカトリック教会側の教団。

2 ④ ポルトガルは当時，アジア貿易に重点を置いていた。
⑦ 織田信長は徳川家康と連合を組み，武田の騎馬隊対策として，馬防柵や堀を設けた。
⑪ 武士と農民の身分を区別し，身分制度の基礎を固めた。
⑭ 質素と静かさを大切にするわび茶を大成した。

3 ⑱ 将軍を補佐する常置の最高職。譜代大名から4〜5名選ばれ，月ごとに交代で政治を統轄。
⑲ 関ヶ原の戦いのころに徳川氏に仕えるようになった大名。幕府の重要な役職には就けなかった。
㉕ 厳しい年貢の取り立てとキリスト教徒の弾圧に対し，**天草四郎(益田時貞)**を総大将に約4万人の農民が一揆をおこした。
㉖ オランダはプロテスタントの国だが，キリスト教を布教しなかった。

Let's Try 差をつける記述式

① (例)江戸と領地を往復する旅費や江戸屋敷の維持にかかる費用が，藩の財政に大きな負担となった。
② (例)貿易統制を厳しく行うことによって，幕府が貿易の利益と諸外国の情報を独占するため。

STEP2 実力問題　本冊 ⇨ pp.84〜85

1 (1) 航路－C　植民地－b　(2) エ
(3)（例）イエズス会が宣教師を海外に派遣して布教活動を行う

2 (1) ① 座　② ウ　③ イ　(2) ウ
(3) X－ウ　Y－ア　Z－イ
(4) ① 武家諸法度　② 参勤交代
③（例）江戸から遠い地域に配置されていることから，幕府にとって警戒すべき存在であったことがわかる。

解説

1 (1) A は**コロンブス**，B は**マゼラン一行**の航路，a はスペインの植民地を表している。
(2) **エ**は**種子島**で，1543 年に漂着した中国船に乗っていたポルトガル人が鉄砲を伝えた。

2 (1) ③ アは江戸時代の**元禄文化**，ウは室町時代の**北山文化**，エは**鎌倉文化**に関する説明である。
(2) **南蛮貿易**は，スペインやポルトガルとの貿易を指す。ポルトガルは主に中国産の品物を日本にもたらす**中継貿易**を行っていた。なお，オランダ人が日本に漂着したのは 1600 年。
(4) ③ **外様大名**は譜代大名のような古くからの家臣ではないことが**資料3**から読み取れる。**資料4**を見ると外様大名の領地は九州地方や東北地方など，江戸から離れた地域である。このことから，なぜ幕府は江戸から遠ざけようとしたのかを，**資料3**と結びつける。

！ ココに注意

(3) **鎖国**までの過程をしっかり整理しておこう。スペイン船の来航が禁じられたのは 1624 年で，日本人の海外渡航禁止（1635 年）よりも早い時期である。

STEP3 発展問題　本冊 ⇨ pp.86〜87

1 (1) イ
(2)（例）イスラム商人を介さずに直接貿易を行い，香辛料や絹織物などのアジアの特産物を安い価格で手に入れるため。

2 (1) ウ　(2) イ→ウ→ア　(3) 対馬
(4) ① 朝鮮通信使　② イ
(5) ① エ
②（例）幕府が中国船の来航を長崎以外には認めていなかったから。

③ ア
3 (1) ウ
(2)（例）（大名は）江戸での滞在費や領地との往復の費用を負担させられる（ことになった）
(3)（例）新しく城をつくってはならない。

解説

1 (1) アは 4 世紀，ウは 15 世紀，エは 16 世紀。

！ ココに注意

(2) イスラム商人を介することは，彼らの利益が上乗せされることになる。そのため，アジアから輸入する物資は非常に高価だった。

2 (1) ア．**刀狩令**の取り締まりの対象には鉄砲も含まれていた。イ．**石高制**は生産高を米の量で表したものである。エ．豊臣秀吉は宣教師を追放したが，南蛮貿易は認めていたため，キリスト教の禁止は徹底しなかった。
(2) アは大阪の陣で 1614 年と 1615 年，イは関ヶ原の戦いで 1600 年，ウは 1603 年である。
(4) ② イ．**朝鮮通信使**は将軍の代がわりごとに，将軍就任を祝うために派遣された。
(5) ① ポルトガル船の来航を禁じたのは 1639 年で，1637 年の**島原・天草一揆**後である。一揆の後，幕府は，当時プロテスタントの国でキリスト教を布教しないオランダとのみ貿易をすることとした。なお，中国とは正式な国交は結んでおらず，中国商人とは私貿易が行われていた。
③ ア．幕府は，**アイヌの人々**との交易は**松前藩**，**琉球王国**との交易は**薩摩藩**に認めた。松前藩が手に入れた昆布などは北前船で富山や大阪，長崎などに運ばれ，そこで買いつけた薩摩藩が琉球王国を介する形で中国に輸出していた。

！ ココに注意

(5) ① この時点で，幕府はポルトガルの来航を禁じていないことが，資料中の「もし日本がポルトガルを追放したら」という文から読み取れる。

3 (1) ウ．資料1と資料2から，大名の配置を読み取ることはできない。
(3) 江戸幕府は 1615 年，**武家諸法度**において一国一城令を発令し，大名の居城以外の城は取り壊すよう命じた。城は軍事拠点であることから，大名の軍事力の削減が目的である。

(2) 江戸と領地の往復費用より，江戸と国元の屋敷を維持する費用の負担が非常に重かった。参勤交代以外にも，幕府は御手伝普請と呼ばれる土木工事を大名に課し，この負担も非常に重かった。

■なるほど資料

★関連写真・絵

↑南蛮船と南蛮人 　↑検地のようす 　↑長崎の出島
　　　　　　　　　　（想像図）

★江戸幕府のしくみ

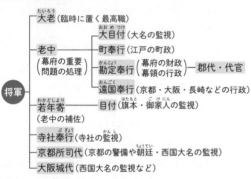

★主な大名の配置

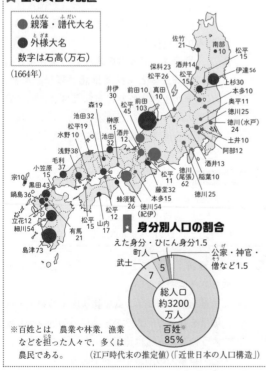

※百姓とは，農業や林業，漁業などを担った人々で，多くは農民である。
（江戸時代末の推定値）（「近世日本の人口構造」）

---

① ① 新田 　② 株仲間 　③ 天下の台所
　④ 蔵屋敷
② ⑤ 井原西鶴 　⑥ 近松門左衛門 　⑦ 松尾芭蕉
　⑧ 浮世絵 　⑨ 徳川綱吉 　⑩ 朱子学
③ ⑪ 徳川吉宗 　⑫ 公事方御定書
　⑬ 問屋制家内工業
　⑭ 工場制手工業（マニュファクチュア）
　⑮ 百姓一揆 　⑯ 打ちこわし 　⑰ 田沼意次
　⑱ 松平定信
④ ⑲ 本居宣長 　⑳ 杉田玄白 　㉑ 解体新書
　㉒ 伊能忠敬 　㉓ 寺子屋 　㉔ 喜多川歌麿
　㉕ 歌川広重
⑤ ㉖ ラクスマン 　㉗ 異国船打払令
　㉘ 水野忠邦 　㉙ 大塩平八郎 　㉚ 大阪

解説

① ① 18世紀前期には，耕地面積は太閤検地が行われた16世紀末の約2倍になった。
　② 中世の同業者組合である座と混同しない。
　④ 蔵屋敷は大阪に特に多く置かれたが，江戸や長崎，大津などの交通の要所にも置かれていた。
② ⑤ 代表作に『世間胸算用』や『日本永代蔵』がある。
　⑥ 代表作に，実際におきたできごとを主題とした『曽根崎心中』や『心中天網島』がある。
　⑧「見返り美人図」は肉筆画であるが，その後，多色刷りの木版画である錦絵が多く出され，庶民も安価で手に入れられるようになった。
　⑨ 極端な動物愛護の法令である生類憐みの令を出したことでも知られる。また，質を落とした貨幣を大量に発行し，財政難を乗り切ろうとしたが，物価の上昇を招いた。
　⑩ 朱子学は身分秩序を重視する学問であった。
③ ⑪ 米の増産や米価の安定に努めたことから「米将軍（米公方）」と呼ばれた。
　⑮ 室町時代の土一揆・国一揆・一向一揆と区別する。
　⑱ 白河藩（福島県）の藩主で，徳川吉宗の孫にあたる。
④ ㉑ オランダ語の解剖学の本である『ターヘル–アナトミア』を翻訳したもの。
　㉒ 全国を測量して正確な「大日本沿海輿地全図」を作成した。

㉔ 代表作に「ポッピンを吹く女」がある。

㉕ 代表作に，東海道の宿場町を描いた「東海道五十三次」がある。

⑤ ㉖ 漂流民の大黒屋光太夫を伴って来航した。

㉗ オランダ・清の船以外の外国船については，いかなる理由があろうと打ち払うことを命じた。

Let's Try 差をつける記述式

① （例）諸藩の蔵屋敷が多く設置され，さまざまな物資が全国から集まり，活発な取り引きが行われたから。

② （例）一揆の首謀者をわからなくするため。

STEP2 実力問題 本冊 ⇨ pp.90〜91

1 (1) エ　　(2) ア

(3) （例）水上交通の拠点である大阪に，多くの藩が蔵屋敷を置き，年貢米や特産物の取り引きを行ったから。

(4) 工場制手工業（マニュファクチュア）

2 (1) ウ　　(2) イ→エ→ア

3 (1) 元禄　(2) ア　(3) イ　(4) エ

(5) イ

4 イ→ア→ウ

（解説）

1 (1) アは鎌倉時代，イは弥生時代，ウは室町時代の説明である。

(2) 石見銀山は島根県に位置し，世界文化遺産に登録されている。イは生野銀山（兵庫県），ウは佐渡金山（新潟県），エは足尾銅山（栃木県）である。

(!) ココに注意

(3) 「地図を参考に」という条件づけがあることから，水上交通の便がよいことに触れること。

2 (1) ウ．株仲間の解散を命じたのは水野忠邦が行った天保の改革である。

(2) ウ．公武合体策は幕末，桜田門外の変で大老井伊直弼が暗殺された後，老中安藤信正によって進められた。

3 (2) 松尾芭蕉は俳諧の芸術性を高めた人物，十返舎一九は化政文化のころに滑稽本『東海道中膝栗毛』を著した人物である。

(3) アは室町時代の北山文化，ウは江戸時代の化政文化，エは鎌倉文化の内容である。

(4) アは大老井伊直弼，イは老中水野忠邦，ウは将軍徳川綱吉の政策である。

---

4 イは18世紀前期（享保の改革），アは1839年におきた蛮社の獄，ウは1842年に出された薪水給与令の説明である。

STEP3 発展問題 本冊 ⇨ pp.92〜93

1 (1) （例）江戸にもち込まれる鉄砲と江戸から出ようとする大名の妻のこと。（30字）

(2) 寺子屋

(3) ① （例）金の含有量を減らすことで差額が幕府の利益となった。

② （例）（元禄小判に比べて）質のよい貨幣を発行して，物価が上がるのをおさえようとした。

(4) （例）徳川吉宗が米による増収を目ざしたのに対し，田沼意次は商業や貿易を重視し，貨幣による増収を目ざした。

(5) 間宮林蔵

2 (1) ア

(2) X－（例）株仲間に税を納めさせる（株仲間から税を徴収する）

Y－（例）営業を独占する

(3) 薩摩藩　(4) ウ　(5) ウ

（解説）

1 (1) 室町時代の関所は通行税（関銭）を徴収するためのものだったが，江戸幕府は治安維持のために関所を設置した。江戸屋敷でくらす大名の妻は人質としての側面があり，幕府は領国に逃亡しないか警戒の目を光らせていた。

(2) 僧侶・浪人・神官・医師などが教師となって，町人や農民の子どもに読み・書き・そろばんなどの日常生活に必要な基本的な知識を教えた。

(3) ① グラフから1695年発行の小判は1600年発行のものに比べて金の含有量が約5g少ないことがわかる。この含有量の少なさを，史料中の「差額の利益」ということばに結びつける。

② 1695年の貨幣改鋳で金の含有量を減らしたため，小判の価値が下がり，物価は上昇した。

(!) ココに注意

(4) 徳川吉宗の進めた新田開発と一定の年貢を取り立てる定免法は百姓に対する政策であるが，参勤交代の江戸滞在期間を半年に短縮するかわりに米を献上させる上米の制は大名に対する制度である。したがって，「農業重視」というより「米による増収」の方が正確である。

2

(1) 史料は**徳川吉宗**が**享保の改革**で行った**上米の制**
について書かれている。**イ**は田沼意次，**ウ**は水
野忠邦，**エ**は松平定信の政策である。

(3) 薩摩藩は黒砂糖の専売制を強化したり，**琉球王
国**を介した中国との密貿易を行ったりして，藩
財政の立て直しに成功した。

(4) **ア**．参勤交代を制度として定めたのは**徳川家光**
である。**イ**．米や特産物の販売は蔵屋敷で行わ
れた。蔵屋敷は主に大阪に置かれた。**エ**．「富
嶽三十六景」を描いたのは**葛飾北斎**で，歌川広
重の代表作は「東海道五十三次」である。

(5) **ウ**．「**天下の台所**」といわれた都市は大阪である。
地図を見ると，伏見から徳島までは河川・海路
の点線であり，伏見から大阪までは淀川を船で
下っていると考えられる。**ア**．江戸から伏見ま
での陸路は，地図を見ると**東海道**を通っている
ことがわかる。**中山道**は内陸部を通る街道であ
る。**イ**．**東廻り航路**は東北地方の日本海沿岸か
ら津軽海峡を経て，太平洋を南下して江戸に至
る航路である。**エ**．当時，ヨーロッパと貿易を
行っていた窓口は長崎のみである。

■ なるほど資料

★ 江戸時代の交通

■ 関連写真・絵

↑『解体新書』扉絵

↑伊能忠敬の日本地図

↑浮世絵（錦絵）

📝 理解度診断テスト ①

本冊 ⇨ pp.94〜95

〔理解度診断〕A…40 点以上，B…30〜39 点，C…29 点以下

1 (1) **キ**　　(2) **イ**
2 (1) **イ**　　(2) **ウ**
　　(3) **応仁の乱**
　　(4) **エ→ウ→ア→イ**
　　(5) (例)肥料用の草が不足したため，いわしを
　　　　加工し，肥料として用いるようになった。
　　(6) **イ**

〔解説〕

1 (1) 地図中の **A** は縄文時代の大規模集落遺跡であ
る**三内丸山遺跡**の位置，**B** は稲荷山古墳の位置，
C は**大仙古墳**（仁徳陵古墳）の位置，**D** は金印が
発見された**志賀島**の位置である。

(2) **イ**．**X** は**長岡京**である。**ア**．**W** は 647 年につ
くられた淳足柵の推定地である。**坂上田村麻呂**
が征夷大将軍に任じられたのは 797 年で**平安
京**においてのことである。**ウ**．**Y** は藤原京で，
天武天皇の后であった持統天皇が遷都した。
エ．百済再興のため日本は白村江の戦いで唐・
新羅の連合軍と戦った。

2 (2) **Ⅱ** の文は，**国司と地頭の二重支配**について述べ
られていることから，鎌倉時代。**ウ**は室町時代
の農村の自治組織について述べた文である。

(3) **応仁の乱**は室町幕府 8 代将軍**足利義政**のあと
継ぎ争いや山名氏と細川氏の勢力争いなどが複
雑にからまりあって 1467 年におこり，1477
年まで続いた。この戦乱によって中断した祇園
祭は，**町衆**によって復活した。

(4) **ア**は 1533 年，**イ**は 1558 年，**ウ**は 1517 年，
エは 1498 年である。

(5) 加工したいわしの肥料を**干鰯**といい，肥料とし
て非常に効果が高かったことから，主に綿を栽
培している近畿地方で用いられた。

(6) それぞれの都市の特色を考える。武家地の割合
が非常に高い **X** は参勤交代によって全国の大
名が大名屋敷を置いていた「**将軍のおひざもと**」
の江戸である。唯一，公家地が見られる **Y** は
天皇の居住する内裏がある京都と推察できる。
また，**Y** は寺社地の割合が高いことからも推察
できる。町人地の割合が 3 都市の中で最も高
い **Z** は商業の中心地で「**天下の台所**」と呼ばれ
た大阪である。

28

❗ ココに注意

(5) いわしと肥料を結びつけて論述する。お金を出して買う肥料(金肥)には、いわしを原料とする干鰯や菜種などから油をしぼったかすである油かすなどがある。

---

5 欧米の発展と明治維新

📘 STEP 1 まとめノート
本冊 ⇨ pp.96～97

1️⃣ ① 独立宣言　② 人権宣言　③ 資本主義
④ 南北戦争　⑤ リンカン　⑥ アヘン戦争

2️⃣ ⑦ ペリー　⑧ 日米和親条約
⑨ 井伊直弼　⑩ 日米修好通商条約
⑪ 領事裁判権(治外法権)　⑫ 尊王攘夷
⑬ 薩長同盟　⑭ 徳川慶喜　⑮ 大政奉還
⑯ 王政復古の大号令
3️⃣ ⑰ 版籍奉還　⑱ 廃藩置県　⑲ 20
⑳ 徴兵令　㉑ 地価　㉒ 地租改正
㉓ 富岡製糸場　㉔ 学制　㉕ 福沢諭吉
㉖ 中江兆民　㉗ 屯田兵
㉘ 樺太・千島交換条約

解説

1️⃣ ① イギリスの思想家ロックの影響を受けて、人間の平等、自由・幸福追求、圧政への抵抗権を主張した。
② フランスの思想家ルソーなどの影響を受けている。
⑥ 南京条約でイギリスは清から賠償金や香港を手に入れた。
2️⃣ ⑦ アメリカ東インド艦隊司令長官。大統領の国書をもって来日した。
⑪ 外国人が罪を犯したとき、その国の領事が自国の法律で裁判を行うことができる権利。
⑬ 土佐藩出身の坂本龍馬らの仲立ちによって、薩摩藩の西郷隆盛・大久保利通らと長州藩の木戸孝允らが同盟を結んだ。
⑮ 政権を朝廷に返上したこと。徳川慶喜は新しい政権の中で主導権を維持しようと考えていた。
3️⃣ ㉒ 毎年一定の税収入を見込むことができるため、予算を立てやすくなった。
㉓ フランスの技術を導入し、主に士族の子女が女工として働いた。生糸は日本の主要輸出品となった。
㉔ 西洋の制度にならって、男女の区別なく小学校

教育を受けさせることとしたが、はじめは入学者数が少なかった。
㉕ 啓蒙思想家・教育家で、慶応義塾(現慶応義塾大学)を開いた。
㉗ 主に東北出身の士族が募集に応じた。

Let's Try 差をつける記述式

(例)船の薪や食料、水を補給するために利用したかったから。

📘 STEP 2 実力問題
本冊 ⇨ pp.98～99

1️⃣ (1) エ　　(2) ルソー
2️⃣ (1) 日米和親条約
(2) ① 日米修好通商条約
② (例)アメリカに領事裁判権(治外法権)を認めたこと。日本に関税自主権がないこと。
(3) X－尊王攘夷　Y－長州
(4) ① 大政奉還　② ア
③ (例)特定の藩の出身者で構成されていたから。
(5) 書名－『学問のすゝめ』
著者－福沢諭吉
(6) ① 地価
② (例)地租改正反対一揆が各地でおき、地租は地価の 2.5 ％に引き下げられた。

解説

1️⃣ (1) 独立宣言はアメリカで発表された。
(2) ルソーは、契約によって国家を形成する人民こそが主権者である(人民主権)と主張した。
2️⃣ (1) 下田と函館を開港し、アメリカの領事を下田に置くことなどを認めた。
(2) ① 函館、神奈川(横浜)、長崎、新潟、兵庫(神戸)の 5 港を開港すること(下田は閉鎖)などが取り決められた。
(3) X は国学の影響を受けた考え方で、Y の長州藩は現在の山口県である。
(4) ② 古代の律令制の役所は「だいじょうかん」、明治政府の役所は「だじょうかん」と読む。
③ 明治政府の多くは薩摩藩、長州藩の出身者で占められていた。
(6) ① 土地所有者には、地価を明記した地券が交付された。地主は小作人から高い小作料を現物で納めさせ、それを売って税を納めて

いた。物価の値上がりで地主の利益が上がり，地主と小作人の貧富の差が拡大する結果となった。

!ココに注意

(3) 文中の「関門海峡」と「下関」から山口県であることが判断できる。現在の山口県には長州藩が置かれていた。

📊 STEP3 発展問題　　本冊 ⇨ pp.100〜101

1 (1) ① イ　② 横浜
　　③ (例)日本から生糸などが大量に輸出されて品不足になり，物価が上昇した。
　　④ 安政の大獄　⑤ ウ
　(2) ① 樺太・千島交換条約
　　② 日清修好条規
　　③ ア
　(3) ウ
　(4) イ
2 (1) X－学制　Y－イ
　(2) ① 文明開化
　　② (例)洋装の人物がいる。／れんが造りの建物がある。／ガス灯がある。／馬車が走っている。／洋傘をさしている人がいる。／靴をはいている人がいる。

解説

1 (1) ① 日米和親条約が結ばれたのは江戸時代末期の1854年。イのインド大反乱(シパーヒーの乱)は1857年におこった。アは冷戦を迎えていた第二次世界大戦後の昭和時代，ウは第一次世界大戦中で大正時代，エは明治時代のできごとである。
　　② 最大の貿易港は横浜港，最大の貿易相手国はイギリスだった。
　　③ 主な輸出品は生糸や茶であったが，生産が輸出に追いつかず，品不足で値上がりしたうえ，商人が買い占めや売り惜しみをしたため，米などの一般の物価も上がった。西陣(京都府)などの絹織物業者は生糸の品不足から生産が圧迫された。また，外国から安い綿織物などが輸入され，国内の生産地が大打撃を受けた。
　　④ 1860年，井伊直弼は水戸藩の元藩士らの襲撃を受け，暗殺された(桜田門外の変)。
　　⑤ Aの薩長同盟は1866年，Bの四国艦隊下関砲撃事件は1864年，Cの大政奉還は

1867年のできごと。
　(2) ① 樺太がロシア領，千島列島が日本領となった。
　　② 1871年，日本は清と対等な内容の日清修好条規を結んだ。
　　③ 津田梅子は女子教育に力を注ぎ，1900年に女子英学塾(現津田塾大学)を設立した。
　(3) 地租が3％から2.5％に引き下げられたことを意味している。
　(4) イ。王政復古の大号令ではなく版籍奉還である。

!ココに注意

(2) ② 一方で，1876年に日本が朝鮮と結んだ日朝修好条規は，日本の無関税と領事裁判権(治外法権)を朝鮮に認めさせるなど，日本にとって有利な内容の条約であった。

2 (1) ア．義務教育の年限が6年とされたのは1907年。ウ．満6歳以上の男女に小学校での義務教育を受けさせることとした。しかし，授業料や学校の建設費などが国民の負担となり，農家の労働力である子どもの就学への反対もあって，就学率はなかなか上がらなかった。エ．忠君愛国の精神を養うために定められたのは1890年発布の教育勅語である。
　(2) 文明開化の生活は，都市に住む人々が中心で，農村や漁村ではすぐには受け入れられなかったが，少しずつ変化していった。

📖 なるほど資料

★ 関連写真・絵・人物

⬆ アヘン戦争

⬆ インド大反乱

⬆ 地　券

⬆ 富岡製糸場

⬆ 1874年ごろの銀座

⬆ ペリー

⬆ 西郷隆盛

⬆ 福沢諭吉

6 立憲制国家の成立と日清・日露戦争

STEP1 まとめノート　本冊⇨pp.102〜103

① ① 西郷隆盛　② 西南戦争　③ 板垣退助
　④ 民撰議院設立の建白書　⑤ 国会期成同盟
　⑥ 立憲改進党　⑦ 内閣制度　⑧ 天皇
　⑨ 貴族院　⑩ 25

② ⑪ 岩倉具視　⑫ 領事裁判権(治外法権)
　⑬ 陸奥宗光　⑭ 関税自主権
　⑮ 甲午農民戦争　⑯ 下関条約　⑰ 遼東半島
　⑱ 台湾　⑲ 義和団事件　⑳ 日英同盟
　㉑ ポーツマス条約　㉒ 日比谷焼き打ち事件
　㉓ 韓国併合　㉔ 辛亥

③ ㉕ 八幡製鉄所　㉖ 財閥　㉗ 田中正造
　㉘ 大逆事件　㉙ 北里柴三郎　㉚ 与謝野晶子

解説

① ③ 西郷隆盛らとともに征韓論を主張したが，大久保利通らに反対され，政府を去った。
　⑥ イギリス流の立憲政治を手本とする穏健な考え方の政党。資本家や地主が支持した。
　⑨ 皇族・華族議員と高額納税者，天皇が任命した者で構成された。

② ⑪ 倒幕運動の公家方の中心となった人物で，明治政府において，天皇制の確立に努めた。
　⑮ 東学という民間宗教を信仰する農民がおこした。
　⑱ 台湾の西方に位置する澎湖諸島も日本の領土となった。
　⑲ 義和団という秘密結社による外国人排斥運動。北京の外国公使館を包囲・攻撃した。しかし，8か国の連合軍に鎮圧された。
　⑳ ロシアに対して共通の利害をもつ日本とイギリスが，1902年に結んだ。

③ ㉕ 現在の福岡県北九州市に建設された官営の製鉄所。周辺地域でとれる石炭と中国から輸入される鉄鉱石を原料に1901年から操業を始めた。
　㉖ あらゆる業種に進出し，日本の経済を支配した資本家の一族。
　㉘ 天皇暗殺を企てたとして多くの社会主義者が逮捕され，幸徳秋水ら12名が死刑判決を受けた。
　㉙ ドイツに留学し，コッホに学んだ。

Let's Try 差をつける記述式

(例)君主権が強い憲法だったから。

STEP2 実力問題　本冊⇨pp.104〜105

① (1) 伊藤博文
　(2) ① ア　② 板垣退助
　(3) ドイツ(プロイセン)
　(4) ウ→ア→エ
　(5) ① イ　② エ　③ 八幡製鉄所
　(6) ① 与謝野晶子
　　② (例)日清戦争と比べて死者や戦費などが増えたにもかかわらず，賠償金が得られなかったから。
　　③ イ

② (1) 孫文(スンウェン)
　(2) 田中正造

解説

① (2) ① 1894年，日清戦争の直前に日本はイギリスと日英通商航海条約を結び，**領事裁判権(治外法権)の撤廃**に成功した。そのときの外務大臣は**陸奥宗光**である。
　　② **自由党**は**板垣退助**，**立憲改進党**は**大隈重信**。政党名と人物をセットで覚えておくこと。
　(3) 明治政府は天皇の権威の絶対化を目ざしていたので，君主の権力の強いドイツ(プロイセン)の憲法を参考にした。
　(4) **民撰議院設立の建白書**が提出された後，**ウ**の国会開設を目ざす国会期成同盟が結成された。**ア**の国会開設の勅諭が発表されると，**エ**の立憲改進党などがつくられた。なお，**イ**の立憲政友会が結成されたのは1900年のことである。議会の協力がなければ政策が進められないことを痛感した伊藤博文が中心となって結成した。
　(5) ① キリスト教(西学)に反対する東学を信仰する農民たちが，減税や政治改革，日本人や欧米人の排除を目ざして反乱をおこした。
　　② **三国干渉**により，国民の間ではロシアに対する敵対心が高まった。政府もロシアの南下に備え，清から得た賠償金などをもとに軍備を増強した。
　　③ 政府は鉄鋼の自給を目ざした。
　(6) ② 暴動とは**日比谷焼き打ち事件**のこと。ポーツマス条約の内容に不満をもった民衆が，新聞社や警察署などを襲った。
　　③ **ア**は第二次世界大戦後の高度経済成長期，**ウ**のラジオ放送が始まったのは大正時代，**エ**は第二次世界大戦中のできごとである。

(6) ② 日清戦争のデータも表記されているため，日清戦争との対比を盛り込む必要がある。

2 (2) **田中正造**は栃木県出身の政治家・社会運動家。1890 年に衆議院議員となり，日本で初めて公害反対運動をおこしたが，問題の解決は十分になされなかった。

STEP3 発展問題　本冊 ⇒ pp.106〜107

1 (1) **自由民権運動**
(2) ① **大久保利通**　② イ→ウ→ア
③ **ア・エ**
(3) ① ア　② カ

2 (1) ウ
(2) **日英同盟**
(3) ① **ポーツマス条約**　② ウ
(4) (例)日露戦争では多くの戦費が必要になり，増税が行われたこと。

3 (1) ウ
(2) (例)近代的な設備を備えた官営の八幡製鉄所が操業を開始したから。

(解説)

1 (2) ① 明治六年の政変後，**大久保利通**は参議兼内務卿として明治政府の中心となった。
② **イの民撰議院設立の建白書**を板垣退助が提出したのをきっかけに，**自由民権運動**が始まった。運動の高まりに対し，政府は集会条例などを出して厳しく取り締まった。しかし，開拓使官有物払い下げ事件がおこり政府批判が激しくなると，政府は払い下げを中止し，10 年後に国会を開くと約束(国会開設の勅諭)。**ウ**の板垣退助の自由党など，さまざまな政党が結成された。一方，政府は**内閣制度**を設立，初代内閣総理大臣の伊藤博文を中心に**ア**の**大日本帝国憲法**の草案を作成，1889 年に天皇が国民に与えるという形式(欽定憲法)で発布された。
③ **ア・イ**. 衆議院と参議院で構成されているのは現在の国会である。帝国議会は**衆議院**と**貴族院**で構成された。**ウ・エ**. 衆議院議員のみ，選挙権を有する者(直接国税を 15 円以上納める満 25 歳以上の男子)による選挙で選ばれた。貴族院は皇族や華族，多額納税者，天皇が任命した議員で構成された。

(3) ① ア. 日本と清が魚(朝鮮)を釣ろうと釣り糸を垂らし，ロシアが橋の上から状況を眺めている。なお，イはノルマントン号事件，ウはイギリスにそそのかされ，ロシアに挑みかかる日本を表す，日露戦争直前の情勢を表した風刺画である。
② 開国直後からの主な輸出品であった C は生糸。1880 年代後半からの紡績業の発展により，1890 年には生産量が輸入量を上回るようになった A は綿糸。原材料である綿花は 1899 年には主な輸入品となっているため B。

2 (3) ① アメリカの**セオドア=ルーズベルト**大統領の仲立ちで，アメリカのポーツマスで条約を結んだ。
② ウ. **大逆事件**は社会主義の広まりに対しておこったので，ポーツマス条約とは直接関係ない。イ. ポーツマス条約で，ロシアから韓国での優越権を認められた日本は，韓国を保護国とし，韓国統監府を置いて外交権を奪った。エ. 日本はポーツマス条約で得た鉄道の利権をもとに南満州鉄道株式会社(満鉄)を設立し，満州進出の足場とした。
(4) 表から日清戦争に比べ日露戦争の戦費が巨額であること，**図1**と**図2**から費用を賄うために増税され，国民の重い負担になったことがわかる。

3 (1) ウ. 富岡製糸場設立の目的は綿糸ではなく生糸の増産と品質向上である。

□ なるほど資料

★ 関連人物・写真・絵

↑ 渋沢栄一

↑ 板垣退助

↑ 伊藤博文

↑ 与謝野晶子

↑ 田中正造

↑ 北里柴三郎

↑ 岩倉使節団

↑ 日清戦争のころの風刺画

7 第一次世界大戦と大正デモクラシー

■ STEP 1 まとめノート　本冊 ⇨ pp.108～109

1 ① 三国同盟　② 三国協商　③ バルカン
④ サラエボ　⑤ 日英同盟
⑥ 二十一か条の要求　⑦ アメリカ
⑧ レーニン　⑨ シベリア出兵
⑩ ソビエト社会主義共和国連邦(ソ連)
⑪ 米騒動

2 ⑫ ベルサイユ条約　⑬ ウィルソン
⑭ ジュネーブ　⑮ 常任理事国
⑯ ワイマール　⑰ 五・四　⑱ 三・一独立
⑲ ガンディー

3 ⑳ (第一次)護憲運動　㉑ 民本主義
㉒ 天皇機関説　㉓ 原敬　㉔ 政党内閣
㉕ 25　㉖ 治安維持法　㉗ 全国水平社
㉘ 平塚らいてう

解説

1 ⑤ ロシアの南下政策に対抗するため，1902年に結ばれた同盟。
⑥ 中国におけるドイツの権益の継承や，旅順・大連の租借期限の延長などを，軍事力を背景に要求した。
⑨・⑩ シベリア出兵は，日本・アメリカ・イギリス・フランスなどによって行われた。国内を統合したソビエト政府は，1922年にソビエト社会主義共和国連邦(ソ連)を建国した。
⑪ 米騒動は全国に広がり，寺内正毅内閣は軍隊を出してこの騒動を鎮圧したが，責任をとって総辞職した。

2 ⑫ パリ郊外にあるベルサイユ宮殿で結ばれた。
⑯ 国民主権や男女普通選挙のほか，人間らしい生活を送る権利(社会権)を世界で初めて定めるなど，当時最も民主的な憲法といわれた。
⑰ 北京から始まり，この運動をきっかけに孫文が中国国民党を結成した。
⑱ 京城(現在のソウル)から始まり，朝鮮全土に広がった。日本は軍隊と警察を使っておさえたが，運動はその後も続いた。

3 ⑳ 尾崎行雄・犬養毅らが中心となって，憲法に基づく立憲政治を守ろうとする運動をおこした。
㉒ 美濃部達吉は天皇機関説を主張し，国家そのものが主権の主体であり，天皇は国家の最高機関

として憲法に従って統治を行うものと説いた。
㉓・㉔ 原敬は日本最初の平民出身の首相であった。原内閣は，陸軍・海軍・外務の3大臣以外の閣僚を，すべて立憲政友会党員で構成するという日本初の本格的な政党内閣であった。
㉗ 創立大会で発表された水平社宣言の「人の世に熱あれ，人間に光あれ」という結びのことばが有名である。

Let's Try 差をつける記述式

(例)シベリア出兵を見越して，米の買い占めや売り惜しみが行われ，米価が急に上がったから。

■ STEP 2 実力問題　本冊 ⇨ pp.110～111

1 (1) ① P－イギリス　Q－ウ　② ウ
(2) ① 民族自決　② エ
(3) ① ウィルソン　② エ

2 (1) 吉野作造　(2) 首相－原敬　X－政党
(3) (例)満25歳以上のすべての男子がもつようになった。
首相－加藤高明
(4) ウ

解説

1 (1) ① 日本は1902年，ロシアの南下政策に対抗してPのイギリスと日英同盟を結んだ。これを理由として，日本は連合国側に立って第一次世界大戦に参戦した。Qはドイツを指す。なお，アはアメリカ，イはロシアについて述べた文である。
② バルカン半島は，オーストリアとロシアの対立や諸民族の独立運動などで，いつ戦争がおこるかわからない危険な状況だった。そのため，「ヨーロッパの火薬庫」と呼ばれた。
(2) ① 第一次世界大戦末期，アメリカ大統領のウィルソンが提唱。民族自決の考えに基づき，東ヨーロッパの諸民族は独立を認められた。しかし，アジア・アフリカの諸民族は独立を認められなかった。
② エ．レジスタンスは第二次世界大戦時のドイツに対する抵抗運動である。
(3) ② ア．193か国は2021年6月現在の国際連合の加盟国数である。イ．本部はスイスのジュネーブに置かれた。ウ．安全保障理事

会が置かれているのは国際連合である。

▶ **ココに注意**

(3) ② 国際連合の安全保障理事会の常任理事国はアメリカ, イギリス, フランス, ロシア, 中国で, 拒否権をもつ。国際連盟と国際連合の常任理事国の違いに注意する。

---

2 (2) 原敬内閣は 1919 年に選挙法を改正し, 選挙権の条件をそれまでの直接国税 10 円以上から 3 円以上に引き下げた。

(3) 納税額に関係なく, 満 25 歳以上の男子に選挙権が与えられた。しかし, 女子には選挙権は与えられなかった。

(4) ウ. **大政翼賛会**の結成, 労働組合の解散は, 昭和時代の 1940 年で, 日中戦争下での戦時体制を強めるための政府主導の動きである。

STEP3 発展問題　本冊 ⇒ pp.112〜113

1 (1) バルカン半島
(2) ① X −(例)女性の権利拡大　Y −エ
　　② (例)労働者の賃金は上昇したが, それ以上に物価も上昇したため。
　　③ イ
(3) 講和条約−ベルサイユ条約　地図−ア
2 (1) ① ア　② ウ
(2) ① X −美濃部達吉　Y −憲政会　② ア

解説

1 (1)「ヨーロッパの火薬庫」といわれたバルカン半島は, 民族問題・宗教問題を多く抱える地域で, 1989 年に冷戦が終結した後も旧ユーゴスラビアで内戦がおこった。

(2) ① 資料 1 から, オリンピックへの女性の参加人数が増えたことを読み取り, 女性の権利についての問いであると判断する。
　　② 賃金の上昇率と物価の上昇率の違いを比較し, 国民の生活にどのような影響を与えているかを考える。
　　③ イの**田中正造**が解決に尽力した**足尾銅山鉱毒事件**は, 明治時代のできごとである。

(3) **ベルサイユ条約**によって, ドイツは領土の一部と植民地のすべてを失い, 軍備の制限や巨額な賠償金の支払いを課せられた。アメリカの**ウィルソン大統領**が唱え, ベルサイユ条約の基本原則となった**民族自決**にアジア・アフリカの植民地は期待を抱いたが, 民族自決が考慮されたのはアの東ヨーロッパ諸国だけであった。

---

2 (1) ① イの杉原千畝は昭和前期の外交官。リトアニア領事代理のとき, ナチスに迫害されていたユダヤ人に対し, 日本通過を認めるビザ(査証)を発行し, 6000 人ほどの命を救ったといわれる。ウの松岡洋右は外交官で, 国際連盟脱退時の日本代表であった。エの犬養毅は**五・一五事件**で暗殺された首相である。

② A・B はどちらも 1933 年に脱退しているが, 発足当初から加盟している A が日本, 発足当時は加盟が認められず, 途中から加盟している B がドイツ。C は議会の反対で不参加のアメリカ。

(2) ① X. **天皇機関説**を主張したのは**美濃部達吉**である。Y. **憲政会**は 1916 年に結成された政党。立憲政友会, 革新倶楽部とともに**第二次護憲運動**を進め, **加藤高明内閣**を組織した。

② イ. **大正**時代に開始されたのはラジオ放送で, テレビ放送が開始されたのは 1953 年である。ウ. **教育基本法**は 1947 年に制定され, 教育の機会均等や男女共学などが定められた。エ. 被差別部落の住民が創設したのは**全国水平社**。

なるほど資料

★ 三国協商と三国同盟

```
フランス ── イギリス        ドイツ
   │  三国協商  │ 日英         /＼  三国同盟
   │          │ 同盟        /    ＼
ロシア - - - - 日本    イタリア ── オーストリア
      日露協約
```

★ 有権者数の増加

年	有権者数
1890年 満25歳以上の男子 直接国税15円以上	45万人 (1.1%)
1902年 満25歳以上の男子 直接国税10円以上	98 (2.2)
1920年 満25歳以上の男子 直接国税3円以上	307 (5.5)
1928年 満25歳以上の男子	1241 (19.8)
1946年 満20歳以上の男女	3688 (48.7)

0万人　1000　2000　3000　4000

※( )内の数字は全人口に占める有権者の割合。(「日本統計年鑑」など)

★ 関連人物

↑ 吉野作造

↑ 原敬

↑ 平塚らいてう

8 第二次世界大戦と日本

STEP 1 まとめノート　　本冊 ⇒ pp.114〜115

① ① ニューディール　② ブロック経済
　③ ムッソリーニ　④ ナチス　⑤ ヒトラー
② ⑥ 1931　⑦ 柳条湖（リウティアオフー）　⑧ 満州国
　⑨ リットン調査団　⑩ 犬養毅
　⑪ 政党内閣（政党政治）　⑫ 盧溝橋（ルーコウチアオ）
　⑬ 南京（ナンキン）　⑭ 国家総動員法　⑮ 大政翼賛会
③ ⑯ 独ソ不可侵条約　⑰ ポーランド
　⑱ 日独伊三国同盟　⑲ 日ソ中立条約
　⑳ 真珠湾　㉑ 太平洋戦争
　㉒ ミッドウェー海戦　㉓ 学徒出陣　㉔ 沖縄
　㉕ ポツダム宣言　㉖ 広島　㉗ 長崎
　㉘ 原子爆弾　㉙ ソ連

解説

① ① 大規模な公共事業を行うことで，雇用を生み出し，労働者の賃金を引き上げることで購買力を高めようとした。また，国内産業を強力に統制し，生産の制限や価格の調整を行って産業の回復を図ろうとした。
② 自国の自治領や植民地とだけ貿易を行い，それ以外の国の商品には高い関税をかけて，外国の商品を締め出そうとした。
③ 世界恐慌に襲われると海外侵略を進め，1935年，エチオピアを侵略し，翌36年に併合した。

② ⑧ 実質的には日本人が政治・経済を支配していた。
⑩ 立憲政友会総裁。大正時代の護憲運動の中心的存在であった。

③ ⑯ ヒトラーとスターリンが結んだ条約。相互の不侵略などが取り決められた。
⑱ 第三国からの攻撃に対して，相互の軍事援助が取り決められた。
⑲ ソ連は対ドイツ戦に，日本はフランス領インドシナへの侵攻に備えて，相互の領土の尊重と不可侵・中立を約束した。
㉑ 当時の日本では大東亜戦争と呼ばれた。
㉓ 1943年，それまで徴兵を猶予されていた文科系の大学生などが軍に召集され，多くの学生が戦場に送られた。
㉔ 沖縄県民の12万人以上が死亡した。
㉕ ソ連は日ソ中立条約を締結していたので，アメリカ・イギリス・中国の名で発表された。ソ連

も対日宣戦布告と同時にこれに参加した。日本の軍国主義の排除，連合国軍による占領，再軍備の禁止などが定められ，戦後日本の民主化を進めていくための基本方針となった。

Let's Try 差をつける記述式

① （例）社会主義のもとで「五か年計画」を進めていたから。
② （例）国際連盟が満州国を認めず，日本軍の満州からの撤退を求めたから。

STEP 2 実力問題　　本冊 ⇒ pp.116〜117

1 (1) ① ニューディール政策　② ブロック経済
　③ ヒトラー
(2) ① ア　② ウ→ア→エ→イ
　③ Ｙ－柳条湖（リウティアオフー）　Ｚ－蔣介石（チャンチエシー）
(3) ウ
(4) 国家総動員法　(5) ポツダム　(6) エ

解説

1 (1) ① 公共事業としてTVA（テネシー川流域開発公社）を設立し，多目的ダムの建設を中心に総合的に開発を行った。
(2) ① 満州事変後，日本政府などの政策によって，満蒙開拓団が満州に送り出された。
② アは1940年，イは1941年12月，ウは1933年，エは1941年4月である。
③ 日本は発足時から常任理事国として国際連盟に加盟したが，満州を巡る対立が原因で1933年に連盟からの脱退を通告した。
(3) 資料2中の「犬養総理大臣遂に逝去」から五・一五事件だとわかる。ア．1936年，陸軍の青年将校が軍部独裁の政権を目ざし，兵士を率いて首相や重臣を襲い，殺傷。その後，東京の中心部を4日間にわたり占拠した（二・二六事件）が，反乱軍として鎮圧された。イ．1905年，ポーツマス条約の内容に反対した暴動。ロシアから賠償金を得られなかったことなどに対して反対を唱え，民衆が新聞社や警察署などを襲った。エ．1862年，生麦村（神奈川県横浜市）で，薩摩藩（鹿児島県）の行列の前を馬で横切ったイギリス人を薩摩藩士が殺傷した事件。この事件をきっかけに，翌年，鹿児島湾で薩英戦争がおこった。
(6) アの学制は1872年，ウの教育基本法は1947

年にそれぞれ制定された。**イ**の**墨塗り教科書**は
終戦直後のこと。軍国主義を推し進めていた，
戦時中の教科書の軍国主義的部分に墨を塗っ
て使用したものである。

⚠ ココに注意

(2) ③ 満州事変のきっかけとなった，奉天郊外でおこっ
た南満州鉄道爆破事件は**柳条湖事件**，日中戦争のき
っかけとなった，北京郊外でおこった日中両軍の武
力衝突は**盧溝橋事件**である。混同しないように。

📊 STEP3　発展問題　　本冊 ⇒ pp.118〜119

1 (1) ① **(例)公共事業によって雇用を増やし，
　　　上昇する失業率を下げること。**

　　　② **ア**

　(2) A群−**エ**　B群−**キ**

　(3) ① **ウ**

　　　② **(例)軍需品を生産するために金属が必
　　　要になったから。**

　(4) ① **(例)日本への石油の輸出を禁止した。**

　　　② **ア→ウ→イ**

　(5) **ウ**

(解説)

1 (1) ① 公共事業を行うことで，雇用を生み出し失
業者を減らそうとした。**資料1**から，1934年
以降は失業率が低下していることがわかる。

② **ア**．イタリアでは，ムッソリーニの率いる
ファシスト党が政権を握ると労働運動をお
さえて独裁政治を始めた。世界恐慌に襲わ
れて経済が行き詰まると，1935年，エチオ
ピアに侵攻した。**イ**．経済が停滞した資本
主義国とは違って，「五か年計画」により国
力を伸ばしたソ連である。**ウ**．「ブロック経
済」とあるのでフランスも考えられるが，オ
ーストラリアやインドと貿易をしていたの
はイギリスである。**エ**．「大地震や金融恐
慌」から日本とわかる。「人地震」は関東大震
災のこと。

(2) **資料2**は，軍人の靴が国会議事堂を踏みつけ
るようすを表している。**政党内閣**の時代が終わ
り，軍主導の政権へ移ったことがわかる。

(3) ① **B**．立憲政友会や立憲民政党は当初，議会
の立法機能を妨げるものとして，国家総動
員法に強く反対していた。

② 1938年の**国家総動員法**により，国力のすべ

てが戦争に動員された。設問は1941年に
出された金属類回収令について述べている。

(4) ① **資料4**から，日本がアメリカから石油の8
割近くを輸入していたこと，**資料3**から，
日本が軍事行動をおこした1941年に石油
の輸入量が約半分になっていることがわか
る。ここを読み取り，アメリカが日本への
石油の輸出を封鎖した内容を書く。

② 国際連盟に満州国を認められなかった日本
は国際連盟を脱退(**ア**)，その後盧溝橋事件
をおこして中国と武力衝突(**ウ**)，さらにア
メリカとの戦争(**イ**)に至った。

(5) **ウ**．戦前は三井・住友・三菱・安田を中心とす
る財閥は，倒産しかけた企業や銀行を吸収し巨
大になっていった。**財閥解体**が行われたのは戦
後のことである。

⚠ ココに注意

(2) **五・一五事件**と**二・二六事件**は混同しやすいので注意
する。五・一五事件は1932年に海軍の青年将校らが
おこした犬養毅首相暗殺事件，二・二六事件は1936
年に陸軍の青年将校がおこしたクーデターである。

📖 なるほど資料

★ 関連人物

↑ ヒトラー　　　↑ ムッソリーニ　　　↑ 犬養毅

---

9 **現代の日本と世界**

📊 STEP1　まとめノート　　本冊 ⇒ pp.120〜121

1 ① **マッカーサー**

② **連合国軍最高司令官総司令部(GHQ)**

③ **極東国際軍事裁判(東京裁判)**

④ **20**　⑤ **農地改革**　⑥ **財閥**

⑦ **教育基本法**　⑧ **日本国憲法**　⑨ **国民主権**

2 ⑩ **ニューヨーク**　⑪ **冷戦(冷たい戦争)**

⑫ **毛沢東**　⑬ **吉田茂**

⑭ **サンフランシスコ平和条約**

⑮ **日米安全保障条約**　⑯ **警察予備隊**

⑰ **日ソ共同宣言**

③ ⑱ アジア・アフリカ会議

⑲ 第四次中東戦争

⑳ 石油危機(オイルショック)

㉑ ヨーロッパ連合(EU)

④ ㉒ 特需景気 ㉓ 日韓基本条約

㉔ 日中共同声明 ㉕ 日中平和友好条約

㉖ 沖縄

⑤ ㉗ マルタ会談 ㉘ ベルリンの壁

㉙ 同時多発テロ ㉚ バブル経済

(解説)

① ② 連合国軍最高司令官総司令部(GHQ)が東京に
設置され、その指令により日本政府が政策を実
行するという間接統治の方法がとられた。

③ 東条英機らA級戦争犯罪人に対して行われた、
連合国による裁判。

⑤ 国が地主から一定面積以上の土地を強制的に買
い上げ、小作人に安く売り渡した。この結果、
自作農の割合が大幅に高まった。

⑧ GHQが示した憲法草案に基づいて、政府が改
正案を作成し、帝国議会の審議を経て成立した。

② ⑭ 連合国55か国のうち、中華民国と中華人民共
和国は講和会議に招かれず、インド・ビルマ
(ミャンマー)・ユーゴスラビアは参加を拒否、
ソ連・ポーランド・チェコスロバキアは講和会
議に出席したが調印しなかった。

⑯ 朝鮮戦争がおこると、日本駐留のアメリカ軍が
朝鮮半島へ派遣された。そのため、手薄となる
日本国内の治安維持を目的に、GHQの指示に
よって警察予備隊が発足した。

⑰ 日ソ間の戦争状態が終結したことを認め合った
宣言。これによって日ソ間の国交が回復し、日
本の国際連合加盟が実現した。

③ ⑱ 第三世界と呼ばれた国々による国際会議で、非
同盟中立の立場で連帯を強めた。

⑳ アラブの産油国が行った石油戦略による世界的
な経済危機。第四次中東戦争を有利に解決する
ため、アラブの産油国は原油の輸出を制限し、
価格を引き上げる政策を打ち出した。このため
日本経済も大きな打撃を受け、石油や電力の使
用が制限された。

④ ㉒ 朝鮮戦争時にアメリカ軍への軍事物資の補給を
行ったことでおこった好景気。これによって、
日本経済の復興が進んだ。

㉓ 佐藤栄作内閣が結んだ条約。日本は韓国を朝鮮

半島における唯一の合法的な政府と認め、韓国
との国交を正常化した。

㉔ 1972年、田中角栄首相が中国を訪問し発表。
中国との国交が正常化し、台湾の中華民国との
国交は断絶した。

㉕ 1978年、福田赳夫内閣のときに調印された。

⑤ ㉗ ソ連共産党書記長のゴルバチョフと、アメリカ
大統領のブッシュが、地中海のマルタ島で会談
を行った。

㉘ 東ベルリンから西ベルリンへ脱出する人々を阻
止するために、1961年に築かれ、長く冷戦の
象徴とされた。

㉙ イスラム原理主義のテロ組織であるアルカイダ
の犯行とされる。

Let's Try 差をつける記述式

(例)ソ連が日本の国際連合加盟について、拒
否権を行使しなくなったから。

STEP2 実力問題 本冊 ⇒ pp.122〜123

1 (1) 11月3日
(2) ① 財閥解体 ② 極東国際軍事(裁判)
(3) ① 日米安全保障条約
② ソビエト社会主義共和国連邦
(4) (例)ソ連を含む5か国すべての常任理事
国が加盟に賛成した
島々ーイ
(5) ア
2 (1) ア (2) 石油危機

(解説)

1 (1) 公布されたのは1946年11月3日。施行され
たのは1947年5月3日。現在、11月3日は
文化の日、5月3日は憲法記念日となっている。

(2) ① 資料1の「安田」、「住友」、資料2の「三菱」
から財閥であると読み取る。

② 東京裁判ともいわれる。1946年5月〜48
年11月まで審理され、25名を有罪とし東
条英機ら7名を死刑に処した。

(4) 資料3の、ソ連と国交を回復する前の1952年
はソ連の同意を得られなかったが、回復後の
1956年は賛成となっている点に注目する。国
際連合に加盟するためには、拒否権が発動され
ないようにソ連との国交を回復し、すべての常
任理事国から賛成を得ることが必要であった。

(5) 蔣介石は中国国民党の指導者。毛沢東率いる中国共産党との内戦に敗れて台湾へ逃れ，台湾国民政府をつくった。

！ココに注意

(5) 日本と中国の国交が正常化したのは1972年に発表された**日中共同声明**による。1978年に結んだ**日中平和友好条約**と区別しておく。

2 (1) **イ**．ラジオ放送が始まったのは1925年である。**ウ**．バブル経済は1980年代後半から始まり，1990年代初めに崩壊した。**エ**．八幡製鉄所は明治時代につくられた。

(2) オイルショックともいう。

STEP3 発展問題 本冊 ⇨ pp.124～125

1 (1) (例)(農地改革が行われ，)政府が地主の農地を買い上げ，小作人に安く売り渡したから。

(2) ① 1947年5月3日
　② (例)選挙権が満20歳以上から満18歳以上に引き下げられた。

(3) ① **オ**　② NATO

(4) 人物－吉田茂　語句－**ア**

(5) ① 所得倍増　② **ウ**
　③ A－石油危機(オイルショック)
　　B－バブル経済

(6) 日中共同声明

(7) **ア・エ**

(8) **ウ**

解説

1 (1) 農地改革によって，多くの小作人が**自作農**になり，農村の民主化が進んだ。

(3) ① Aはベトナム，Bは**朝鮮半島**，Cはドイツのことである。
　② NATOの正式名称は，北大西洋条約機構。冷戦期はソ連圏諸国の防衛機構(ワルシャワ条約機構)に対抗する軍事同盟であったが，冷戦終結後は，地域紛争を含む危機管理型の安全保障体制へと変化した。

(4) 吉田茂は日本国憲法公布時の首相でもある。日ソ共同宣言は鳩山一郎首相が発表した。

(5) ② アは国際連盟ではなく国際連合である。イは1990年代のできごとである。日本はECに加盟していないので**エ**も誤りである。

③ A．1973年の**石油危機**によって高度経済成長は終わった。B．1980年代後半からの**バブル経済**は空前の好景気となったが，1990年代初めに崩壊し，その後は長い不景気(平成不況)となった。

(7) アのPKO協力法は1992年に，**エ**の**男女雇用機会均等法**は1985年に制定されている。

(8) アメリカはこの攻撃をテロと断定し，テロ組織の拠点があるとしてアフガニスタンを空爆した。

なるほど資料

★ 第二次世界大戦後の日本の外交

年	できごと
1951	サンフランシスコ平和条約 　→翌年，日本は独立を回復 日米安全保障条約 　→アメリカ軍の日本駐留を認める
1956	日ソ共同宣言 　→ソ連と国交回復，国際連合の加盟が認められる
1965	日韓基本条約 　→韓国と国交を正常化
1972	日中共同声明 　→中国と国交を正常化
1978	日中平和友好条約 　→経済や文化などの面で両国の交流が深まる

📝 理解度診断テスト ②

本冊 ⇨ pp.126～127

理解度診断 A…40点以上，B…30～39点，C…29点以下

1 (1) リンカン　(2) ア→ウ→イ

(3) (例)工業生産額の割合が増加し，貿易額が大きくなった。

(4) ポツダム宣言　(5) サンフランシスコ

(6) **イ**

2 (1) **イ**　(2) **イ**

(3) A－(例)イギリス経済圏以外の国に対する関税を，イギリス経済圏よりも高く
　B－**ア**

(4) X －**イ・オ**
　Y －**ウ・エ**
　Z －**ア・カ**

（解説）

1 (1) **リンカン**はアメリカの第16代大統領である。1861年に始まった**南北戦争**では，北軍を指揮して勝利した。1863年には**奴隷解放宣言**を出したが，戦争終結直後に暗殺された。

(2) アの**南満州鉄道株式会社**は1906年に設立，イの満州国建国は1932年，ウの**二十一か条の要求**は1915年，エの**義和団事件**は1900年におこった。オの**三国干渉**は1895年，bの**日露戦争**は1904年におこっており，日清戦争の直後に三国干渉，日露戦争のきっかけが義和団事件なので，**エとオ**は日露戦争の前のできごとになる。

(3) 第一次世界大戦により，**資料2**から工業生産額が農業生産額を上回り，**資料3**から輸出が輸入を上回ることが読み取れる。第一次世界大戦の主戦場はヨーロッパだったので，日本はヨーロッパにかわってアジアやアメリカに船舶，生糸，綿織物などを輸出した。

(4) 1945年7月，アメリカ，イギリス，中国（のちにソ連も参加）の名で出された，日本に対する降伏勧告。8月14日に日本は**ポツダム宣言**の受諾を決め，翌15日に昭和天皇がラジオ放送によって国民に発表した（玉音放送）。

(5) 1951年，**サンフランシスコ講和会議**で結ばれた。日本とアメリカなど48か国との間で調印された。

(6) **イ．男女雇用機会均等法**は1985年に制定された。

2 (2) **イ．工場制手工業**（マニュファクチュア）は江戸時代に始まった。

(3) この政策は**ブロック経済**と呼ばれ，フランスも同じような政策を行った。

(4) **ア**．第一次世界大戦は1917年から，第二次世界大戦は日本が宣戦布告をした1941年から参戦した。**イ**．第二次世界大戦では，**日独伊三国同盟**を結んでいた。**ウ**．大日本帝国憲法は，第一次世界大戦以前の1889年に制定。日本国憲法は，第二次世界大戦後の1946年に公布された。**エ**．第一次世界大戦前にイタリアは，ドイツ・オーストリアと三国同盟を結んでいたが，領土問題でオーストリアと対立し，第一次世界大戦では連合国側について参戦した。**オ**．第一次世界大戦中の1917年に**ロシア革命**がおこった。**カ**．第一次世界大戦後に**国際連盟**，第二次世界大戦後に**国際連合**が設立された。

• （精選）**図解チェック＆資料集** 歴史

本冊 ⇒ p.128

① 正倉院　② 平等院　③ 長篠
④ 水墨　⑤ 浮世（錦）　⑥ 織田信長
⑦ 西郷隆盛　⑧ 福沢諭吉

（解説）

① 奈良時代の**天平文化**を代表する建造物で，**聖武天皇**の遺品などが残されている。三角形の木材を組み上げてつくる**校倉造**という建築様式を採用しており，高床になっている。

② 平安時代の**国風文化**を代表する阿弥陀堂で，**藤原頼通**によって宇治（京都府）に11世紀中ごろに建立された。当時は**浄土信仰**がさかんで，阿弥陀堂をつくることが流行していた。

③ 1575年に**織田信長・徳川家康**連合軍が，武田氏の騎馬隊を破った戦いで，織田信長はこの戦いで足軽による**鉄砲隊**を組織した。絵の左側が織田・徳川連合軍で，鉄砲のほかに，馬の進入を防ぐための柵や堀が見える。

④ 中国で宋の時代に完成した，墨の濃淡と筆の動きによって描かれた絵画。室町時代に明に渡って技法を学んだ**雪舟**が日本の水墨画を大成した。

⑤ 江戸時代に流行した庶民の風俗を題材とした絵画。**菱川師宣**が始めた。江戸時代後期，多色刷りの技法が発達し，**錦絵**とも呼ばれるようになった。「**富嶽三十六景**」を描いた**葛飾北斎**のほか，**歌川広重**や**喜多川歌麿**などの絵師が人気を集めた。

⑥ 尾張（愛知県）出身の戦国大名で，各地の戦国大名を次々に倒し，室町幕府も滅ぼした。**安土城**を天下統一の拠点とし，**楽市・楽座**の政策を行うなど，商工業の発展にも力を入れた。比叡山の延暦寺や一向一揆の勢力を弾圧する一方，キリスト教を保護した。

⑦ **薩摩藩**（鹿児島県）出身で，倒幕運動の中心となった。明治政府では重職に就いて**征韓論**を唱えたが，欧米から帰国した**岩倉具視**や**大久保利通**の反対にあい，政府を去った。不平士族らとともに1877年に**西南戦争**をおこしたが，政府軍に敗れた。

⑧ 幕末から明治時代にかけて活躍した教育家・啓蒙思想家。『**学問のすゝめ**』を著し，学問が大切であること，人間の平等と自由，国家の独立を説いた。

1 現代社会と日本国憲法

STEP 1　まとめノート　本冊⇨pp.130〜131

1 ① 高度経済成長
② 石油危機(オイルショック)　③ バブル
④ 少子高齢　⑤ ICT　⑥ グローバル
⑦ 核家族　⑧ 親族　⑨ 効率

2 ⑩ ロック　⑪ モンテスキュー　⑫ ルソー
⑬ 権利(の)章典　⑭ ワイマール
⑮ 世界人権

3 ⑯ 1946(昭和21)年11月3日
⑰ 1947(昭和22)年5月3日
⑱ 国事行為　⑲ 9　⑳ 永久の権利
㉑ 3分の2　㉒ 過半数
㉓ シビリアンコントロール　㉔ PKO
㉕ 精神の自由　㉖ 男女共同参画社会基本法
㉗ 生存権　㉘ 公共の福祉　㉙ 納税
㉚ プライバシー

解説

1 ② この直前に始まった第四次中東戦争に際して, アラブの産油国が原油生産量の抑制と原油価格の大幅な値上げなどを行ったためにおこった。
⑦ 核家族とは, 夫婦のみ, 夫婦と子ども, 1人親と子どもからなる家族のことである。なお, 近年は, 核家族が高齢化したことによって高齢者の単独世帯が増加し, 社会問題となっている。

2 ⑮ 国際連合は, 1979年に**女子差別撤廃条約**, 1989年に**子ども(児童)の権利条約**なども採択。

3 ⑯・⑰ 公布日の11月3日は「文化の日」, 施行日の5月3日は「憲法記念日」で祝日となっている。
⑱ **国事行為**とは, 国事に関する形式的な行為のことであり, 内閣の助言と承認の下に行われ, その責任は内閣が負う。
㉓ **文民統制(シビリアンコントロール)**とは, 職業軍人でない者(文民)による軍隊の指揮・統制のことである。自衛隊の最高責任者は内閣総理大臣である。
㉙ 大日本帝国憲法では, 国民の義務は, 兵役と納税であった。
㉚ 新しい人権として, 個人が特定できる写真や映像を勝手に使われないように求める**肖像権**, イ

ンターネットなどから個人情報を消去する**忘れられる権利**などもある。これらの権利は憲法第13条の幸福追求権に基づいて主張されている。また, **環境権**に関連して, 環境保全のために, 大規模な開発に際しては, 事前に環境への影響を調査する環境影響評価(環境アセスメント)が義務づけられている。なお, 住宅への日当たりの確保を求める**日照権**は環境権の1つ。

Let's Try　差をつける記述式

① (例)国の政治のあり方を最終的に決める権利が国民にあるという原則。
② (例)車いす利用者なども移動しやすいようにするため。

STEP 2　実力問題　本冊⇨pp.132〜133

1 (1)① X-ア　Y-イ　Z-ウ
② X-ア　Y-(例)多言語で表示する
(2) (例)少数の意見が反映されにくい。

2 (1) モンテスキュー　(2) イ
(3)① X-ウ　Y-ウ　Z-エ
② 語句-象徴　記号-イ・ウ
③ 語句-文化的　記号-イ
④ エ

解説

1 (1)① エの国際競争とは, 国家間, 他国との企業間での競争のこと, **オの産業の空洞化**とは, 国内企業が海外へ出ていくことで, 国内の工場数や雇用が減ることをいう。

2 (1) **モンテスキュー**の三権分立の考えは, 権力の濫用を防ぎ, 国民の権利と自由を守るために多くの国で採用されている。なお, イギリスの**ロック**は『統治二論』で革命権・抵抗権(国家の不当な権力行使に対して, 人民が抵抗する権利)があると説き, フランスの**ルソー**は『社会契約論』で人民主権を説いた。
(2) アは世界人権宣言を条約化し, 法的拘束力をもたせるようにしたもの。ウは18歳未満の子どもの権利(生きる権利, 守られる権利, 育つ権利, 参加する権利)について定めたもの。エは女性への政治的・経済的・社会的活動など多くの分野での差別撤廃を定めたもの。日本は, この条約を批准するために, 1985年に**男女雇用機会均等法**を定めた。アは1966年, ウは1989年, エは1979年に, いずれも国際連合で採択

された。

(3) ② 「国事に関する行為」とは天皇の**国事行為**のことである。**ア**は内閣，**エ**は国会が行う。なお，国事行為には**イ・ウ**のほかに，憲法改正や法律などの公布，国会議員の総選挙の公示，栄典の授与，内閣総理大臣と最高裁判所長官の任命などがある。

③ 憲法第25条で保障する**生存権**は，教育を受ける権利(第26条)，勤労の権利(第27条)，労働基本権(第28条)とあわせて，**社会権**を構成している。

④ **ア**には裁判を受ける権利(第32条)，国家賠償請求権(第17条)，刑事補償請求権(第40条)がある。**イ**は労働基本権(団結権・団体交渉権・団体行動権)の1つで，第28条に規定されている。**ウ**は選挙権(第15条など)や被選挙権(第44条)などである。

! ココに注意

(2) 国際連合の人権のあゆみは，世界人権宣言(1948年)→国際人権規約(1966年)の順。

(3) ③ 憲法第25条①「すべて国民は，健康で文化的な最低限度の生活を営む権利を有する。」は，下線部が空欄として出題されるので，全文を覚えておく。

STEP3 発展問題 本冊 ⇨ pp.134〜135

1 (1) 記号－**ア**

理由－(例)カラーテレビが普及するにつれて，白黒テレビを使用しなくなり，普及率が下がるから。

(2) **イ**

(3) (例)人口の減少により労働力が減り，生産力が下がる。また，高齢化により，労働ではなく貯蓄に頼る高齢者の割合が増えるため。

2 (1) a－戦争 b－放棄 c－健康
d－平等 e－人種 f－公共
g－福祉 h－職業

(2) ① D ② C ③ B

3 (1) **ア** (2) **ア**

(3) ① 2番目－**ウ** 4番目－**ア**
② **イ** ③ **ア**

(解説)

1 (1) 白黒テレビ，電気洗濯機，電気冷蔵庫は「**三種の神器**」といわれ，1950年代後半から各家庭

に普及していった。次いで，クーラー(エアコン)，カラーテレビ，カー(自動車)の「**3C**」といわれた製品が1960年代後半から70年代にかけて普及していった。なお，**イ**は電気洗濯機，**ウ**は電気冷蔵庫，**エ**はエアコンである。

(2) 日本は**少子高齢化**が進んでいるので，**Ⅲ**には**B**があてはまる。**Ⅱ**は，**Ⅲ**へ段階的に移行することにつながっていくものを選ぶ。なお，**A・C**で出生割合が増えているが，**A**は1947〜49年の第1次ベビーブーム，**C**は1971〜73年の第2次ベビーブームと呼ばれる時期があったためである。

(3) 少子化により労働力人口が減り，労働にあまりかかわらず貯蓄に頼る高齢者人口が増えるため，国内総生産(GDP)が低下し，その結果，経済成長率が低下する，という内容でもよい。

2 **A**は第9条，**B**は第25条，**C**は第14条，**D**は第22条である。

(2) ① 感染症を広げないために，感染者の一時的な入院による隔離措置が必要となり，**公共の福祉**を理由に移動の自由が制限されることもある。

② **ユニバーサルデザイン**とは，障がいの有無や年齢，国籍などに関係なく，だれにでも使いやすいようにくふうしてつくられたもの。「人間はみな平等である」の考えが根底にある。

③ **公的扶助**とは，最低限の生活が困難な人々に対して生活援助をする社会保障制度である。

! ココに注意

(1) 憲法前文，第1条，第9条，第11条から第14条，第22条，第25条など重要条文は暗記しておくことが必要。

3 (1) **ア**．皇位の継承は，男系の男子(天皇の血筋のうち男性)に限られ，女系の男子(天皇の血筋で女性が生んだ男子)は認められていない。

(2) **イ**の自衛隊，**ウ**の非核三原則について，日本国憲法に記載はない。非核三原則は，1967年に佐藤栄作首相が国会で表明し，1971年に国会で決議されたものである。**エ**の集団的自衛権は，2015年に安全保障関連法の成立で行使が法的に可能となったが，憲法は改定されていない。

(3) ① **オ**(1689年のイギリスの権利〈の〉章典)→**ウ**(1776年のアメリカ独立宣言)→**エ**(1789年のフランス人権宣言)→**ア**(1919年のドイ

ツのワイマール憲法)→イ(1948 年の国際連合の世界人権宣言)の順となる。

② 個人の尊重をもととする平等の考えが，あらゆる権利の基盤であるので，個人の尊重，平等権が最下部の土台となっているものを選ぶ。

■なるほど資料

★ 日本国憲法が保障する基本的人権

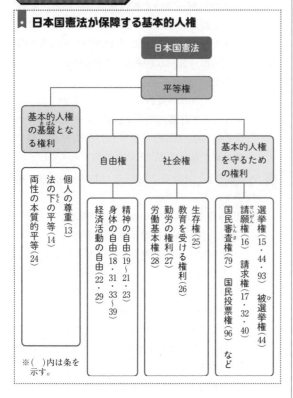

※( )内は条を示す。

2 政治参加，国会・内閣のはたらき

STEP 1 まとめノート　本冊 ⇒ pp.136～137

1 ① 間接民主　② 18　③ 普通　④ 平等
⑤ 秘密　⑥ 小選挙区　⑦ 比例代表
⑧ 小選挙区比例代表並立　⑨ 格差
⑩ 与党　⑪ 世論

2 ⑫ 最高機関　⑬ 立法機関
⑭ 常会(通常国会)　⑮ 臨時会(臨時国会)
⑯ 30　⑰ 特別会(特別国会)
⑱ 両院協議会　⑲ 公聴会　⑳ 国会議員
㉑ 弾劾　㉒ 出席議員の 3 分の 2

3 ㉓ 国務大臣　㉔ 議院内閣　㉕ 総辞職
㉖ 40　㉗ 予算　㉘ 規制緩和

本冊 ⇒ pp.138～139

（解説）

1 ① 間接民主制は，選挙で選ばれた代表者が議会に集まって物事を決めることから**代表民主制**ともいう。また，**代議制，議会制民主主義**ともいう。
⑧ 衆議院議員選挙では，小選挙区制と比例代表制の両方での立候補(重複立候補)を認めている。
⑩ 複数の政党で政権を担当する場合を**連立政権**（連立内閣）という。

2 ⑫ 国会は，主権者である国民が選んだ議員で構成されるため，「国権の最高機関」といわれる。
⑲ **公聴会**は，予算の審議のときには必ず開かれる。
⑳ 内閣総理大臣は，衆議院議員，参議院議員を問わず，国会議員でなければならない。国会が内閣総理大臣を指名し，天皇が任命する。
㉒ 総議員ではなく，出席議員の 3 分の 2 以上である。衆議院と参議院の各議院の総議員の 3 分の 2 以上の賛成が必要となるのは，憲法改正の国会発議の際の要件である。

3 ㉘ **規制緩和**の例として，コンビニエンスストアでのビールなどのアルコール飲料や医薬品の一部の販売が可能になったこと，ガソリンスタンドでのセルフ方式での給油が自由になったことなどがある。

Let's Try 差をつける記述式

① (例)任期が短く解散もあり，国民の意見を反映しやすいから。
② (例)内閣が国会の信任の下に成立し，国会に対して連帯責任を負うしくみ。

STEP 2 実力問題　本冊 ⇒ pp.138～139

1 (1) X－平等選挙　Y－秘密選挙
Z－普通選挙
(2) A－イ　B－ア　C－ウ　(3) 2(議席)

2 (1) X－常会(通常国会)
Y－臨時会(臨時国会)
(2) ① 公聴会　② (例)慎重な審議を行うため。
(3) エ
(4) (例)衆議院の議決が国会の議決となり，X が内閣総理大臣(24 字)

3 (1) 議院内閣制
(2) W－エ　X－ウ　Y－イ　Z－ア
(3) エ→イ→ア→ウ
(4) ウ

解説

1 (2)「すべての年代において医療・介護が年金を上回る」ということから，Aが「医療・介護」。「それぞれの年代で身近な課題が上位」ということから，若い世代は「子育て」，年齢が上がると，将来もらう「年金」が上位に来ることとなる。

(3) **ドント式**のため，次のようになる。❶〜❺は当選順位。

	A党	B党	C党	D党
得票数	1800	1500	960	720
÷1	1800❶	1500❷	960❸	720
÷2	900❹	750❺	480	360
÷3	600	500	320	240

上の表のように，A党は2人，B党は2人，C党は1人，D党は0人となる。

2 (1) 衆議院の解散，総選挙後に召集されるのは**特別会**(特別国会)である。

(2) ① 予算や重要な歳入法案の審議時には，必ず**公聴会**が開かれる。

② 「一方の院の行き過ぎを防ぐため。」などでもよい。

(3) アは天皇の**国事行為**のうちの1つ，**イ・ウ**は**内閣**が行う。

3 (3) 特別会(特別国会)召集の当日，内閣は総辞職を行う。

(4) **ア・イ・エ**はすべて国会が行う。

！ココに注意

(4) 国会と内閣の仕事・権限で，「予算の議決」「条約の承認」は国会，「予算の作成」「条約の締結」は内閣の仕事・権限であり，その区別が重要である。

STEP3 発展問題 本冊 ⇨ pp.140〜141

1 (1) イ

(2) (例)昔と比べて投票率が全体的に低下している。
(例)低年齢層の投票率が特に低い。

(3) ⑥さん，⑦さん，⑧さん

(4) イ

(5) (例)議員1人あたりの有権者数の差をできるだけ小さくし，<u>一票の価値</u>をできるだけ等しくするため。

2 (1) イ

---

(2) 2番目－エ　5番目－イ
(3) ウ

解説

1 (1) 国政選挙や地方選挙では，参政権に日本国籍であることが必要となっており，外国人の選挙権は認められていない。なお，インターネットでの選挙活動は認められているが，投票は行われていない。

(2) 今日の日本は，少子化の影響で若年層の有権者が少ないうえ，投票率も低いため，若年層の意見が政治に反映されにくくなっている。

(3) 比例代表はドント式であるため，割り算をすると次のようになる。

	A党	B党	C党	D党
得票数	1500	1100	300	400
÷1	1500❶	1100❷	300	400
÷2	750❸	550❹	150	200
÷3	500❺	367	100	133

定数は5議席であるので，表中の❶〜❺の5人(A党3人，B党2人)が当選する。B党の⑦さんは，小選挙区の3区で当選しているため，B党の名簿から名前が消え，⑧さん，⑨さんがそれぞれ繰り上がる。B党1位の⑥さん(重複立候補)は，小選挙区1区では敗退したが比例代表で1位で当選，比例代表制しか立候補していない⑧さんもB党の比例代表での2人目の当選者となる。

(4) **ア**．国会議員が5人以上，または，1人以上で直近の衆議院議員総選挙などで2％以上の得票率であることが要件である。**ウ**．日本国憲法に政党の位置付けはない。**エ**．政治資金パーティーなどでの資金提供があるなど，すべて禁止されているわけではない。

(5) 2013年の選挙時には，鳥取県の議員1人あたりの有権者数が約25万人であったのに対して，北海道は約110万人で，約4.4倍の開きがあった。この状況を是正するため，合区を行ったことで，2016年の選挙時には，鳥取県・島根県の合区と北海道の差は約1.4倍と小さくなった。しかし，北海道は福井県と約2.3倍の開きがあり，**一票の格差**を巡る問題は依然として残っている。

2 (1) **イ**．**国政調査権**は，衆議院と参議院に同等の権限として認められている。

(2) **ウ**（法律案は内閣か国会議員が提出する。衆議院に提出）→**エ**（衆議院の委員会で審議）→**ア**（衆議院本会議で審議。**キ**もあるが、「回付案」とあるので、**イ**の後とわかる）→**オ**（参議院の委員会で審議。法律案を一部修正）→**イ**（参議院本会議で、一部修正された法律案を審議し、衆議院へ回付）→**キ**（一部修正のうえ回付された法律案を審議し、同意）→**カ**（天皇が公布）となる。

(3) アメリカ合衆国の大統領に法律案の提出権はなく、議会の解散権をもたない。また、大統領や閣僚は、議会に議席をもたず、議員ではない。

！ココに注意

(3) アメリカ合衆国の大統領は、議会議員ではない。また、任期は1期4年で、2期8年しか務められない。

なるほど資料

衆議院と参議院の比較

	衆議院		参議院
定数	465人		248人※
任期	4年（解散あり）		6年（解散なし、3年ごとに半数を改選）
被選挙権	満25歳以上		満30歳以上
選挙区	小選挙区比例代表並立制 比例代表選出 176人 小選挙区選出 289人		比例代表選出 100人 選挙区選出 148人

※公職選挙法の改正により、それまでの242人から2019年の選挙で245人、2022年の選挙で248人と3人（比例代表2人、選挙区1人）ずつ増員。

国の行政のしくみ

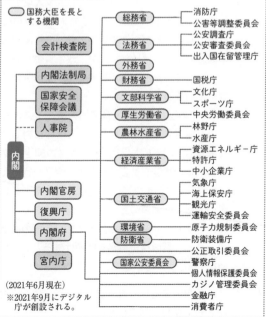

（2021年6月現在）
※2021年9月にデジタル庁が創設される。

---

3 裁判所と三権分立，地方自治

STEP 1 まとめノート　本冊 ⇨ pp.142〜143

① ① 法律　② 下級裁判所　③ 検察官
④ 被告人　⑤ 原告　⑥ 被告　⑦ 控訴
⑧ 上告　⑨ 再審　⑩ 刑事

② ⑪ モンテスキュー　⑫ 指名　⑬ 解散
⑭ 最高裁判所長官　⑮ 違憲立法審査
⑯ 弾劾裁判

③ ⑰ 民主主義　⑱ 住民　⑲ 地方分権一括
⑳ 4　㉑ 条例　㉒ 30　㉓ 25　㉔ 首長
㉕ 不信任　㉖ 解散　㉗ 地方税
㉘ 地方交付税交付金　㉙ 国庫支出金
㉚ 50分の1

解説

① ③ **検察官**は、刑事事件で公益を代表して裁判所に裁判を提起し、適正な判決を求め、刑の執行を監督する権限をもつ国家公務員である。
④ 犯罪の疑いのある者（被疑者）は、検察官に起訴されると、**被告人**と呼ばれるようになる。
⑦ 第一審の判決に不服な場合、第二審を求めること。
⑧ 第二審の判決に不服な場合、第三審を求めること。

② ⑫ 内閣総理大臣は国会で指名され、天皇により任命される。
⑭ 最高裁判所長官は内閣に指名され、天皇により任命される。
⑮ **違憲立法審査権**は、すべての裁判所がもつ。
⑯ **弾劾裁判**は、職務を怠るなどの行為があった裁判官に対して、その処分を判定する裁判である。

③ ㉑ **条例**とは、地方議会が法律の範囲内で制定することができる、その地方公共団体のみに適用される決まりである。
㉚ **直接請求**をするのに必要な署名数は、有権者の50分の1以上と3分の1以上の2種類。条例の制定・改廃請求（イニシアティブ）、監査請求には50分の1以上、首長・議員の解職請求（リコール）、議会の解散請求には3分の1以上が必要。

Let's Try　差をつける記述式

① （例）慎重に裁判を行うことで、判決の誤りや冤罪を防ぐことができるため。
② （例）権力が1か所に集中し濫用されるのを防ぐため。

1 (1) しくみ−三審制　X−控訴　Y−上告
(2) (例)法律などが憲法に違反していないか
　　どうかを最終的に判断する権限をもって
　　いるから。
(3) 種類−イ　a−ウ　b−エ
(4) a−(例)仕事などを調整する
　　b−(例)裁判に対して理解
2 国会−B
　① イ　② ア　③ エ　④ オ
3 (1) 地方分権一括法
(2) 民主主義
(3) エ
(4) ア
(5) X−ウ　Y−ア

解説

1 (2) **違憲立法審査権**(**違憲審査権**, **法令審査権**とも
いう)についての出題である。この権限はすべ
ての裁判所がもっているが, 最終決定の権限は
最高裁判所にあることから, 最高裁判所は「**憲
法の番人**」と呼ばれる。なお, 違憲審査は, 具
体的な裁判を通じて行われるものであり, 法律
などが制定された時点で行われるものではない。
(3) **裁判員制度**による裁判は, 地方裁判所を第一審
とする重大な**刑事裁判**(殺人, 強盗致傷など)の
みに採用される。

⚠ **ココに注意**
(3) **民事裁判**での法廷には, 訴えた**原告**, 訴えられた**被告**,
それぞれの代理人(弁護士)などが出席する。

2 「裁判官の**弾劾裁判**」から B が国会, C が裁判所と
判断でき, その結果, A が内閣となる。なお, ②
の「衆議院の解散」は, 内閣が国会に対して行うが,
憲法第 7 条の天皇の**国事行為**にも「衆議院を解散
すること」が規定されている。これは, 天皇の形
式的な行為であるが, 内閣は, この規定をもとに,
衆議院が内閣不信任決議を行わなくとも任意に衆
議院を解散することができ, 「7 条解散」と呼ばれ
ている。

3 (3) 市(区)町村長は, 被選挙権が満 25 歳以上で,
　　住民の直接選挙で選出される。
(4) 神奈川県は人口が多く, 企業数も多い。関東地
　　方の千葉県も人口, 企業数が多いため, 割合の
　　高い A が地方税で, X が千葉県である。Y が山

形県となるが, 地方税が少ないため, その格差
を是正するための**地方交付税交付金**が多く支給
されることとなり, B となる。
(5) 議会の解散には, 首長や議員の解職と同じく,
有権者の 3 分の 1 以上の署名を, 選挙管理委員
会に提出して, 請求する。

⚠ **ココに注意**
(4) **地方交付税交付金**は, 地方税の少ない地方公共団体ほ
ど多く支給される。**国庫支出金**は, 特定の行政活動に
使うことを目的に, 地方公共団体に支給される。

1 (1) X−(例)10 万人あたりの裁判官・検察官・
　　弁護士の人数が少ない
　　Y−法テラス(日本司法支援センター)
(2) イ・オ
(3) エ
(4) ア
(5) ウ
2 カ
3 (1) エ
(2) イ・ウ
(3) ア
(4) (例)地方交付税交付金は, 地方公共団体
　　間の財政格差を是正するためのものであ
　　り, A町は Z町よりも, 地方税での収入
　　が少ないため。

解説

1 (1) 裁判官・検察官・弁護士などを**法曹**と呼ぶが,
日本は外国と比べてその数が少ない。その結果,
裁判が長期化しやすく, また, 裁判が国民の身
近なものになっていない。こうした現状を打開
するために, **法テラス**や, 法曹関係者の人口増
大を目的に**法科大学院**(ロースクール)が設置さ
れた。
(2) 裁判員の多数決の結果, 有罪判断が多いのは
ア・イ・オであるが, **ア**は裁判官の有罪判断が
0 人であるので無罪判決となる。**イ・オ**はとも
に裁判官が 1 人以上含まれているので有罪と
なる。
(3) **ア**. 最高裁判所と簡易裁判所の裁判官の定年は
70 歳, その他の裁判所の裁判官の定年は 65
歳である。**イ**. **検察官**が起訴, 不起訴を判断す

る。なお，不起訴の場合，その不起訴が適切かどうかを，満20歳以上の国民の中からくじで選ばれた検察審査員で構成される**検察審査会**が判断する。**ウ．被害者参加制度**についての文であるが，裁判員としてではなく，被害者参加人として法廷に出席し，被告人に質問できる制度である。

(4) **ア．**最高裁判所は1人の長官と，14人の裁判官の合計15人で構成される。問題文では，判事の人数が1人多く16人構成の意味となっている。16人の偶数では，採決の際，賛否同数となる可能性がある。

(5) **ウ．**下級裁判所の裁判官は，最高裁判所が指名した者の名簿に基づいて内閣が任命する。なお，**イ**の高等裁判所が第一審となるのは，選挙の当選効力を争う場合などがあてはまる。**エ**の知的財産高等裁判所は，特許権や著作権，トレードマークなどの訴訟を扱う裁判所である。

2 Pの内容から**A**が裁判所，**B**が内閣とわかり，**Q**の内容から**C**が国会とわかる。**X**は**国民審査**であるが，文中の「役職を任命する」は不適当である。国民審査は，最高裁判所裁判官が，裁判官としてふさわしいかどうかを審査するものであり，任命を行うものではない。最高裁判所の長官1名は内閣が指名し，天皇が任命する。その他の最高裁判所裁判官14名は，内閣が任命し，天皇が認証する。

3 (1) **エ．**家庭裁判所での裁判など，裁判はすべて司法権であり，国がもつ権力の1つである。

(2) **ア．**市(区)町村長の被選挙権は満25歳以上である。**エ．**住民投票条例での投票結果には法的拘束力はない。なお，**イ**のように地方自治は，住民が，首長と地方議会議員の両方を直接選挙で選出する**二元代表制**となっていることが，国政と異なる特徴である。

(3) **Y．**NPOは非営利組織のことで，利益獲得よりも，地域社会への貢献などに重点を置いた民間団体である。

(4)「役割に触れて」とあるので，「地方公共団体間の財政格差の是正が目的」などという意味の記述が含まれていなければならない。

(!)ココに注意

(2) 住民投票のうち，条例に基づくものは法的拘束力はない。法律に基づく住民投票(特別法制定時など)には，法的拘束力がある。

なるほど資料

★ 三権分立のしくみ

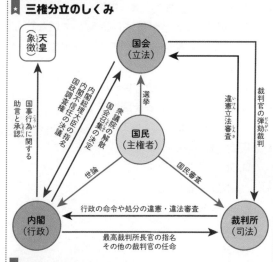

★ 首長と地方議会の関係

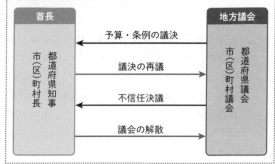

---

4 くらしと経済

STEP 1 まとめノート 本冊 ⇨ pp.148〜149

1▶ ① 財　② 給与(勤労)　③ ケネディ
④ 製造物責任(PL)　⑤ クーリング-オフ
⑥ 卸売

2▶ ⑦ 拡大再生産　⑧ 私企業　⑨ 株式
⑩ 株主総会　⑪ カルテル(企業連合)
⑫ 独占禁止　⑬ ベンチャー　⑭ CSR

3▶ ⑮ 労働基準　⑯ ワーク-ライフ-バランス
⑰ 男女雇用機会均等

4▶ ⑱ 市場　⑲ 均衡　⑳ 独占
㉑ 公共料金　㉒ 現金　㉓ 管理通貨
㉔ 中央　㉕ 公開市場操作　㉖ 金融
㉗ 為替相場(為替レート)　㉘ 円高
㉙ 円安

解説

1. ③ ケネディ大統領の主張した「**消費者の４つの権利**」とは，①安全を求める権利，②知らされる権利，③選ぶ権利，④意見を反映させる権利である。

   ④ **製造物責任法（PL法）**は，欠陥商品による消費者の被害に対して，消費者が製造者の過失を証明できなくても損害賠償を請求できるとする法律で，1995年に施行された。

2. ⑩ **株主総会**では，株式会社の経営方針や経営にあたる取締役などを決定する。実際の経営は取締役会が行う。

3. ⑮ **労働基準法**は，満15歳未満の児童の労働禁止，男女同一賃金なども規定している。

   ⑰ 1985年に制定された**男女雇用機会均等法**では，企業が募集・採用・昇進などに関して女性差別を行うことを禁止している。のちの改正で，**セクシュアルハラスメント**に関する規定も設けられた。

4. ㉒ **現金通貨**とは，日本銀行券（紙幣）と硬貨であり，実際に売買するときにもち歩くものである。それに対して**預金通貨**とは，銀行などに預けられ，現金と同じように支払いに使われる通貨であり，通貨全体の約９割を占める。

   ㉔ 中央銀行とは，国の金融制度の中心となる銀行のことであり，日本では**日本銀行**があてはまる。

   ㉕ オープン-マーケット-オペレーションともいう。

   ㉖ 日本銀行が景気安定のために行う公開市場操作や預金準備率操作などをまとめて**金融政策**という。

   ㉗ 外国為替相場や外国為替レートなどともいう。

Let's Try 差をつける記述式

① (例)株式の発行で多額の<u>資金を集める</u>ことができるから。

② (例)<u>一般の銀行</u>に資金を貸し出したり，預金を受け入れたりする。

STEP2 実力問題　本冊 ⇨ pp.150〜151

1. (1) (例)安い価格で農産物を買うことができる。
   (2) クーリング-オフ
2. (1) カ
   (2) (例)所有する株式の数に応じて，<u>会社の利益の一部を配当として受け取る</u>

---

   (3) Ⅰ-イ　Ⅱ-エ　Ⅲ-ク
   (4) イ
3. (1) Ⅰ-ア　Ⅱ-エ
   (2) A-イ　B-ア　C-エ　D-ウ
   (3) 4000

解説

1. (1) 生産者は，生産にかかった経費に利潤を加えた**生産者価格**を設定する。卸売業者も経費に利潤を加えた**卸売価格**，小売業者も経費に利潤を加えた**小売価格**を設定する。このため，生産物が生産者から消費者へ届くまでの過程で，関係する業者が増えるごとに価格が上がっていくこととなる。

   (2) 訪問販売や電話勧誘販売，割賦販売では８日以内であれば，書面によって無条件で契約を取り消すことができる。

2. (3) ア．**労働組合法**は，労働者の団結権，団体交渉権，団体行動権（争議権）の労働基本権（労働三権）を保障した法律。ウ．**労働関係調整法**は，労働者と使用者の間の対立を調整するための法律である。キ．**インフレーション**とは物価が継続的に上昇し，通貨の価値が下がる現象。

   ケ．**デフレーション**とは物価が継続的に下落し，通貨の価値が上がる現象である。

3. (1) 文中の「売れ残りが出る」から，供給量が需要量よりも多いことがわかる。供給量は**Q2**，需要量は**Q1**である。

   (2) 日本銀行は，景気を調整するために金融政策を行うが，その中心は国債などを一般の銀行との間で売買する**公開市場操作**（オープン-マーケット-オペレーション）である。好景気（好況）のときには，日本銀行が保有する国債を一般の銀行に「売る」。一般の銀行の方は国債を「買う」ことになるので，お金が日本銀行に支払われる。すると，一般の銀行が保有する資金量が減るため，企業などへの貸し出しのお金も「減少」することとなり，世の中に出回るお金の量が減ることになる。

   (3) 500000(円)÷125(円)＝4000(ドル)となる。１ドル＝100円から１ドル＝125円の**円安**の場合，50万円の日本製品がアメリカ国内では5000ドルから4000ドルになり，通常は販売が好調となるため，日本の輸出関係の企業は有利となる。

(2) ② **エ**．銀行からの資金の借り入れは，**間接金融**である。

(3) **ウ**．資産を円で運用することを目ざし，ドルなどの通貨を円と交換するようになるので，円の需要が高まる結果，**円高**に向かうこととなる。一方，ドルは不要とされるので**ドル安**に向かうこととなる。

> (!) ココに注意
>
> (2) ② 企業が，株式の発行などで資金調達をするのが**直接金融**，銀行などの金融機関から資金を借りるのが**間接金融**である。

🗂 なるほど資料

★ 企業の集中

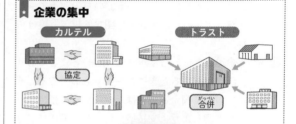

```
カルテル              トラスト

[協定]               [合併]

       コンツェルン

        親会社
                  株式所有
        子会社
                  株式所有
        孫会社
```

★ 円高・円安と輸出入

円高 1ドル＝100円が，1ドル＝80円になった場合

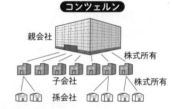

日本	外国	日本	外国
400万円／4万ドル	400万円／5万ドル	2万ドル／160万円	2万ドル／200万円

円高のときに輸出をすると，外国における自動車の価格が高くなるので，売れにくくなる。

円高のときに輸入をすると，日本における大豆の価格が安くなるので，消費者は得をする。

円安 1ドル＝100円が，1ドル＝120円になった場合

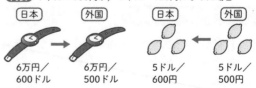

日本	外国	日本	外国
6万円／600ドル	6万円／500ドル	5ドル／600円	5ドル／500円

円安のときに輸出をすると，外国における腕時計の価格が安くなるので，売れやすくなる。

円安のときに輸入をすると，日本におけるレモンの価格が上がるので，消費者は損をする。

左段

> (!) ココに注意
>
> (2) 日本銀行の公開市場操作は，好景気のときには，一般の銀行に国債を「売る」，不景気のときには，一般の銀行から国債を「買う」こととなる。
>
> (3) 円高（ドル安）は，日本の輸出企業には不利，輸入企業には有利。円安（ドル高）は，日本の輸出企業には有利，輸入企業には不利となる。

📊 STEP3 発展問題　本冊 ⇒ pp.152〜153

1 (1) ア・ウ

(2) (例)製品やサービスで事故にあうなどといった**消費者トラブル**が減少し，自立した**消費者を主役**とした

2 (1) ウ　(2) ウ

(3) (例)時期により自動車の生産台数が変化しており，非正規の期間従業員は，その変化に合わせて増減できるから。

3 (1) 500

(2) ① (例)個人や企業からお金を預金として預かり，そのお金を必要とする個人や企業に貸し出す役割。

② エ

③ (例)日本銀行は国債を買うことで一般の銀行のお金の量を増やし，銀行がそのお金を企業などに貸し出すことで，世の中のお金の量を増やそうとする政策。

(3) ウ

(解説)

1 (1) **イ**．ネガティブ-オプション(送りつけ商法)の説明である。**マルチ商法**とは，会員を増やすともうかるとして，商品を販売していく商法である。**エ**．製造者に過失がなくても，製造者に損害賠償を請求することができる。

2 (1) 1979 年の国連総会で採択された**女子差別撤廃条約**にあわせて，1985 年に男女雇用機会均等法が制定された。

(2) a．法定雇用率は，**障害者雇用促進法**において，企業や行政機関に，障がい者の一定割合の雇用を義務付けているもの。男女雇用機会均等法での女性雇用割合の規定はない。b．高年齢者雇用安定法は改正され，2021 年 4 月からは，70 歳までを雇用することが努力義務となった。

3 (1) 価格が 400 のときの，A国の需要数量は**図1**から 300，B国の需要数量は**図2**から 200 と

5 財政と国民の福祉

STEP 1 まとめノート 本冊 ⇨ pp.154〜155

① ① 社会資本　② 再分配　③ 増税　④ 減税
　　⑤ 財政投融資　⑥ 社会保障関係費
　　⑦ 国債費　⑧ 公債金　⑨ 国税　⑩ 地方税
　　⑪ 直接税　⑫ 所得税　⑬ 法人税
　　⑭ 間接税　⑮ 消費税　⑯ 累進課税
② ⑰ 健康　⑱ 最低限度　⑲ 社会保険
　　⑳ 公的扶助　㉑ 社会福祉　㉒ 公衆衛生
　　㉓ 介護保険　㉔ ノーマライゼーション
③ ㉕ 四日市ぜんそく　㉖ イタイイタイ病
　　㉗ 新潟水俣病　㉘ 水俣病　㉙ 公害対策基本
　　㉚ 環境基本
　　㉛ 環境影響評価(環境アセスメント)

解説

① ⑧ 国債の発行で得た公債金は，将来，返却しなければならない国の借金である。利子を付けた国債費として返済されることになる。

　⑯ 所得税の累進税率は，年間所得が195万円以下は5％，195〜330万円以下は10％，330〜695万円以下は20％，695〜900万円以下は23％，900〜1800万円以下は33％，1800〜4000万円以下は40％，4000万円超は45％となっている。

② ⑰ 憲法第25条は「①すべて国民は，健康で文化的な最低限度の生活を営む権利を有する。②国は，すべての生活部面について，社会福祉，社会保障及び公衆衛生の向上及び増進に努めなければならない。」と第1項で**生存権**を規定し，第2項で国の社会的使命も規定している。

　⑲ **社会保険**のうち**医療保険**には，民間企業のサラリーマンとその家族が加入する**健康保険**，自営業者などが加入する**国民健康保険**などがあり，国民はいずれかの医療保険に加入しなければならない(国民皆保険)。また，**年金保険**には，民間企業のサラリーマンが加入する**厚生年金**と，20〜60歳の国民がすべて加入する**国民年金**などがあり，国民はすべて加入が義務付けられている(国民皆年金)。

③ ㉚ **環境基本法**は，公害だけでなくあらゆる環境問題に対応するため，1967年に制定された公害対策基本法を発展させて，1993年に制定された。

㉛ **環境影響評価(環境アセスメント)法**は，自然環境を大きく損なうと思われる開発について，事前に調査して，自然環境にどれほどの影響を与えるかを予測し，それをもとに開発方法の変更や中止させることを定めた法律である。

Let's Try 差をつける記述式

① (例)税金を負担する人と，税金を納める人が異なる税。

② (例)所得が増えるにつれて，課税の税率が上昇する制度。

STEP 2 実力問題 本冊 ⇨ pp.156〜157

1 (1) ウ　　(2) イ
　(3) A−エ　B−イ　C−ウ　D−ア
　(4) (例)返済費用である国債費を，借金である公債金が上回っており，国の借金が増えている。
　(5) ① イ　② ア・イ・エ
2 (1) ウ
　(2) (例)環境のことを考えた商品を，消費者が選択できるという利点。

解説

1 (1) 各矢印の内容は，下図のようになる。

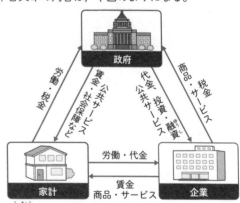

　(2) 不況のときの**財政政策**は，「減税を行い，公共事業への支出を増やす→経済活動が活発になる→景気が上向きになる」という流れになる。

　(5) ① 介護保険制度は2000年から導入された。なお，社会保険には，**医療保険，年金保険，介護保険，雇用保険**(失業時に給付金を受け取る)，**労災保険**(労働者が，労働が原因で病気や負傷，死亡した場合に給付金を受け取る。使用者が保険料を全額負担する)などがある。

　② **ウ.** 約1.5倍である。

(2) 好況時の財政政策は，増税と公共事業への支出を減らし，景気をおさえるようにする。

(5) ① 社会保険は，前もって掛け金を積み立て，病気や高齢などの将来に備える。公的扶助は掛け金は不要で，現在，生活に困っている人々を救済する制度である。

STEP3 発展問題　本冊 ⇨ pp.158〜159

1 (1) エ　　(2) ウ・エ　　(3) ウ→ア→イ
(4) ① (例)消費税の税率が上がったから。
②(例)(消費税は，法人税と比較して)景気変動の影響を受けにくく，安定して税金を取りやすい。
(5) (例)所得税は，所得が多いほど高い税率で課税される点で公平であるのに対し，消費税は，所得に関係なく商品の購入者全員に同じ税率で課税される点で公平である。
(6) 77.25
2 (1) カ　　(2) イ

解説

1 (1) エの「歳入に占める国債発行額の割合」とは，その年度の借金である「公債金」の割合のことであり，国債残高とは，これまでの借金の総額である。つまり，ともに借金の多さを述べており，借金が多いと財政危機に陥ることになる。

(2) 当初所得とは，雇用者所得などの合計額。再分配所得とは，当初所得から税金，社会保険料を控除し，社会保障給付を加えたもの。ア. 再分配所得において，所得が最も低い年齢階層は29歳以下である。イ. 50〜54歳までは，値が大きくなっているが，55〜59歳では値が小さくなっている。

(3) 日本は**少子高齢化**が進んでいるので，社会保障費の割合が増加する順に並べる。

(4) ② Gの時期もⅠの時期も，消費税額はほとんど「変化がない」のに対して，法人税額はGの時期の下降という「変化」，Ⅰの時期の上昇という「変化」が見られる。政府としては，景気に関係なく，安定した財源を確保できる消費税は価値の大きいものとなる。

(5) 消費税は，**逆進性**の問題が指摘されているが，「同じ税率で全員が負担する」という観点から見ると，公平であるともいえる。

(6) 600(万円)×(税率の) 20(%)＝120(万円)ではなく，段階ごとの税率を元にした所得税金額となる。すなわち，600万円のうち，195万円までへの課税金は，195(万円)×5(%)。次の段階は(330万円－195万円)× 10(%)，次は695万円までだが，実際の所得は600(万円)であるので，(600万円－330万円)×20(%)となる。その結果，9.75(万円)＋13.5(万円)＋54(万円)＝77.25(万円)である。

！ココに注意

(4) ② 消費税は，景気の変動を受けにくく，安定した財源であることに注意する。

なるほど資料

日本の歳出の推移

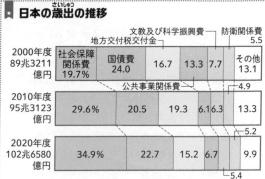

	社会保障関係費	国債費	地方交付税交付金	文教及び科学振興費	防衛関係費	公共事業関係費	その他
2000年度 89兆3211億円	19.7%	24.0	16.7	13.3	7.7	5.5	13.1
2010年度 95兆3123億円	29.6%	20.5	19.3	6.1	6.3	4.9	13.3
2020年度 102兆6580億円	34.9%	22.7	15.2	6.7	5.4	5.2	9.9

(2020/21年版「日本国勢図会」など)

日本の社会保障制度

種類	内容
社会保険	・積み立てた保険料をもとに，一定の給付を行う。 ・20歳以上の全国民に年金制度への加入義務がある。 ・年金保険・医療保険・雇用保険など。
社会福祉	・高齢者，障がい者，児童など社会的弱者の生活保護のため，福祉施設の設置や福祉サービスを行う。 ・高齢者福祉，身体障がい者福祉，児童福祉など。
公的扶助	・収入が少なく生活が困難な人に対して，生活費を支給し最低限の生活を保障する。 ・生活扶助・教育扶助・住宅扶助・医療扶助などを行う。
公衆衛生	・国民の生活環境の整備，健康増進，保全を行う。 ・保健所が衛生活動の中心。 ・食品衛生の監視，感染症の予防など。

6 国際社会とわたしたち

STEP 1 まとめノート 本冊 ⇨ pp.160〜161

1 ① 領海 ② 領空 ③ 国際法
④ ニューヨーク ⑤ 中国
⑥ 常任理事国 ⑦ 非常任理事国 ⑧ 拒否権
⑨ UNESCO ⑩ UNICEF
⑪ ILO ⑫ WHO ⑬ PKO

2 ⑭ 資本 ⑮ 冷戦(冷たい戦争)
⑯ 北大西洋条約機構(NATO) ⑰ 難民
⑱ UNHCR ⑲ APEC ⑳ TPP ㉑ EPA
㉒ 南北問題 ㉓ 南南問題

3 ㉔ 核拡散防止 ㉕ 国連環境開発
㉖ 温室効果ガス ㉗ パリ協定
㉘ 再生可能 ㉙ SDGs

4 ㉚ ODA

解説

1 ② **領空**は,領土と領海の上空で,大気圏内(大気の存在する範囲)と一般的には定義されており,他国の航空機は許可なく飛行できない。
③ 国際法に属する**条約**には,日米安全保障条約のような2国間条約と,国際人権規約のような多国間条約がある。
⑥ **常任理事国**は,国際連合の発足時は,アメリカ合衆国・イギリス・フランス・中国(中華民国)・ソ連であった。中国の代表権は1971年に中華民国から中華人民共和国へ,ソ連の代表権は1991年にソ連からロシア連邦へ移った。
⑦ 日本は,任期2年の**非常任理事国**にたびたび選出されている。
⑬ 武力制裁が国連憲章上認められており,国連軍の設置も認められているが,憲章に規定された形での国連軍は今日まで設置されていない。紛争地域へは,安全保障理事会の決議により平和維持軍(PKF)が派遣され,休戦や停戦の監視,治安維持などの**平和維持活動(PKO)**が行われている。

2 ⑮ 武力を使った戦争にはならなかったので,**冷戦(冷たい戦争)**と呼ばれる。

3 ㉔ **核拡散防止条約(NPT)**は,アメリカ合衆国・ソ連・イギリス・フランス・中国の5か国以外に,核保有国を増やさないための条約であった。1995年には無期限に延長された。

㉕ 「持続可能な開発」をスローガンに会議が行われた。**地球サミット**ともいわれる。
㉘ **再生可能エネルギー**には,水力発電,太陽光発電,風力発電,地熱発電,バイオマス発電などがある。

Let's Try 差をつける記述式

① (例)1国でも反対すると,その議案を否決することができる権限。
② (例)発展途上国で生産された商品を,適正な価格で取り引きすること。

STEP 2 実力問題 本冊 ⇨ pp.162〜163

1 (1) a－主権 b－国際法 c－12 d－200
(2) ウ
(3) 国際司法裁判所
(4) (例)常任理事国のロシア連邦が反対したため,採択されなかった。
(5) ① UNICEF ② WHO ③ UNESCO

2 (1) ウ
(2) ① 南南問題 ② フェアトレード
(3) (例)石炭火力などの火力発電よりも,発電にかかる費用が高くなっている。
(4) ① ODA ② エ

解説

1 (2) 「**アフリカの年**」から,1945年と1960年の比較で,最も増加数が多い**ウ**を選ぶ。なお,**イ**は,1978年と2011年を比較すると増加数が大きい。これは,ヨーロッパ州に属するソ連が1991年に崩壊したことにより,ソ連を構成していた共和国が独立し,各国がヨーロッパ州,アジア州の一員として加盟したためである。**ア**は北・南アメリカ州である。
(3) **国際司法裁判所**では,国家間の紛争について当事国がともに国際司法裁判所での解決に同意し,訴えることで,初めて裁判が行われる。
(4) **常任理事国**は,アメリカ合衆国・イギリス・フランス・ロシア連邦・中国の5か国である。そのうちのロシア連邦が反対したため,議案は成立せず,採択されなかった。常任理事国がもつ,1国でも反対すれば,議案を否決できる権限を**拒否権**という。なお,この表では中国が棄権しているが,反対ではないので,採択に影響は及ばない。

(5) ① UNICEF – United Nations Children's Fund

② WHO – World Health Organization

③ UNESCO – United Nations Educational, Scientific and Cultural Organization

(!) ココに注意

(5) UNICEF と UNESCO は内容と略称に注意。UNICEF は「子ども」が対象，UNESCO は世界遺産など，「教育・科学・文化」が対象。

2 (1) アは**世界貿易機関**，イは**北米自由貿易協定**(2020年に**米国・メキシコ・カナダ協定**〈USMCA〉が発効)，エは**東南アジア諸国連合**である。

(3) **再生可能エネルギー**による発電は，発電時には二酸化炭素の発生がない。しかし，**太陽光発電**の場合，曇り時は発電能力が低下し，夜間は発電量がゼロになるなど，解決しなければならない課題も多い。

(4) ② ア．日本の国際機関への出資と拠出の額は，5番目である。イ．イタリアは2国間援助額の方が少ない。ウ．ドイツより日本の方が小さい。

STEP 3 発展問題 本冊 ⇒ pp.164〜165

1 (1) イ

(2) エ

(3) (例)地域別の加盟国数に対し，常任理事国の地域に偏りがある。

2 (1) (例)政府貸付の割合を増やし，2国間政府開発援助贈与に占める技術協力の割合を増やすことで，その国の自助努力を後押しし，将来の自立的発展を目ざすように変化した。

(2) A－エ B－イ C－ア D－ウ

(3) エ

(4) ア・オ

(5) イ・エ

解説

1 (1) イ．排他的経済水域内での，外国船の航行は制限されておらず，航行可能である。また，その上空も自由に飛行可能である。ア．日本の国土面積約38万 km^2，**排他的経済水域**と領海を合わせた面積は約450万 km^{2}で，この広さは世界第6位である。エ．各国が200海里の排他的経済水域の設定を行ったため，日本の遠洋漁

業の漁獲量が大きく落ち込み，今日に至っている。また，1973年に石油危機(オイルショック)がおこったことも当時の遠洋漁業に影響を与えた要因である。

(2) ア．ウィルソン大統領の提案で発足したのは，**国際連盟**である。また，日本が国際連合に加盟したのは1956年である。イ．常任理事国が拒否権をもつのは，**安全保障理事会**においてである。ウ．国連軍ではなく，平和維持軍(PKF)である。国連軍は国連憲章に規定されているが，憲章が予定する正式な国連軍は今日まで設置されていない。なお，**平和維持活動**(PKO)は国連憲章で明確に規定されていない。

(3) 加盟国数が増加してきているにもかかわらず，安全保障理事会の常任理事国は，発足当時から5か国のままである。「西欧その他」の地域は加盟国数が少ないにもかかわらず，常任理事国が多いことなどが課題となっている。

2 (1) 無償資金協力という「資金」は，その国の発展に有効利用されるが一時的なものである。これに対し，「技術」が相手国に伝われば，技術は絶えることがなく発展のために利用される。日本政府はこうした視点から対象国の自立的発展を促そうと考えている。

(3) ア．日本は**非核三原則**を放棄していない。イ．**核拡散防止条約**は，核保有国をアメリカ合衆国・イギリス・フランス・ソ連(現ロシア連邦)・中国の5か国のみに限定し，そのほかの国が核兵器をもつことを禁止した条約である。ウ．中国も核実験を成功させている。

(4) SDGs は，「**持続可能な開発目標**」のことであり，現在の世代だけでなく，将来の世代も幸福にくらせるようにするための開発目標である。イ・ウ・エは，将来の世代を含む人々も幸福にくらす，という観点に欠けている。

(5) ア．自由貿易協定(FTA)に，人や知的財産に関する事項を加えた**経済連携協定**(EPA)に関する記述である。ウ．フランスは参加していない。なお，アメリカ合衆国もこの協定へ参加していない(2021年6月現在)。オ．**南北問題**や**南南問題**は依然として存在する。

(!) ココに注意

(5) 自由貿易協定(FTA)は貿易の自由化を進める協定。さらに人の移動やサービス・金融などの面でも連携強化を図るのが経済連携協定(EPA)である。

★ 軍縮への動き

名称	年	内容
部分的核実験停止条約（PTBT）	1963年	米・英・ソの間で調印された核実験を制限する条約。大気圏内・宇宙空間・水中での核実験を禁止。
核拡散防止条約（NPT）	1968年	核保有国を米・英・フランス・ソ連（現ロシア連邦）・中国の5か国に限定した。1995年に無期限に延長された。
戦略兵器制限交渉（SALT）	1969〜72年 1972〜79年	米・ソの軍備管理交渉。第1次交渉（SALTⅠ）で弾道弾迎撃ミサイル（ABM），大陸間弾道ミサイル（ICBM）などの数量の上限を決定。
中距離核戦力（INF）全廃条約	1987年	米・ソ間で射程距離1000〜5500kmの核ミサイルなどを放棄することを定めた。2019年に失効。
戦略兵器削減条約（STARTⅠ）（STARTⅡ）	1991年 1993年	1991年のSTARTⅠで米・ソ間で戦略核兵器を約30％削減することに合意。1993年のSTARTⅡで米・ロ間で戦略核兵器を3分の1まで削減することを定めたが実行されなかった。
包括的核実験禁止条約（CTBT）	1996年	調印するすべての国が，地下実験を含むあらゆる核実験を行わないとする条約。アメリカ合衆国・中国などが未批准のため，条約は成立したが，発効していない。
対人地雷全面禁止条約	1997年	対人地雷の使用・生産・蓄積・移転を禁止した。
戦略攻撃力削減条約	2002年	米・ロ間の条約（モスクワ条約）。
クラスター爆弾禁止条約	2008年	2010年発効。クラスター爆弾の使用・生産・保有などを禁止。
新START条約	2010年	2011年に発効。STARTⅠの後継となる，米・ロ間の戦略核兵器の削減に関する条約。
核兵器禁止条約	2017年	核兵器の開発・製造・使用などを全面的に禁止する条約。2017年に国連で採択され，2021年に発効。

📝 理解度診断テスト

本冊 ⇨ pp.166〜167

理解度診断 A…40点以上，B…30〜39点，C…29点以下

1 (1) A－ウ　B－ア　C－イ　　(2) ウ

(3) ① （例）主権者の国民に選出された代表者で構成されるから。（24字）
　　② （例）出席議員の3分の2以上

(4) イ　　(5) ウ

2 (1) ウ　　(2) 消費者基本法

(3) （例）（ホテルの部屋数という）供給量が一定であるのに，需要量が日曜〜金曜と比べて多くなるから。

(4) ウ　　(5) エ

(6) X－円高　Y－円安
　　A－250　B－1000　C－20000
　　D－5000

(7) ア

（解説）

1 (2) 小選挙区の結果から，選挙区ⅠはC党，選挙区Ⅱと選挙区ⅢがA党となるので，aは最多得票数となる。このため**表3**のうちの，**イ・ウ・エ**のいずれかがA党の得票数である。比例代表制のA党2議席，B党1議席から，B党の得票数合計がC党の得票数合計より多くならなければならない。また，**ドント式**のため，「得票数÷1」は「各政党の得票数のまま」の数値であり，「得票数÷2」のときのA党の数値が，C党の得票数合計よりも小さければ，C党から当選者が出る。このため，この「÷2」のA党の数値が，C党の得票数合計よりも多くなければならない。このようになる組み合わせを，**イ・ウ・エ**から選ぶ。

(4) b. 内閣は総辞職しなければならない。

(5) b. 民事裁判では適用されない。c.「すべての刑事事件」ではなく，**地方裁判所を第一審**とする「**殺人などの重大事件**」が正しい。窃盗などの軽度の犯罪は，簡易裁判所で審理が行われる。

⚠️ ココに注意

(1) 職業選択の自由や居住・移転の自由は，経済活動の自由に属する。

(4) 内閣総理大臣が死亡したときや，衆議院議員総選挙後の最初の国会が召集されたときには，内閣は総辞職しなければならない（憲法第70条）。

(2) **消費者基本法**は，1968 年制定の消費者保護基本法を改正して制定された。

(3)「日曜～金曜」は需要量(宿泊客)が一般的に少ないのに対して，「土曜・祝前日」は，需要量(宿泊客)が増加する。

(4) a. **消費税**は，税金を納めなければならない人(納税者)と実際に税金を負担する人(担税者)が異なる**間接税**である。

(5) X の時期は不景気(不況)であるため，政府の財政政策も日本銀行の金融政策も，世の中に流通するお金の量を増やし，消費や生産量を高める政策をとろうとする。

(6) X は，1 ドル＝100 円から 1 ドル＝50 円と，円の価値が上がっているので円高，Y は，1 ドル＝100 円から 1 ドル＝200 円へと，円の価値が下がっているので円安である。A は，5(ドル)×50(円)＝250(円)，B は 5(ドル)×200(円)＝1000(円)，C は 100(万円)÷50(円)＝20000(ドル)，D は 100(万円)÷200(円)＝5000(ドル)となる。

(7) 自衛隊は，1992 年に制定された**国連平和維持活動協力法(PKO 協力法)**により，同年に初めて PKO としてカンボジアへ派遣された。その後も各地へ派遣されており，2003 年におこったイラク戦争後には，イラク復興支援特別措置法に基づいて現地へ派遣され，人道復興支援活動を行った。

④・⑤ 犯罪の疑いのある行為に対して，刑罰を求めて裁判を行う**刑事裁判**においては，控訴先が高等裁判所となる。

⑥ **三権分立**では，日本では**立法権**を国会，**行政権**を内閣，**司法権**を裁判所がもっており，国会・内閣・裁判所の三権が，相互に抑制・均衡関係にある。権力の濫用を抑制し，国民の基本的人権を守ることを目的にしている。

⑦ **国民審査**は，最高裁判所裁判官のみが対象であり，任命後初の衆議院議員総選挙と，その後，10 年を経過したのちに初めて行われる衆議院議員総選挙で審査が行われる。投票者の過半数が罷免を可としたとき罷免されるが，これまでに罷免された最高裁判所裁判官はいない。

⑧・⑨ 経済の循環のしくみを構成する 3 つの要素が家計・企業・政府である。

⑩ **所得税**は，所得が増えるにつれて税率が上がる**累進課税制度**となっており，所得の再分配効果がある。

⑪ **消費税**のような**間接税**は，税金を納める者(納税者)と税金を実際に負担する者(担税者)が異なる税である。これに対し，両者が同一の税は**直接税**と呼ばれる。

● (精選) **図解チェック&資料集** 公民

本冊 ⇒ p.168

① ワイマール　② 社会権
③ 平等権(法の下の平等)　④ 刑事
⑤ 控訴　⑥ 立法　⑦ 国民審査
⑧ 家計　⑨ 企業　⑩ 所得　⑪ 間接

(解説)

① **ワイマール憲法**は，1919 年にドイツで制定された，世界で初めて社会権を保障した憲法である。当時，世界で最も民主的な憲法といわれた。

② **社会権**は，人間らしく生きるための権利であり，日本国憲法では，生存権，教育を受ける権利，勤労の権利，労働基本権(労働三権)を保障している。

③ あらゆる人権の基礎となるのが**個人の尊重**と，**平等権(法の下の平等)**である。

💡 思考力・記述問題対策（地理）

本冊 ⇨ pp.170〜171

1 (1) （例）アルコールや豚肉の飲食を禁止するなどの決まりがあり，食べられるものが簡単にわかる。

(2) （例）輸出総額の大半を<u>原油の輸出額が占</u>めており，<u>原油価格の変動によって，輸出総額が大きな影響を受けるため。</u>

(3) （例）<u>再生可能エネルギー</u>を利用した発電を増やしていく

(4) （例）中国と比べてアメリカ合衆国は，穀物の生産量に占める輸出量の割合が高くなっている。

2 (1) ア

(2) （例）<u>上がり</u>，<u>生産</u>にかかる費用を節減するために海外生産の比率を高めた

(3) （例）（群馬県の主な産地は，千葉県に比べて）<u>標高が高く，夏</u>でも涼しいことを生かして，出荷時期をほかの地域より遅らせる抑制栽培を行っているため。

📝解説

1 (1) ナイジェリアではイスラム教の信者が多い。イスラム教では酒類と豚肉の飲食が禁じられている。「ハラール」マークがついていれば，こうした飲食物を避けることができる。

❗ココに注意

(1) イスラム教は豚肉，ヒンドゥー教では牛肉を食べることが禁じられている。

(2) **資料2**から，ナイジェリアの輸出総額の多くを原油の輸出額が占めていることがわかる。また，**資料3**の原油価格が下がった年にはナイジェリアの原油の輸出額も減少していることがわかる。以上のことから，輸出総額が原油の価格によって左右される状況となっているため，国の経済が安定しない。このような特定の品目の生産・輸出に頼っている経済を**モノカルチャー経済**といい，アフリカ州などの発展途上国に多く見られる。

(3) アジア州のインドや中国は，ヨーロッパ州のイタリアやドイツと比べ，1人あたりの電力消費量が低く，発電量に占める風力・太陽光・地熱発電などの**再生可能エネルギー**の割合も低い。今後，アジア州の国々の経済成長に伴い1人あたりの電力消費量が増えると予想されるが，化石燃料ではなく，再生可能エネルギーによる発電量を増やすことで，地球環境問題や持続可能な社会の実現が可能になると考えられる。

(4) 中国は世界有数の穀物の生産国であるが，人口が非常に多いため，生産した穀物の大部分は国内で消費され，輸出する量は少ない。

2 (1) 東京都心部の地価が高騰するなどして，人々が郊外に移り住むようになったため，1990年代半ばまで都心部では人口が減少する**ドーナツ化現象**がおこった。近年，都市の再開発などで住宅地の開発が進み，都心近くに人が戻る**都心回帰現象**がおこっている。郊外の多摩市には，1960〜70年代にかけてつくられたニュータウンに移り住んだ高齢者が多く居住している。

(2) 円高が進んだことによって，海外で生産する方が国内で生産するより費用が安くなるため，企業は現地生産を進めるようになった。

(3) 嬬恋村は標高が1000mを越える高原地域である。**グラフ3**から，夏の気温は千葉県より低いため，出荷時期を遅らせる**抑制栽培**を行い，千葉県の生産量が少なくなる夏にキャベツを出荷している。

❗ココに注意

(3) 群馬県や長野県などの高原地域では，出荷時期を遅らせる**抑制栽培**がさかんである。一方，宮崎県や高知県などでは，出荷時期を早める**促成栽培**がさかんである。また，千葉県や茨城県では，都市向けの野菜や花きを栽培する**近郊農業**も行われている。

💡 思考力・記述問題対策（歴史）

本冊 ⇨ pp.172〜173

1 (1) エ　　(2) （例）朝廷内や貴族間の権力争い

(3) （例）Xは長崎で，オランダや中国との貿易が行われていたので，長崎を直接支配することで貿易による利益を独占し，経済力を強めることができたため。

2 (1) ウ・エ

(2) ① B→D→A→C
② A−カ　B−オ　C−エ　D−イ

(3) X−×　Y−○　Z−○

(4) （例）農地改革で，多くの農家が小作農から自作農となり，自分で収入を得られるようになったため。

1 (1) ア.『源氏物語』は，平安時代に栄えた国風文化で，紫式部がかな文字を使って著した小説である。イ.『解体新書』は江戸時代に杉田玄白らが著した医学書で，蘭学発展の基礎となった。ウ.『新古今和歌集』は鎌倉時代に藤原定家らによって編纂された歌集である。

(2) 保元の乱は朝廷内の実権を巡って対立した後白河天皇と崇徳上皇の争いに，貴族や武士がかかわっておこった争いである。この戦いに戦った平 清盛と源 義朝が勢力を強めた。平治の乱は，平清盛と源義朝の対立からおこった争いで，平清盛が源義朝に勝利し，政治の実権を握った。

⚠ ココに注意

(2) 平治の乱で勝利した平清盛は，武士として初めて太政大臣となって政治の実権を握った。

(3) 長崎は，江戸時代に中国・オランダと貿易を行った場所である。幕府はここを直轄地として支配し，貿易を独占することで経済力を強め，権力の維持につなげた。

2 (1) ア.課税額は地価を基準に決められた。イ.現金で納めることになった。

⚠ ココに注意

(1) 富国強兵を目ざすために，政府は，学制・徴兵令・地租改正の三大改革を行った。

(2) ① Aは二十一か条の要求(1915年)，Bは領事裁判権の撤廃(1894年)，Cはワシントン会議(1921～22年)で結ばれたワシントン海軍軍縮条約，Dは関税自主権の完全回復(1911年)に関係する条約の内容である。
② アは1929年の世界恐慌後の1933年，イは1911年，ウは1857年，エは1922年，オは1894年，カは1914年のできごと。

(3) X.マスメディアは政府の統制下に置かれ，国民には正確な情報が伝えられなかった。

(4) 小作農にとって負担であった小作料が，自作農になったことでなくなったため，収入を得やすくなった。

💡 思考力・記述問題対策 (公民)

本冊 ⇒ pp.174～175

1 (1) (例) 2つの小選挙区では，有権者数の数が大きく違っていることから一票の重みに格差が生じ，このことが，憲法に定められた法の下の平等に反する状態だと判断されたため。

(2) ア

(3) (例)(税の負担を)公平にするため。

(4) A－アメリカ合衆国　B－日本
C－スウェーデン

(5) (例)(日本は，他国と比べて)残業時間が長く，家事や育児にあてる時間が短いため，仕事と家事や育児の両立が困難な状況にあること。

2 (1) (例)温室効果ガスの排出量が目標を超えた国と目標に到達しなかった国との間で，排出量の枠を売買するしくみ。

(2) (例)あなた方から見れば，白人もわたしたち日本人も移民なのにね。

(3) (例)紛争や迫害などによって，住んでいた国や地域から離れざるを得なくなった人々。

1 (1) 資料2から，P選挙区の有権者数はQ選挙区の約2倍になっており，「一票の格差」が約2倍となり，P選挙区の一票の価値が低くなっている。これは，憲法に定められた，法の下の平等に反すると考えられ，裁判で争われることが多い。裁判では，明確な違憲とは断定されず，違憲状態にあるという判決が出されることがある。

(2) ア.安全保障理事会は，アメリカ合衆国・イギリス・フランス・ロシア連邦・中国の常任理事国5か国と非常任理事国10か国の計15か国で構成されている。常任理事国5か国は拒否権をもち，重要問題の決定については1か国でも反対すれば議案は否決される。

(3) 所得税や相続税などは，所得や財産が多いほど税率が高くなる累進課税のしくみを採用することで，税負担をできるだけ公平にしている。これに対して，消費税のように一律の割合でかけられる税は，所得が低い人ほど収入に占める税負担の割合が高くなるという逆進性の問題が指摘されている。

(4) スウェーデンなど北欧の国では，医療費や教育費などの面で高福祉政策が行われている一方，税負担は高くなっている。アメリカ合衆国は，医療保険などへの加入が義務ではないので税負

担は軽いが，医療や老後の生活は個人負担となる。

(5) 日本の労働者の労働時間は，ほかの先進国と比べて長い傾向（けいこう）が見られる。そのため，政府は働き方改革で労働時間を減らし，仕事と家庭生活を両立させる**ワーク−ライフ−バランス**を目ざす取り組みを行っている。

2 (1) 温室効果ガス排出削減（さくげん）を進めるため，京都議定書で排出量取引が規定された。

(2) アメリカ大陸の先住民は**ネイティブアメリカン**という。コロンブスが到達（とうたつ）して以降，アメリカ大陸に入ってきたヨーロッパ人や日本人は，先住民から見ればすべて移民となる。

(3) 現在，アフガニスタンからの難民がパキスタンやイランへ，シリアからの難民がトルコやドイツなどのヨーロッパ諸国へ逃（のが）れてきており，受け入れ国でも社会問題の１つになっている。

💡 思考力・記述問題対策（三分野融合）

本冊 ⇒ pp.176〜177

1 (1) A−ア　B−ウ

(2) (例)農具や肥料などを貨幣（かへい）で購入（こうにゅう）するようになり，貨幣経済が広まった。

(3) ① (例)６月から８月は国内産の供給量（きょうきゅう）が少なく，高値で出荷（しゅっか）することができるため。

② (例)アメリカ合衆国は北半球，チリは南半球に位置しており，両国の季節が逆になっているため。

(4) (例)市場経済のしくみを導入して工業化を進めるとともに，周辺諸国と経済的な結びつきを強めたことで<u>グローバル化</u>に対応できたため。

2 (1) (例)将軍の家臣で，１万石（ごく）以上の領地を与（あた）えられている武士。

(2) (例)クレジットカードの発行会社が，代金を立てかえるため，現金がなくても商品を購入（こうにゅう）することができる点。

(3) エ

(4) エ

(5) (例)戦争に必要な軍需品（ぐんじゅ）を生産するために，<u>重化学工業</u>が発達したため。

〔解説〕

1 (1) 中国とインドは，小麦と米の世界有数の生産国であるが，中国は人口が多いため，生産量のほ

とんどを国内で消費する。そのため，中国の輸出量は非常に少ない。

(2) 江戸（えど）時代の中ごろから，農民は農具や肥料を貨幣で買うようになり，貨幣経済が広がった。貨幣を得るために，販売（はんばい）を目的とした**商品作物**を栽培（さいばい）するようになり，それらを売って貨幣を得た。

(3) ① **資料3**から，６月から８月ごろは国内産のレモンの供給量が少なく，ほかの月より価格が高くなっていることがわかる。

② **資料3**から，国内産のレモンは，主に秋から春にかけて出荷されていることがわかる。アメリカ合衆国は北半球に位置し，チリは南半球に位置していることから季節が逆になる。そのため，アメリカ合衆国は11〜5月ごろ，チリは5〜11月ごろが秋から春にあたることになる。

(4) **資料4**からアジアや太平洋沿岸の国々と経済的なつながりを深めていったこと，**資料5**から機械類の輸出が大きく増加していることに着目する。

2 (2) **クレジットカード**は，商品を購入する際，現金で支払（しはら）うかわりに，カードを提示することで商品を購入できるもの。一方，代金は，クレジットカード会社が一時的に立てかえるだけなので，クレジットカードの使い過ぎにならないよう計画的に利用する必要がある。

(3) **ア．**株価は企業（きぎょう）の業績などによって日々変動している。**イ．株主**は，**株主総会**に出席して，経営方針の議決などで意思を示すことができる。**ウ．**株主は出資した金額以上の負担を負わない**有限責任**となっている。

(4) **鉄鋼業**は資源の輸入に便利な臨海部に製鉄所が集中していることから**B**。**食料品工業**は，農産物の生産が多い北海道や，都市向けの野菜などを栽培（さいばい）する近郊農業がさかんな大都市圏（けん）が多い**C**。**電気機械工業**は大阪府・愛知県などが多い**A**となる。

⚠️ **ココに注意**

(4) 製鉄所や石油化学コンビナートは，原料の輸入や製品の輸出に便利な太平洋側と瀬戸内海（せとないかい）の臨海部に集中している。

(5) 1930年代は，満州（まんしゅう）事変以降に軍部の発言力が強まり，戦争に備えて軍需産業に力が入れられたことから，重化学工業が発達した。

本冊 ⇒ pp.178〜181

1 (1) B

(2) Ⅱ・Ⅲ

(3) (例)窓から強い日差しと熱い風が入るのを防ぐ

(4) ウ

配点：(1)・(2)完答・(4)各3点，(3)6点＝15点

2 (1) ① ア　② ウ

(2) ① ウ　② ア　③ イ

配点：(1)完答・(2)①〜③各3点＝12点

3 (1) 班田収授

(2) 最澄

(3) 銅銭(明銭)

(4) (例)鉄砲が堺など国内で生産されるようになったから。

(5) ア→ウ→イ

(6) (例)賃金は変わらないのに米などの価格が上昇し，生活が苦しくなったから。

配点：(1)〜(3)各3点，(4)・(5)完答・(6)各7点＝30点

4 (1) エ　　(2) ウ

(3) ウ　　(4) ウ

(5) オ→ウ→イ→(二・二六事件)→ア→カ→エ

配点：(1)〜(4)各3点，(5)完答6点＝18点

5 (1) P－イ　Q－ウ

(2) ① 団結権　② ウ

(3) エ

(4) ① (例)(衆議院は)参議院よりも議員の任期が短く，解散もあるため，国民の意思をより反映しやすいから。

② イ

(5) 民主主義

(6) 間接税

配点：(1)〜(3)各2点，(4)①6点，(4)②・(5)・(6)各3点＝25点

解説

1 (1) 太平洋を通る日付変更線の西側が最も早く日付が変わり，順次西側へと日付が変わっていくため，C→D→A→B の順となる。

(2) ⅠとⅣは北緯，ⅡとⅢは南緯の緯線である。ヨーロッパではポルトガルやスペイン，イタリアを通るのが**北緯40度**の緯線であり，Dの中国の首都のペキン付近，日本では秋田県や岩手県

を通るため，ⅠとⅣは緯度が異なる緯線であることがわかる。なお，Ⅰは北緯50度，ⅡとⅢは南緯30度，Ⅳは北緯35度の緯線である。

!**ココに注意**

(2) 赤道と北緯40度の通る国名や都市名を確認しよう。

(3) Xのギリシャは**地中海性気候**であり，夏は高温で乾燥するため，窓を小さくしている。

(4) ア．二酸化炭素排出量は，A国は10億 t を超えていない。イ．日本の自動車生産台数はD国よりも少ない。エ．一次エネルギー供給量は約1.5倍である。

2 (1) ア．印刷業が上位にあることから，出版社などが多い，情報の中心地である東京都があてはまる。イ．輸送用機械が全体の半分以上を占めていることから，機械工業がさかんな中京工業地帯に含まれる愛知県があてはまる。残った**ウ**と**エ**を比べてみると，新潟県は農業がさかんなことから，食料品の割合が高い**ウ**があてはまり，大阪府は金属工業や化学工業がさかんな阪神工業地帯に含まれることから**エ**があてはまる。

(2) ① 過疎化が進んでいる地域が多い東北地方や中国・四国地方の県が多いことから**ウ**とわかる。なお，65歳以上の高齢者が人口の過半数を占め，近い将来に存続が危ぶまれる集落を**限界集落**という。

② 米の生産量が多い北海道や東北地方の県が上位になっていることから**ア**とわかる。

③ 愛知県は日本最大の工業地帯である**中京工業地帯**の中心であり，自動車を中心とする製造品出荷額が日本で最も多いことから**イ**。なお，**エ**は農業産出額，**オ**は人口密度，**カ**は海面漁獲量の上位5位の都道府県を示している。

3 (2) **最澄**は比叡山の延暦寺で**天台宗**を広めた。**空海**も唐から帰国後，高野山の金剛峯寺で**真言宗**を広めた。

(3) 資料2では定期市の開催数が増えている。商業がさかんになり，定期市(市)で商品を売買するためには貨幣(お金)が必要である。708年につくられた**和同開珎**が平城京で，その後につくられた銅銭が平安京とその近辺などで流通した。しかし，地方では物々交換が主流であったため，あまり広まらなかった。平安時代の末期から室町時代にかけて大量の**宋銭**や**明銭**が輸入され，貨幣経済の発展を促した。再び貨幣がつくられるようになるのは，豊臣秀吉の時代以降である。

(4) 堺(大阪府)のほか，根来(和歌山県)や国友(滋賀県)などで大量生産された。

(5) ア(1858〜59 年)→ウ(1860 年)→イ(1866 年)の順。

(6) 開港後，**生糸や茶**がさかんに輸出されたため，国内では品不足となり，生活必需品の米などの価格も上昇して，人々の生活は苦しくなった。

4 (1) **エ**．オランダから国王を招いたのは 1688 年の**名誉革命**。翌年に**権利(の)章典**が発表された。人権宣言として有名なものには，1789 年に出されたフランスの**人権宣言**，1948 年に国際連合で採択された**世界人権宣言**がある。

(2) **ア**．五箇条の御誓文は 1868 年。帝国議会の開催は 1890 年であり，議会開設を求めて 1874 年に**板垣退助**らが**民撰議院設立の建白書**を政府に提出した。**イ**．徴兵令は 1873 年，**廃藩置県**は 1871 年である。**エ**．三国干渉で清に返したのは**遼東半島(リアオトン)**のみである。また，日本は賠償金を放棄しておらず，この資金の一部をもとに**八幡製鉄所**を建設した。

(3) **ア**．南満州鉄道は，ポーツマス条約でロシアから獲得した鉄道が元となっている。**イ**．**日英同盟**は 1902 年に結ばれた。**領事裁判権の撤廃**に**陸奥宗光**が成功したのは，日清戦争直前の 1894 年である。**エ**．太平洋戦争の開始は 1941 年であり，日英同盟の解消は，1921 年に**ワシントン会議**で結ばれた**四か国条約**の結果である。

(4) **ア**．北部が保護貿易を，南部が自由貿易を求めた。**イ**．南北戦争の開始は 1861 年，リンカン大統領の奴隷解放宣言や「**人民の，人民による，人民のための政治**」の演説は 1863 年に行われた。**エ**．ペリーの日本来航は 1853 年である。

(5) **オ**(1929 年)→**ウ**(1931 年)→**イ**(1933 年)→二・二六事件(1936 年)→**ア**(1937 年)→**カ**(1939 年)→**エ**(1940 年)の順。

！ ココに注意

(5) 1929 年の世界恐慌から 1945 年の第二次世界大戦終了までは，年代を含めて，順序を正確におさえよう。

5 (2) ② 日本国内の企業のうち，大企業の割合は約 1 ％であり，99 ％が中小企業である。

(3) **ア**は**新しい人権**，**イ**は**自由権**，**ウ**は**社会権**である。

(4) ② **B**．裁判官を辞めさせるのは，国会が開く**弾劾裁判所**か，**国民審査**による場合であり，いずれの場合も内閣総理大臣の権限ではない。

✏ 高校入試予想問題 第2回

本冊 ⇨ pp.182〜184

1 (1) 卑弥呼

(2) イ

(3) B

(4) ウ・オ

(5) ウ→エ→イ→ア

(6) エ

(7) (例)福岡県よりも地方税が少なく，財政格差を是正するために国から支給される地方交付税交付金の割合が高い。

(8) エ

配点：(1)〜(3)・(4)完答・(5)完答・(6)各 5 点，(7) 10 点，(8) 6 点＝46 点

2 (1) ア

(2) 石炭

(3) (例)工場から出された硫黄酸化物(窒素酸化物)が偏西風によって東へ運ばれ，酸性雨となって降るから。

(4) イ

(5) ウ

(6) 2 番目－ア　4 番目－イ

(7) ア・ウ

(8) エ

配点：(1)・(2)・(4)・(5)・(6)完答・(7)完答・(8)各 6 点，(3) 12 点＝54 点

解説

1 (2) アは飛鳥時代の**大化の改新**後のようす，ウは 701 年の**大宝律令**制定以後のようす，エは**江戸時代**のようすである。

(3) A はスペインの支援を受けた**コロンブス**の航路，C はポルトガルの支援を受けた**バスコ=ダ=ガマ**の航路である。

！ ココに注意

(3) マゼラン一行は南アメリカ大陸の最南端の海峡(マゼラン海峡)を抜け，1521 年に現在のフィリピン諸島に到着したが，マゼラン自身はここでの現地人との戦いで死亡した。翌年，部下が世界一周を成し遂げた。

(4) **ア**．ナイジェリアの人口密度は，19089(万人)÷92(万 km²)≒207(人/km²)であり，インドネシアの人口密度は 26399(万人)÷191(万 km²)≒138(人 /km²)となる。**イ**．石炭産出量はアメリカ合衆国の方が多い。**エ**．4 か国で最

59

も人口の少ないロシア連邦の発電量は，アメリカ合衆国に次いで2番目に多い。

(5) **ウ**(1917年)→**エ**(1945年)→**イ**(1956年)→**ア**(1989年)の順となる。

(6) **日米修好通商条約**では，函館，神奈川(横浜)，新潟，兵庫(神戸)，長崎の5港が開港され，**X**は長崎である。**ア**は人口や工業出荷額が多いことから京浜工業地帯に位置する神奈川県，**イ**は面積や工業出荷額が多いことから阪神工業地帯に位置する兵庫県，**ウ**は米の産出額が多いことから新潟県，**オ**は面積が大きく農業産出額も多いことから北海道，残る**エ**が長崎県となる。なお，海岸線は，北方領土を入れると北海道が1位，北方領土を入れないと，島々が多く複雑な海岸線をもつ長崎県が1位となる。

(7) **地方税**は，その地方公共団体内の住民が納める住民税(都道府県民税，市〈区〉町村民税)や固定資産税，自動車税などと，企業が納める事業税などからなる。地方公共団体間の財政格差を是正するために，使い道が自由な**地方交付税交付金**が国から支給される。地方税の少ない**X**の長崎県には地方交付税交付金が多く支給される。なお，地方税の多い東京都は例年，この交付は受けていない。

(8) **エ**. 日本ではすべての裁判所が**違憲立法審査権**をもつ。**ア**. **上告**と**控訴**が逆である。**イ**. **裁判員制度**は地方裁判所を第一審とする重大な刑事裁判のみで行われる。**ウ**. 弁護人を国が選任する**国選弁護人**の制度があるのは，刑事裁判の被告人に対してである。また，民事裁判においては訴えられた側は**被告**である。

2 (1) 夏は南方の海洋から**季節風(モンスーン)**が吹いてくる。**エ**は日本の夏の季節風の方向である。

(2) ■は，オーストラリアの東部にあることから石炭，▲は，北海やメキシコ湾にあることから石油，▼はオーストラリアの西部やブラジルにあることから鉄鉱石である。

(3) 酸性雨の被害が，原因物質とされる硫黄酸化物や窒素酸化物を排出する工場がある都市だけでなく，偏西風により東側の地域へ広がる状態は，各地で見られる。

(4) **ア**はメソポタミア文明，**ウ**はエジプト文明，**エ**はギリシャ文明についての説明である。

(5) **ア**. 1911年に武昌(現在の武漢)で革命運動が始まると，翌年には**孫文**が臨時大総統となって

南京を首都とする**中華民国**の建国を宣言した。そして清の実力者である**袁世凱**が皇帝を退位させ，清を滅ぼした(**辛亥革命**)。孫文から臨時大総統の地位を譲り受けた袁世凱は，首都を北京に移し，改革勢力をおさえて独裁政治を行った。
イ. **日中共同声明**は，田中角栄首相と周恩来首相との北京での会談で，1972年に調印された。
エ. 南宋(1127〜1279年)の首都は，長江の河口部の臨安(現在の杭州)である。

(6) **エ**(1919年)→**ア**(1928年)→**ウ**(1937年7月)→**イ**(1937年12月)の順となる。なお，**ウ**と**イ**は同年であるが，**ウ**の北京郊外での**盧溝橋事件**をきっかけに**日中戦争**が始まり，南進を続けた日本軍が南京で，多数の中国人を殺害した南京事件をおこすことになる。

(7) **ア**は**アメリカ独立宣言**，**イ**は**フランス人権宣言**，**ウ**は**ワイマール憲法**，**エ**は**権利(の)章典**の文言である。

(8) **ア**. 総会についての説明である。**イ**. 常設の国連軍は組織されていない。**ウ**. 特定の国への権力集中を避けるため，国連の事務総長は常任理事国や大国からは選出されないのが慣例となっている。**エ**. 15か国とは，常任理事国5か国と，任期2年の10か国の非常任理事国である。一般議題は9理事国以上の賛成によって決定されるが，重要問題の決定には，5常任理事国を含む9理事国以上の賛成が必要である。

！ココに注意

(8) 安全保障理事会の5常任理事国(アメリカ合衆国・イギリス・フランス・中国・ロシア連邦)は**拒否権**をもち，重要問題の決定については，常任理事国の1か国でも反対すれば(拒否権の行使)，その議案は否決される。

第1章　地理

本冊⇒pp.8〜9

① メルカトル図法と正距方位図法が正しく表すものと，何に利用されることが多いかを調べてみよう。

➡ 世界地図は，球体である地球を平面上で表すため，国の形や面積，距離，方位などをすべて同時に正確に表すことはできない。そのため，目的に応じたさまざまな世界地図が用いられている。

• メルカトル図法…角度が正しく，海図や航路用地図として利用されることが多い。高緯度になるほど陸地のゆがみが大きくなり，面積や距離が拡大される。

• 正距方位図法…中心からの距離と方位が正しく，航空図に主に利用される。中心以外の2点間の距離や方位は正しくない。また，国の形や面積も正しくない。

② 赤道が通る大陸や国を調べてみよう。

➡ 赤道は，アフリカ大陸と南アメリカ大陸を通過する。また，赤道が通る国には，ケニア，コンゴ民主共和国，インドネシア，エクアドル，コロンビア，ブラジルなどがある。

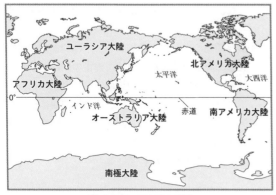

⊕ 六大陸・三大洋と赤道

③ 排他的経済水域とはどのような水域か調べてみよう。

➡ 干潮時の海岸線から200海里（約370km）までの範囲のうち，領海を除いた部分を排他的経済水域という。この水域では，魚などの水産資源，石油や天然ガスなどの鉱産資源は沿岸国だけが利用することができる。日本の排他的経済水域は約447万km²で，世界で6番目の広さであり，国土面積の10倍以上にもなる。

④ 日本は，領土を巡ってどのような問題を抱えているか調べてみよう。

➡ • 北方領土…北海道の北東に位置する国後島・択捉島・歯舞群島・色丹島の4島。第二次世界大戦の終結後にソ連に占領され，現在はロシア連邦が不法に占拠している。日本政府は日本固有の領土として返還を求めているが，実現していない。

• 竹島…島根県隠岐諸島の北西に位置する2つの小さな島と周りの数十の岩礁からなる。1905年に日本政府が島根県に編入したが，のちに韓国が自国の領土と主張しはじめ，現在，警備施設をつくり，不法占拠を続けている。

• 尖閣諸島…沖縄島の西に位置し，沖縄県石垣市に属する5つの島などからなる無人島。1970年代に入り，周辺海域での地下資源の埋蔵の可能性が確認されるようになってから，中国や台湾が領有権を主張している。しかし，歴史的にも国際法上も日本が正当かつ有効に支配しており，解決すべき領有権の問題は存在しない。

⊕ 北方領土の位置

⊕ 竹島の位置

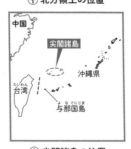

⊕ 尖閣諸島の位置

本冊⇒pp.14〜15

① ほかの都市についても，属する気候帯と雨温図にどのような特徴が見られるか調べてみよう。

➡ モスクワは冷帯（亜寒帯）に属し，1年の気温の差が大きく，冬の寒さが厳しい。ロンドンは，温帯の西岸海洋性気候に属し，1年を通して気温や降水量の差が少なく，高緯度のわりに温暖である。東京は温帯の温暖湿潤気候に属し，夏は高温多雨である。コルカタは熱帯のサバナ気候で，1年を通して高温で，雨季と乾季が見られる。

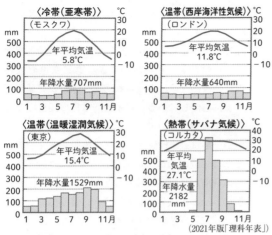

〈冷帯（亜寒帯）〉℃
（モスクワ）
年平均気温
5.8℃
年降水量707mm

〈温帯（西岸海洋性気候）〉℃
（ロンドン）
年平均気温
11.8℃
年降水量640mm

〈温帯（温暖湿潤気候）〉℃
（東京）
年平均気温
15.4℃
年降水量1529mm

〈熱帯（サバナ気候）〉℃
（コルカタ）
年平均
気温
27.1℃
年降水量
2182
mm

(2021年版「理科年表」)

⊕ 各都市の雨温図

② **三大宗教とヒンドゥー教について，主に信仰されている地域や国，宗教ごとの特徴などを調べてみよう。**

→ ・**キリスト教**…紀元前後ごろイエス=キリストが始めた。主にヨーロッパ，南北アメリカ，オセアニアに広がっている。経典は『聖書』。聖地はエルサレム。

・**イスラム教**…7世紀ごろムハンマドが始めた。主に西アジア，北アフリカなどに広がっている。聖典は『コーラン』。最大の聖地はメッカ。

・**仏教**…紀元前5世紀ごろインドのシャカが始めた。主に東アジア，東南アジアに広がっている。経典は『経』。聖地はブッダガヤ。

・**ヒンドゥー教**…インドの約8割の人々が信仰している民族宗教。カーストという身分制度と深いつながりをもつ。ヒンドゥー教徒は，神の使いとされている牛を食べない。

③ **中国の経済開放政策によって工業が発展したが，その一方でさまざまな問題が発生している。この問題について調べてみよう。**

→ 沿岸部の経済発展に対して，内陸部の工業化が遅れ，貧富の差がますます拡大することとなった。そのため，政府は「西部大開発」を掲げて，2000年から内陸部の重点的な開発を始めた。また，工業の急激な発展によって，大気汚染や酸性雨，水質汚濁，ごみ問題などの公害が深刻になっている。

④ **日本の企業はどのような理由から東南アジアの国々に進出しているか調べてみよう。**

→ 安くて豊富な労働力や広い工業用地が得やすいことや，法人税の免除など，進出しやすい条件がそろっているから。

本冊 ⇒ pp.20〜21

① **西岸海洋性気候と地中海性気候について，ヨーロッパのどの地域に分布しているか調べてみよう。**

→ 西岸海洋性気候は主に西ヨーロッパに分布し，地中海性気候は地中海の沿岸地域に分布している。

② **EUが行っている通貨統合，関税撤廃などの政策と，EUが抱えている課題について調べてみよう。**

→ 共通通貨のユーロを導入し，加盟国間で関税の撤廃を行い，国境間の移動も簡素化することで，経済活動の自由化を進めている。また，加盟国の農業を保護するために，さまざまな共通農業政策を実施している。一方で，加盟国間の経済格差の是正が大きな課題となっている。また，加盟国の財政危機などの経済問題や，域外から流入する外国人労働者や難民の問題なども抱えている。

③ **アフリカが抱えている課題にはどのようなことがあるか調べてみよう。**

→ ・**モノカルチャー経済への依存**…アフリカの国々は，モノカルチャー経済から抜け出せず，経済が安定しないという問題を抱えている。その解決策の1つとして，近年，公正な価格で農産物や商品を買い取り，生産者の自立を支援しようという動き（フェアトレード）が進んでいる。

・**人口問題**…20世紀後半から，出生率が高いまま死亡率が低下した地域では，人口増加率が高くなった。そのため，食料生産が追いつかず，食料不足が慢性化している。

・**食料問題**…人口の急増に加え，干ばつなどの自然災害，草地の砂漠化，自給用作物の生産が少ないなどの理由から，特に中・南アフリカでは食料不足が深刻な問題となっている。飢餓問題に苦しむアフリカの国々に対して，世界各国の政府開発援助（ODA）や非政府組織（NGO）による食料支援や農業指導などが行われている。

本冊 ⇒ pp.26〜27

① **多くの人種や民族が混在しているアメリカ合衆国の人口構成やその分布について調べてみよう。**

→ アフリカ系の黒人は，南北戦争中の奴隷解放により一部は北部の工業地域に移住したが，現在その多くは南部に居住し，人口の約12％を占めている。太平洋岸や大西洋岸にはアジア系住民が多い。また，近年増加しているのが，ヒスパニックと呼ばれるスペイン語を話す，メキシコやカリブ海沿岸の国々などからの移民で，約18％を占めている。

↑ アメリカ合衆国の人種・民族分布

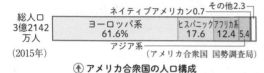

↑ アメリカ合衆国の人口構成

② **アメリカ合衆国の小麦，綿花，とうもろこしの産地では，どのような農業が行われているか調べてみよう。また，グレートプレーンズなどの乾燥地域で見られるセンターピボット方式についても調べてみよう。**

→ アメリカ合衆国では，地域の気候や土壌に合った作物を栽培する適地適作で効率良く農産物が生産されている。プレーリーやグレートプレーンズが小麦栽培の中心地。北部で春小麦，南部で冬小麦が栽培されている。とうもろこし地帯は，中央部の北緯40度付近に広がる。とうもろこしを飼料として牛や豚を飼育する混合農業が行われている。近年は，大豆の生産もさかんである。綿花地帯は，温暖で降水量の多い南部に広がる。黒人の労働者を多く使っていたが，現在は大型機械を使って綿の栽培や摘み取りを行っている。センターピボット方式とはポンプで地下水をくみ上げ，長さが400m近くあるスプリンクラーで散水するかんがい方法。この方法によって栽培されたとうもろこしが，牛などの飼料に利用されている。

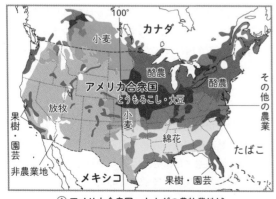

↑ アメリカ合衆国・カナダの農牧業地域

③ **ブラジルの工業化の進展に伴って発生している環境問題について調べてみよう。**

→ アマゾン川流域では，20世紀後半から，熱帯雨林を横断する道路やダムの建設，鉱山の開発など大規模な開発が進められてきた。その結果，森林伐採による森林面積の減少という環境問題が生じた。さらに，近年，バイオエタノールの需要が増加し，その原料となるさとうきびや，輸出作物として生産量が急増している大豆の農地開発が進んだことなどから，森林面積の減少はさらに進んでおり，深刻な環境破壊を引きおこしている。

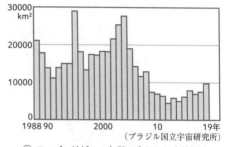

↑ アマゾン地域で1年間に失われた森林面積

④ **オーストラリアの貿易相手国の変化について調べてみよう。**

→ かつては，イギリスの植民地だったため，独立後もイギリスとのつながりが深かった。しかし，近年は，中国やアメリカ合衆国，日本などとの貿易が増加し，太平洋沿岸諸国との結びつきが強まっている。

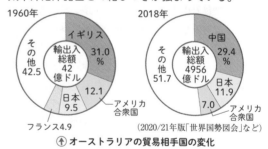

↑ オーストラリアの貿易相手国の変化

本冊 ⇒ pp.34〜35

① **等高線に関する決まりについて調べてみよう。**

→ 海面からの高さが等しい地点を結んだ線を等高線という。等高線には，計曲線・主曲線・補助曲線がある。2万5千分の1地形図では，計曲線は50mおき，主曲線は10mおきに引かれる。5万分の1地形図では，計曲線は100mおき，主曲線は20mおきに引かれる。また，等高線の間隔が狭いほど傾斜は急，広いほど傾斜はゆるやかになる。等高線によって，地図上の各地点の高さ（標高）や，土地の傾き，土地の起伏のようすを読み取ることができる。

② 地震の多い日本列島付近にあるプレートを調べてみよう。

→ 日本列島は環太平洋造山帯の一部で，4つのプレート（北アメリカプレート，太平洋プレート，ユーラシアプレート，フィリピン海プレート）の境界に位置している。太平洋プレートとフィリピン海プレートは海洋プレート，ユーラシアプレートと北アメリカプレートは大陸プレートで，海洋プレートが大陸プレートの下に沈み込んでいる。隣り合うプレートどうしは，ぶつかり合ったり，ずれ動いたりするため，日本列島では地震が多い。

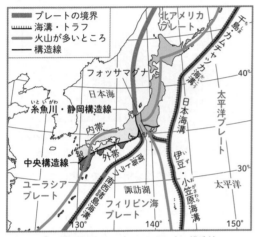

↑ 日本列島付近のプレートと日本の構造線

③ 日本ではどのような自然災害が多いか，また，どのような対策がとられているか調べてみよう。

→ 地形によるものとしては，火山の噴火や地震，海底でおきた地震によって発生する津波などの災害，気象現象によるものとしては，台風や梅雨による風水害の被害が多い。これらに対し，気象庁は特別警報（危険性が著しく高まった場合）や緊急地震速報（地震の場合）を発表し，警戒を呼びかけている。また，多くの地方公共団体ではハザードマップ（防災マップ）を作成し，災害に備えている。さらに，災害時には電気や水道などのライフラインが絶たれるおそれがあるため，関係機関と対策を講じている。

本冊 ⇒ pp.40〜41

① アメリカ合衆国などに比べて耕地面積の狭い日本の農業の特色について調べてみよう。

→ 日本では，限られた狭い土地から最大限の収穫を得ようとする集約農業が行われている。狭い耕地に大量の肥料や農薬を使い，品種改良や機械化を進めたことで，単位面積あたりの生産量が多い。

② 第一次産業・第二次産業・第三次産業には，それぞれにどのような産業が含まれているか調べてみよう。また，先進国と発展途上国ではその割合にどのような違いがあるかも調べてみよう。

→ 第一次産業は，自然にはたらきかけて食料や原材料となる動植物を得る産業で，農業・林業・漁業が該当する。第二次産業は，原材料を加工して工業製品や建造物をつくる産業で，鉱業・工業（製造業）・建設業が該当する。第三次産業は，製品の流通や商業，サービス産業で，電気・ガス業，小売業，飲食業，医療・福祉業などが該当する。先進国では第三次産業の占める割合が高く，発展途上国では第一次産業の占める割合が高い傾向がある。

③ 原子力発電の利点と問題点や，日本で原子力発電の発電量が近年激減した理由を調べてみよう。

→ 原子力発電は温室効果ガスを排出しないうえ，安定して大量の電力を供給できるという利点がある。しかし，いったん事故がおこると放射性物質が拡散することや，放射性廃棄物の最終処分場をどうするかという問題もある。日本は1970年代の石油危機（オイルショック）をきっかけに原子力発電がさかんになり，1990年代の終わりまで発電量が伸びていった。しかし，2011年の東日本大震災時におきた福島第一原子力発電所の事故後，安全性の問題から原子力発電所の多くが運転を停止し，現在も再稼働していないものが多いため，原子力による発電量は激減した。

本冊 ⇒ pp.46〜47

① 九州地方の農業について，北部・南部・沖縄県に分けて特色を調べてみよう。

→ 北部の筑紫平野にはクリークと呼ばれる水路が広がっており，稲作がさかんである。また，冬でも温暖な気候を利用して，冬から春にかけては麦類などを栽培する二毛作が行われている。たまねぎやビニールハウスを利用したいちごの栽培もさかんである。南部は，宮崎平野とシラス台地で農業がさかんである。宮崎平野は促成栽培によるピーマンやきゅうりなどの野菜づくり，シラス台地はさつまいもや茶の生産のほか，畜産業がさかんである。宮崎県と鹿児島県は農業産出額に占める畜産の割合も高くなっている。沖縄県では，さとうきびやパイナップル，マンゴーなどの果実，電照ぎくの栽培，野菜づくりがさかんである。

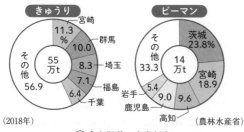

きゅうり
宮崎 11.3%
群馬 10.0
埼玉 8.3
福島 7.1
千葉 6.4
その他 56.9
55万t
(2018年)

ピーマン
茨城 23.8%
宮崎 18.9
高知 9.6
鹿児島 9.0
岩手 5.4
その他 33.3
14万t
(農林水産省)

⬆ 主な野菜の生産割合

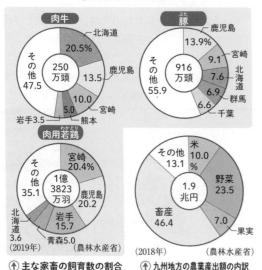

肉牛
北海道 20.5%
鹿児島 13.5
宮崎 10.0
熊本 5.0
岩手 3.5
その他 47.5
250万頭

豚
鹿児島 13.9%
宮崎 9.1
北海道 7.6
群馬 6.9
千葉 6.6
その他 55.9
916万頭

肉用若鶏
宮崎 20.4%
鹿児島 20.2
岩手 15.7
青森 5.0
北海道 3.6
その他 35.1
1億3823万羽
(2019年)
(農林水産省)

⬆ 主な家畜の飼育数の割合

米 10.0%
野菜 23.5
果実 7.0
畜産 46.4
その他 13.1
1.9兆円
(2018年)
(農林水産省)

⬆ 九州地方の農業産出額の内訳

② **本州四国連絡橋の3つのルートについて，開通時期や結ばれている県と都市について調べてみよう。**

→ 1988年に岡山県倉敷市の児島と香川県の坂出市を結ぶ瀬戸大橋が開通した。これを「児島・坂出ルート」という。続いて1998年には兵庫県の神戸市と徳島県の鳴門市を結ぶ「神戸・鳴門ルート」，翌99年には広島県の尾道市と愛媛県の今治市を結ぶ「尾道・今治ルート」が開通した。

⬆ 本州四国連絡橋

③ **太平洋側の気候，瀬戸内の気候，日本海側の気候の違いをもたらすしくみや理由を調べてみよう。**

→ 夏の南東の季節風が暖流の黒潮(日本海流)で温められ，湿気を含んだ空気を太平洋側の地域にもたらす。この風(空気)が山地にさえぎられて雲を発生させ，太平洋側の地域に大量の雨をもたらす。瀬戸内や日本海側の地域には雨を降らせた後の乾燥した風が吹き，晴れた日が多くなる。冬は，北西の季節風が日本海で湿気を含み，暖流の対馬海流に温められた空気をもたらし，日本海側の地域に多くの雪や雨を降らせる。瀬戸内や太平洋側の地域には雪や雨を降らせた後の乾燥した風が吹くため，晴れた日が多くなる。

⬆ 瀬戸内地方に雨が少ないわけ

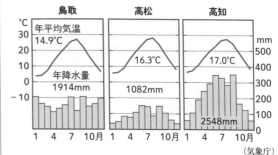

⬆ 中国・四国地方の雨温図

本冊 ⇒ pp.52〜53

① **中部地方と関東地方にある主な山地や山脈，川や平野について調べてみよう。**

→ 中部地方には日本アルプスと呼ばれる，標高3000m級の山々が連なる飛驒山脈(北アルプス)・木曽山脈(中央アルプス)・赤石山脈(南アルプス)の3つの山脈が南北に連なる。日本海側には，日本一長い川である信濃川の下流に越後平野が広がっている。また，富山平野には神通川が流れ，富山湾に注いでいる。太平洋側には，木曽川・長良川・揖斐川の下流に濃尾平野が広がっている。駿河湾に注ぐ富士川は，球磨川・最上川とともに三大急流として知られる。越後山脈，関東山地，阿武隈高地などに囲まれた関東地方には，全長が日本第2位，流域面積が日本最大の利根川が，日本で最も広い関東平野を流れている。

② 中部地方を東海，中央高地，北陸の３つの地域に分類し，各地域の農業の特色について調べてみよう。

➡ 東海地方の静岡県ではみかんや茶の栽培，愛知県の渥美半島ではキャベツやメロン，電照ぎくの栽培がさかんである。中央高地に位置する長野県の野辺山原では高冷地農業がさかんで，レタスやキャベツなどの高原野菜の抑制栽培が行われている。甲府盆地ではぶどうやもも，長野盆地ではりんごの果樹栽培がさかんである。北陸地方は冬の積雪量が非常に多く裏作ができないため，主に稲作を行う米の単作地帯になっている。北陸地方に属する４県は，農業産出額の半分以上を米が占めている。

③ 東京大都市圏が抱える問題点について調べてみよう。

➡ 人口や産業が集中しすぎることによって，過密の問題がおこっている。通勤ラッシュやごみの増加による処理場の不足などの都市問題は今も解決できていない。近年では，都市の中心部の気温が郊外よりも高くなるヒートアイランド現象も見られる。また，狭い範囲に突然激しい雨が短時間に集中して降るゲリラ豪雨と呼ばれる現象が被害をもたらしている。

本冊 ➡ pp.58〜59

① 冷害とフェーン現象について，それぞれどのような現象か調べてみよう。

➡ 冷害とは，主に東北地方や北海道の太平洋側でおこる現象である。やませと呼ばれる冷たく湿った北東の風が吹いて夏の気温が上がらなかったり，濃霧などで日照が不足し，農作物の生育が妨げられる。一方，フェーン現象とは，夏の湿った南東の季節風が太平洋側に雨を降らせた後，日本の中央部の山地を越え，日本海側に乾いた高温の風となって吹き下ろす現象である。（注：2021年6月，日本国内で発生するフェーン現象は，実際には雨を降らすことは少なく，山の上空から空気の塊が吹き下りておきているとする研究結果を筑波大学教授が発表した。）

日本各地のおこりやすい災害

- 冷害
- 干害
- 台風による風水害
- 大雪の被害

やませ

台風

② 東北地方の伝統産業や伝統文化について調べてみよう。

➡ 東北地方では，各地でさまざまな伝統産業が受け継がれており，地元の森林資源や鉱産資源，伝承される技法を用いて製品がつくられている。青森県の津軽塗，岩手県の南部鉄器，秋田県の大館曲げわっぱ，山形県の天童将棋駒，宮城県の宮城伝統こけし，福島県の会津塗などは国から伝統的工芸品に指定されている。冬の長い東北地方では，地方色豊かな伝統文化も息づいており，祭りでは青森ねぶた祭，秋田竿燈まつり，仙台七夕まつりが東北三大祭りとして知られる。秋田県男鹿半島に伝わる伝統行事「ナマハゲ」や，横手市のかまくらも有名である。

津軽塗
大館曲げわっぱ
チャグチャグ馬コ
樺細工
中山人形
南部鉄器
御殿まり
鳴子漆器
雄勝硯
天童将棋駒
宮城伝統こけし
置賜紬
大堀相馬焼
会津塗
赤べこ

⤴ 東北地方の主な民芸品

⤴ 青森ねぶた祭

⤴ 秋田竿燈まつり

⤴ 仙台七夕まつり

③ 東北地方と北海道で漁業がさかんな理由を，それぞれ調べてみよう。

➡ 東北地方の三陸海岸にはリアス海岸が発達しており，天然の良港が多い。また，沖合は暖流の黒潮（日本海流）と寒流の親潮（千島海流）がぶつかる潮目（潮境）になっている。潮目は魚のえさとなるプランクトンが豊富で，寒暖両流の魚が集まるため魚種も多く，三陸沖は好漁場になっている。さらに，リアス海岸は，海が穏やかで波が少ないため養殖業がさかんで，三陸海岸では昆布・わかめ・かきなどの生産量が多い。北海道も近海に潮目があり，北太平洋は世界有数の漁場となっている。また，北にはオホーツク海やベーリング海などの漁場も広がっている。遠洋漁業の衰えは見られるが，漁業の活性化を図るために，さけの栽培漁業やほたて貝・かき・昆布などの養殖業に力を入れている。このことも北海道で漁業がさかんな理由である。

④ 北海道で農業がさかんな地域について，稲作・畑作・畜産に分けて，それぞれ調べてみよう。

→ 稲作は石狩平野や上川盆地でさかんに行われている。冷涼で泥炭地の広がる北海道は，農業を行うには厳しい環境であったが，排水や客土による土地改良，寒さに強い稲の品種改良を行ったことで，全国有数の稲作地帯となった。火山灰土の広がる十勝平野は，北海道の畑作の中心地帯になっている。北海道は，てんさい・あずき・大豆・じゃがいも・小麦など多くの農産物の生産量が全国一多い。また，畜産業もさかんで，中でも乳牛を飼育する酪農がさかんである。火山灰土で，濃霧の影響を受ける根釧台地にパイロットファーム（実験農場）がつくられ，新酪農村の建設を経て，根釧台地は日本の代表的な酪農地域に発展した。

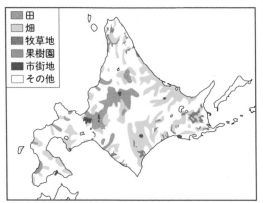

⤴ 北海道の土地利用

凡例
■ 田
□ 畑
■ 牧草地
■ 果樹園
■ 市街地
□ その他

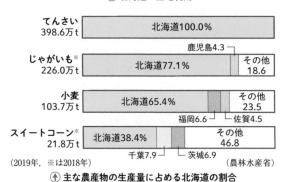

てんさい 398.6万t	北海道100.0%		
じゃがいも※ 226.0万t	北海道77.1%	鹿児島4.3	その他18.6
小麦 103.7万t	北海道65.4%		その他23.5
スイートコーン※ 21.8万t	北海道38.4%		その他46.8

福岡6.6　佐賀4.5
千葉7.9　茨城6.9

（2019年，※は2018年）　　（農林水産省）

⤴ 主な農産物の生産量に占める北海道の割合

| | 北海道 60.7% | | その他 26.5 |
栃木3.9　群馬2.5
135.2万頭
熊本3.3　岩手3.1

（2020年）　（2021年版「データでみる県勢」）

⤴ 乳牛の都道府県別飼育頭数の割合

第2章　歴史

本冊 ⇒ pp.68〜69

① 世界の古代文明が発生した地域，発明された文字など，文明の特色の違いを調べてみよう。

→ メソポタミア文明はティグリス川・ユーフラテス川流域に発生し，くさび形文字が発明された。月の満ち欠けをもとにした太陰暦や，60進法などがつくられた。エジプト文明はナイル川流域に発生し，象形文字が発明された。天文学が発達し，太陽暦がつくられた。インダス文明はインダス川流域に発生し，インダス文字が使用されたが，現在も解読されていない。モヘンジョ−ダロなどの上下水道が整備された都市が形成された。中国文明は黄河・長江流域に発生し，漢字のもととなる甲骨文字が発明された。優れた青銅器文明が発展した。

⤴ 古代文明がおこった地域

② 旧石器・縄文・弥生のそれぞれの時代の生活の変化と，使われるようになった道具の違いを調べてみよう。

→ 旧石器時代は打製石器が使われるようになった。縄文時代は狩りや採集の生活に加えて，一部ではくりや稲などの栽培を行い，縄文土器や磨製石器が使われた。弥生時代は本格的な稲作が行われるようになり，稲の穂首を刈るために石包丁が使われた。また，祭祀には青銅器，武器や農具などの実用品には鉄器が使われるようになった。

③ 中国の歴史書で，倭（日本）がどのように記述されているか，中国との外交関係がどのように変化していったか調べてみよう。

→ 紀元前1世紀ごろの倭のようすを伝えている『漢書』地理志には，倭には100余りの小国があり，定期的に朝鮮半島の楽浪郡に使いを送っていたと記されている。紀元後1〜2世紀の倭のようすを伝えている『後漢書』東夷伝には，1世紀ごろに倭の奴国の王が後漢の光武帝に使いを送り，皇帝から金印（「漢委奴国王」と刻まれている）を授けられたことが記され

ている。紀元3世紀の倭(日本)のようすを伝えている『魏志』倭人伝には，30余りの国を従えた邪馬台国の女王卑弥呼が魏の皇帝に使いを送り，皇帝から「親魏倭王」の称号と銅鏡100枚を授けられたことが記されている。

本冊 ⇨ pp.70〜71

① 農民に課された税や労役，兵役の内容を調べてみよう。

➡ 口分田に対して課せられる租は収穫量の約3％の稲を納めるもので，それほど重い負担ではなかった。しかし，成人男子には，特産物を都に納める調や10日間の労役のかわりに布を都に納める庸，地方での労役にあたる雑徭，兵役などの重い負担が課せられた。3年間北九州の防備にあたる防人は特に厳しい任務だった。

② 各時代の仏教の特色と代表的な寺院建築を，当時の政治との関連も含めて調べてみよう。

➡ 6世紀中ごろに日本に仏教が伝わり，蘇我氏などの豪族が権威を示すために利用した。聖徳太子が建立した法隆寺は，現存する世界最古の木造建築物である。奈良時代には聖武天皇が仏教の力で国を守ろうと考え，全国に国分寺・国分尼寺，平城京に東大寺を建立し，大仏をつくらせた。平安時代初期には，唐から帰国した最澄と空海が密教を伝え，最澄は天台宗を開き，比叡山(滋賀県・京都府)に延暦寺を建立，空海は真言宗を開き，高野山(和歌山県)に金剛峯寺を建立した。平安時代中期には阿弥陀仏にすがって極楽浄土に生まれ変わろうという浄土信仰が貴族らの間に広まり，藤原頼通は宇治(京都府)に平等院鳳凰堂を建立した。

⬆ 法隆寺金堂(左)と五重塔(右)

⬆ 東大寺大仏殿

⬆ 平等院鳳凰堂

③ 遣唐使の果たした役割と，遣唐使とともに派遣された代表的な人物について調べてみよう。

➡ 飛鳥時代には大陸から主に進んだ政治制度を，奈良時代には西アジアやインドの文物も含め，優れた文化を日本に伝えた。奈良時代，唐で役人として高い位についた阿倍仲麻呂は船が難破し，帰国できなかった。唐の高僧である鑑真は，幾度もの苦難を乗り越え，遣唐使船で来日を果たした。平安時代初期には留学僧として最澄・空海が唐で学んだ。

本冊 ⇨ pp.76〜77

① 将軍と御家人の間に結ばれた，御恩と奉公の関係について調べてみよう。

➡ 御恩とは，将軍が御家人に対して，その領地を保護したり，手柄を立てれば新たに土地を与えたりすること。奉公とは，御家人が将軍に忠誠を尽くし，いざ戦いというときには，将軍や幕府のため，一族・郎党を率いて命懸けで戦うこと。

② 元寇によって，幕府と御家人の関係がどのように変化したのか調べてみよう。

➡ 幕府軍は元軍を2度とも撤退させたが，防衛のための戦いであったために，幕府は恩賞として領地を十分に与えることができなかった。元軍の3度目の襲来に備えての防備も，御家人にとって重い負担となった。御家人の不満は高まり，鎌倉幕府の基盤となる主従関係が揺らぎはじめた。

③ 鎌倉時代には，武士や民衆にもわかりやすい，さまざまな宗派の仏教が生まれた(鎌倉仏教)。それぞれの宗派と開祖，その教えの特徴を調べてみよう。

宗派	開祖	特徴
浄土宗	法然	「南無阿弥陀仏」と念仏を唱えるだけで極楽往生できると説いた。
浄土真宗(一向宗)	親鸞	阿弥陀仏を信じ，自分の罪を自覚した悪人こそ救われるという悪人正機説を唱えた。
時宗	一遍	踊念仏をして全国を遊行した。
日蓮宗(法華宗)	日蓮	「南無妙法蓮華経」と題目を唱えることで，人も国も救われると説いた。
禅宗	栄西(臨済宗)道元(曹洞宗)	座禅によって自己の悟りを開く自力本願を目ざし，厳しい修行を重視した。

本冊 ⇨ pp.78〜79

① 建武の新政がわずか2年半で失敗し，再び武家政権に戻った理由を調べてみよう。

➡ 後醍醐天皇は天皇中心の政治を目ざし，公家を重視して武家のしきたりを無視したため，諸国の武士が武家政治の復活を望んだから。

② 日本が東・東南アジア諸国とどのような交流を行っていたか調べてみよう。

➡ 中国（明）とは，倭寇の取り締まりを条件に，足利義満が臣下の立場で朝貢貿易を始め，銅銭や生糸，絹織物などを輸入した。朝鮮には対馬の宗氏が出向き，綿織物や仏教の経典，陶磁器などを輸入した。琉球王国は中国，東南アジア，朝鮮などと中継貿易を行うことで繁栄し，日本も琉球王国との貿易で中国の生糸や絹織物，東南アジアの象牙や香木，香辛料などを入手した。蝦夷地（北海道）に住むアイヌの人々とは，十三湊（青森県）に本拠を置く安藤氏が交易を行っていた。

③ 貨幣経済が浸透し，経済活動が発達していく中で，民衆が力を得ていく状況について調べてみよう。

➡ 定期市が定着し，手工業者や商人は同業者組合である座を結成した。また，問（問丸）や馬借・車借などの輸送業者が活発に活動し，土倉・酒屋などの高利貸しが現れた。農村では自治組織である惣が形成された。農民は団結力を強めていき，年貢の減免などの要求が聞き入れられないときには土一揆をおこすこともあった。

④ 北山文化と東山文化の特徴の違いを調べてみよう。

名称	北山文化	東山文化
時期	3代将軍足利義満のころ（14世紀末〜15世紀前半）	8代将軍足利義政のころ（15世紀後半）
特色	公家と武家の文化がとけ合った文化	禅宗の影響を受けた簡素で気品ある文化
建築	金閣…三層建築　一層…寝殿造　二層…寝殿造と書院造　三層…禅宗様	銀閣…二層建築　一層…書院造　二層…禅宗様
その他	能…観阿弥・世阿弥父子が大成	水墨画…雪舟が大成　枯山水の石庭

本冊 ⇨ pp.84〜85

① 宗教改革と新航路の開拓，日本への南蛮人の来航の関連性を調べてみよう。

↑ ザビエル

➡ 宗教改革によって力を失ったカトリック教会の中から，内部改革組織としてイエズス会が設立され，海外への布教に努めるようになった。新航路の開拓によって，ポルトガル人が九州の種子島に漂着して日本に鉄砲を伝え，これ以降，南蛮人と呼ばれたスペイン人やポルトガル人が来航して貿易を行う南蛮貿易がさかんになった。また，このころに，スペイン人のイエズス会宣教師であるフランシスコ=ザビエルが鹿児島に上陸し，日本に初めてキリスト教を伝えた。

② 織田信長の統一事業の過程を調べてみよう。また，豊臣秀吉，徳川家康とのキリスト教への対応の違いを比較してみよう。

➡ 〈織田信長の統一事業〉
桶狭間の戦い（1560年）→石山本願寺との戦いの開始（1570年）→延暦寺焼き討ち（1571年）→足利義昭を京都から追放し，室町幕府を滅ぼす（1573年）→長篠の戦い（1575年）→安土城を築く（1576年）→本能寺の変（1582年）

〈信長・秀吉・家康のキリスト教への対応の違い〉

- **織田信長**…仏教勢力への対抗と貿易による利益のために，キリスト教の布教を認めた。
- **豊臣秀吉**…初めはキリスト教の布教を許していたが，キリシタン大名が長崎を教会に寄進していたことを知り，キリスト教が全国統一の障害になると考え，バテレン追放令を出して宣教師を国外に追放した。しかし，南蛮貿易を認めていたため，キリスト教の禁止は徹底しなかった。
- **徳川家康**…初めはキリスト教を黙認し，貿易も奨励していた。しかし，神への信仰を第一とするキリスト教の教えが幕府の考えに反していることなどから，1612年に幕領に，翌13年に全国に禁教令を出し，キリスト教徒を厳しく取り締まった。

③ 徳川家康がとった積極的な海外進出策と，その後の鎖国政策に至るまでの過程を調べてみよう。

➡ 家康は貿易を活発にしようと，商人らに海外渡航を許可する朱印状を与えた。朱印船は東南アジア方面で活躍し，各地に日本町ができた。また，豊臣秀吉

の朝鮮侵略によって朝鮮との国交は途絶えていたが，対馬藩の宗氏の仲立ちによって国交が回復し，朝鮮通信使が派遣されるようになった。

年	できごと
1587	キリスト教宣教師の国外追放（バテレン追放令）
1596	長崎でキリシタンを処刑（26聖人の殉教）
1609	オランダとの貿易を許可
1612	幕領に禁教令を出す
1613	イギリスとの通商を許可
	全国に禁教令を出す
1614	宣教師らを国外に追放
1616	中国船以外の外国船の来航を平戸と長崎に制限
1622	長崎でキリシタンを処刑（元和の大殉教）
1623	イギリスが平戸の商館を閉鎖
1624	スペイン船の来航を禁止
1629	このころ絵踏が始まる
1635	朱印船貿易の停止
	日本人の海外渡航と帰国の禁止
	外国船の来航を長崎・平戸に限定
1636	ポルトガル人を出島に移す
1637	島原・天草一揆（〜38年）
1639	ポルトガル船の来航を禁止
1640	宗門改を強化
1641	オランダ商館を出島に移転

⬆ 鎖国への歩み

④ 封建社会を維持するために，江戸幕府がとった，大名・朝廷・農民のそれぞれに対する統制策を調べてみよう。

➡ 大名には武家諸法度，朝廷には禁中並公家諸法度を定めて，統制した。農民には五人組をつくらせ，年貢の納入と犯罪に関して，連帯責任を負わせた。また，住まいや食べ物・衣服まで制限して，ぜいたくな生活をさせないようにした。

本冊 ⇨ pp.90〜91

① 江戸時代の大商人がどのようにして富を得ていったのか調べてみよう。

➡ 蔵元・掛屋と呼ばれる商人が，諸藩が大阪に置いた蔵屋敷に送られてくる年貢米や特産物の販売・国元への送金を担い，販売手数料で巨額の富を得た。また，江戸では主に金貨，大阪では主に銀貨が流通していたため，東西の取り引きには両替の必要が生じ，両替商が為替や手形の発行によって流通の拡大に対応した。蔵元・掛屋が両替商を営むことも多く，江戸の三井や大阪の鴻池のように，大名に対して資金を貸し付ける有力な商人も現れた。

② それぞれの改革を行った人物とその代表的な業績を調べてみよう。

改革	享保の改革 （1716〜45年）	寛政の改革 （1787〜93年）	天保の改革 （1841〜43年）
中心 人物	8代将軍 徳川吉宗	老中 松平定信	老中 水野忠邦
文教 政策	倹約令 キリスト教に関係のない漢訳洋書の輸入緩和	倹約令 寛政異学の禁	倹約令
農業 政策	新田開発 定免法 さつまいもの栽培奨励	囲米 旧里帰農令	人返しの法
経済 政策	上米の制 株仲間の公認	棄捐令	株仲間の解散
行政 改革	公事方御定書 目安箱		上知令

③ 浮世絵の代表的な絵師たちがそれぞれ得意とした絵のテーマを調べてみよう。

➡ 歌川広重，葛飾北斎は風景画，喜多川歌麿は美人画，東洲斎写楽は役者絵で優れた作品を残した。

⬆「名所江戸百景」（歌川広重）

⬆「東海道五十三次」（歌川広重）

⬅「富嶽三十六景」（葛飾北斎）

⬅「ポッピンを吹く女」（喜多川歌麿）

「大谷鬼次の奴江戸兵衛」（東洲斎写楽）➡

④ 江戸時代に発達したさまざまな学問の代表的な人物と，その学問が与えた影響について調べてみよう。

学問	学者	実績	与えた影響
朱子学	林羅山	私塾の開設（のちの昌平坂学問所）	身分秩序を重視する封建社会に都合が良かった。
国学	本居宣長 平田篤胤	『古事記伝』復古神道	幕末の尊王攘夷運動に影響を与えた。
蘭学	杉田玄白 前野良沢	『解体新書』の出版	海外に対する知識を広め，日本の近代化の基礎を築いた。
	伊能忠敬	日本地図	

⑤ 開国に至るまでの外国船の出現と幕府の対応について調べてみよう。

年	できごと
1792	ロシアのラクスマンが根室に来航
1798	近藤重蔵が東蝦夷地を探査
1804	ロシアのレザノフが長崎に来航
1808	間宮林蔵が樺太を探査
	フェートン号事件
1825	幕府が異国船打払令を出す
1837	モリソン号事件
1839	幕府はモリソン号事件を批判した渡辺崋山・高野長英を処罰する（蛮社の獄）
1842	アヘン戦争で清がイギリスに敗北
	幕府は異国船打払令を廃止し，天保の薪水給与令を出す
1844	オランダ国王が幕府に開国を勧告
1853	ペリーが浦賀に来航
1854	日米和親条約

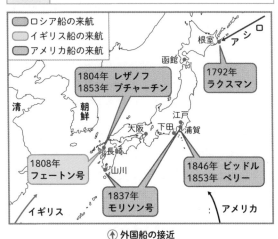

- ロシア船の来航
- イギリス船の来航
- アメリカ船の来航

根室 アシロ

函館

1804年 レザノフ 1853年 プチャーチン

1792年 ラクスマン

清

朝鮮

江戸

大阪 下田 浦賀

長崎

1808年 フェートン号

山川

1846年 ビッドル 1853年 ペリー

1837年 モリソン号

イギリス

アメリカ

↑ 外国船の接近

本冊 ⇒ pp.98〜99

① イギリス，アメリカ，フランスでおこった市民革命と，それぞれに影響を与えた啓蒙思想家を調べてみよう。

➡ イギリスでは，17世紀の中ごろにピューリタン（清教徒）革命がおこり，後半には名誉革命がおこって議会政治が始まった。アメリカでは18世紀後半にイギリスに対する独立戦争がおこり，アメリカ合衆国が建国された。フランスでは18世紀末にフランス革命がおこり，人権宣言を発表して，身分制度の廃止，人民主権，自由・平等，私有財産の不可侵などを明らかにした。これらの市民革命に影響を与えた啓蒙思想家は主に3人である。イギリスのロックは『統治二論』で抵抗権と社会契約説を唱え，名誉革命を正当化した。また，彼の思想は，アメリカ独立宣言に影響を与えた。フランスのモンテスキューは『法の精神』において三権分立の必要性を説いた。同じくフランスのルソーは『社会契約論』を著して，人民主権を主張した。

② 産業革命を達成した欧米諸国が原料の生産地と製品の市場を求めてアジアに進出し，日本にも接近してきた状況を調べてみよう。

➡ イギリスに支配されていることに不満をもっていたインド人兵士が，1857年にインド大反乱（シパーヒーの乱）をおこしたが鎮圧され，インドはイギリスに直接統治されるようになった。また，インドシナ半島はフランス，インドネシアはオランダによって支配された。清は，イギリスと三角貿易を行っていたが，1840年にイギリスとの間でアヘン戦争がおこり，敗北した。その後，1842年に南京条約が結ばれ，清は5港を開港し，香港をイギリスに割譲した。日本には，1792年にロシアのラクスマンが根室に，1804年に同じくロシアのレザノフが長崎に来航した。さらに，1808年にはイギリス船フェートン号が長崎港に侵入するなど，外国船の来航が多くなった。1844年にはオランダ国王が将軍に親書を送り，世界情勢を説いて開国を勧めたが，幕府はこれを拒絶して鎖国を続けた。

③ 明治政府が中央集権国家を目ざして，どのような政策を進めていったか調べてみよう。

➡ ・版籍奉還…1869年に，薩摩・長州・土佐・肥前の4藩主に土地（版）と人民（籍）を天皇に返上させて，全国の大名もこれにならわせた。

自由自在 Check!

- 廃藩置県…1871年に藩を廃止して府県を置き、知藩事(旧藩主)を東京に集め、中央から府知事・県令(のちに県知事)を任命・派遣した。
- 四民平等…封建的な身分制度を改め、天皇の一族を皇族、旧藩主と公家を華族、武士を士族、百姓(農民)・町人(商工業者)を平民とした。
- 地租改正…財政の安定を図るため、1873年から行われた。全国の土地を調べてその価格(地価)を定め、土地所有者に地券を与え、地価の3%を地租として現金で納めさせた。
- 殖産興業…近代国家を建設して欧米列強に対抗するため、外国から機械を導入し、技術者や学者を招いて近代産業の育成を図った。
- 徴兵令…1873年に徴兵令を出し、士族、平民の区別なく、満20歳以上のすべての男子に3年間の兵役の義務を課した。

本冊 ⇨ pp.104〜105

① 自由民権運動の始まりから大日本帝国憲法が発布され、帝国議会が開かれるまでの過程を調べてみよう。

年	できごと
1874	板垣退助らが民撰議院設立の建白書を政府に提出
1880	国会期成同盟が結成される
1881	開拓使官有物払い下げ事件がおこる
	政府は10年後に国会を開くことを約束
	板垣退助を党首とする自由党が結成される
1882	大隈重信を党首とする立憲改進党が結成される
	伊藤博文がヨーロッパに派遣される
1884	秩父事件がおこる
1885	内閣制度ができ、伊藤博文が初代内閣総理大臣に
1889	大日本帝国憲法が発布される
1890	第1回帝国議会が開かれる

② 日清戦争・日露戦争後に結ばれた講和条約の内容を調べてみよう。

日清戦争	〈下関条約〉 ・清は朝鮮が独立国であることを認める。 ・清は遼東半島と澎湖諸島・台湾を日本に譲る。 ・清は賠償金2億両(当時の日本円で約3億1000万円)を日本に支払う。 ・清は新たに4港を開く。　　　　など
日露戦争	〈ポーツマス条約〉 ・ロシアは韓国における日本の優越権を認める。 ・北緯50度以南の樺太(サハリン)を日本に譲る。 ・旅順・大連のある遼東半島の租借権、満州の長春以南の鉄道の権利とその付属鉱山の採掘権を日本に譲る。　　　　など

③ 条約改正までの過程と、日清戦争・日露戦争当時の国際情勢を関連づけて調べてみよう。

年	できごと
1871	条約改正を目ざし、岩倉使節団を欧米に派遣したが、交渉は失敗
1880年代	極端な欧化政策をとって交渉を行ったが、失敗
1886	ノルマントン号事件がおこり、領事裁判権(治外法権)の撤廃を求める声がいっそう高まる
1894	日清戦争の直前に外務大臣の陸奥宗光が日英通商航海条約を結び、領事裁判権の撤廃に成功する
1895	下関条約が結ばれる
1902	ロシアの南下政策に対抗するため、イギリスと日英同盟を結ぶ
1904	日露戦争が始まる
1905	ポーツマス条約が結ばれる
1910	韓国併合を行う
1911	外務大臣小村寿太郎が日米通商航海条約を結び、関税自主権の完全回復に成功する

本冊 ⇨ pp.110〜111

① ヨーロッパを主な戦場とした第一次世界大戦が、なぜ「世界大戦」といわれるのか調べてみよう。

➡ イギリスやフランスなどヨーロッパの列強が植民地の人々も戦争に動員し、アジアやアフリカの一部も戦場となり、戦争が世界的な規模に拡大したから。

② 第一次世界大戦によって、日本経済が大戦景気と呼ばれる好景気になった背景を調べてみよう。

➡ ヨーロッパが主な戦場となったため、日本は被害をほとんど受けなかった。日本はヨーロッパの連合国に軍需品などを輸出し、軍需品の生産・輸送のために鉄鋼業や造船業、海運業が発達した。ドイツから薬品や化学肥料の輸入が途絶えたため、国内で化学工業が成長した。また、ヨーロッパからの輸入が減少した中国へは綿糸や綿織物の輸出が増加し、好景気にわくアメリカへは生糸の輸出が増加した。こうして日本経済はかつてない好景気になった。

③ 大正デモクラシーを支える理論となった民本主義と天皇機関説はどのような考え方か調べてみよう。

➡ • 民本主義…政治の目的を民衆の利益と幸福に置き、政策決定における民意の尊重を重視する考え方。政治学者の吉野作造は、天皇主権の憲法体制のもとでの民衆の政治参加を主張し、普通選挙と政党政治の必要性を説いた。
　• 天皇機関説…憲法学者の美濃部達吉が説いた、国家そのものが主権の主体であり、天皇は国家の最

高機関として憲法に従って統治するという考え方。

④ 第一次世界大戦の戦中・戦後の景気変動と社会運動との関連や，社会運動としてどのようなものがあるか調べてみよう。

→ 大戦中に日本は大戦景気にわいたが，戦争が終わると不況に陥り社会不安が高まった。ロシア革命や欧米の労働運動の影響もあって，労働運動や農民運動などの社会運動が活発になった。

- **労働運動**…1920年に日本初のメーデーが東京で開かれた。労働者が賃金の引き上げや地位の向上を求めて，ストライキなどの労働争議を行った。
- **農民運動**…小作料の減免を求める農民が，大規模な小作争議をおこすようになった。
- **社会主義運動**…大逆事件以降衰えていたが，社会運動の高まりで再び活発になった。1922年には共産主義の影響を受けた日本共産党が非合法のうちに結成されたが，政府は共産主義を取り締まることを目的に，1925年に治安維持法を制定した。
- **部落解放運動**…1922年に京都で全国水平社が結成された。
- **女性解放運動**…女性差別からの解放，女性の地位向上を目ざし，1911年に平塚らいてうが青鞜社を結成した。1920年に平塚らいてうは市川房枝らとともに新婦人協会を結成し，女性の参政権獲得，男女同権などを主張して解放運動を展開した。

↑ 全国水平社青年同盟で演説する山田孝野次郎

↑『青鞜』の表紙

本冊 ⇨ pp.116～117

① アメリカ・イギリスなどの「もてる国」と，ドイツ・イタリアなどの「もたざる国」との世界恐慌に対する対策の違いを調べてみよう。

→ • **「もてる国」**…アメリカ合衆国はニューディール政策と呼ばれる経済政策を行った。これにより，国内の産業に対して強力な統制を行い，生産の制限や価格の調整を行って産業の回復を図るとともに，労働者の権利を強めて賃金を引き上げることで購買力を高めようとした。また，大規模な公共事業を行い，失業者の救済に努めた。イギリスやフランスは，外国製品に対する関税を高くして輸入を減らし，自治領や植民地との貿易を増やすことで流通を活発にしようとした。これをブロック経済という。

- **「もたざる国」**…国家の利益を優先し，個人の自由や民主主義を認めない全体主義（ファシズム）で恐慌を切り抜けようとした。イタリアではムッソリーニが独裁政治を行い，1935年にエチオピアを侵略し，翌年に併合した。ドイツではヒトラーが独裁政治を行い，1933年に国際連盟を脱退し，1935年にはベルサイユ条約を破棄して再軍備を行った。

② 満州事変から日中戦争開始までの短期間に，国内で軍部がおこした事件について調べてみよう。

→ • **五・一五事件**…1932年，海軍の青年将校らによって犬養毅首相が暗殺された事件。これによって政党内閣の時代は終わりを告げ，軍人や官僚による内閣がつくられるようになった。
- **二・二六事件**…1936年，軍部政権の樹立を目ざす陸軍の一部の青年将校が約1400人の兵士を率いて反乱をおこし，大臣などを殺傷して，東京の中心部を4日間にわたって占拠した事件。反乱軍として鎮圧されたが，こののち軍部の政治に対する発言力が著しく高まった。

③ 昭和時代前半の国内政治と国際政治の動きを関連づけ，終戦までの過程を調べてみよう。

年	できごと
1931	柳条湖事件，満州事変
1932	満州国建国，五・一五事件
1933	日本が国際連盟を脱退
1936	二・二六事件
1937	盧溝橋事件，日中戦争が始まる
1938	国家総動員法制定
1939	独ソ不可侵条約，第二次世界大戦が始まる
1940	日独伊三国同盟，大政翼賛会の発足
1941	日ソ中立条約，太平洋戦争が始まる
1943	イタリアが降伏
1945	2月 ヤルタ会談
	4月 沖縄戦
	5月 ドイツが降伏
	7月 ポツダム宣言の発表
	8月6日 広島に原子爆弾投下
	8月8日 ソ連の対日参戦
	8月9日 長崎に原子爆弾投下
	8月14日 日本がポツダム宣言受諾を決定
	8月15日 昭和天皇が終戦を発表（玉音放送）

本冊 ⇒ pp.122〜123

① 占領下の日本では，GHQ が強力に非軍事化と民主化を推し進めた。どのような政策を行ったのか調べてみよう。

→ ・非軍事化…軍隊を解散させ，A級戦争犯罪容疑者は極東国際軍事裁判（東京裁判）で裁かれ，東条英機らが死刑となった。また，戦争中に要職にあった人々を公職から追放した。

・民主化…治安維持法や特別高等警察（特高）が廃止され，国民に政治活動の自由や言論・思想の自由が認められた。活動を停止させられていた政党が活動を再開し，新しい政党も結成された。労働組合も結成され，労働運動も活発になった。また，満20歳以上の男女に選挙権が与えられた。

② 冷戦下，日本が西側諸国の一員として国際社会に復帰し，その後，近隣諸国と国交を回復していった過程を調べてみよう。

年	できごと
1951	サンフランシスコ平和条約が結ばれる 日米安全保障条約が結ばれる
1956	日ソ共同宣言→国際連合への加盟が実現
1965	日韓基本条約が結ばれる →韓国と国交正常化
1972	日中共同声明 →中国と国交正常化（台湾とは断交）
1978	日中平和友好条約が結ばれる

③ 朝鮮戦争による特需景気から石油危機までの約20年間の日本の経済成長と社会の変化について調べてみよう。

年	できごと
1950	朝鮮戦争→特需景気がおこる 50年代半ばから高度経済成長 三種の神器（白黒テレビ・電気洗濯機・電気冷蔵庫）
1960年代	所得倍増計画 東海道新幹線開通 東京オリンピック・パラリンピック 3C（自動車〈カー〉・カラーテレビ・クーラー〈エアコン〉） 公害問題の発生→公害対策基本法
1968	国民総生産（GNP）が資本主義国の中でアメリカに次いで第2位になる
1973	第四次中東戦争→石油危機（オイルショック）がおこる

第3章　公民

本冊 ⇒ pp.132〜133

① 少子高齢化の原因，課題，対策を調べてみよう。

→ ・原因…仕事と育児の両立の難しさ，未婚率の上昇や晩婚化，保育所の不足で安心して乳幼児を預けられる設備がないことなど，出産・育児環境の不備が少子化の原因の1つとなっている。また，高齢化が進んだのは，医療技術の進歩や食生活・栄養状態の改善などによって平均寿命が延びたから。

・課題…少子化により労働力が不足するので，国の税収が減少する。その結果，社会保障のための財源が不足し，社会保障制度を維持できなくなるおそれがある。さらに，高齢化により年金や医療費などの社会保障費が増え，生産年齢人口（15〜64歳）の負担がいっそう重くなることなど。

・対策…育児・介護休業法を制定して，仕事と育児・介護が両立できる環境づくりを進めている。また，子どもを生みやすくする環境，子育てがしやすい社会の実現を目的に，少子化社会対策基本法が制定された。高齢者に対しては，年金保険・介護保険など社会保障制度の整備や，公共交通機関や公共施設のバリアフリー化などを進めている。

② 大日本帝国憲法での主権者や天皇の地位を調べてみよう。

→ ・主権者…天皇

・天皇の地位…国の元首であり，神聖不可侵な存在。統治権をもち，軍隊を率いる統帥権ももった。

③ 新しい人権の種類を調べてみよう。

→ ・環境権…快適な生活環境を求める権利。

・日照権…環境権の1つ。住宅の日当たりを確保する権利。

・知る権利…国や地方公共団体に対して，情報の公開を要求できる権利。

・プライバシーの権利…個人の私生活に関する情報を公開されない権利。

・自己決定権…個人の生き方や生活について，国家権力からの干渉や社会の圧力を受けず，自由に決定することができる権利。

・忘れられる権利…インターネット上に公開された個人情報を，SNS，匿名掲示板などから削除してもらう権利。

・肖像権…自分の顔や姿を，みだりに写真・絵画などにされたり，使用されたりしない権利。

本冊 ⇒ pp.138～139

① 直接選挙など4つの選挙の基本原則と，その反対になる選挙制度を調べてみよう。

→ ・普通選挙…納税額・資産などに関係なく，一定の年齢に達したすべての国民によって行われる選挙。

〔反対〕制限選挙…選挙権が性別や身分，財産資格などによって制限される。

・平等選挙…1人が1票の投票を行う選挙。

〔反対〕不平等選挙…特殊な資格(財産など)をもつ人には2票以上を与える。

・秘密選挙…だれに投票したかの秘密が守られる選挙。そのため，無記名投票になっている。

〔反対〕公開投票…投票用紙に投票者の氏名を書く投票。

・直接選挙…有権者が議員などの被選挙人を直接選挙する。

〔反対〕間接選挙…有権者が選挙人を選び，その選挙人が代表を選出する。アメリカ合衆国の大統領選挙などがその例である。

② 衆議院の優越が適用される事項と，その手続きを調べてみよう。

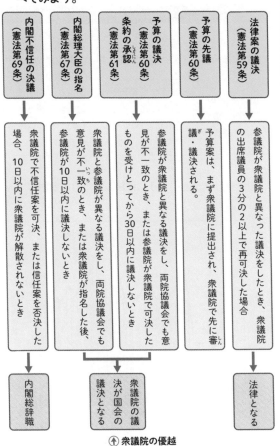

↑ 衆議院の優越

→ 衆議院の優越が認められているのは，衆議院は参議院と比べて任期が短く，解散もあるため，国民の意思がより強く反映されると考えられるからである。

③ 衆議院が内閣不信任決議案を可決した場合，どのような日程で新内閣が誕生するのか調べてみよう。

→ 衆議院が内閣不信任決議案を可決した場合，内閣は10日以内に総辞職するか，衆議院を解散しなければならない。内閣が総辞職すると，国会は新たな総理大臣を指名する。その新総理大臣が国務大臣を任命し新たな内閣ができる。衆議院を解散したときは，解散の日から40日以内に衆議院議員の総選挙が行われ，総選挙の日から30日以内に特別会(特別国会)が召集され，内閣は総辞職する。特別会の会期中に新総理大臣が指名され，新内閣が誕生する。

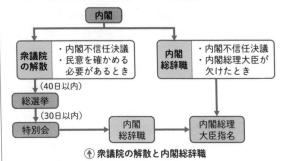

↑ 衆議院の解散と内閣総辞職

本冊 ⇒ pp.144～145

① 裁判員にはどのような人がなるのか，どのような仕事をするのか調べてみよう。

→ ・裁判員の選定…満20歳以上の有権者から無作為抽出により作成された候補者名簿の中から，事件ごとにくじで選出される。

・仕事…殺人など重大な刑事裁判の第一審に3名の裁判官とともに出席し，被告人が有罪か無罪か，有罪であればどのような刑にするべきかを議論(評議)し，決定する(評決)。

② 三権の抑制・均衡関係，国民と三権の関係はどうなっているのか調べてみよう。

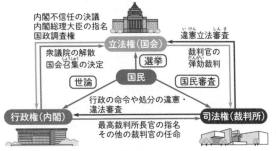

↑ 日本の三権分立のしくみ

75

自由自在 Check!

③ 議会の解散請求で，署名の提出後に行われることを調べてみよう。

⇨ 解散の是非についての住民投票を行い，過半数の同意があれば解散される。なお，議会の解散請求は，有権者の3分の1以上の署名を集め，選挙管理委員会へ請求する。

本冊 ⇨ pp.150〜151

① 日本には，消費者保護のためにどのような法律やしくみがあるのか調べてみよう。

⇨ 以下のような法律がある。
- **消費者基本法**…2004年制定。1968年に制定された消費者保護基本法を改正したもの。消費者の権利の尊重を明記し，消費者の自立を支援。
- **製造物責任法（PL法）**…製品の欠陥が原因で被害を受けた場合，製造者の過失を証明できなくても損害賠償を受けられることを定めた法律。1995年に施行。
- **消費者契約法**…虚偽の説明など，不適切な勧誘による契約から消費者を守る法律。2001年に施行。

⇨ 以下のようなしくみがある。
- **クーリング-オフ**…訪問販売や割賦販売などで購入契約を結んだ消費者が，一定期間（訪問・割賦販売では8日間，マルチ商法では20日間）内なら，書面によって無条件に契約を取り消すことができる制度。
- 消費生活に関する情報収集，調査・研究を行う国民生活センターのほか，地方公共団体には消費生活センターが設けられている。また，国は分散されていた消費者行政を統合して，2009年に消費者庁を設置した。

② 株式会社はどのようなしくみになっているのか調べてみよう。

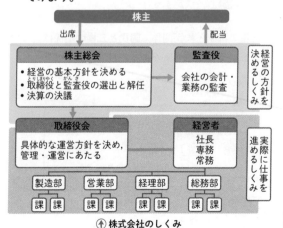

④ 株式会社のしくみ

③ 労働者にはどのような権利が認められているのか調べてみよう。

⇨
- **勤労の権利**…働く意思と能力がある者が，国に対して労働の機会が得られるように要求する権利。
- **団結権**…労働者が団結して労働組合を結成したり，加入したりする権利。
- **団体交渉権**…労働者が労働組合を通して使用者と労働条件や待遇などについて交渉する権利。
- **団体行動権（争議権）**…交渉がまとまらない場合，労働者がストライキなどの争議行為を行う権利。

④ 円高・円安のときの貿易への影響を調べてみよう。

⇨
- **円高のとき**…日本では，輸入品の価格が安くなるので，消費者は得をする。輸出品の価格は高くなるので，外国で売れにくくなる。
- **円安のとき**…日本では，輸入品の価格は高くなるので，消費者は損をする。輸出品の価格は安くなるので，外国で売れやすくなる。

本冊 ⇨ pp.156〜157

① 好景気（好況）と不景気（不況）のそれぞれのときに行われる財政政策と金融政策を調べてみよう。

	好景気のとき	不景気のとき
政府の財政政策	・増税 ・公共投資を減らす	・減税 ・公共投資を増やす
日本銀行の金融政策（公開市場操作）	・国債などを一般の銀行に売る（売りオペレーション）	・国債などを一般の銀行から買う（買いオペレーション）

② 国債発行額がどのように推移しているのか調べてみよう。

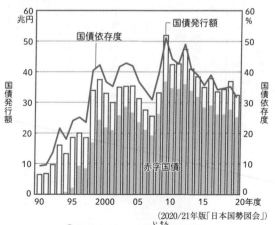

（2020/21年版「日本国勢図会」）

④ 国債発行額と国債依存度の推移

76

➡ 1990年代以降，バブル経済の崩壊や世界金融危機による不況で税収が減少したため国債の発行額が増大し，2009年度には国債依存度が50％を超えた。その後は，景気回復による税収の増加などから依存度は低下し，近年は30％台で推移している。

③ 環境問題を考える際の，3Rと循環型社会のしくみについて調べてみよう。

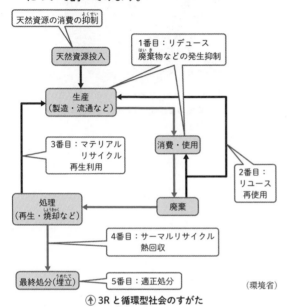

↑ 3Rと循環型社会のすがた

➡ 近年，ごみの大量排出による最終処分場の容量の限界，不法投棄の増大などの問題が深刻である。これらの問題を解決するためには，大量生産・大量消費社会を循環型社会に変える必要がある。わたしたちも3R（リデュース・リユース・リサイクル）を心がけるなど，循環型社会の構築に取り組まなければならない。

- **循環型社会**…資源の消費をできる限りおさえ，環境への負荷を低減する社会のこと。
- **リデュース**…捨てるもの（ごみ）の発生をおさえること。
- **リユース**…資源を繰り返し使用すること。
- **リサイクル**…ごみを再生して利用すること。

本冊 ⇨ pp.162～163

① 国際連盟と国際連合の違いを調べてみよう。

名称	国際連盟	国際連合
成立過程	1918年にアメリカ合衆国のウィルソン大統領が十四か条の平和原則を提唱	1945年にサンフランシスコ会議で国際連合憲章を採択
成立年	1920年	1945年
本部	ジュネーブ（スイス）	ニューヨーク（アメリカ合衆国）
加盟国	原加盟国42国	原加盟国51国 2021年6月現在193国
常任理事国	イギリス・フランス・イタリア・日本（設立時）	アメリカ合衆国・イギリス・フランス・ロシア連邦・中国
表決	全会一致制	総会…重要問題は出席投票国の3分の2以上の多数決，その他は過半数の賛成で決定 安全保障理事会…一般議題は15国のうち9国以上の多数決で決定。重要問題は5常任理事国を含む9国以上の賛成が必要
制裁方法	経済制裁	経済制裁・武力制裁

② 国際連合に関連する機関で，United Nations の頭文字の UN で始まるものを調べてみよう。

➡ • UNESCO（国連教育科学文化機関）…教育・科学・文化を通じて各国の協力を促進し，世界の平和と安全に貢献することを目的に，1946年に設立。義務教育の普及のための活動や識字教育の支援，世界遺産条約に基づいて，世界遺産の登録や保護の支援などを行っている。本部はフランスのパリに置かれている。

- UNICEF（国連児童基金）…第二次世界大戦後の1946年に創設。当初は戦争で被害にあった子どもたちに食料や医薬品を援助するのが目的であった。現在は発展途上国の子どもに対し，予防接種の普及，食料・医療品などの提供，教育・職業訓練などの援助を行っている。本部はアメリカ合衆国のニューヨークに置かれている。

- UNHCR（国連難民高等弁務官事務所）…難民の保護・救済・支援を目的に，1950年に設立。本部

はスイスのジュネーブに置かれている。1991～
2000年まで，日本人の緒方貞子氏が最高責任者
の高等弁務官を務めた。
- UNCTAD（国連貿易開発会議）…南北問題の解決
を目的に，1964年に設立。発展途上国の経済発
展や貿易の促進などについて討議し，政策を立案
する。本部はスイスのジュネーブに置かれている。
- UNEP（国連環境計画）…国連人間環境会議の決議
に基づき1972年に設立。環境問題に関する諸機
関の調整や国際協力の推進を行う。本部はケニア
のナイロビに置かれている。

上記以外に，UN-HABITAT（国連人間居住計
画），UNDP（国連開発計画），UNRWA（国連パレ
スチナ難民救済事業機関），UNU（国連大学），
UNFPA（国連人口基金）などがある。

なお，「世界○○」という機関は「World ○○」
であるので「W」で始まり，「国際○○」という機関
は「International ○○」であるので「I」で始まる。
（例）WHO（世界保健機関），WTO（世界貿易機関），
ILO（国際労働機関），IMF（国際通貨基金），IAEA
（国際原子力機関）

③ 日本のエネルギーの供給は，再生可能エネルギーを
含めてどのように推移しているのか調べてみよう。

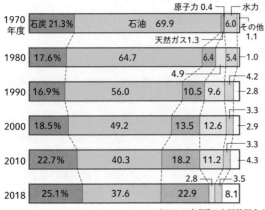

	石炭	石油	天然ガス	原子力	水力	その他
1970年度	21.3%	69.9	1.3	0.4	6.0	1.1
1980	17.6%	64.7	6.4	5.4		1.0
1990	16.9%	56.0	10.5	9.6	4.9	4.2 / 2.8
2000	18.5%	49.2	13.5	12.6	3.3	2.9
2010	22.7%	40.3	18.2	11.2	3.3	4.3
2018	25.1%	37.6	22.9	2.8	8.1	3.5

（2020/21年版「日本国勢図会」）
⬆ 日本のエネルギー供給割合の推移

➡ 東日本大震災における福島第一原子力発電所事故後，
日本では安全性が確認されるまですべての原子力発
電所を停止した。その結果，日本のエネルギー構成
は大きく変化し，化石燃料が総発電量の多くを占め
るようになった。

④ 日本の政府開発援助は，どの地域に対する援助が多
いのか調べてみよう。
➡ 日本の政府開発援助（ODA）はアジアやアフリカを
中心に行われている。

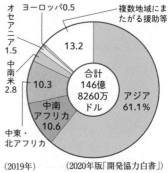

合計
146億
8260万
ドル

アジア 61.1%
中南アフリカ 10.6
アフリカ 10.3
中南米 2.8
オセアニア 1.5
ヨーロッパ 0.5
中東・北アフリカ
複数地域にまたがる援助等 13.2

（2019年）　（2020年版「開発協力白書」）
⬆ 日本の2国間のODAの地域別実績

中学 自由自在 問題集 社会